JN428383

4판

유능한 교사를 위한 쉽고 참신한

교육철학 및 교육사

이위환 · 송유진

창지사

사회는 고여 있는 물과 같이 정체되어 있지 않고 항상 변화한다. 어느 사회나 변화는 있었지만, 특히 사회를 구성하는 요소가 매우 복잡하고 다양한 21세기 현대 사회는 그 어느 때보다 급속하게 변화가 진행되고 있다. 이러한 사회적 환경 변화에 누구보다도 민감하게 대응하여 후세대를 견인할 주체는 바로 일선에서 고군분투하는 교사 집단이다. 교사의 지적 마인드와 태도가 변해야 학생이 변할 것이며, 이를 통해 사회 개선이 건전하고 건강한 방향으로 지향됨은 불문가지이다.

그러나 오늘날 교육환경이 빠른 속도로 변화하면서 가르치는 일이 더욱 복잡해지는 한편, 교사에게는 더 많은 새로운 의무가 부과되고 있지만, 정작 교육의 주체로서 교사의 권위를 갖지 못함으로써 야기되는 교육병리 현상이 학교, 교사, 학생 모두를 황폐화시키고 있다는 것은 주지의 사실이다. 교사들이 교육의 주체로서 권위를 갖지 못하게 된 요인은 많지만 교사의 교육철학 부재 및 부실에 주목할 필요가 있다. 교사들이 자신의 독자적인 교육철학을 가지고 있을 때, 교육 이외의 외적 힘에 대하여 교육의 본질을 어느 정도 지킬 수 있다. 그리고 무엇보다도 교육철학이 교육 현실을 바람직하게 변화시키고 교사로 하여금 통합적 안목을 가지고 교육을 실천할 수 있도록 함에 있어서 다른 교육학의 분과 학문이 제공할 수 없는 독특한 기여를 한다는 것에는 의문의 여지가 없다. 이러한 연유로 교사의 교육철학 정립은 그 어느 때보다 시급하다.

이러한 시대적 상황에 적합한 지식과 태도를 장착한 예비교사를 만드는 과정의 일환으로 전개되는 교과목이 대학에서 전달되고 있는 교직과목이며 이들의 중심적 역할을 하고 담당하는 과목이 바로 교육철학 및 교육사이다. 왜냐하면, 이 과목은 다른 어떤 과목보다 명품교사가 되기 위한 가장 본질적이며 정신적인 무장을 도모해 주는 과목이기 때문이다.

이 책의 집필 동기는 이 같은 사색에서 출발하고 있다. 교사의 교육철학은 무엇보다도 과거 선인들의 교육에 대한 관점과 교육문제 해결력의 검토를 통해서 오늘날의 교육현상과 실제를 이해하며, 개선된 미래의 교육 방향을 지시받으면서 정립되는 것이다. 따라서 고대부터 현대에 이르기까지 동 · 서양 사상가들의 교육적 관점을 면밀히 검토하는 것이 요구되며, 이를 위해 교육사 탐구는 필수적인 선행요건이 될 것이다.

이런 견지에서 『교육철학 및 교육사』를 탐구하는 것은 교육의 본질을 바르게 이해할 수 있는 교육적 지혜를 얻어, 미래 지향적인 교육의 지표가 정립된 교사를 만드는 데 무한한 시사를 도출해 내는 도움을 줄 것이다. 이를 위해 이 책은 교육사상과 교육활동을 시대의 흐름에 따라 살펴봄으로써 교사나 교사 양성 기관 학생들이 교육의 본질을 바르게 파악하고 오늘날 교육의 문제를 철학적으로 규명할 수 있는 능력을 갖추는 데 도움이 되는 것에 주안점을 두었다.

이러한 목적에서 이 책은 2부로 구성하였다. 제1부는 서양교육사 및 철학으로, 제2부는 한국교육사와 철학으로 구성하였다.

제1부 서양교육사에서 제1장에서는 교육사의 이해, 제2장에서는 교육철학의 이해, 제3장에서는 고대 그리스의 교육 이해, 제4장에서는 로마의 교육 이해, 제5장에서는 중세의 교육 이해, 제6장에서는 르네상스기의 교육 이해, 제7장에서는 종교개혁기의 교육 이해, 제8장에서는 17세기의 교육 이해, 제9장에서는 18세기의 교육 이해, 제10장에서는 19세기의 교육 이해, 제11장에서는 20세기의 교육 이해, 제12장에서는 유능한 교사 이해, 제13장에서는 21세기 글로벌 시대에서 한국교육이 나아갈 방향을 모색해 볼 수 있도록 하였다. 그리고 이 책은 무엇보다도 고대부터 현대에 이르기까지 다양한 교육사상가들의 교육적 사색을 학습함으로써 교사의 정체성과 교육철학을 정립하는 데 도움이 될 수 있도록 하는 것에 가장 큰

주안점을 두고 집필되었기 때문에, 이번 개정판에서는 각 시대별 주요 교육사상가들의 원전을 간략하게 소개해 주는 '원전 읽기'를 첨가해 교육사상가들의 교육적 방향을 통찰해 볼 수 있도록 하였다.

제2부 한국교육사에서는 제1장에서는 고대 사회의 교육 이해, 제2장에서는 삼국시대의 교육 이해, 제3장에서는 고려시대의 교육 이해, 제4장에서는 조선시대의 교육 이해, 제5장에서는 개화기의 교육 이해, 제6장에서는 미군정시대의 교육 이해, 제7장에서는 정부 수립 이후의 교육 이해를 중심으로 살펴보았다.

이 책을 집필함에 있어서『교육철학 및 교육사』강좌와 관련된 학술, 연구 서적 외에 대학의 다양한 관련 교재에 상당한 도움을 받고 참고하였음을, 그리고 원활한 글 읽기 흐름을 위해서 참고와 관련된 각주나 미주는 참고 문헌으로 대신하였음을 밝힌다.

끝으로 여러 가지로 부족한 저서를 기꺼이 출판해 주신 창지사 사장님과 편집부 관계자들께 심심한 감사를 드린다.

2023년 2월

이위환, 송유진

차 례 | CONTENTS |

제2부 | 한국교육사

제1부

서양교육사

제1장

교육사의 이해

1. 역사연구의 필요성

역사(history)는 인간 및 인간이 속하는 자연의 모든 현상에서 과거에 일어난 사실이나 그 사실에 관한 기술이다. 즉, 과거에 일어난 일을 기록한 것이며, 이러한 역사를 이루는 것은 사건과 사실이다.

과거에 일어난 사실은 모두 그 대상이 되지만, 그 모든 사실이 역사가 되는 것은 아니다. 일정한 관심, 가치판단에 입각해 선택된 과거의 사실이 역사를 구성한다. "역사는 다시 쓸 수 있다."라는 말이 있듯이 문제의식의 차이에 따라 선택된 과거의 사실이나 그 기술이 달라진다(손인수, 1997).

'역사'라는 말의 뜻은 다음 네 가지의 의미가 있다. 첫째, 사건 발생의 경과 자체라는 것이다. 둘째, 과거의 사건 경과를 어떤 방법으로써 서술한다는 뜻이다. 셋째, 역사는 변화의 과정이다. 변화는 단순히 양적 변화와 같은 직선적인 흥망의 과정도 아니고, 또는 단순히 과거의 반복도 아니다. 역사의 변화는 낡은 질적 상태에서 새로운 질적 상태로, 단순한 것에서 복잡한 것으로 옮아가는 것을 의미한다. 넷째, 역사란 바로 인간의 경험이며 하나의 생명이다. 즉, 역사는 바로 인간 생활이며 인생의 경험이기 때문에, 반드시 지속성이 있다. 따라서 역사에 속하는 사건들도 모두 일종의 지속성을 가지고 있는 사건들이다. 그런 사건은 과거에서부터 현재에 이르기까지 오랫동안 계속되어 왔을 뿐만 아니라 미래에도 끊임없이 지속되어 나갈 것이다.

우리가 역사를 연구하는 것은 결코 이 사건의 과거만을 연구하는 것이 아니다.

실제상의 과거를 근거로 하여 현재를 이해하는 것이며, 나아가 미래까지도 알려주는 것이다. 본래 역사적 사건은 멀리 과거로부터 현재를 뚫고 곧바로 미래에 도달하는 것으로, 그 자체가 일관된 '역사 정신'을 가지고 있다.

흔히 우리는 '현재는 과거의 소산'이라 한다. 그러기에 카(E. H. Carr)는 '역사란 무엇인가?' 라는 물음에 "역사란 역사가와 사실 간의 상호작용의 부단한 과정이요, 현재와 과거와의 끊임없는 대화"라고 결론짓고 있다.

이러한 견지에서, 과거를 연구하는 목적은 과거에 대한 지적 호기심과 더불어 현재를 개선하려는 과업과 밀접하게 관련되어 있다. 과거에 대한 지적 호기심은 과거를 원형대로 복원하여 그 시대에 실제로 일어났던 사건을 이해하는 데 목적을 둔다. 이에 비해 개선의 목적을 지닌 역사 연구는 선인들의 성공과 실패를 탐구함으로써 오늘의 문제를 해결하는 데 도움을 얻으려는 것에 그 목적이 있다. 이 두 목적 중 전자가 중시되어야 한다. 그렇지 않으면 현재를 위해 과거가 쉽게 왜곡될 수 있다.

과거에 대한 무지는 과거의 지배를 가져오게 되고 더 나아가서 현재의 유행하는 것들을 더욱 예속적이게 만든다. 또한, 과거를 모르는 사람들은 시류에 따라 살아가게 되고 극단적인 사람이 되기 쉽다. 산타야나(G. Santayana)의 유명한 경구, 즉 "과거를 기억하지 못하는 사람들은 과오를 되풀이한다."라는 말은 역사 연구를 등한시하는 사람들에게 주는 하나의 경고이다. 역사는 인간의 성취와 실패를 함께 보여 준다. 성취는 모범으로 받아들이고 실패는 거울삼아 되풀이하지 않도록 한다.

역사의 연구는 과거라는 전제적 지배로부터 우리를 벗어나게 해 준다. 과거에 관한 지식은 과거의 권위에 저항할 힘을 강화시켜 주고 미래를 형성할 자유의 터전이 된다. 개인적으로나 사회적으로 과거를 이해하지 않고는 개인이나 사회를 제대로 이해할 수 없다. 이런 의미에서 역사 연구는 자유로 향하는 통로라고 할 수 있다(신득렬, 2000).

2. 교육사 연구의 필요성

역사를 연구하는 것은 현재를 이해하는 것이며 나아가 미래까지도 예측하는 것이다. 과거 없는 현재는 있을 수 없기 때문에 오늘을 바로 알고 내일을 예견하기 위해 역사의 이해가 필요한 것처럼, 교육사 연구도 이 같은 의미에서 필요한 것이다.

교육을 이해하기 위해서는 교육사를 알아야 한다. 교육사가 교육 이해의 첩경이기 때문이다.

교육사(history of education)는 교육의 발생 · 사상 · 제도 등에 관한 교육과정의 역사 또는 그것을 연구하는 학문이다. 교육사는 과거의 삶의 현상으로서의 교육현상을 역사적으로 구명하고, 구명된 역사적 사실을 바탕으로 교육현상을 관통하는 여러 가지 법칙이나 경향을 살펴보아, 이를 통해 교육현상을 보는 안목을 길러 현재의 교육실천을 풍부하게 하고 미래의 교육 또는 교육학을 전망할 수 있도록 해주는 교육학의 연구 분야이다.

교육사는 교육현상에 대한 연구이므로 교육현상을 무엇으로 보느냐에 따라 다양한 분야의 교육사 연구가 있을 수 있다. 교육현상은 단순히 학교교육이나 제도교육만이 아니라 의식적 · 무의식적으로 인류가 해 온 문화유산 전달의 모든 과정이므로, 이것을 여러 영역으로 나누어 살펴볼 수도 있다. 또 교육사 연구는 교육현상을 관통하는 경향이나 법칙을 무엇으로 보느냐에 따라 다양한 입장에서의 연구와 교육의 역사 서술이 가능하다.

이와 같은 연구를 통하여 현재의 교육을 이해하고 보다 나은 미래의 교육을 설계하고자 하는 것이다. 그러므로 교육사 연구의 목적은 교육의 본질을 바르게 이해할 수 있는 교육적 지혜를 얻는 데 있으며, 교육현실에 대한 본질적 이해를 하는 데 있다. 또한, 미래지향적인 교육의 지표를 마련하여 사회문화의 발전을 도모하며, 위대한 교육가의 업적과 노력을 밝혀 교육자들의 신념을 고취하도록 하는 데 목적이 있다. 교육사 연구의 목적에 관한 한기언의 설명을 정리하면 다음과 같다(한기언, 1980).

첫째, 교육적 지혜를 얻는 데 있다. 교육의 역사를 연구한다는 것은 과거에 대한 반성적 사고이며 현재를 성찰하고 교육의 미래를 보다 향상시키기 위한 의미를 갖는다. 선조들이 이루어 놓은 교육제도나 교육이론 및 방법 그리고 그 밑에 흐르고 있는 교육사상은 오늘의 내가 있기까지의 산 결실이며, 내일을 살아가는 데 있어 필수불가결한 원동력이다. 따라서 과거를 단절하고 오직 현실의 나만을 생각하거나 교육문화와 교육적 예지에 대하여 무지일 때 오늘의 우리는 존재할 수도 내일을 향해 나아갈 수도 없다. 그러므로 우리가 교육사를 연구한다는 것은 교육의 본질을 올바로 이해하여, 오늘의 교육현실을 직시하면서 미래의 보다 바람직한 교육을 강조하고, 이를 성취코자 하는 데 그 근본목적이 있는 것이다.

교육사는 문화사와 깊은 관련성을 갖는다. 즉, 문화라고 하는 것은 인간형성의 의미를 지니는 것으로, 문화사는 교육사라고도 할 수 있을 만큼 밀접한 관계에 있고, 이것은 고대로 올라갈수록 더욱 깊은 관련에 놓이게 된다. 한마디로 인류의 발생과 성장, 삶의 과정을 이어온 오늘의 우리가 있기까지 삶의 여정이다. 점점 후대로 내려감에 따라 학문이 분화되고 과학적 체계에 의해 서로 각기 연구되는 오늘에도, 문화사의 성격을 띤 교육사의 바탕 위에서 새로운 인생관의 창조를 위해 끝없이 그 역할을 다해 왔다.

오늘날 교육학의 갈래가 세분되어 있기는 하나, 교육사가 교육학 분야 전반에 걸치는 의미는 실로 대단한 것이다. 그러므로 교육사는 문화사를 바탕으로 인간교육에 관한 경험이나 사상을 두루 포괄한 역사란 점에서 종합의 의미를 갖는 것이다.

둘째, 교육 현실에 대한 본질적 이해를 촉구하는 데 있다. 급변하는 사회와 고도화된 산업 사회의 발달에서 오는 비인간화의 추세나 외래 교육사조의 제 이론이나 교육방법의 무비판적 수용은 전통성을 찾고자 하는 교육적 현실에서 볼 때, 교육사 연구는 어느 때보다 절실하여 중요한 문제라 아니할 수 없다.

분명히 교육사 연구가 현재를 있게 하고 미래를 창조하는 데 있어 디딤돌의 역할을 다한다고 한다면, 또는 교육이 새로운 인생관을 갖게 해 주고 인간이 인간을 이끌게 해 주는 관건이 된다고 한다면, 마땅히 교육사적 소양을 가져야 하고 이를 철학적 안목에서 그 본질을 올바로 구명해야 함이 타당하다. 더구나 오늘날 당면하고 있는 많은 교육의 문제를 해소하기 위해서는 교육의 역사적 상황에 대한 소양, 즉 교육사학적 소양이 반드시 구비되어야 한다는 점이다.

여기에서 교육사의 사적 체계를 밝히는 데 있어서 정신사의 문제가 대두된다. 교육사는 교육의 철학적 접근에서 그 맥을 찾을 수 있다. 수천 년 동안 지금까지 이룩해 온 우리 선조들의 교육문화의 얼은 실로 값진 것이며 오늘의 나와 사회와 국가를 있게 해준 산증인이다. 이것은 바로 교육의 정신사적 맥락에서 다루어질 수 있다. 피와 땀으로 이룩해 온 선조들의 교육정신을 알고 이를 체계적으로 밝혀 그 본질을 이해했을 때만 오늘의 교육문제를 해결해 나갈 수 있는 것이며, 미래의 참된 교육을 창조할 수 있는 시발점이 된다. 여기에 바로 교육사 연구의 목적이 있다.

셋째, 교육사 연구의 목적은 미래 사회 문화발전의 지침이 되는 것이다. 교육의 성패는 그 나라 시대 사회의 운명을 결정한다. 한 시대와 한 사회의 보다 나은 미래를 설정하는 데 있어 교육이 차지하는 비중은 실로 막대한 것이다.

정치나 경제가 현실 안목에 초점을 두고 있다면 교육은 보다 미래지향적인 것으로 사회문화의 이상 추구와 밀접한 관련을 갖게 된다. 그러므로 교육의 교육사적 연구는 인간 삶에 대한 연구로서 사회사상이나 사회상태, 사회민족정신을 밝히게 됨과 동시에 사회문화 발전의 지표가 되는 것이다. 그러므로 교육사 연구는 사회현상의 근원으로서 보다 현재와 미래를 향하여 새로운 교육이론과 실천계획을 풍부히 제공해 줄 수 있는 방향으로 움직여야 한다. 따라서 교육사를 연구하는 사람은 마땅히 사회문화 발전의 주도자적 사명감을 갖고 교육에 임하여야 할 것이다.

한편, 교육사는 교육연구와 실제에 대해 다음과 같은 이익을 준다. 이에 대한 손인수의 설명을 정리하면 다음과 같다(손인수, 1997).

첫째, 교육학설과 교육사실사를 연구함으로써 현대 교육의 이론과 실제를 이해할 수 있게 된다. 현재가 과거를 배경으로 한다는 것은 교육학이 교육사의 토대 위에 선다는 것을 의미하는 것이다.

둘째, 교육사는 과거의 교육의 성공과 실패의 자취를 밝혀 주는 것이기 때문에,

교육사를 연구함으로써 교육에 대한 정당한 판단과 식견을 가질 수 있다.

셋째, 교육사는 과거의 위대한 교육가의 업적을 밝혀 주고, 또 그 노력에 대해 알려 주므로 교육자의 자각을 환기하고 신념을 고취한다.

교육사를 어떤 관점에서 보는가 하는 문제는 교육사를 연구하는 사람의 중대한 선결문제이다. 즉, 교육사관이 다름에 따라 여러 가지 교육사가 성립될 수 있다는 것이다. 이를테면 문화사적 교육사, 유형적 교육사, 이념적 교육사 등이 그것이다.

미국에서는 1960년대 초에 처음으로 교육사 연구방법론의 문제가 제기되었다. 연구방법으로는 코난트(J. B. Conant)가 미국 교사교육에 관한 연구 · 조사를 통해 "교사를 어떻게 교육시켜야 되는가."에 관한 자신의 의견을 피력함으로써 교육사 학계에 충격을 주었던 것이 그 시초가 되었다.

이와 같은 코난트의 지적이 계기가 되어, 그 후 교육사 연구의 관점에서 입장을 정리하는 학문이 활발히 전개되었고, 기능주의적(functional) 교육사관, 인문주의적(liberal) 교육사관, 실존주의적(existential) 교육사관, 실용주의적(pragmatic) 교육사관, 급진주의적(radical) 교육사관 등 여러 가지 방법론들이 제기되었던 것이다(손인수, 1997).

기능주의 교육사관은 기존 학문 연구 위주의 교육사에서 탈피하여 그 사실이 갖고 있는 의미를 해석할 수 있도록 역사의 흐름 속에서 현 상황을 이해해야 한다는 것이다. 현재 이루어지고 있는 교육현장에서 문제가 발생하였을 때, 그 문제를 푸는 방식은 원리의 생성에서부터 미래를 전망하는 면까지 고려해서 접근하여야 교육의 모든 현실 문제를 해결할 수 있는 것이다.

인문주의적 교육사관은 문제중심형으로 역사를 접근할 때에는 어떤 기준으로 문제를 선정해야 하느냐 하는 어려움을 겪게 되므로, 교육사는 학생들로 하여금 사회진화의 원리를 파악하게 하여 미래를 전망하는 데 교육의 여러 자료를 활용할 수 있게끔 하자는 것이다. 그리고 교육이란 그 시대의 사회사상과 문화를 반영하는 것이므로, 전 인류문화 전달과정의 맥락에서 파악하도록 하여야 한다는 것이다.

실존주의적 교육사관은 역사의 본질 추구에 관한 연구가 선행적으로 이루어져야 함을 역설하고 있다. 역사에서도 그러하듯이 "과거에 교육현장에서 무엇이 실제로 일어났는가."에서부터 교육사를 시작해야 한다는 것이다. 그리고 교육사 연구는 교사들 자신이 역사의 필요성을 느끼고 중요한 의미가 있다고 느끼게 하는 데서부터 출발하여야 하며, 연구의 대상은 인간성에 관한 역사, 연구의 대상을 결정하게 되는 결정과정 등을 어떻게 가치 있게 정리하였는가 등이 되어야 한다는 것이다.

실용주의적 교육사관에서 영향을 받은 교육사는 대중화의 개념에서 기능주의 사관이, 역사 연구에 충실하기 위하여 문화사의 한 단면으로 살펴보는 인문주의 사관이, 역사의 본질 추구라는 면에서 실존주의 교육사관이 나왔다고 볼 수 있다. 최근에 와서 급진주의 사관이 대두됨에 따라 교육사관도 수정주의 사관으로 발전되어 그 학술논의가 활발히 전개되고 있다.

역사적 판단은 맥락의 인식 속에서 이루어져야 한다. 오늘날 우리가 부도덕한 것으로 생각하는 행동을 감행한 과거의 사람들을 정죄하는 것은 어리석은 일이다. 우리는 행동 그 자체를 판단하고 정죄할 수 있지만 그 사람들을 그들 문화의 죄수로서 동정하는 마음으로 바라보아야 한다. 우리들도 후손들에 의해 그러한 대우를 받을 수 있기 때문이다.

교육이론들과 실제들을 역사적 맥락에서 음미하는 것이 가치 있는 것은 그것이 현재의 이론들과 실제들을 비판적으로 바라보도록 자극하기 때문이다. 이러한 태도는 우리로 하여금 현상에 대해 더욱 비판적으로 바라보아야 할 것을 갈구하게 만든다.

교육사 연구를 사려 깊게 하게 되면 우리는 여러 가지 좋은 효과를 얻을 수 있다. 교육사 연구를 통하여 우리는 교육문제를 해결하는 데 필요한 넓은 시야, 개혁 의지 그리고 상상력을 얻을 수 있다. 선인들의 실패와 좌절을 보면서 원인 탐구에 대한 호기심, 그러한 것들을 극복하려는 불굴의 정신을 배울 수 있다. 역사에 대한 올바른 연구는 역사가 인간의 의지와 노력에 의해 만들어진다는 역사의식을 갖게 해 주며, 사회 안에 만연되어 있는 운명론, 패배주의, 조야한 결정론으로부터 벗어나도록 해 준다.

3. 교육사 연구의 자세

교육사를 연구한다는 것은 단순한 과거의 사실을 습득하는 데 국한되지 않기에 중요하지 않을 수 없다. 특히 교육사 연구는 연구자에게 오늘날의 교육을 어떻게 볼 것인가에 대한 방향을 제시해 주는 프리즘과 같으므로 올바른 자세가 필요하다. 박영진은 교육사 연구의 자세에 대해 세 가지로 제시해 주고 있다(박영진, 2012).

첫째, 진리에 대한 무한한 추구이다. 교육사 연구자는 과거의 자료와 기록을 토대로 규명할 수 있는 진리를 추구해야 한다. 이는 왜곡된 역사로부터 자유로울 수 있는 지적인 책임감과 정의감이 필요함을 의미한다. 또한, 과거의 오류를 스스로 수정해 갈 수 있는 학자적 양심과 명확하지 않은 것에 대해 해석을 보류할 수 있는 지혜가 진리를 추구하는 연구자의 기본적인 자세라고 할 수 있다.

둘째, 종합적이고 유연한 사고이다. 교육사 연구자는 시대적 상황과 배경을 종합적으로 이해하고 역사적 사실과 사건에 대해 유연하게 사고할 수 있어야 한다. 고대의 일부 국가에서 동성애나 근친결혼이 허용되었다는 사실이나 종교인들에 의한 이민족 살생과 같은 사건은 현대적 관점으로 해석해서는 안 될 것이다. 반드시 시대적 상황과 사회적 배경을 고려하여 왜, 무엇을 위해 그러했는지 인과관계를 살피는 자세가 요구된다.

셋째, 비판적 시대정신이다. 교육사 연구자는 주체적인 관점을 견지하여 시대를 올곧게 비판해 낼 수 있어야 한다. 이 점은 교육사 연구가 단순히 과거사를 머릿속에 집어넣는 것이 아니라 근거를 가지고 해석 및 적용해 내어야 함을 의미한다. 만약 이러한 자세가 없다면, 우리는 일본의 식민사관으로 우리의 교육사를 보고 해석했을 것이며, 나아가서 사대주의적 교육사 연구에 봉착하게 될 것이다. 사회적 억압에도 잃지 않았던 선학들의 비판적 시대정신은 교육사 연구의 가치지향성을 나타내 주는 필수적인 자세라고 할 수 있다.

4. 교육사상사

교육사와 아울러 교육사상은 교육의 목적과 그 실현을 위한 교육의 원리 등을 체계적으로 전개한 사상이다. 흔히 교육철학 · 교육관 혹은 교육이론과 동의어로 사용되기도 하지만, 이들과는 다소 의미가 다르다. 교육철학은 교육의 목적이나 그것을 전제한 주장에만 관계하는 것이 아니며, 교육관은 체계적인 주장이 아닌 경우에도 사용되고, 교육이론은 반드시 목적과 실천적 원리에만 관계하는 것이 아니다.

교육사상사의 연구는 일차적으로는 교육사상가의 학문적 업적인 저작에 주목한다. 이 저작에 미친 사상, 저작의 학문적 가치, 이 저작이 후세에 미친 영향 등이 분석된다. 교육사상사가는 먼저 어떤 교육사상가의 주장이 이전 세대의 주장에 어떻게 의존하고 있는가를 이해해야 하며, 사회적 · 문화적 환경의 영향을 어떻게 받았는지 파악해야 한다.

교육사상사는 교육사상가로 널리 알려진 인물에 국한할 것이 아니라 지성사 연구로 나아가야 한다. 왜냐하면 교육학에 관한 저작을 내지 않았더라도 인류의 교육활동에 엄청난 영향을 미친 사람이 많기 때문이다. 위대한 과학자들과 탐험가들, 위대한 예술가들, 위대한 철학자들과 역사학자들은 자신의 고유한 활동을 통하여 인간의 바람직한 자질과 성향을 형성하는 데 크게 기여해 왔다. 뉴턴과 콜럼버스, 미켈란젤로와 셰익스피어, 스피노자와 기번 같은 사람은 교육에 관한 저작을 남기지 않았지만 인류의 교육에 공헌하였다.

전통적으로 교육사가들은 제도화된 교육, 학교, 대학 등에 국한하여 주의를 기울였다. 이것이 연구의 출발점으로서 이해될 수 있다고 말한 사이몬(Simon)은 두 가지 점을 지적하였다. 첫째, 역사적으로 제도화된 교육은 소수에게만 영향을 미쳤다. 그리하여 이것에만 관심을 갖게 되면 다수를 배제시키게 된다. 둘째, 선진 산업사회에서 보편교육이 발달했지만, 가장 중요하게 작용하는 형성영향력을 찾아내지 못하고 있다. 사이몬의 이러한 주장은 제도교육에만 집착하는 교육사가들에게 주는 충고라고 할 수 있다.

위대한 교육사상가들은 모두 이전 시대의 사상 수용과 비판의 과정을 거쳐 독자적인 교육사상을 제시하였다. 그들의 사상은 그들 자신의 시대에도 영향을 미쳤을 뿐만 아니라 그 이후에도 계속해서 영향을 미치고 공헌을 하였다. 그들이 제시한 해결책의 대부분은 이제 낡은 것이 되었지만 그들이 제기한 물음은 영원한 가치를 가지고 있다. 그들의 물음은 인간존재와 교육의 본래적인 질문으로서 우리 앞에 제기되고 있다.

지성사를 연구하는 사람들은 어떤 사상가의 주장이 이전 세대의 주장에 어떻게 의존하고 있는가를 이해해야만 한다. 그는 사상가들의 개인적 이력을 이해해야 할 뿐만 아니라 교육사상이 어느 시점에서 일어나며, 그것이 사회적, 문화적 환경의 영향을 어떻게 표현하는가를 이해해야만 한다. 따라서 사회학을 비롯한 개별과학에 대한 이해를 가져야 할 뿐만 아니라 개개 사상가의 관념들, 전기적인 사건들에 대해서도 알아야 한다.

한편, 어떤 교육사상이 한 시대에 세력을 유지하고 있을 때, 이를 교육사조라고 한다. 교육사상의 접근에는 여러 가지 길이 있다. 그중의 하나가 인물사적 접근이다. 이를테면 인물중심 교육제도사, 인물중심 교육문제사, 인물중심 교육학사 등이 그것이다.

칼럼 읽기 역사는 심리학이다

자서전의 주인공들은 자신의 과거 경험을 있는 그대로 드러내지는 않는다. 보다 강조하는 부분이 있고, 간단히 언급만 하거나, 생략해 버리는 부분도 있다. 과거의 일들을 현재의 관점에서 유리하게 평가하는 경우도 자주 발생한다. 아무리 진정한 참회록이라 하더라도 불미스러운 과거사를 모두 다 기록하지는 않는다. 인정할 수 있는 것만 인정하고, 그렇지 못한 것들은 아예 의식조차 하지 않으려는 것이 인간 심리이기 때문이다.

소설가 이병주는 대하소설 『산하』의 끝자락에 "태양에 바래지면 역사가 되고, 월광(月光)에 물들면 신화가 된다."라는 유명한 말을 남겼다. 기록자로서의 소설가라는 평가를 받는 그에게 역사란 과거에 있었던 모든 일의 단순한 종합이 아니다. 현재의 관점에서 선별되고, 강조되고, 채색된 기록이 역사인 것이다. 그 외의 다른 과거의 일들은 역사가 아니라 신화가 될 뿐이다.

이런 의미에서 역사는 현대의 관점에서 쓰인 사회의 자서전이다. 그렇기에 개인의 자서진이 가질 수 있는 모든 심리적 편향이 사회의 자서전에서도 빈복될 수 있다. 개인의 자서전이건 사회의 자서전이건 주관의 편향에서 완전히 자유로울 수는 없기 때문이다.

역사적 사건에 대한 역사가들의 진술과 법정에서의 목격자 진술은 비슷한 점이 많다. 지나간 사건에 대해 진술한다는 점과 진술의 결과가 매우 중요한 작용을 한다는 점에서 특히 그렇다. 흥미로운 점은 교통사고 목격자들이 동일한 사건을 목격했음에도 서로 다른 진술을 하는 경우가 흔하다는 것이다. 이는 그들이 진실을 말하는지, 아니면 거짓을 말하는지의 차원에서 따질 일은 아니다. 그들은 모두 자신의 입장에서는 진실을 말하는 것일 수 있다. 사건을 지각하고 기억하고 진술하는 과정에서 발생하는 개인차와 편향은 매우 일반적인 심리 현상이다.

역사가들의 진술에서도 관점의 차이에 따라 과거를 바라보는 시각의 차이가 존재할 것이다.

역사 인식과 관련해 매우 흥미로운 심리학 연구가 있다. 2006년에 발표된 한 연구에서는 7개 국가 1,300여 명의 대학생과 성인에게 가장 중요한 세계적 사건이 무엇인지 질문을 던졌다. 응답을 분석한 결과 몇 가지 주목할 만한 인식 차이가 발견됐다. 예를 들어 성별과 연령대에 따라, 그리고 자신이 속한 문화에 따라 중요하다고 응답한 세계적 사건들이 각기 다른 것으로 나타났다. 이는 사람들이 자신이 처한 개인적 또는 사회적 처지에 따라 역사적 사건의 의미를 인식하고 해석하는 방식이 크게 달라진다는 것을 나타낸다.

법관이 재판할 때, 언론이 보도할 때, 그리고 심사위원이 평가할 때 객관성과 공정성이 얼마나 발휘되는지는 늘 초미의 관심사가 된다. 이런 중요한 일들에 우리 사회가 발전시켜 온 최선의 방안은 다양한 관점과 시각을 도입하는 것이었다. 배심원 제도, 다양한 언론기관, 복수의 심사위원이 몇 가지 예가 된다. 단 한 명의 법관과 심사위원, 그리고 하나뿐인 언론이 범할 수 있는 주관적 편향과 왜곡을 방지하기 위해서다.

역사가들이 과거의 사건들을 모두 동일하게 인식하고 해석하지는 않는다는 것을 우리는 이미 알고 있다. 근대사뿐 아니라 멀리는 상고사(上古史)에서부터 가깝게는 얼마 전의 현대사에 이르기까지 역사가들의 역사관이 한결같지 않음은 이미 잘 알려진 사실이다. 역사가 개개인의 역사 서술은 그것이 그들 자신에게는 진실일지라도 어떤 관점에서 바라보아도 절대적 진실이 된다고 말할 수 없다. 우리가 특정하게 선정된 일부 역사가에게 우리 사회 전체의 역사 서술을 일률적으로 맡길 수 없는 이유가 여기에 있는 것이다.

우리는 유일하게 옳고, 정당하고, 바람직한 역사관이 있다고 주장해서는 안 된다. 역사를 바라보는 좀 더 균형 잡힌 자세는 다양한 시각과 해석에 대한 열린 마음이라 할 수 있다. 누군가가 정부가 정한 역사만이 유일하게 옳은 역사라고 주장한다면 그것은 달빛에 물든, 모든 잊힌 선조들의 신화적 삶을 태양의 뒤꼍으로 영원히 퇴장시켜 버리는 일이 되고 말 것이다. 모두에게 진실인 유일한 역사는 없다. 선조들의 수만큼 과거 일들이 있고, 역사가들의 수만큼 역사들이 있을 뿐이다.

– 조성호(가톨릭대 심리학과 교수).

출처: 서울신문(2015. 10. 23).

제2장

교육철학의 이해

1. 철학과 인간의 이해

1) 인간존재의 특성

교육은 인간을 대상으로 인간이 하는 활동이다. 따라서 인간존재를 어떻게 보며 어떠한 인간으로 성장하게 할 것이냐 하는 문제는 교육의 가장 기본적이고 다른 무엇보다도 선행되는 문제이다. 이런 연유로 인류는 오랜 역사 과정을 통해 인간의 본질에 대해 진지하게 질문해 왔고 그에 대한 답을 추구해 오는 과정에서 논란도 적지 않았다.

인간에 관한 논란에는 인간이 선천적으로 선한 존재냐 악한 존재냐 하는 점이다.

첫째, 일반적으로 인간이 악하다고 보는 입장에서는 그 근거를 본능적으로 공격성에서 찾는다. 인간이 내적으로 악을 지닌다는 견해는 사회, 특히 교육기관을 통해 인간의 선천적인 악의 경향을 재조정하고, 변화시키거나 강하게 수정해야 한다고 암시한다.

악한 인간성에 대한 믿음은 교육에서 다방면에 걸친 역사를 지니고 있다. 오래전부터 교회와 학교는 인간의 사악한 본성을 재조정하기 위해 함께 노력했다. 아이들이 나쁘게 행동하면 더 나빠진다는 의미에서 학교들은 그들의 본성을 재조정하고 선하게 되도록 가르쳐야 했다. "아이들이 선하게 되도록 가르친다."라는 신의 계율과 법령은 악을 행하는 그들의 성향을 억제하는 것을 의미했다. 전자는 종교적이라 부르는 교육과정이 대부분으로 성경, 찬송가, 신학, 교리, 교회역사 등이었다. 후자는 교사들이 천성적인 행동을 억압하려고 채찍질과 구타가 빈번히 행해졌음을 의미했다. 학교규율, 더 정확히 말하면 처벌은 오늘날 관점으로 볼 때 과도하게 엄격하고 혹독했으나, 이는 아이의 영혼을 재조정하는 데 필요한 수단이었다.

인간성의 내재적 악행을 믿는 교육의 실제적 결과는 강제적 규율, 구속적인 규제, 잦은 처벌, 엄격한 태도 등에 의한 끊임없는 감시와 감독 태도로 일관된 교육의 보급이었다. 학교 당국자에게 왜 학생들이 심하게 통제되느냐고 묻는다면, "이 아이들을 정말 단속하지 않으면 그들은 날뛸 것이다."라고 대답할 것이다.

인간성이 내적으로 악하다는 오래된 믿음에 대한 또 하나의 암시가 있다. 교육이 특정 윤리적 · 도덕적 믿음에서 가르침으로 구성되어야 한다는 가정이다. 확실히 구원을 위해 필요하다는 가르침의 개념은 더 이상 공공학교에서 받아들여지지 않는다. 그러나 학교들이 몇 가지 도덕적 교훈을 아이들에게 가르쳐야 한다는 것은 아직도 널리 인정되고 있다.

둘째, 인간은 선한 존재라고 보는 입장이다. 인간이 선한 존재임을 천명한 사상가 중에는 단연 18세기 자연주의자 교육가인루소(J. J. Rousseau)이다. 루소가 제시한 인간성 이론, 즉 아이들은 천성적으로 선하고 더 선해져야 한다는 이론은 인간중심교육이론 및 실제의 토대이다. 이 견해는 스위스의 훌륭한 교육자인 페스탈로치(J. H. Pestalozzi)가 채택했는데, 그는 18세기와 19세기 초기에 다수의 학교에서 지도를 했다. 페스탈로치의 이론과 실제는 미국으로 전파되어 후에 진보적인 교육의 기초를 형성한다. 독일 철학자 프뢰벨(F. W. A. Froebel)의 교육이론 또한 미국으로 전파되었는데, 이것 역시 많은 진보주의에 영향을 미쳤다.

페스탈로치와 프뢰벨 모두 아이들이 기본적으로 선하다고 믿었고, 어른들은 그들의 천성적이고 무의식적인 행동을 최소한으로 간섭해야 한다고 믿었다. 프뢰벨은 아이들을 식물에 비유했다. 꽃이 아름답게 필 수 있도록 키우듯이 아이들 또한 아름다운 것으로 발달해야 한다는 것이다. 이러한 식물과 아이의 분석은 역으로 수동적인 교사들의 기능을 강조하는 교육이론을 낳았다. 교사들은 아이들이 정상적으로 성장하기 위한 환경만을 제공하고 최소한으로 간섭하고 지도하며 인도해야 하는 것으로 간주했다.

20세기에는 진보적 교육의 옹호자들이 이러한 가정만을 적용해 학교를 개혁하려 시도했다. 흥미는 자연스러운 표현이므로, 아동의 흥미가 교과과정의 기초가 됨으로써 아동은 지적으로 호기심을 가지고 다방면에 관심을 갖는 성인으로 인도될 것이다. 아동의 활동은 자연스러운 것이고, 자연스러운 것은 선한 것이므로, 진보주의자들은 그들의 교과과정에서 활동을 중요시했다. 이와 비슷하게 아동의 표현은 천성적으로 선한 것이어서 장려해야 한다고 했다. 교사는 안내자로서 아동들의 목적에 기초한 학습과정을 쉽게 조종해야 했다. 교사는 경찰이나 다른 어떤 종류의 관리가자 절대 아니었다. 그래서 아동들을 규제하는 일이 드물었다. 이는 아동들이 자연적으로 희망하는 행동을 나쁘게 보지 않았기 때문이다.

다른 한편, 인간의 본질에 대해 지지한 탐색의 결과로서 동물과는 달리 '사회적 존재', '이성적 존재', '정치적 존재', '언어적 존재', '유희적 존재' 등으로 보지만, 무엇보다도 교육활동을 중심으로 보면, 인간은 '교육 필연적 존재'라고 정의할 수 있다. 이 말은 인간은 오직 교육이라는 인간형성 활동을 통해서만 진정한 인간으로 성장할 수 있다는 것이다.

인간에게 교육이 필연적일 수밖에 없는 이유는 여러 가지로 설명할 수 있다. 첫째, 인간은 다른 동물에 비해서 매우 연약하고 미숙한 상태로 태어나기 때문이다. 인간은 다른 동물과 비교하면 너무 무력하고 무능하며 아무것도 기대할 수 없는 상태로 태어난다. 그러나 역으로 생각해 보면 미성숙하다는 것은 그만큼 성장의 여지가 많다는 뜻이며, 그만큼 잠재 가능성이 풍부하다는 뜻이다. 이런 의미에서 듀이(J. Dewey)는 미성숙을 성장과정으로서의 교육의 으뜸가는 조건이라 하였다. 교육이란 바로 이러한 미성숙과 성숙 사이의 틈을 메워 주며, 가능성을 현실성으로 변화시켜 주는 매개이다.

둘째, 인간은 오랜 성장 기간을 필요로 하는 존재이다. 동물들은 태어난 지 불과 몇 분 만에 일어서서 걷고, 동물에 따라서는 맹수의 공격을 피할 수 있을 정도로 재빨리 달릴 수도 있다. 그러나 인간은 미성숙한 상태에서 태어나는 데다 오랜 성장 기간이 필요하기 때문에 다른 동물보다 더 많은 것을 배우고 익히지 않으면 생존 자체를 보장받을 수 없다. 이 배우고 익히는 과정에서 결정적인 역할을 하는 것이 바로 교육이다. 따라서 교육은 인간의 생존적인 생활에서 없어서는 안 될 필수적이고 절대적인 조건이다.

셋째, 인간에게 교육이 필연적인 것은 경험의 전달성에서 찾을 수 있다. 인간은 단순한 경험뿐만 아니라 복잡하고 추상적인 경험까지도 전달할 수 있다. 앞 세대는 그들이 쌓은 경험을 다음 세대에 전달하며, 다음 세대는 앞 세대의 경험을 기초로 더욱 발전된 문화를 재창조하여 다시 그다음 세대에 의도적이고 계획적으로 전달해 준다. 이 과정이 바로 교육의 과정이다. 따라서 한 세대가 향유하고 있는 문화 속에는 그 이전의 수백 또는 수천 세대가 쌓은 경험이 녹아 있다고 할 수 있다.

넷째, 인간의 다양한 생활 · 행동 양식이나 문화는 언제나 재획득되어야 한다는 데 있다. 사회적 존재로서의 인간은 필연적으로 공동의 생활양식 또는 문화를 형성하게 되는데, 이러한 생활양식과 문화는 각 개인이 본능적으로 갖고 태어나는 것이 아니라 후천적으로 재획득해야만 한다. 이것들과 분리할 수 없는 것이 바로 교육이다. 교육의 본질적인 역할 중의 하나가 각 개인에게 그 집단의 생활양식과 문화를 획득하도록 함으로써 그 개인은 물론 집단 전체의 생활을 안정적으로 유지시켜 주는 일이다. 따라서 개인이 사회를 떠나 존재할 수 없는 이상, 그리고 사회가 공동의 생활양식과 문화를 갖지 않을 수 없는 이상에는 인간에게 있어 교육이라는 활동은 불가피한 것이다.

마지막으로, 인간은 가치지향적 존재이기 때문에 교육이 필요하다. 인간은 끊임없이 자신의 정체성을 확립하려고 하며, 보다 이상적이고 만족스러운 자기실현을 위해 많은 노력을 기울인다. 교육이라는 활동은 현실적 가치만을 추구하지는 않는다. 교육은 때때로 현실적 필요를 충족시켜 주기 위해 존재하기도 하지만, 현실 세계와 거리가 먼 이상의 세계, 진리의 세계를 지향하기도 한다. 따라서 인간이 가치지향적 존재인 까닭에 보다 이상적인 삶을 설계하고 예비하는 교육이라는 활동으로부터 자유로울 수 없는 것이다.

이상에서 인간존재의 특성을 선 · 악적인 측면과 활동적인 측면에서 살펴보았지만, 무엇보다도 인간은 교육필연적인 존재라는 사실임에는 의심의 여지가 없다. 특별히 칸트(I. Kant)는 이런 인간 특성을 통찰력 있게 포착한 학자이다. 왜냐하면 그는『교육학 강의』에서 "인간은 교육을 필요로 하는 유일한 존재이다.", "인간은 교육을 통해서만 인간이 될 수 있다. 인간이란 교육이 만들어 낸 산물에 불과하다."라고 주장함으로써 인간과 교육이 불가분의 필연적 관계에 있음을 천명하였기 때문이다. 이처럼 인간의 삶에 있어 교육은 필수 불가결한 요소, 존재 근거로 작용한다.

2) 인간교육의 원리

인간교육의 원리는 세 가지 측면에서 생각해 볼 수 있다. 하나는 개체 간의 관계성, 다른 하나는 공동체성, 그리고 또 하나는 평생교육의 관점에서 고려될 수 있다.

첫째, 개체 간의 관계성의 측면에서 보면, 인간은 누구나 자기의 생각, 느낌, 행위, 생활 속에서 사회적 계약과 관련을 맺고 살아가기 마련이다. 동물은 본능으로써 대상과 관계를 맺는 데 그치나, 인간은 인격적으로 대상과의 관계에서 만남의 차원에까지 이를 수 있는 것이 특색이다. 이런 의미에서 실존주의 철학자 부버가 강조한 '만남'의 중요성은 여전히 유효하다.

부버는 교육을 인간과 인간의 만남이라는 관점에서 이해함으로써 '만남'을 교육의 핵심적인 개념으로 파악하였다. 그는 인간의 본질을 인간이 세계와 맺고 있는 관계에서 파악하고자 했다. 인간이 세계와 맺고 있는 관계는 '나–너'의 관계와 '나–그것'의 관계라는 두 가지가 있다고 생각했다. 전자는 인격적 만남의 관계이며, 후자는 주체와 대상의 관계이다. 인간은 '나–너'의 관계, 즉 인격적 만남을 통해 실존의 모습을 회복할 수 있다.

부버에 의하면 교육은 진정한 만남, 즉 '나–너'의 관계를 통해 인간의 본래적 모습을 회복하는 일이다. 특히, 교육적 만남에서 가장 중요하고 본질적인 것은 교사-학생의 관계이다. 교사와 학생이 만나 관계를 형성하는 것은 교육의 전제 조건인 동시에 하나의 선물이자 은총이라고 할 수 있다.

그러나 현대는 '나-그것'에 지배당하는 현실에 놓여 있다는 데 문제가 있다. 인간은 물질의 획득에서 행복을 추구하며, 이에 대한 불만족에 의해 좌절감이 쌓이게 되고, 마침내는 인격분열증에 깊이 빠지게 된다. 인간의 행복은 내적 자유에서 느껴지는 삶의 긍정적 태도이다. 이런 관점에서, 요구를 통합된 인격으로 실현하고, 승화하고, 통제할 수 있는 태도를 함양해 갈 수 있도록 하는 인간교육이 강조되어야 한다.

둘째, 공동체성의 측면에서 볼 때, 교육은 사회화 과정이라고 할 수 있다. 여기에는 인간은 사회 속에서만 인간이 될 수 있다는 뜻이 내포되어 있다. 인간이 살아간다는 것은 함께 어울려 살아가는 것을 의미하고, 뜻을 편다는 것은 공동의 뜻을 세워 그것을 성취한다는 말이다. 개인은 '우리'라는 공동체, 즉 가족, 민족, 인류 속에서 위치 지어진 존재이다. '나'라는 개성적 · 개체적인 의식도 집단의식의 근거가 되는 공통된 정신적 · 전통적 바탕 위에서 우러나온 것이다. 따라서 인간교육은 공동체를 이루어가는 교육이요, 진정한 인간 사랑과 나라 사랑, 세계 사랑의 마음이 우러나오게 하는 교육이어야 한다. 이 교육에 의해 우리는 바른 서민의식, 국가의식을 기대할 수 있다.

셋째, 평생교육 측면에서의 인간교육은 전 생애에 걸쳐 이루어지는 계속된 삶의 교육이다. 평생교육은 생의 시초에서 시작하여 생의 종말에서 끝난다. 평생교육은 인간 발달의 모든 단계에서 개인이 수시로 당면하게 되는 모든 역할을 다 포함하게 된다. 이러한 평생교육의 형태는 지금까지 행해 온 교육으로는 변화하는 미래 사회에 적응할 수 없다는 생각에서 나온 것이다. 지금까지의 교육개념은 학교교육이나 제도화된 교육을 주로 생각하는 경향이 많았다. 따라서 학교를 수료하고 졸업장을 받으면 교육은 완성되고, 교육 기간은 끝나는 것으로 생각하였다. 또한, 전통적인 교육관에서 보면 학교의 역할은 장래의 성인 생활을 위한 준비에 있다고 보아 온 것이다.

그러나 이러한 생각은 현대 사회에서는 용납되지 않는다. 학교에서 배운 것만으로는 일시적 효용 가치밖에 없을 뿐 아니라, 학교는 긴 삶의 발전 과정 가운데 한 분야로 간주되기 때문이다. 여기에서 미래지향적인 교육의 필요성이 대두된 것이다. 올바른 인간으로 형성되기 위해서는 삶의 연속된 교육과 학습이 필요하다. 인간교육은 학생이나 청소년에게만 해당되는 말은 아니다. 성인, 노년, 선생, 지도자, 그리고 그 누구에게나 해당하는 말이다. 인간교육은 평생을 통한 상호작용이요, 생명을 끊임없이 뻗어나가게 하는 것이다. 여기서 이루어진 줄기찬 생명 의욕에서 삶의 의미가 나오고 사회적 관계성을 이루어나가는 것이다. 이러한 사회적 관계성에서 선한 인간성이 공동체로 드러나는 것이라고 할 수 있다(송유진, 2012).

3) 철학의 학문적 성격 및 정의

철학은 하나의 학문이다. 모든 학문은 그것이 연구하는 대상을 갖고 있다. 그렇다면 철학이 연구하는 대상이란 무엇인가?

철학의 연구대상이 되지 않는 것은 아무것도 없다. 인간과 자연, 사회와 우주, 심지어는 초자연적인 문제, 예컨대 '무(無)란 무엇인가?', '죽음이란 무엇인가?', '인간의 영혼은 불멸한가?' 등의 형이상학적 문제도 그 연구대상이 된다. 연구하는 대상의 총체성 때문에 철학은 일반과학과 구분된다. 이런 의미에서 철학의 학문적 성격은 두 가지 측면, 즉 일반학문으로서의 철학과 분과학문으로서의 철학으로 설명될 수 있다.

서양에서 인간의 앎에 대한 추구의 결과가 학문으로 성립된 것은 고대 그리스에서였다. 고대 그리스에서 철학은 '학문'과 동일한 의미를 가지는 것이었다. 말하자면, 당시의 철학은 오늘날 자연과학과 사회과학의 모든 분과학문에서 다루는 내용까지도 포괄하는 일반학문의 성격을 지니고 있었다. 현대의 여러 분과학문은 아주 오랜 세월이 지난 후의 일이지만, 철학에서 갈라져 나왔거나 철학과 무관하게 새로 생겨난 것이다.

그 후 과학적 사고가 발달함에 따라 철학에서 자연에 관한 연구영역이 자연과학으로 분리되었다. 또한, 과학적 방법이 인간에 대한 연구에 대해서도 적용되기 시작하면서 사회과학이 철학에서 분리되었다. 자연과학과 사회과학은 각각 자연과 인간에 대해 철학과는 다른 방식으로 탐구함으로써 철학에서 분리되어 나오게 된 것이다. 결국 과학적 사고의 발달로 인해 철학은 자연과 인간에 대한 진리의 탐구라는 자신의 고유한 임무의 대부분을 과학에게 넘겨주게 된 셈이다. 그리고 오늘날 철학은 자신에게서 독립해 나간 여타의 분과학문과 대등하게 하나의 분과학문으로 존립하고 있다.

분과학문으로서의 철학은 이전의 일반학문으로서의 지위와 성격은 상실했지만 여전히 그 존재 의의는 유지되고 있다고 할 수 있다. 그러면 분과학문으로서의 철학의 존재 의의는 무엇인가?

과학의 발달은 철학이 탐구대상으로 삼았던 인간과 자연을 사실세계와 의미세계라는 두 가지 차원으로 구분하게 해주었다. 그동안 철학이 탐구해 온 것이 인간과 자연의 의미세계라면, 과학은 인간과 자연의 사실세계를 탐구대상으로 삼게 된 것이다. 가령, 인간의 삶에서 일어나는 '죽음'이라는 현상은 이제까지는 철학적 탐구의 대상이었지만, 이제 동시에 사회과학적, 자연과학적 탐구의 대상이 되기도 한 것이다. 철학이 죽음이라는 현상이 갖는 의미를 밝히고자 한다면, 과학은 죽음과 관련된 사실들을 밝히고자 한다는 점에서 양자는 차이를 갖는다.

이러한 구분이 의미하는 것은 과학적 지식의 발달이 철학적 지식에 대한 재검토는 물론 철학의 학문적 성격까지도 바꿔 놓게 되었다는 것이다. 이제 철학적 탐구는 과학적 탐구의 성과에 바탕을 두지 않고서는 이루어질 수 없게 되었다. 그럼에도 현재의 분과학문으로서의 철학의 존재 의의는 세계를 하나의 전체로 파악한다는 철학의 일반학문적 특징을 여전히 유지하고 있다는 데서 찾을 수가 있다.

결국 철학은 자연과학이 제공하는 모든 지식을 이용하여 인간의 삶이 지향해야 할 전체적인 방향을 제시해 주는 역할을 한다. 따라서 철학은 특수한 영역의 연구보다 전체적인 연관성을 중시하면서 그 법칙과 의미를 제시하려고 노력한다. 이런 의미에서 실존주의 철학자 야스퍼스(K. Jaspers)는 "어중간한 철학은 현실을 떠나 버리지만 완전한 철학은 현실로 인도한다."고 갈파했다.

그렇다면, 철학이란 무엇인가? 철학자의 과업과 임무는 무엇인가? 이러한 질문에 대한 일치된 견해는 없다. 철학이란 말은 그 자신의 긴 역사를 가지고 있으며, 매우 복잡한 활동이기 때문에 다양한 의미로 사용되고 있다.

신득렬은 인간의 삶과 불가분의 관계를 가지고 있는 철학은 크게 전통적 의미로서의 철학과 현대적 의미로서의 철학으로 나누어 이해될 수 있다고 하였다. 전자에는 규범적, 사변적 활동이 포함되고, 후자에는 분석적 활동이 포함되고 있다는 것을 다음과 같이 제시하고 있다(신득렬, 2000).

첫째, 사변적 활동이다. 철학이란 말을 심사숙고하여 아주 특수하고 제한된 의미에서 사용한 최초의 사람은 플라톤과 아리스토텔레스이다. 그들에 따르면 철학은 무엇보다도 사물의 궁극적 원리를 추구하는 이론적, 사변적 활동이었다. 사변적 활동은 우주를 전체로서 파악하고 그 안에서 인간의 지위를 설명하려는 활동이다. 이 활동은 전체적 관점을 획득하려는 시도로서 종합적인 성격을 가지고 있다.

형이상학적 활동은 대표적인 사변적 활동이다. 형이상학은 일반적으로 초감각적인 세계를 참된 실재라고 생각하고 이것을 순수한 사고에 의해서 인식하려고 하는 학문이다. 고전적인 철학자들은 사변적 활동을 통해 인생과 우주에 대한 전체적 비전을 제시하려고 하였다. 개별과학들의 눈부신 발전과 이에 따른 제어되지 않은 사태에 직면하고 있는 현대인에게는 사변적 활동이 필요하다.

둘째, 규범적 활동이다. 규범적 활동은 고대 그리스에서 그 기원을 찾아볼 수 있다. 그리스적 의미는 즉, 지혜(sophia)에 대한 사랑(philos)이었다. 이렇게 일찍부터 그리스인들은 지혜의 가치를 인식하였기 때문에 철학의 탐구대상을 자연현상에서 인간으로 전환시켰다. 소크라테스는 "지식을 선하게 활용하는 것"을 지혜라 하였고, 공자는 "인간의 한계를 깨닫고, 인간의 근본적인 무지를 받아들이는 것"을 지혜라 하였다.

그렇다면 지혜란 구체적으로 무엇을 의미하는가? 실제적 판단으로서의 지혜는 고대 그리스에서부터 철학의 중요한 탐구대상이었다. 지혜는 다양한 의미로 사용되고 있지만 대체로 주어진 상황 안에서 무엇이 최선의 행동인가에 관한 지식이라고 할 수 있다. 철학에 대한 이러한 정의는 세 종류의 지식으로 결합되어 있다고 할 수 있다. 먼저, 특수한 상황에 존재하는 구체적, 객관적 상황에 관한 지식이다. 이 지식은 상황을 주의 깊게 관찰함으로써 얻어진다. 다음으로는 인과관계, 목적과 수단의 관계에 관한 지식이다. 이러한 지식은 실험을 통해 귀납적으로 얻어진다. 마지막으로, 지혜는 모든 다양한 가치에 대한 인식으로 되어 있다. 적극적, 소극적, 내재적, 도구적 가치가 그것들이다.

우리들이 지혜로운 사람이 되려면 세 종류의 지식, 즉 상황에 관한 지식, 인과관계에 관한 지식, 그리고 가치에 관한 지식을 가져야 한다. 이것들 중 어느 하나가 결여되면 올바른 판단을 할 수 없게 된다. 이런 의미에서 규범적 활동은 가치, 가치판단 그리고 이것들에 대한 정당화에 관심을 갖는다. 규범적 활동은 행동을 안내하는 데 필요한 목표, 표준, 규범 등을 찾으려고 한다. 전통적으로 많은 철학자가 규범적 활동에 종사하였으며, 일반인도 철학자에게서 이러한 활동을 기대한다.

셋째, 분석적 활동이다. 분석적 활동은 언어의 논리적 분석과 어휘와 개념의 의미를 명료화하려는 활동이다. 분석철학은 언어의 실제적 사용을 방해하지 않으면서 여러 다양한 맥락 속에서 언어가 어떻게 사용되고 있는지를 검토함으로써 우리의 사고를 명료하게 한다. 오코너(D. J. O'Connor)의 지적처럼, "철학은 지식의 체계가 아니라 비판 또는 명료화의 활동"이었다.

이런 맥락에서 볼 때, 다음과 같은 두 가지 질문이 선행되어야만 분석적 입장에서 철학을 한다고 할 수 있을 것이다. 첫째, 그것은 무엇을 의미하는가(What do you mean by it?)에 대한 물음이다. 이 질문에 대한 대답을 보고 우리는 상대가 언어를 자의적(恣意的)으로 사용하는지 아니면 공적 언어규칙에 따르는지를 판단할 수 있다.

둘째, 어떻게 아는가(How do you know?)이다. 이 질문에 적절한 증거를 제시하지 못하면 그 진술은 지식의 지위에 오르지 못하고 미신, 추측, 의견, 단순한 신념의 수준에 머무르게 된다. 어떤 것을 '안다'고 주장할 때 그 근거가 무엇인가를 묻는 것은 매우 중요한 철학적 질문이다.

이상의 두 질문은 말의 명료한 의미와 주장의 근거를 요구하는 것으로서 언어를 통한 의도적 또는 무의도적인 기만으로부터 벗어나도록 해 준다.

2. 교육의 이해

1) 교육의 어원

교육은 한마디의 말로 규정할 수 없는 다양한 의미를 담고 있다. 시대와 사회에 따라 교육은 그 형태와 내용이 달리 이루어져 왔다. 인간은 '교육이란 무엇인가?'라는 질문에 대답하거나 그 의미가 무엇인지를 탐구하기 이전부터 교육을 받아 왔고 교육을 해 왔다. 교육이란 전문적인 활동을 위한 '학교'라는 공식적인 기관이 생겨나기 전에도 인간의 삶의 한 형태로써 이루어져 왔다. 따라서 교육의 역사는 인류 역사와 같다고 할 수 있다. 이러한 교육의 의미를 이해하기 위한 하나의 방법이 그 말의 사용이 언제 어떤 의미로 쓰이게 됐는지를 살펴보는 것이다. 이것이 교육을 이해하는 기본적 방법인 어원적 접근이다.

동양에서는 중국 전국시대의 사상가인 맹자(B.C. 372~289)의 사상을 편찬한 진심장편(盡心章篇)의 군자유삼락(君子有三樂) 중 세 번째 낙, 즉 '득천하영재이교육지(得天下英材而敎育之, 천하의 영재를 얻어서 교육하는 것)인데, 여기서 '敎育'이란 한자가 비롯되었다고 한다. 글자의 구성 면에서 보면 '敎'는 매를 가지고 아이를 길들인다는 뜻이고, '育'은 갓 태어난 아이를 살찌게 한다는 뜻으로 기른다는 의미가 된다.

한글에서의 어의는 '가르치다'에서 왔다. '가르치다'는 '가르'와 '치다'의 합성어로 미성숙자에게 무엇인가를 알려 올바른 방향으로 성장시키는 것을 뜻한다.

서양에서는 교육을 'education'이라 한다. 이 말의 어원은 라틴어 'educare'와 'educere'에서 유래한 말로, 전자는 '밖으로 끌어내다'라는 말이 되는 것이다. 즉, 아동의 내부에 숨어 있는 어떤 잠재적인 능력을 밖으로 표출시킬 수 있도록 돕는 역할을 하는 것이 교육이다. 후자는 '밖으로부터의 교육'으로 이는 아동의 자연적 성장을 사회적 · 문화적 · 규범적 과정에 일치시켜 아동을 적응시키기 위한 적극적 작용을 교육으로 보는 것이다. 따라서 '교육'이라는 것에는 인간의 내적 능력을 계발하는 것과 동시에 인간에게 외적 가치를 부과하는 것으로 인간에 대한 전체적 지도 등의 의미를 내포한다고도 할 수 있다.

그리스어로 교육은 'pedagogy'라고 한다. 이 단어의 어원은 'paidagogos'로서 '어린이'라는 뜻의 'paida'와 '이끈다'는 뜻의 'gogos'의 합성어이다. 'Padagogy'와 'Education'은 모두 인간이 타고난 선천적 재능과 소질을 잘 이끌어 내어 계발한다는 뜻으로 해석될 수 있다.

따라서 어원적 의미에서 교육은 아동의 학습뿐만 아니라 보호, 감독, 양육, 행동통제, 교도, 생활지도 등 아동에 관련되는 일체의 활동을 포함하는 것으로 볼 수 있다.

2) 교육의 개념

교육이라는 말은 일상어로도 사용되고, 전문적인 학술용어로도 사용되고 있다. 교육의 일상 언어적 의미는 분명하지 않다. 대체로 '전달'이라는 의미로 사용되고 있다. 전달되는 내용의 질에 관계없이 그저 한 사람이 다른 사람에게 지식, 정보, 기술, 경험 등을 전달하는 과정을 교육이라고 부르고 있다. '학교교육', '예비군교육', '운전교육', '꽃꽂이교육', '간첩교육', '조기교육'이라는 말도 사용된다. 이러한 일상적인 교육의 의미에서는 일정한 기준이 없이 자의적으로 사용되고 있다. 언어는 그 누구도 사용법을 입법화할 수 없기 때문에 통제할 수가 없다. 이렇듯 일상언어는 여러 모양으로 사용되다가 사라지기도 한다.

이에 비해 전문적인 용어로서의 '교육'은 비교적 엄격한 사용기준을 가지고 있으며 정확한 의사소통을 위해서는 이 기준에 따라야 한다. 전문적인 의미로서의 '교육'은 사회과학적 교육개념과 규범적 교육개념으로 나눌 수 있다(신득렬, 2000).

사회과학적 교육개념은 흔히 사회학적 교육개념으로도 불린다. 이러한 교육개념은 종종 '사회화', '문화화'와 동의어로 사용된다. 이것은 사회 안에 있는 언어, 제도, 관습, 태도, 신념 등을 획득 내지 입문하는 과정으로 이해된다. 이 경우 사회화를 통해 획득한 신념의 옳고 그름에 대해서는 문제 삼지 아니한다.

여기서는 '정당한' 목적이나 방법이 존재하지 않는다. 단순히 관찰자의 입장에서 한 사회의 교육활동을 객관적으로 기술할 뿐이다. 세뇌, 조건화, 훈련일지라도 어떤 사회에서 그 활동을 교육이라고 부르면 그렇게 기술할 수밖에 없다. 사회과학적 교육개념은 이것이 좋냐 나쁘냐 하는 데 관심을 가지고 있지 않다. 단지 한 사회의 교육개념을 정확하게 묘사했느냐 아니면 그릇되게 묘사했느냐에 관심을 기울인다. 사회과학자가 쓴 '이스라엘의 교육'이라는 제목의 글에서 우리가 기대하는 것은 이스라엘 사람들이 어떤 과정 또는 활동을 교육이라고 부르는가에 대해 알아보려는 데 있다. 이러한 의미의 교육개념은 논쟁의 대상이 될 수 없다. 왜냐하면, 편견 없이 현상을 사실대로 충실하게 그려 내기만 하면 되기 때문이다.

따라서 사회과학도는 자신의 가치판단의 정열을 유보한 채 한 사회가 어떤 과정 또는 활동을 교육이라고 부르는지를 객관적으로 기술하려고 애써야 한다. 사회과학자들이 지금까지 발견한 것은 사회마다 교육의 개념, 목적, 내용, 방법이 서로 다르며 '교육받은 사람의 이상'도 서로 다르다는 것이었다. 각국의 교육을 비교하는 비교교육학은 이 차이점을 생생하게 알려 주고 있다.

규범적 교육개념의 경우에는 상황이 확연히 달라진다. 사회와 문화를 초월하여 보편적인 활동이나 준거를 제시하려고 한다. 따라서 사회에 따라 교육과 교육받은 사람이 있을 수도 있고 없을 수도 있다. 이 개념은 인간의 바람직한 자질, 예컨대 지적 우아, 심미안, 자율성 등을 발달시키는 것을 의미하기 때문에 미개사회나 독재사회에서는 교육활동이 있을 수 없게 된다. 규범적 교육개념과 독재적이고 권위주의적인 사회와는 공존할 수 없다.

교육은 특수한 활동, 예컨대 '정원 가꾸기', '휘파람 불기', '달리기' 같은 것을 지칭하는 말이 아니다. 교육은 여러 활동들 또는 과정들이 따라야 할 준거를 지칭한 말이다. 이러한 견해는 영국의 교육학자인 피터스(R. S. Peters)에 의해 처음으로 제시되었다.

피터스는 자신의 교육개념을 더욱 정교화시켜 1966년 그의 주저인 『윤리학과 교육』에 발표하였다. 그는 어떤 활동 또는 과정이 교육 또는 교육적이라고 불리기 위해서는 다음과 같은 세 가지 준거, 즉 규범적 준거, 인지적 준거, 교육과정의 준거에 합당해야 한다고 생각하였다(이홍우 역, 1986).

첫째, 규범적 준거란 '교육'이란 용어 자체가 가치를 내포하고 있다는 것이다. 이에 비해 경험이나 학습은 가치를 내포하고 있지 않다. 교육 자체에 '좋음'이란 의미가 논리적으로 포함되어있다는 것을 말한다. 교육은 어떤 좋은 것을 추구하는 활동이라는 것이다. 여기서 가치추구는 수단적 가치, 즉 경제성장이나 좋은 직업 획득 등이 아니라, 본질적 가치인 자아실현, 인격완성 등을 말한다. 그러므로 교육은 본질적 가치를 지향하는 것이어야만 교육으로 성립한다. 인간이 현실의 생활보다 이상적인 상태를 추구하는 가치지향적 존재이며, 교육은 이러한 가치의 획득을 위한 도덕적 기준으로 볼 수 있다.

교육은 가치 있는 활동이나 과정과 관련을 가지고 있어서, 교육을 받으면 이전보다 더 좋은 방향으로 나아갔다는 것과 학습자가 가치 있는 것에 헌신하는 것을 포함하기 때문에 학습자가 전달받은 가치에 헌신하고 배려한다면 교육받은 사람이라고 할 수 있다.

둘째, 인지적 준거란 교육받은 사람을 만드는 교육내용과 관련되는 것으로, 단순히 특정의 행동을 갖게 하거나 특수하고 제한된 기술을 습득하는 것을 의미하지 않는다. 교육은 지식과 이해, 그리고 모종의 인지적 안목 함양을 내포한다는 것이다. 예컨대 단순히 아는 사람(knowledgeable man)이란 개별적인 낱개의 사실을 아는 사람을 뜻하고, 교육받은 사람(educated man)이란 사물을 전체적으로 보는 안목을 갖고 있으며, 자신의 사고형식에 몰두하는 사람을 뜻한다. 지식은 편견, 무지, 미신 등과는 달리 인간, 사회, 자연에 관련된 사태들을 정확하게 보도록 해 준다. 이런 의미에서 우리의 마음속에 들어오는 지식은 무기력하지 않아야 한다. 무기력한 지식이란 관념이 내 마음 속에 들어와 저장될 뿐 아무런 영향을 주지 못하는 것을 의미한다.

이해는 정보, 공식, 처방, 지시를 아는 것 이상의 의미를 가지고 있다. 그것은 구체적이고 특수한 것, 배후에 있는 원리를 안다는 것을 의미한다. 다시 말해 교육받은 사람은 사태에 대한 원인과 행위의 이유에 대해서 이해하고 있는 사람을 의미한다. 이해라는 말 속에는 감정이입이라는 말과 같이 타인의 감정을 이해하고 공감한다는 의미가 들어 있다. 타인의 감정과 정서에 대한 이해는 교육받은 사람의 중요한 징표가 된다.

인지적 안목은 교육받은 사람에게 필수적인 가치이다. 인지적 안목이란 넓은 시야, 즉 지식, 분야, 영역의 관계를 바라볼 수 있는 능력을 의미한다. 훌륭한 과학자일지라도 아주 제한된 관심과 이해를 가질 수 있다. 우리는 이러한 과학자를 교육받은 사람이 아니라 '훈련받은 과학자'라고 부른다. 인지적 안목의 결여는 훈련받은 사람의 공통된 현상이다. 훈련받은 사람은 편협하고 특수한 분야에만 정통한 사람이어서 다른 분야의 지식과 기능과 관련을 지어 생각하지 못한다. 현대의 많은 전문가와 기능인이 이러한 경향을 가지고 있다. 인지적 안목은 훈련이 아닌 교육을 통해서 얻어질 수 있다.

셋째, 교육과정의 준거란 교육받은 사람을 만드는 교육방법과 관련된다. 전달되는 내용이 가치 있고 학습자에게 잘 전달된다 할지라도 방법을 비롯한 과정이 부도덕하다면 교육의 과정 또는 활동으로 간주될 수 없다는 것이다. 또한, 아동의 자발적 참여와 내적 동기형성에 의해 교육활동이 이루어져야 함을 의미한다. 그러므로 이는 교사가 학습자의 선행의 과업과 학습자의 흥미와 기대 수준에 적합한 학습내용을 제시하는 일과 관련된다. 가장 바람직한 형태의 교육활동은 학습자가 그 교육내용을 추구할 가치가 있는 것으로 스스로 판단하여 적극적으로 참여하는 것이다. 이와 같은 교육은 아동중심교육에서 강조하고 있다. 아동중심교육은 교육내용의 규범적 가치보다는 교육의 방법적 과정에 역점을 둔다. 이처럼 교육과정의 준거는 교육이 진행되는 과정에서 학습자의 자발성, 흥미를 고려해야 한다는 것이며, 성인중심이 아닌, 학습자중심으로 되어야 한다는 것이다. 학습자의 의지와 자발성을 무시한 전달방식은 교육에서 배제된다. 그러므로 학습자의 자발적 참여와 판단능력을 무시하는 조건화와 교화, 위협 등의 방법은 이 준거에 어긋난다. 피터스가 염원한 방법은 학습자의 자발성과 의도성을 존중하는 방법이었다. 의도성과 자발성을 무시한 강제적 행위는 교육의 개념과 공존할 수가 없다.

교육에 관심을 가진 사람은 누구나 두 종류의 교육개념, 즉 사회과학적 교육개념과 규범적 교육개념에 대한 이해와 용법을 알아야 한다. 전자는 교육에 대한 다양한 사실적 지식을 제공해 주고, 후자는 사실적이고 규범적인 지식을 제공할 뿐만 아니라 우리의 교육목적과 이상을 제시해 주기 때문이다. 사회과학적 교육개념은 교육에 관한 우리의 시야를 넓혀 준다. 또한, 그것은 타문화권을 이해함으로써 우리 자신의 교육개념을 재음미하도록 자극을 준다.

3. 교육철학의 이해

1) 교육철학의 의미

교육철학은 철학의 한 특수한 분야이다. 이러한 분야에는 과학철학, 수학철학, 사회철학, 역사철학, 그리고 철학적 인간학 등이 있다. 교육철학은 플라톤이 『국가(Republic)』를 저술했던 이래로 아주 전문화되었다고 볼 수 있다.

이런 의미에서 교육철학은 모든 교육이론의 이론으로서, 교육이론의 가치와 가능성을 확인해 주는 초교육이론으로 간주된다. 따라서 교육철학은 이론의 토대가 되는 교육과정과 실제에 관련되는 모든 사상을 이해하고 이를 일관된 관점에 의해 통합할 수 있는 교육의 기획적 기술로서 작용한다.

고미숙에 의하면 교육철학은 철학의 지식을 교육의 이론과 실천에 결합시킨 것으로 형이상학, 인식론, 가치론, 논리학의 지식을 교육의 이론적 전개나 실천적 원리의 발견에 적용하는 것이다(고미숙, 2006). 먼저 형이상학이 교육에 주는 시사를 살펴보자. 교육에 있어서 목적을 결정하고자 할 경우에 그것이 비록 사회적 합의의 원칙에 지배되지만 세계관만으로 결정되는 수도 있다. 세계관의 상당한 것은 형이상학의 신념과 더불어 성립한다. 형이상학은 우주의 궁극적이고 본질적인 특징을 포괄적으로 파악하려는 철학적 노력이다. 그것은 존재하는 것, 즉 참으로 실재하는 것이 정신이냐 물질이냐에 따라서 인생의 의미와 목적이 달라지고 교육의 목적과 이상에 대한 관점도 달라진다.

궁극적으로 존재하는 것을 정신으로 본다면 이상주의 입장을 취할 수 있고, 사물로 본다면 실재주의 입장을 취할 수도 있다. 플라톤을 중심으로 한 이상주의에서는 궁극적으로 실재하는 것이 정신이나 관념으로 보기 때문에, 경험과학은 소홀히 다루어지고, 교육과정은 고전을 중심으로 하여 구성된다고 할 수 있다. 그 반대로 실재주의에서는 사물이 실재한다고 보기 때문에, 경험과학 역시 중요한 교과로 인정된다. 궁극적으로 실재하는 것에 대해 어떤 대답을 하는가에 따라서 우리의 교육과정 구성이 달라질 수 있다.

인식론은 교육에 훨씬 직접적으로 의미 있는 원리를 제공하고 있다. 임창재(2008)에 의하면 인식론은 진리와 지식의 근거 및 본질에 관한 탐구이며 교육은 지식의 획득과 진리의 추구를 조건으로 하므로 인식론과 교육은 불가분의 관계에 있다. 인식론은 교육을 통하여 전달하는 지식의 성격을 밝혀 주며 지식의 탐구에서 유의해야 할 조건을 제시하고 있다.

인식론은 교육과 관련지어 볼 때, 교육을 통해 취급될 지식의 성격을 밝혀 주며, 교육방법론과 밀접한 관련이 있다. 지식을 무엇으로 보고, 학교에서는 어떤 지식을 가르칠 것인가에 따라서, 어떤 방법으로 지식을 가르칠 것인가가 결정된다. 이상주의에서는 감각을 통해 받아들인 지식은 불확실한 지식이라고 보고, 참된 지식은 이성에서 나온다고 주장한다. 실재주의에서는 사물이 실재한다고 보기 때문에 지식은 감각적 경험과 이성을 통해서 얻게 된다고 본다. 그리하여 어떤 철학관을 갖는가에 따라서 지식을 보는 관점이 달라지며, 이는 지식을 가르치는 방법 역시 달라지도록 한다.

가치론 또는 윤리학도 교육의 과정에 중요한 원리를 제공한다. 가치론은 선과 악, 미와 추, 목적과 수단에 관한 연구이며 교육은 그 자체의 성격상 가치 전제적인 인간 활동이다. 교육이 인간변화를 조건으로 한다면 가치로운 인간변화를 가져와야만 하는 것이다.

논리학은 모순 없는 사고 전개과정에 관련된 규칙에 관한 연구이며, 이는 물론 지적 활동에 적용되는 것이므로 교육에도 필연적으로 관련되어 있다. 교육을 통하여 육성하려는 인간상에 합리적인 사고의 능력을 포함시키고자 하는 것은 일반적이라고 할 수 있다. 그러므로 교육의 이론탐구는 논리성을 생명으로 하는 것이다.

2) 교육철학의 역사

교육철학사를 고찰할 때에는 두 가지, 즉 전통적인 교육철학과 현대적인 교육철학으로 나누어 고찰하는 것이 편리하다. 전자는 플라톤 이후 듀이에 이르기까지의 철학을 의미하고, 후자는 20세기 중반부터 시작된 분석적 교육철학을 의미한다.

이 점을 신득렬은 다음과 같이 제시하고 있다(신득렬, 2000). 전통적인 의미로서의 교육철학은 플라톤의 『국가』 이후 많은 철학자는 인류가 당면한 교육문제를 해결하기 위해 철학적 사색을 계속해 왔다. 아리스토텔레스, 아우구스티누스, 로크, 루소, 칸트, 헤르바르트, 듀이 등의 철학자들은 저마다 독자적인 교육사상을 제시였다. 이러한 사람들 가운데서도 듀이의 공헌은 특히 두드러진다. 듀이는 교육이론과 실제에 대해 공헌했을 뿐만 아니라 교육철학을 철학의 주류의 지위에 올려놓는 데 크게 기여했다. 그리하여 많은 일반 철학자가 교육에 관심을 갖게 되었다. 듀이의 교육철학은 미국 사회의 증대되는 영향력과 더불어 세계로 전파되었다.

듀이의 교육사상을 비롯한 전통적인 교육철학은 가치판단을 통해 교육의 실제에 도움을 주는 데 목적을 두었다. 이러한 철학은 교육에 대해 종합적으로 사고하고 처방을 위한 지침을 만드는 데 목적을 둔다. 전통적 교육철학에 관심을 가지고 있는 교육철학자들에게 듀이는 여전히 가장 중요한 교육철학자로 간주된다.

현대적인 의미로서의 교육철학은 전통적인 견해의 대부분에 대해 반대한다. 분석철학의 방법을 사용하는 새로운 교육철학은 분석적인 활동을 전경에 내세우고 있다. 그들은 이 활동을 교육제도 안에서 일어나고 있는 구체적인 교육활동에 적용시켰다. 분석철학자들은 교육에 관한 어떤 입장을 취하지 아니하고 교육의 연구 방법에 대한 것을 주로 강조하였다.

이들은 교육철학을 주로 잘못된 언어 사용에 대한 치료적인 역할을 수행한다고 생각하였다. 이러한 신념을 가진 분석적 교육철학자들에는 오스트레일리아 출신의 하디(C. D. Hardie), 영국의 오코너(D. J. O'Connor)와 피터스(R. S. Perters) 등이 있다.

분석적 교육철학자들은 분석적 기능인 언어치료의 활동을 적절하게 수행하였다. 그들에 의하여 그동안 느슨하게 쓰여 오던 '교육', '교육목적', '훈련', '교수', '교육과정', '정서교육', '훈육', '자율성', '자유', '창의성' 등 많은 개념이 분석의 도마 위에 올랐으며, 분석 결과, 이전보다 교육언어의 논리적 지도가 명료하게 그려지게 되었다.

3) 교육철학의 기능

교육철학은 교육현장의 모든 활동의 기준이 되지만, 이외에도 분석적 기능, 평가적 기능, 사변적 기능, 종합적 기능 등을 담당한다(윤완, 2008).

첫째, 분석적 기능은 용어, 개념, 명제의 애매성과 모호성을 감소시켜 의미를 명백히 하고, 논리적 모순을 가려내며, 진술이나 전제를 밝히는 작용이다. '애매한(ambiguous)'이란 한 용어가 두 가지 이상의 의미를 갖는 경우를 말한다. '명확한(clear)'의 반대이다. 애매한 용어를 사용할 경우, 그 용어의 의미가 한정되지 않는다면 터무니없는 주장을 할 수 있다. 예를 들어, "꼬리가 길면 반드시 잡힌다. 쥐는 꼬리가 길다. 그러므로 쥐는 반드시 잡힌다."라는 논증의 경우, 형식적으로는 아무런 문제가 없다. 그러나 앞의 꼬리와 뒤의 꼬리는 같은 꼬리가 아니다. 또 다른 예로, 누군가가 "요즘은 교육이 참 문제야."라고 하였을 때, 그 사람이 어떤 의미에서 교육이라는 말을 사용한 것인지 그 의미를 명백히 밝히게 될 때, 우리는 그 말의 의미를 분명히 알 수 있을 것이다. 그렇지 않다면, 우리는 이 문장에서 교육이라는 말의 의미가 지식을 가르치는 일을 제대로 하지 못한다는 것을 비난하기 위한 것인지, 인간의 잠재적 능력을 계발시키지 못하고 있다는 것을 비난하기 위해서 사용된 것인지 알 수 없을 것이다.

한편 모호성(vague)이란 한 용어가 하나의 의미를 가지고 있는 것은 명확하지만 그 범위가 분명하지 않은 경우를 모호하다고 한다. 모호한 용어를 사용할 경우 주장하는 바가 무엇인지 명확히 드러나지 않게 된다. 모호한 용어가 흔히 사용되는 곳은 요리와 관련된 상황이다. 만약 라면봉지 뒷면의 조리방법이 "적당량의 뜨거운 물에 면과 스프를 넣은 후 알맞게 끓여 드세요."라고 적혀 있다면 얼마나 난감하겠는가? 그러므로 라면 조리법에서는 이러한 용어의 모호성을 감소시키기 위해, '적당량'이 어느 정도 분량인지, '뜨거운 물'의 온도는 몇 도인지, 끓여야 할 시간은 몇 분인지 명확히 규정해 주고 있으며, 그러한 규정 덕분에 라면은 그 지시대로만 끓이면 누가 끓여도 큰 차이가 없게 된다.

둘째, 평가적 기능은 이론이나 주장, 사태들에 대해서 어떤 기준이나 준거에 의해 판단하는 것을 말한다. 이는 교육과 관련된 모든 가치판단의 장에서 평가 준거로 활용되는 것으로 교육이론의 당위성을 확보하기 위한 기능이다. 예를 들어, '군사교육이라는 용어는 교육적으로 정당한가?'를 살펴보자.

군대는 국민의 재산과 국가의 안녕을 지키기 위한 곳이다. 따라서 국가의 이름으로 살인과 폭력, 파괴의 기법을 훈련받는다. 그러나 국가의 명분보다 더욱 상위의 가치가 인간에 대한 사랑과 비폭력이다. 따라서 군대에서 훈련받는 모든 활동은 국가적 목적을 떠난다면 폭력행위에 불과하다. 이러한 측면에서 보면 '군사교육'이란 말은 정당하지 않다. 즉, 교육은 보편적 가치를 지향하는 활동이므로 인류의 보편적 가치의 측면에서 볼 때 군대의 활동은 특수한 상황에서만 정당화되는 가치이다. 따라서 군사교육은 교육철학의 보편적 인식론의 관점에서 볼 때 가치 있지 않다. 이러한 활동은 교육철학의 평가적 기능을 잘 나타내는 사례이다.

셋째, 사변적 기능이다. 사변적 기능은 이론적, 실천적 문제를 해결하기 위해 사유를 통해 새로운 생각, 가설, 아이디어, 해결책을 제언하는 것이다. 사변(思辨)이란 사전적인 의미에서 볼 때, 경험하지 않고 생각으로 현실이나 사물을 인식하는 것이다. 학문적 탐구로서 사변 그 자체는 이론적 활동이지만 실제 삶에서 사변은 이론적인 측면과 실천적인 측면 모두에 적용한다(고미숙, 2006). 예를 들어 현재 학교교육은 양성 평등 교육이 이루어지지 못하고 있다고 평가하였다면, 사변적 기능에서는 양성 평등 교육이 이루어지기 위해 어떻게 해야 하는지 그 대안이나 해결책을 제시하는 것이다. 물론 이러한 사변적 방법은 양성 평등이라는 말의 의미가 무엇인지를 먼저 분석적 방법에 의해서 정의를 내리는 것이 요구될 것이다.

넷째, 통합적 기능이다. 교육철학은 교육에 관한 다양한 이론이나 관점을 통합적으로 이해하게 한다. 수많은 교육현상을 포괄하는 공통의 원리나 개념을 찾는 것이 교육철학의 기능이다. 한 가지 관점에 치우치지 않고 종합적으로 교육을 이해하여 교육활동의 일관성을 확보할 수 있다.

이상에서 살펴본 교육철학의 기능은 서로 밀접하게 관련되어 있다. 따라서 교육철학은 이러한 네 가지 기능을 사용해 가며, 교육이 무엇인지, 교육의 목적은 어디로 두어야 하는지, 교육이론과 실제에 사용되는 논의, 주장 등이 과연 타당한 것인지 등을 밝히려고 하는 철학이다.

파리통에서 빠져나오기

제2차 세계대전이 일어나자 비트겐슈타인은 의무병으로 지원하고, 전쟁 후에 아일랜드로 가서 골웨어 근처 한적한 어촌의 절벽 같은 곳에서 오두막집을 손수 짓고 혼자서 살아간다. 이곳에서 그는 은둔자와 같은 생활을 하면서 비트겐슈타인의 후기 사상으로 구분되는 250페이지를 넘지 않는 아주 작은 책인 『철학적 탐구』(1953)를 쓰기 시작한다.

사후에 출판된 『탐구』에서 비트겐슈타인은 다음과 같이 말하고 있다. "네 철학의 목적은 무엇이냐? 그것은 파리에게 파리 잡이 유리 항아리로부터 탈출할 출구를 가르쳐 주는 것이다."

'파리 잡이 항아리'는 비트겐슈타인에게 있어서는 인간이 사는 세계처럼 비쳤던 것이다. '파리 잡이 항아리'는 투명한 유리로 만들어진 항아리고, 아래쪽에 파리가 들어가도록 되어 있는데, 그 항아리 바닥에 생선 꼬리 같은 비린내 나는 것을 넣어두면, 파리가 냄새를 맡고 들어간다. 그러나 파리는 그 항아리 속으로 기어들 수는 있어도 나오지 못한다. 파리는 마구 날아다니다가 유리에 부딪혀서 죽기도 하고, 대개는 유리벽을 타고 내려오다가 항아리 아래 물이 들어 있는 도랑에 빠져서 죽는다.

비트겐슈타인은 인간을 이러한 파리에 비교하고 있는 것이다. 파리가 그 속에서 날아다니는 항아리는 하나의 우주이다. 우리 인간은 길을 잃고 있는 것이다. 그러므로 철학하는 일은 병 속에 갇힌 파리에게 어떻게 하면 그 병에서 빠져나올 수 있는가 하는 길을 가르쳐 주는 것과 같이 우리 인간에게 길을 제시하는 것이다.

이런 그에게 철학은 일종의 치료요법으로서 작용한다고 할 수 있다. 다시 말해, 비트겐슈타인에게 있어 철학은 우리가 사유 활동을 하다 보면 얽히게도 되는 실낱들의 매듭을 풀어 주는 것과 같다. 이를테면 '나는 길을 잃었다'는 것이다. 그러므로 "철학적 문제를 제기하는 형식은 나는 나의 출구를 모르겠다는 것이다."(『철학적 탐구』, p. 123) 철학자가 문제를 다루는 방식은 마치 병을 치료하는 것과 같은 이치이다.

가치 있는 것은 무엇인가? 무엇이 중요한가? 인생의 의미는 무엇이며 올바른 삶이란 무엇인가? 무엇이 인생을 살 가치가 있게 하는가? 이렇듯 정말 누구에게나 삶의 문제는 그대로 남아 있으며 이 문제의 해결은 우리 각자의 과제인 듯싶다.

출처: 김향선(2011). 『철학의 지혜』, pp. 28-30.

제3장 고대 그리스의 교육 이해

1. 그리스의 사회와 문화적 배경

유럽에 있는 그리스는 조그만 나라이다. 그리스 반도의 땅은 척박하고 산이 많으며 강수량이 적어 고대인이 살기에는 부적합하였다. 기원전 2천 년경 같은 언어를 사용하는 헬레네스 종족이 이곳에 모어들어 찬란한 문명을 이루었다. 그들은 스스로 헬레니스(Hellenes)라 부르고 그들이 세운 나라를 헬라스(Hellas)라 불렀다.

그리스는 주변이 바다이고 국토의 반 이상이 산이어서 평원도 하천도 없다. 이렇게 교통이 불편한 자연 조건은 그리스 사람들로 하여금 제각기 자유적 국가를 이루고 자체의 이익에만 관심을 갖는 그리스식 폴리스를 형성하게 하였다. 즉, 그리스인은 기원전 천 년경까지 촌락을 중심으로 한 씨족공동체 사회를 형성하여 기원전 900~800년에는 지연적인 폴리스(Polis), 즉 도시국가를 형성하였다. 그 당시 그리스에는 100개를 훨씬 넘는 도시국가들이 있었다. 아테네(Athenae), 스파르타(Sparta), 코린트(Corinth), 테베(Thebaes), 밀레투스(Miletus) 등이 그 주요한 도시국가이었다(진원숙, 1997).

국가적 통일체를 형성하지 못하고 도시국가에 그친 것은 이런 풍토적 특성이었으며, 폴리스가 그리스의 분열과 개인주의적 내지는 독립적 사상 또는 파벌의식을 조장한 것은 부정할 수 없지만, 다른 한편으로는 서구문화의 모체로서 그리스 문화가 갖는 자유와 독립정신을 싹 틔운 것도 사실이다.

오늘날 서양의 문화는 그리스 문화를 원류로 해서 오늘에 이른 것이며 서양문화의 기초를 이룬 그리스는 교육발전에도 큰 기여를 하였다. 이와 같이 서양문화의 근원으로서 그리스 문화에 대해 임창재는 다음과 같이 다섯 가지의 특징을 제시하고 있다(임창재, 2008).

첫째, 그리스 사회는 인간 중심 사회, 즉 휴머니즘(humanism)을 강조한 사회였다. 휴머니즘이라는 말은 라틴어의 휴머니스타(humanista)에서 유래한 것으로 인간성 · 인류성 또는 인간미라는 뜻이며, 일반적으로 인간성의 존중 또는 인본주의 · 인간주의라는 뜻으로 사용된다. 인간이 인간임을 자각하고 아름답게 산다는 것, 이것이야말로 휴머니즘의 근본이다.

둘째, 그리스인들은 조화와 균형을 사랑한 심미적 성향을 가지고 있었다. 그리스인들은 아름다움에 대한 뛰어난 정조(sentiment)를 지니고 있었으며, 세계를 아름다운 조화의 실체로 보고 조화와 균형이 잘 이루어진 예술을 창조하였다. 그들의 조화의 미는 특히 건축과 조각에서 볼 수 있다. 그리스 건물의 특성은 많은 원주가 떠받치는 단순한 단형의 대리석 건물이었지만 거기에 사용되는 원주의 종류에 따라 전체 구조의 양식이 결정되었다.

조각에 있어서도 프락시텔레스는 헤르메스나 아프로디테에서 인간의 감미로운 감정을 보였으며, 스코파스는 아테네 신전의 양각에서 인간의 격정을 표현하였다. 이처럼 미술에 있어서 완전미의 추구는 다른 예술에 있어서도 조화와 균형이 잘 취해진 훌륭한 예술품을 낳게 하였다. 아테네는 무엇보다도 고대의 신전과 공공건물들로 유명하다. 그중 이 도시의 수호여신인 아테나를 위해 세운 직사각형의 원주식 신전인 파르테논 신전은 고대 그리스의 도리아양식 건축물 가운데 백미로 꼽힌다.

이뿐만 아니라 그리스 사회 안에서 아테네를 중심으로 한 개인주의와 스파르타를 중심으로 한 국가주의가 공존하고 있었다는 것 역시 그리스인들의 조화와 균형의 중시의 단면을 보여 준다.

셋째, 철학은 자연철학에서 시작하여 소피스트 철학을 거쳐 소크라테스, 플라톤, 그리고 아리스토텔레스에 이르면서 발전하였다. 이러한 사상의 발전 과정 속에서 그리스인만의 진리탐구 정신이 배양되었다. 그리스에는 진리를 탐구하는 애지자(philosophist)들의 활동이 활발하여 자연과 인간에 대한 탐구를 하였으며, 진정으로 지식을 사랑한 사람들이었다. 학문과 예술에 있어서도 '인간의 자유'를 기반으로 하여 발달하였다. 즉, 자기표현 및 창작적 활동의 자유가 보장되어 있었기 때문에 학문과 예술은 자유로운 토론에 의하여 연구되었다. 그들은 인간을 그 개성에 따라 다양성 있게 발전시키려고 노력했다. 그리스의 문화가 발달하게 된 것은 여기에 기인하는 것이다.

넷째, 그리스는 도시국가적인 형태를 취하였다. 그리스인들은 자유와 독립정신을 가지고 주체적으로 사회에 참여할 수 있는 폴리스적 사회를 구성하였다. 그리하여 시민개념이 성장하고 민주적 정치제도의 기반을 구축하여 시민의 개성과 소질을 충분히 발휘할 수 있도록 하였다. 폴리스에서의 자유로운 공동체 생활 덕분에 그리스인들은 인간적이고 독창적인 문화를 창조하게 되었다.

다섯째, 그리스는 지중해 인근에 위치한 지리적 조건에 힘입어 다양한 문화권의 나라들과 교류를 통하여 문화적 용광로(Melting Pot)의 역할을 수행했다. 고대 그리스 지방은 지금의 그리스 · 터키 지방을 중심으로 한 지중해 연안에 위치하여 쾌적한 기후와 풍부한 농 · 수산물을 가진 곳이다. 또한, 그리스는 해양문화와 대륙문화를 모두 수용한 문화적 집합체를 이루었다. 즉, 그리스는 대양에서 들어오는 다양한 산물과 대륙의 산물이 교역되고 이를 바탕으로 서양과 동양의 문화적 교류가 이루어졌다. 현대에도 항구도시가 여타 도시보다 다양한 문화를 쉽게 접할 수 있듯이, 그리스의 지리적 위치는 다양한 문화의 집합처가 될 수 있는 긍정적 역할을 하였다. 유리한 지리적 위치와 그리스인들의 개방적인 사고가 결합되어 문명사에 기념비가 될 만한 다양한 문화의 수용과 창조가 이루어졌다 하겠다.

참으로 그리스의 도시국가는 인간의 집단이기도 하지만, 인간존재의 의의를, 인간의 행동을, 인간의 공공적 존재의 가치를 교시(敎示)하여 주는 기관이기도 하였다. 페리클레스(Pericles, B.C. 445~429)가 말한 바와 같이 '도시는 하나의 학교'였다. 따라서 교육에 있어서도 다방면적인 흥미와 자유교육(Liberal education)을 이상으로 하였다.

그러나 이것도 따지고 보면 일찍이 그리스에서 노예의 사용이 성행되어 노동은 주로 노예에게 맡기고, 자유민은 한가한 시간을 이용하여 지식을 위한 지식을 추구할 수 있었기 때문이다. 따라서 이 노예제는 화려한 그리스 문화의 암흑면을 이루고 있는 것이기도 하다.

2. 그리스의 교육

1) 스파르타의 교육

스파르타는 기원전 12세기경 도리아족이 펠로폰네소스 반도의 남동쪽 끝에 있는 라케다이모니아(Lakedaimonia)에 세운 도시국가이다. 스파르타는 지리적으로 고립되고 경제적으로 후진적인 국가였다. 정복전쟁을 통하여 국가를 유지해 나갔으며 소수의 지배계급이 다수의 피지배계급을 통치해야 했기 때문에 군국주의적 국가체제를 갖추고 있었다. 따라서 교육도 집단주의적, 군국주의적 성격을 갖고 있었다. 이웃 영토의 정복과 이들을 다스리는 데 필요한 힘의 교육, 군국주의 교육을 강조하였다.

스파르타는 세 종류의 계급이 형성되어 있었다(신차균 · 안경식 · 유재봉, 2006). 첫째, 스파르타 시민(Spartiates: 귀족계급)은 도시 안에 살았으며, 참정권이 있고 모든 시간을 군사훈련에 바쳤다. 둘째, 부용민, 즉 자유로운 거주자들(Perioikoi)은 자유롭지만 참정권이 없었다. 상인들, 기능공들이 여기에 속한다. 셋째, 노예(Helot: 원주민)로 시민의 20배에 이르러, 노예의 반란을 통제할 수 있는 길은 엄격한 군국주의뿐이었다.

스파르타의 교육의 기초는 기원전 9세기경의 리쿠르구스(Lycurgus)헌법에 의해 확립되었는데, 이 헌법의 특색은 국가를 개인보다 우위에 두는 것으로 많은 노예를 지배하고 강력한 군사력으로 국가의 번영을 기도하였으며, 교육도 이 헌법에 의해 실시되었다. 스파르타 사람의 생활 전체는 엄격하게 국가를 지향하고 있었으며, 국가는 가장 큰 교육 권력이었다.

스파르타의 교육목적은 국가에 대한 충성심을 가진 호전시민을 양성하는 것이었으며, 이상적인 군인에 필요한 강한 힘, 용기, 복종력, 인내력을 계발시키는 것이었다.

이러한 교육목적을 달성하기 위하여 어린이는 7세에 병영에 들어가 엄격한 초기 훈련을 받았다. 7~18세에도 엄격한 훈련과정을 거쳐야 했다. 그들은 맨발로 걷고 딱딱한 침대에서 잤으며 수영, 달리기를 비롯한 여러 가지 운동과 활동을 하였다. 18세의 스파르타의 청년들은 2년 동안 전쟁술을 배웠다. 20세 때 정식 군대의 일원이 되어 30세까지 함께 살다가 30세가 되면 아내와 함께 가정에서 생활할 수 있었다. 그러나 군복무 기간은 60세까지였다(정석환, 2007).

따라서 스파르타의 생활은 군사적 기초 위에서 조직되고, 전쟁의 기술과 체육, 음악이 교육의 주요내용이었다. 신체적 단련을 위해 체육을 중요시하였고, 정신적인 도야를 위해서 음악을 중요시하였다. 지적인 면에서 호머의 시와 리쿠르쿠스의 법전을 암기하고 극히 초보적인 읽기, 쓰기, 셈하기를 가르쳤다. 체육의 구체적인 내용으로는 5예기(달리기, 뜀뛰기, 원반던지기, 씨름, 창던지기)를 비롯하여 칼싸움, 승마, 수영 및 수렵과 같은 것이었다. 교육방법은 대부분이 훈련을 통한 엄격한 방법이었으며, 체벌을 가하는 무자비한 것이었다.

여성교육을 살펴보면 그 목적은 첫째, 신체를 건강하게 단련하여 튼튼한 아이를 분만하도록 하는 것이며, 둘째, 남자처럼 강한 정신과 투철한 애국심을 기르는 일이었다. 그리스의 여러 국가와는 달리 스파르타의 여성은 가정에서나 국가에서의 지위가 비교적 높았다.

스파르타인은 신체의 완성을 위하여 인간다움을 희생하고 죽음도 겁내지 않는 군사적 기술을 익혀 국가에 절대적으로 봉사하였다. 우아, 미, 윤리적 탁월성이 결여된 사회에서 젊은이는 거칠어지고 편협한 안목을 가질 수밖에 없었다. 학문적 관심, 개성 등은 고려되지 않았기 때문에 철학이나 예술 같은 문화적인 업적에서 후세에 남긴 것이 거의 없다. 그리하여 스파르타는 훌륭한 전사를 제외하고는 별다른 위인을 배출하지 못했다(김병희, 2007).

스파르타의 교육이 후세에 미친 영향을 보면, 긍정적 측면으로는 군사 기술 교육과 애국심 고양의 정신교육에 기여하였으나, 부정적 측면으로는 인간의 개성을 신장한다든가 조화로운 인간을 육성하는 데에는 실패하였다는 점이다. 이들은 학문이나 예술의 발전에 기여하지 못하였고, 오직 용감한 군인을 양성하는 데 힘썼다.

2) 아테네의 교육

아테네는 서구 문명의 발상지이며, 그리스의 가장 중요한 도시국가이다. 아테네는 이오니아족이 아티카에 세운 폴리스로, 초기에는 왕정체제의 농업 중심 국가였으나, 토지를 소유한 지주계층의 세력이 점차 강해지면서 귀족정치체제가 확립되었다가 이후 해양국의 면모를 갖추어 무역이 크게 확장되고 점차 상업교역 중심 국가로 바뀌었다(신득렬, 2000).

아테네에서는 권력의 우위 대신 법을 우선하는 분위기가 형성되었으며, 그로 인해 개인들이 활동할 수 있는 여지가 매우 커서 이제껏 유례가 없었던 정신생활의 문화가 생겨났다. 우선은 소아시아 연안의 여러 도시에서 활발한 교역과 정신적 교류를 통해 움트기 시작한 자유로운 정신이 점차 그리스 본토로 침투하게 되었다. 그리하여 기원전 600년경에 이미 법치국가와 보편적 법질서의 이념이 발생하였으며(솔론의 헌법), 보편적 법질서는 다시금 시민사회의 연대의식을 형성하여 훗날 그 위에서 보편적 인간성에 대한 사유가 발아할 수 있었다.

인구 1만 명 정도의 도시국가에서는 대표자가 필요 없었다. 아테네는 500년경에 자치가 이루어졌다. 아테네에서 최고의 권위는 민회, 즉 자유인의 집회이었다. 이러한 정치체제는 유능하고 정직한 지도자가 나올 때와 그렇지 않을 때 아주 다른 결과를 가져왔다. 마케도니아와 같은 강력한 왕국이 탄생했을 때 그리스의 민주주의는 힘없이 무너졌다.

노예들의 노동으로 자유 시간을 확보한 아테네인들은 자연과 인간에 대한 많은 새로운 사실을 알게 되었으며, 더 많은 지적 호기심을 가졌다. 5세기 초에 아테네는 세계 사상 최초의 민주주의 국가가 되었다. 아테네의 경우 전체 인구의 40%가 노예들이었다. 노예의 노동은 부를 낳았으며, 아테네인들이 예술과 학문을 할 수 있는 시간과 돈을 제공하였다. 이러한 노예들은 정복의 결과로 얻어진 전리품이었다.

아테네의 교육은 전기와 후기로 나누어지는데, 전기의 교육목적은 국가와 사회에 유용한 개인으로서 양심이 조화적으로 발달된 인간양성이었다(조정인 역, 1994).

전기 아테네의 교육제도는 7세까지 가정교육을 받고 그 다음, 16세까지 두 종류의 학교에 다녔는데 소년들은 페더고그(Pedagogue)를 따라 음악학교와 체육학교를 다녔다. 다음 18세까지 공립체육학교(Gymnasium)에서 운동경기와 군사훈련을 받았다. 다음으로 20세까지 시민으로서의 신체적 · 도덕적 자질을 구비한 것이 증명되면, 자유시민의 명부에 등록되고 동공석상에서 군장(軍葬)을 받아 국가와 신과 민족의 도덕적 전통에 대하여 충성을 맹세하는 이른바 '에페베 선서(Ephebe Oath)'를 한 청년들은 2년 동안 전선에 배치되어 철저한 군사훈련을 받았다. 20세가 되면 완전한 시민이 되었다.

아테네 여성교육은 스파르타에 비해 경시되었다. 아테네 여성에게는 상류 계급 출신이라도 학교교육을 받을 수 있는 기회가 주어지지 않았다. 여성교육은 가정 내에서 현모양처로서의 정숙함, 가사 실무에 관한 것을 가르쳤다. 따라서 아테네 여성은 지적 교육이나 사회적 활동이 일체 금지되었으며, 사회적 지위도 낮았다.

후기 아테네의 교육목적은 개인적인 발전을 위한 준비에 있었다. 그들은 개인적 성공을 위한 개인 우월을 목적으로 재능을 발달시켰고, 사회적 봉사와 공공복리에 두었던 전기 아테네의 교육목적은 무절제한 개인주의로 바뀌게 되었다.

후기 아테네의 교육내용 역시 새 시대의 요구에 응할 수 있는 새로운 교육과정으로 바뀌었다. 7세까지 가정교육을 받은 소년은 13세까지 사립 초등학교에서 독 · 서 · 산 · 음악 및 체육교육을 받았다. 다시 16세까지 사립 중등학교에서 기하, 음악, 천문학, 문법, 수사학을 배웠고, 16세 이상의 소년은 수사학교(修辭學敎)에서 법률, 정치, 경제, 수사학 등을 배웠다. 개인의 입신양명을 위해서 특히 수사학이 발전하였으며 전기 아테네 시대에 중요하게 여겼던 육체적 · 군사적 훈련은 점차 이러한 지적 교육내용에 의해 밀려나게 되었다(김봉수 역, 1987).

교육사적 의미에서 볼 때, 아테네의 교육이상은 휴머니즘을 배경으로 하는 사회의 교육적 모델이 되었다. 정신과 육체가 조화롭게 발달된 사람을 기르며, 인간다운 본성을 존중하고 발전시키려는 시도는 고대 그리스의 아테네에서는 물론, 르네상스시대와 19세기 신인문주의에서도 계속 이어졌다. 아테네의 교육내용은 신체의 단련과 정신의 훈련을 위한 핵심적인 교과를 포괄하였으며, 이들 교과목은 중세와 근대를 거쳐 현대에 이르기까지 초 · 중등 교육내용의 근간이 되고 있다. 스파르타가 전체주의적 · 집단주의적 경향이 강하다면, 아테네는 민주주의적 · 개인주의적 경향이 강하다. 스파르타는 국가 지상주의의 목적을 설정하고 국가에 대한 개인의 절대복종을 요구한 반면, 아테네는 국가의 유지, 발전을 위해 개인의 발달에 치중하였다.

3. 그리스의 교육사상가

1) 소피스트

(1) 소피스트의 출현

기원전 5세기 중반에 그리스에서는 사상의 큰 변화가 일어났다. 페르시아와의 전쟁에서의 승리, 빈번한 외국과의 교류, 물질적 풍요, 평등주의와 개인주의의 극단화 등으로 그리스 고유의 전통과 이상이 흔들리기 시작했다. 교육의 상황도 마찬가지였다.

소피스트들의 출현은 당시의 지적 욕구와 사회변화의 반응이었다. '아테네의 정치적, 사회적 상황에서 성공하려면 무엇을 배워야 하는가?' 소피스트는 이러한 질문에 신속하게 대처하였다. 이들에게 있어서 성공은 세속적 가치, 예컨대 부의 축적, 사회적 지위상승 등에 있어서의 성취를 의미하였다.

프로타고라스(Protagoras), 고르기아스(Gorgias), 히피아스(Hippias)가 대표적인 인물로 영구히 변하지 않는 보편타당한 진리란 존재할 수 없으며, 오히려 개개인의 주관적인 입장에서 표준이 되는 것은 인간의 주관이며 주관의 변화에 의해서 지식도 변화한다는 것이 소피스트들의 입장이다. 그러므로 진 · 선 · 미 · 정 등은 인간 자신의 필요와 이익에 따라 달라질 수 있는 상대적인 것임을 의미하였다. 감각적 인식이 지식의 유일한 원천이므로 일정한 시공에서만 유효한 특수한 진리가 있을 수 있다는 것이다(임창재, 2008).

소피스트들의 대표적인 교사였던 프로타고라스의 명제, 즉 '인간은 만물의 척도(HOMO MENSURA)'라는 주장은 소피스트들의 정신을 잘 대변해 주는 것이다. 진선미에 대한 절대적 표준은 존재하지 않으며, 개인의 욕구와 관심에 따라 결정된다는 것이나. 법과 관습은 인간이 만든 것이며 이것의 진위 또는 정 · 부정은 개인이 판단할 수밖에 없다.

이 소크라테스는 플라톤과 동시대에 활동한 소피스트로서 수사학적 교육이론에 입각하여 웅변가로서의 정치가를 양성하는 데 교육의 목표를 두었다. 그는 다른 소피스트와는 달리 수사학을 변론을 위한 단순한 수단으로 보지 않고, 수사학 교육을 통해 윤리적 자질과 정치적 능력을 함양하고자 했다. 그는 수사학학교를 설립하여 수사학 교육을 제도화하고 수사학 교육의 전통을 확립하는 데 기여했다.

이러한 주장은 그리스인들의 호응을 받았다. 소피스트들이 가졌던 회의주의, 윤리적 상대주의, 출세지향주의 등은 지적, 도덕적 혼란을 가져오기도 했지만 지식이 공개되고 보급되는 계기를 만들어 주었다. 그들의 활동은 신본주의에서 인본주의로 돌아서게 하는 역할을 수행하였다.

명성 있는 소피스트들 대부분은 아테네인이 아니지만 주로 이곳에서 활동하였다. 그들이 아테네를 주 무대로 삼은 것은 다른 어느 도시국가보다도 아테네에 언론의 자유가 확보되어 있었기 때문이었다. 소피스트들의 출현은 이러한 시대의 산물이었다. 그들은 이러한 완벽한 언론의 자유 속에서 그들의 신념을 발표할 수 있었다. 그들이 가르친 웅변과 수사학은 사회적 성공의 중요한 수단이 되었다. 시민들은 가정적 배경 없이도 개인의 능력에 따라 성공할 수 있었다.

(2) 소피스트의 교육사상

소피스트들에게 있어서 교육이란 생존을 위해 필요한 기술적인 교과를 가르치는 것이었다. 그들 자신도 직업적 교사이었으며, 그들이 열중한 교육도 직업교육이었다. 그들의 교육은 보편타당한 진리의 절대성을 부정하는 개인주의 · 주관주의 · 상대주의의 인생관과 도덕관을 기본 원리로 한 것이다.

소피스트들의 교육목적은 변화하는 사회에 잘 적응할 수 있는 사람은 물론 인성적으로 원만한 사람을 양성하는 것이었다. 소피스트들이 활동하던 페리클레스 시대에 개인의 성공은 정치적 성공과 직결되었고, 정치적 성공은 집회나 법정에서 다른 사람을 설득하는 능력에 달려 있었다(신득렬, 2000).

이러한 목적을 달성하기 위한 교육내용은 문법, 수사학 그리고 변론과 웅변술이었다. 소피스트들은 실제적 지식을 강조하고 젊은이들에게 전반적 계몽과 교양을 통하여 진리 자체보다 영리함을 가르쳤던 것이다.

소피스트들은 교육을 특수한 기술로 생각했기 때문에 새로운 교수법을 개발하였다. 그것은 백과전서적인 해박한 지식을 가르치는 방법과 다양한 유형의 정신적 훈련을 시키는 방법이다. 소피스트들은 선천적 소질과 교육이 인격 형성에 어떤 영향을 주는가를 탐구하고, 가르침과 연습은 후천적 소질이 된다는 사실을 인정하였다. 그리하여 그들은 인격과 도덕성이 혈통에 의해 유전된다는 귀족적 선입관을 거부하고, 이는 교육 여하에 좌우된다는 교육 만능설을 주장하게 된 것이다. 이런 입장에서 그들은 교수 능력을 인간의 중요한 특성으로 보고 정확하게 사고할 수 있도록 가르치는 교수법을 강조하였다. 정확하게 사고하려면 언어를 분명하게 이해해야 한다. 언어 능력은 설득력 있는 연설을 할 수 있는 최고의 기술이다. 이런 논리에 의해 소피스트들은 수사학을 가장 중요하게 다루었던 것이다.

소피스트들은 신들에 대한 관심보다는 인간과 인간사회에 관심을 가졌다. 이 문제와 관련하여 소피스트들의 뚜렷한 특징은 탁월성은 교수될 수 있다는 것이었다. 이러한 주장은 많은 시사점을 가진다. 이것은 탁월성이 출생에 의해, 즉 귀족계급에 속함으로써 얻어질 수 있다는 관점을 거부한다. 또한, 그것은 특정한 개인의 특수한 자질에 의해 우연히 발생한다는 관점을 거부하는 것이다. 소피스트들에 의하면 탁월성은 알려지고 통제될 수 있는 절차의 결과이다. 더구나 가르칠 수 있으며 개인과 정부에 성공을 가져다 줄 수 있다는 신념은 교육사에 큰 영향을 미쳤다.

이러한 영향에도 불구하고 소피스트들이 역사상 오랫동안 악평을 받게 된 것은 플라톤과 아리스토텔레스 때문이었다. 플라톤은 소피스트들을 참된 진리의 탐구자로 보지 않았다. 이 점에서 아리스토텔레스도 플라톤과 견해를 같이한다. 플라톤은 소피스트들의 주장이 논쟁술적이고 반논리적이라고 생각했다. 그에게 있어서 논쟁술은 진리를 발견하기보다는 논쟁에서 승리하는 것을 목적으로 하는 것이 있다. 반논리는 프로타고라스와 관련된 것으로 플라톤은 이것도 본질적으로 논쟁술적인 것이라 생각했다. 플라톤과 아리스토텔레스의 영향을 받아 근대의 철학자들도 소피스트들을 진정한 철학자로 보지 않았다(신차균 · 안경식 · 유재봉, 2006).

소피스트들을 그리스철학의 역사 속에 넣어 재평가한 사람은 헤겔이다. 헤겔은 소피스트를 주관적 관념론자로 보았으며, 이전의 철학에 대한 반작용 역할을 충실히 수행했다고 생각했다.

듀이도 소피스트들의 활동을 긍정적으로 평가하였다. 유럽 최초의 전문적 교육자들인 소피스트들이 젊은이들에게 탁월성, 정치술, 그리고 도시와 가정의 관리를 가르침으로써 철학은 비로소 보편적인 것, 어떤 포괄적인 계급, 어떤 집단 등과 개인의 관계, 인간과 자연, 전통과 반성, 지식과 행동의 관계를 다루기 시작했다. 그들은 탁월성이 학습될 수 있는지, 그리고 학습이 무엇인지를 물었다. 이러한 질문에 대한 해답을 얻었다면 교수활동과 지식의 탁월성과의 관계는 무엇인가? 이 마지막 질문은 이성과 행동, 이론과 실제의 관계라는 문제를 제기한다. 왜냐하면 탁월성은 명백히 행동 속에 존재하기 때문이다. "이성의 활동인 앎의 행위는 인간의 가장 고귀한 속성이 아닌가? 따라서 순수한 지적인 활동 그 자체가 모든 탁월성 중에서 가장 고귀한 것인가? 이것과 비교할 때 친절의 미덕과 시민의 생활은 이차적인가? 새로운 교육은 공동체의 확립된 전통들에 적대적인 기준을 제시하기 때문에 좋은 시민적 자질의 적이 아닌가?" 듀이는 이러한 질문이 참으로 고귀한 질문이라고 생각했다. 그러나 불행하게도 2~3세대가 지나는 동안에 이러한 질문은 교육과의 실제적 관계로부터 단절되어 그 자체로서 논의되었다. 즉, 독립적인 탐구영역으로서 철학의 문제가 되었다는 것이다.

2) 소크라테스

(1) 생애

소피스트들의 교육에 의해 절대적 진리와 그 인식 능력은 쓸모없는 공허한 사색으로 무시되었고, 그 대신 화려한 미사여구와 능란한 말솜씨가 진리를 가장하여 생활 세계를 지배하였으며, 이것이 사회를 다스리는 실용적 능력으로 왜곡되기에 이르렀다. 이러한 교육 풍토 아래서 청년들은 저마다 자기가 본 것이 진리라고 주장하는 상대주의적 · 다원주의적 가치 혼란에 빠지게 되었고, 이 혼란한 상황을 극복하기 위하여 다시금 철학하는 방법과 교육의 본질과 과제에 대해 생각해 보는 문제가 제기된 것이다. 여기서 '인간에게 있어서 진리, 참된 선은 무엇인가?'라는 철학적 물음이 교육의 본질적 과제로 등장하게 되었다. 이러한 철학적 물음을 교육의 본질적 과제로 삼고 몸소 실천해 보인 사람이 바로 소크라테스였다(손인수, 1997).

소크라테스(Socrates, B.C. 469~399)는 아테네 출신으로 조각가인 아버지 소프로니스코스(Sophroniscus)와 조산원인 어머니 파이나레테(Phaenarete)에게서 태어났다. 소크라테스가 살았던 기원전 5세기경의 아테네는 군주독재체제에서 민주정치체제로, 다시 민주정치에서 중우정치체제로 교체되는 전환기에 있었다. 또한, 페르시아 전쟁의 승전국으로서 경제적 성장과 번영을 누리던 아테네가 펠로폰네소스 전쟁에서 패전국으로 전락했던 시기였다. 이 과정에서 아테네는 과학과 예술의 발전과 문화의 융성, 정부의 권위 상실, 도덕의 문란, 가치의 혼란을 겪었다. 이와 함께 전통적 관습과 가족제도, 그리고 사회 내적 구조의 기초가 흔들리고 종교적 기반이 무너지면서 무수한 사이비 이단 종교들이 출현하였다(연세대학교 교육철학연구회 편, 1996).

소크라테스는 20세부터 이오니아학파의 자연학을 연구했으나, 자연계에 대한 인식의 가능성이나 의의에 회의를 품어 오직 인간 자신의 문제를 연구하게 되었다. 30세경에 교육자로 자각하였고, 38세에는 펠로폰네소스 전쟁에 종군하였다. 페리클레스(Pericles, B.C. 495~429) 사후 아테네 국운이 기울기 시작하자, 그는 각계각층의 인물들과 이야기를 나눠 가며 아테네인들의 '앎'의 상태를 음미하였다. 63세에는 참정의원으로 당선되어 공직에도 봉직하였으나, 생애의 대부분을 시민의 일원으로서 아테네의 사회체제를 바로잡으려는 일념으로 청년과 대중의 교화에 힘썼다.

평생을 철학자이자 교사로서 살다가, 신성을 모독하고 청소년을 타락시켰다는 죄목으로 사형선고를 받아 독배를 마시고 죽었다.

(2) 교육사상

소크라테스는 자기 자신의 영혼과 타인의 영혼을 위하여 아고라, 체육관, 공적 장소, 거리에서 사람들과 대화를 하였다. 그의 언변은 매우 유창하여 인기를 얻었으며 청년들과 대화하면서 토론하고 소피스트들을 반박하였다. 그는 보편적 진리, 절대미, 절대선을 인정하고 거기에 도달하기 위한 방법으로 분석 · 비교 · 변증 · 종합 등의 방법론을 제시하였다. 지식과 덕성을 결부시켜 보편타당성을 지닌 지식은 덕이고 덕은 지식이라고 하였다. 이것은 지덕합일, 지행일치를 의미하며 지식과 덕은 분리할 수 없는 것으로 인식의 문제는 동시에 실천의 문제라고 하였다. 그러므로 지식은 사고력의 발전을 목적으로 할 뿐만 아니라 도덕적인 가치를 가져야 한다는 것이다(차석기, 1989).

소크라테스는 당시의 다른 소피스트들처럼 프로타고라스가 말한 '인간은 만물의 척도'라는 말을 가지고 사색의 출발점으로 삼았다. 그는 인간이 만물의 척도라면 무엇보다도 자기 자신을 알아야 한다고 생각하여 청년들에 부단히 질문을 던지면서 많은 소피스트의 의견을 비판하였다. 인식의 출발점은 현재 자기 자신의 생각이 무지임을 알고 참다운 지를 자각하여 이성적인 앎에 도달하는 것이라 하였다. 그리하여 그는 인간에게 그 자신의 가능성의 새로운 국면을 제시하고, 델피의 아폴로(Apolo) 신전에 새겨진 오랜 그리스의 금언인 "너 자신을 알라(know thyself)."에 새로운 의미를 부여하고 교육의 출발로 삼았던 것이다.

소크라테스의 교육목적은 무지의 세계를 애지의 세계로 개선하여 진리를 보급하고, 파이데이아(paideia)를 성취하는 것이었다. 파이데이아는 인간의 참된 의의는 공동체에 있어서만 실현될 수 있다는 견지에서 공동체의 존립에 유용한 기능, 즉 아레테(arete)에까지 인간을 형성하려는 것이 목적이다.

이러한 목적을 위해 질문하고 대화로 논의하는 것은 무지를 자각케 하고 새롭고 확실한 지식을 찾아내도록 도와주었다. 끊임없는 질문과 토론의 과정이야말로 진리에 이르는 유일한 길이라고 보았다.

소크라테스의 교육방법은 반어법과 산파법이었다. 반어법은 여러 가지 질문을 하여 상대로 하여금 자신의 그릇됨이나 무지함을 깨우쳐 주는 방법이며, 산파법이란 상대의 기준의 지식에서 출발하여 적극적으로 새로운 지식을 얻도록 도와주는 방법이다.

소크라테스는 참된 지식은 모든 사람 안에서의 무의식 상태에서 끌어내는 일이라고 주장하였다. 그러므로 인간을 자유롭게 하는 일은 학습자를 자극시켜 그의 무의식 속에 숨어 있는 잠재된 지식을 자기성찰과 자기분석을 통하여 발견하게 하는 과정이라고 하였다. 그는 아테네 시민들에게 자신의 삶, 영혼에 대해 질문하고 유덕하게 살아가도록 동기를 부여하려고 하였다(성기산, 1993).

그 무엇보다도 소크라테스가 관심을 갖고 추구했던 진리는 주로 윤리적인 문제와 관련된 것이었다. 그는 인간의 그릇된 행위는 무지에서 비롯된다고 생각하고,

'덕(德)은 곧 지(知)'라는 지덕합일설을 주장하였다. 올바른 행위는 올바른 지식에서 나오게 된다는 것이다. 그는 지식은 감각적인 것이 아니라 이성적인 것이며, 따라서 우리는 이성적 탐구에 의해 지식을 얻을 수 있다고 생각했다.

소크라테스는 플라톤과 아리스토텔레스를 통하여 그리스 교육에 큰 영향을 미쳤다. 그들의 교육사상의 목적은 전문가와 기능인의 양성이 아니라 교양인의 이상, 즉 파이데이아(paideia)를 성취하는 것이다. 플라톤은 '철인-통치자'에서, 아리스토텔레스는 '이성적인 인간', 즉 지적 · 도덕적 탁월성을 획득한 인간에서 파이데이아를 발견하였다. 파이데이아는 그리스인들의 교육적 이상이다. 그리스인들은 이 이상을 보존하고 영속화시키려 하였다. 이러한 이상은 인위적으로 상실될 수 없는 것이다.

소크라테스는 위대한 철학자이자 이상적인 교사이다. 그 자신은 어떠한 교육이론을 만들지 않았지만 그의 삶 자체가 교육적 가치를 가지고 있다. "음미되지 않는 삶은 살 만한 가치가 없다."는 선언은 그의 삶의 지표이자 모든 교육관계자의 인생 지표가 될 수 있는 것이다.

시첼(Betty A. Sichel)은 소크라테스가 교육에 있어 두 가지 점에서 공헌했다고 말했다(신득렬, 2000). 첫째, 변증법적 질문을 통해 상대를 패배시키는 방법은 교수법으로서 지위를 가지고 있다. 소피스트들의 방법과는 달리 소크라테스의 방법은 언어적으로 상대를 패배시킬 뿐만 아니라 그들의 경직된 신념과 도덕적 이론들을 음미하도록 동기를 만들어 주었다. 이러한 변증법은 치료적인 효과를 가지고 있어 잘못되고 일관성을 잃은 신념과 힘으로부터 벗어나게 해 준다.

둘째, 교육은 정보와 기술의 획득이라고 생각하는 대신에 소크라테스는 탁월성을 교육의 핵심적인 목적으로 만들었다. 탁월한 삶의 습관, 사회학적 가치를 생각없이 수용하거나 교사들의 구두 강의에 기반을 둘 수는 없다. 탁월성의 실천은 신념의 계속적인 음미, 탁월성의 의미에 대한 탐구를 필요로 한다. 교사 중심의 교육을 거부함으로써 그는 자신이 교사가 아님을 선언하였다.

소피스트들과는 달리 소크라테스는 공식적으로 학생들을 받아들이지 않았다.

왜냐하면 그는 가르칠 내용을 가지고 있지 않았기 때문이다. 그는 만나는 사람에게 질문을 하는 것이 신들이 자신에게 준 사명이라고 생각하였다. 이 사명은 어떤 하나의 교주를 선전하는 것이 아니라 사람들이 스스로 탐구하도록 자극하는 것이었다.

3) 플라톤

(1) 생애

플라톤(Platon, B.C. 427~347)은 아테네의 국력이 점차 쇠락해 가던 시기에 아테네의 귀족 가문에서 태어났다. 당시 아테네는 펠로폰네소스 전쟁에서 패하여 사회적 혼란이 가중되고 있던 때였다.

그는 정치적 불안정 속에서 유산자와 무산자 간의 갈등도 체험했다. 시민들 사이에 일어난 이러한 갈등에 대한 그의 체험은 적어도 지배자계급에 있어서는 사유재산제도를 폐지해야겠다는 신념을 갖도록 하였다. 그는 도시국가 아테네의 외형적 몰락(스파르타와의 전쟁에서의 패배)과 더불어 내면적 타락(개인주의, 전쟁 이후 30인의 폭정, 소크라테스의 처형)을 급진적 내부개혁을 통해 구원하고자 했다. 플라톤은 당시의 아테네가 진정한 민주정치로부터 중우정치로 그 구조가 변질되었고 도덕적으로 타락하였으며 가치의 혼란을 겪고 있었음을 직시하였다. 이러한 시대 상황에서 그는 절대적인 진리와 선을 추구하면서 지혜롭고 이성적인 철인이 지배하는 이성국가를 갈구하였으며 이를 실현하기 위한 교육을 제안하였다.

플라톤은 20세에 그에게 결정적인 영향을 끼친 소크라테스를 만나 8년간 가르침을 받았다. 당시 아테네의 선동과 테러, 파당과 모함 등으로 소용돌이치던 정치상황 속에서 스승인 소크라테스가 비극적 죽음을 맞게 되자, 그는 아테네의 정치에 회의를 품고 방랑의 길을 떠났다. 몇 년 동안 그리스, 이탈리아, 이집트, 시칠리아 등을 여행했다. 그는 40세에 아테네로 돌아와 아카데미아(Academia)를 열고 철학적 문제에 관해 강의하고, 토론을 장려하였으며, 집필 활동에 몰두하였다. 여기서 플라톤은 소크라테스가 강조한 덕과 피타고라스가 강조한 생명을 중시하였으며, 교수와 학습의 공동체이자 생활 공동체의 모습을 갖추었다. 플라톤은 철학정신에서 볼 때 기원전 387년경에 설립한 인류 역사상 최초의 고등교육기관인 아카데미아가 정치적 삶의 혁신을 위한 발효제라고 생각하였다. 그러나 실제로 그의 아카데미아는 정치적 삶을 쇄신하기보다는 모든 학문기관과 대학교의 원형으로서 서양의 학문과 철학을 창출하는 데 기여하였으며, 소피스트들에게서 유래된 고등교육의 이념을 실현시키는 데 조력하였다. 아카데미아는 기원 후 529년 비잔틴 제국의 황제 유스티니아누스(Justinianus) 1세에 의해 폐쇄되기까지 916년간 지속되었다(김봉수 역, 1987).

저서를 통해서나 아카데미아에서의 가르침을 통해서 그가 끼친 영향은 그 당시에는 물론이요, 오늘날까지 서구 문명 속에 강력한 하나의 힘으로써 면면히 흘러오고 있다. 기원전 347년, 플라톤은 80세를 일기로 세상을 떠났다.

(2) 교육사상

플라톤은 세계를 둘로 나누어 보는데, 현상계와 이데아계가 그것이다. 현상계는 우리가 감각에 의해 지각할 수 있는 세계를 말하며, 이데아계는 우리가 이성적 사유에 의해 인식할 수 있는 세계이다. 이 중 이데아계야말로 진리이고 실재이며, 현상계는 이데아계의 모사품이고 그림자에 불과하다.

이데아계의 핵심은 물질적인 것보다는 관념, 사고, 정신, 자아를 강조하는 데 있다. 정신을 물질에 선행하는 근본적인 것으로 강조한다. 따라서 참으로 실재하는 것은 정신이며, 물질은 정신의 부산물이라고 주장한다. 정신의 세계는 이데아에 강조점을 두고, 이러한 영원한 이데아가 물리적인 감각의 세계보다 더 중요하게 간주될 뿐만 아니라 여타의 모든 것에 선행한다고 본다(임태평, 2000).

플라톤은 이데아 중에서 선의 이데아가 가장 중요하고 가장 높은 것이라고 주장하였다. 그는 선의 이데아를 동굴 비유를 통해 설명하였다.

동굴의 비유는 실재란 무엇인가에 대해서 대답하려고 노력한다. 플라톤은 동굴의 구조에 대해 다음과 같이 설명하였다.

동굴의 입구에는 태양이 빛나고 있어 밝지만 동굴의 길이 때문에 햇빛이 동굴 안에는 들어오지 못한다. 입구에서 조금 안쪽에서는 불이 있어 활활 타오르고 있고 동굴의 끝 가까이 묶여 있는 죄수들은 뒤를 돌아보지 못하게 되어 있다. 동굴의 끝부분은 화면(screen)의 역할을 하고 있는데 죄수들은 그것을 보고 있다. 그 불과 죄수들 사이에는 약간 높은 길이 나 있다. 이 길 위에 여러 가지 물건이 지나간다면 그 물건은 불빛을 받아 동굴 끝의 화면에 영상으로 비칠 것이다(무지의 단계).

이 동굴의 비유에서, 밖의 세계로 비유했던 것은 이데아의 세계이며, 태양으로 비유했던 것은 이데아 중의 이데아인 선의 이데아라고 할 수 있다. 우리는 눈으로 사물을 보고 있다고 생각하는 경향이 있으나, 사실은 태양빛의 반사를 보고 있을 뿐이다. 또한, 우리가 눈으로 보고 있는 것은 실재하는 것이 아니라 그림자일 뿐이다. 우리가 눈으로 보는 것은 참된 진리가 될 수 없는 것이다. 플라톤은 이 동굴의 비유를 통해서, 우리는 감각적이고 물질적인 세계에 머물러 있지 말고 참된 세계라고 볼 수 있는 이데아의 세계로 영혼을 전향시켜야 한다고 주장한다. 플라톤에게 밖으로 나갔다가 다시 동굴 안으로 들어온 사람은 철학자, 교사라고 할 수 있다.

이 사람을 다시 동굴로 보내는 이유는 어느 한 계급만이 행복하게 되도록 하는 것이 이상국가의 목표가 아니기 때문이다. 플라톤은 지식을 가진 자는 그 지식을 사용(私用)으로 쓰도록 하지 않고 널리 사회를 위해 환원하도록 요청하고 있다. 훌륭한 국가의 실현은 시민의 자질에 달려 있으며, 통치자는 시민 전체의 행복을 추구하기 때문에 시민들 중에 무지한 사람이 있도록 허용해서는 안 되는 것이다.

교육을 국가와 불가분의 관계로 결합시키고, 국민생활을 국가 권력으로 통제한 것은 스파르타로 대표되는 그리스 여러 나라의 전통이었다. 이와는 대조적으로 개인 능력의 자유로운 발전을 국가 발전의 기초로 여기고, 개인과 국가와의 조화적 발전을 기한 것이 아테네가 추구하는 이상이었다. 그러나 개성과 국가와는 그리 쉽게 조화되지 않는다. 스파르타는 국가의 통제가 지나쳐 개성이 부당하게 억압당했다. 한편, 아테네는 개성의 자유로운 발전을 존중한 나머지 통제가 미치지 못해 국가 존립이 위태롭게 되었다. 아테네처럼 개성이 존중되고 스파르타처럼 통제도 통하는 국가가 이상적 국가다. 그렇게 되려면, 국민 각자가 자기 능력에 알맞게 배정된 단계(생산계급, 군인계급, 철인계급) 안에서 자기 몫만 해야 한다. 즉, 일인일기(一人一技)다. 그래야 국가에 정의가 실현된다(신득렬, 2000).

플라톤은 이 같은 이상국가의 청사진에 따라 자신의 교육사상을 전개하였다. 이상국가는 교육받은 통치자와 시민 없이는 불가능한 것이다. 이상국가는 엄격한 법률에 의해 통치되는 것이 아니라 교육받은 사람들이 가진 이성에 의해 통치되는 것이다. 그리하여 교육은 공동체의 가장 중요한 활동으로 간주되었다. 플라톤은 혈통이나 신분에 의해서가 아니라 오직 교육에 의해 시민들을 분류하려고 하였다. 어느 계급에 속해도 행복하기 때문에 선발은 도시국가 전체의 이익과 행복을 극대화하기 위해 이루어진다. 플라톤은 젊은이를 선발하기 위해 초등교육에서부터 고등교육에 이르기까지 정교한 교육과정을 고안하였다.

플라톤의 교육목적은 첫째로 사회 각 계급에 맞는 개인적인 능력과 자격을 발견하고 발전시키는 데 있었다. 둘째로 덕과 시민으로서의 능률을 발전시키는 데 두었다. 그의 이데아론도 궁극의 목적은 도덕적 요구를 만족시키는 데 있었다.

플라톤은 이와 같은 교육목적을 달성하기 위하여 단계적인 교육을 주장하였다. 그의 교육계획의 내용은 6세 이전의 유아에게는 동화와 신화를, 6~18세까지는 체조와 음악을 교육하는 데 두었는데, 여기에서의 음악은 독 · 서 · 산 · 무용을 포함한다. 18~20세까지는 체육과 군사훈련을 시킨다. 그리하여 20세에 무사가 될 사람은 떨어져 나가고, 앞으로 철인이 될 사람은 10년간 산수 · 음악 · 기하 · 천문학을 공부한다. 아마도 그는 음악의 교육적 가치를 구명한 최초의 사람이었을 것이다.

30세에는 이 중에서 가장 우수한 사람을 선발하여 5년 동안 철학(변증법 · 형이상학)을 가르친다. 다시 35세로부터 15년간은 국가의 정사(政事)에 실제적인 경험을 쌓게 한다. 50세에 철인으로서 정권을 잡는 것이다. 이런 연유로 국가의 최고 통치자는 철학자가 되어야 한다. 그는 이것의 실현을 위하여 교육의 중요성을 강조했으며, 그의 교육은 잘 양육된 극소수의 지적 엘리트를 대상으로 한 것이라 볼 수 있다(김봉수 역, 1987).

플라톤의 교육사상은 자신의 사회 · 정치철학 속에서 전개되고 있다. 그는 개인은 누구나 자신이 타고난 적성을 다른 사람에게 유익하게 사용해야 하며, 교육을 통해 누가 어떠한 적성을 가졌는지를 찾아내야 한다고 생각하였다.

그러나 듀이가 정확하게 지적한 것처럼 플라톤은 개인과 사회집단의 성격을 특징짓는 활동들이 무한히 많다는 것을 깨닫지 못했다. 이로 인해 그는 인간의 능력을 아주 제한되게 분류하게 되었다. 아테네 사회가 개인의 가치와 자유를 높이 평가하고 있음에도 불구하고 플라톤은 자유의 가치를 등한시하였다. 그는 개인이 저마다 가지고 있는 고유성과 대체 불가능성을 인정하지 않았다. 이러한 관념의 결여로 인해 그는 개인은 겨우 세 가지 능력과 계급 중 어느 하나에 속해야 한다고 생각했다.

그럼에도 플라톤의 교육적 주장은 당시로서는 혁명적인 것이었다. 신분의 차이를 묻지 않고 오직 교육에 의해서만 사람을 적재적소에 배치하려는 생각은 선각자만이 가질 수 있는 이상이었다. 그러나 그는 아테네 사회를 불안정한 사회로 보았으며, 이를 안정되고 확고한 기반 위에 세워야겠다는 강렬한 열망 때문에 유연한 교육이론을 만들지 못했다.

그렇다면 플라톤 사상의 한계점은 무엇인가? 그것은 너무 유토피아적이며, 교육목적 또한 지나치게 이상적이고 불명확하고, 현대의 과학적 세계관과 동떨어져 있으며, 현실의 세계를 긍정적으로 수용하는 자세에 너무 회의적이며, 개성의 발로를 사회와의 절연상태에서 기하기 쉽고, 진정한 철인이 아닌 자칭 이상주의 철인에 의해 교육이 정치의 수단으로 전락하기 쉽다는 것이다. 우리는 이런 타락한 이상주의를 히틀러의 나치즘, 일본의 군국주의에서 역력히 볼 수 있다.

4) 아리스토텔레스

(1) 생애

아리스토텔레스(Aristoteles, B.C. 384~322)는 기원전 384년경에 그리스 식민지인 트라키아의 부유한 도시인 스타기로스(stagiros)에서, 마케도니아 필립소스(Philipos) 왕의 궁정시의인 니코마코스(Nikomakhos)의 아들로 태어났다. 그의 아버지는 의학과 자연과학에 조예가 깊었다.

그러나 소년시절에 양친을 여의고 친척에게서 양육되다가 17세에 플라톤의 아카데미아에 입문하여 교육을 받았다. 여기에서 플라톤이 세상을 떠날 때까지 20년간 처음에는 학생으로, 나중에는 교사로서의 생활을 보냈다. 플라톤이 아리스토텔레스를 만났을 때의 나이는 61세로, 이미 노년기에 접어들고 있었다. 그는 아리스토텔레스의 총명함을 보고 '학원의 정신'이라고 말한 것으로 전해진다(주영흠 · 이승원 · 심승환, 2010).

플라톤이 타계한 뒤 그는 아테네를 떠나 소아시아의 아소스(Assos)로 가서 철학을 연구하고 제자들을 가르쳤다. 그리고 여러 해안 지방 등을 여행하면서 현장 작업을 통해 생물학, 특히 해양동물학 분야에서 많은 경험적 자료를 얻었다.

B.C. 342년에는 마케도니아 왕의 태자인 13세의 알렉산더(Alexander)의 스승으로 초빙되어 궁정교사로 활동하였으나 대왕 즉위 후 아테네로 돌아가 아테네의 교외에 리케이온(Lykeion)이라는 학원을 세워 교육에 전념하였다. 이 학원은 소요학원으로 마치 산책하는 것처럼 숲 속을 거닐면서 가르쳤으며 후세에 소요학파를 이루게 되었다. 알렉산더 사후 아테네에서는 반마케도니아 운동이 일어나면서 아리스토텔레스는 반아테네 사상자로 고소되어 에우보이아(Euboea)섬에 피신했다가 그곳에서 62세에 위장병으로 최후를 맞았다.

(2) 교육사상

아리스토텔레스는 플라톤의 영향을 받았으나, 플라톤의 이상주의와는 다른 입장을 갖고 있었다. 그는 스승의 지나친 이상주의(Idealism)를 배격하고 실재

(reality)의 기반을 현실 사물의 세계로 끌어내렸다. 플라톤은 정신, 관념이 실재한다고 보고 눈에 보이는 세계는 그림자로 보았다. 그러나 실재주의(Realism)자인 아리스토텔레스는 플라톤과는 달리 논증적이면서 분석적이었다. 또한, 현상의 다양성에 관심을 가지고 경험적, 현실적인 것을 중심으로 사색하면서 영원불멸의 세계는 존재할 수 없다는 실증주의적 경험론자이다. 아리스토텔레스에 의하면 경험은 우리의 길잡이며, 우리의 추론의 지표는 귀납법이다. 따라서 사물의 본질은 이데아에 있는 것이라기보다는 개개 사물에 내재하며 사물을 떠난 본질은 있을 수 없다는 실체론을 주장하였다. 모든 것에는 질료와 형상이라는 양면이 존재하여 질료에서 형상으로 진행하는 것이 운동이며, 질료는 실체가 가능태로 있는 것이고 형상은 현실태로 있는 것이라 하였다. 형상은 각 사물의 본질이자 실체이고, 질료가 결정되는 목적이며, 질료는 어떤 목적을 실현하는 데 필요한 기본적인 소재나 재료를 말한다. 예컨대, 책상의 모습이 형상이고, 책상의 재료인 나무는 질료이다. 이와 같이 사물은 질료와 형상으로 이루어져 있다고 보았다.

플라톤의 사유가 형이상학적 깊이와 사변적 대범함을 지닌 특징이 있으며 역사상 최초로 교육학적 유토피아를 설계하였다면, 아리스토텔레스에게서 나타나는 특징은 냉정한 현실감각으로 관념적 교육에서 벗어나 과학적·이성적 교육관을 정립하는 데 기여하였다는 것이다.

플라톤의 교육사상처럼 아리스토텔레스의 교육사상도 공동체생활에서 인간을 위한 최고선을 추구하는 일과 밀접하게 관련되어 있다. 두 철학자는 최상의 국가를 실현시키는 것을 늘 염두에 두고 있으며, 이러한 국가는 특정한 개인이나 집단이 아닌 시민 전체의 행복을 실현시키는 것을 목적으로 한다고 생각했다. 두 사람에게 있어 정치학은 집단의 행위에 따르는 개인의 행위를 고려해야 한다고 여겨졌다. 따라서 아리스토텔레스의 『니코마코스 윤리학』과 『정치학』은 불가분의 관계를 갖게 된다. 그에게 있어 개인과 국가의 존재 목적은 동일한 것이다. 시민 전체의 행복은 개개인이 지적 탁월성과 도덕적 탁월성을 획득할 때 비로소 가능한 것이다. 따라서 입법자와 통치자는 시민의 행복을 위해 교육에 눈을 돌릴 수밖에 없다. 이상적인 국가는 탁월한 통치자와 탁월한 시민이 존재해야 가능하게 되기 때문이다.

아리스토텔레스는 이를 위한 교육의 기본적 조건, 즉 인간이 선하고 탁월하게 되는 데 세 가지 조건으로 자연, 습관, 이성을 제시했다. 자연은 인간의 생물적인 활동의 기초이며, 인간에게 감정적인 욕구를 제공한다. 습관은 소극적 측면과 적극적 측면이 있는데, 전자는 인간의 비합리적인 활동의 통제를 함축한다. 후자는 좋은 습관형성을 강조하며, 이러한 좋은 습관형성은 제2의 천성으로 한 사람의 인격과 품격을 대변해 줄 수 있다는 점에서 한 사람의 인격이란 정착된 습관의 총합이라고 할 수 있다. 이성은 인간의 삶 전체를 이해하게 하며, 혼란에 질서를 부여한다. 이런 점에서 이성은 혼잡한 네거리의 신호등 같은 역할을 한다. 뿐만 아니라 이성을 이용하면 현재의 하찮은 것들을 초월하게 하여 일희일비(一喜一悲)하지 않은 삶을 영위하게 된다는 것이다. 따라서 가정과 국가는 좋은 인간과 시민을 만들기 위해 좋은 습관이 형성되도록 하지 않으면 안 되며, 이것은 추리나 지시나 구두 강의만으로 형성되지 않는다.

이러한 교육원리에 입각하여 아리스토텔레스는 교육의 목적으로 행복을 최고의 목적으로 하는 개인의 완성, 합리적 사고력 함양에 두었다. 이 같은 교육목적을 구체화시켜보면, 첫째로, 이성적인 생활을 영위하는 데 있다. 그는 이성을 실제적인 것과 이론적인 것으로 분리시켰다. 전자인 실제적 이성은 인간 정신의 두 개의 낮은 수준의 활동과정과 함께 작용하여, 인간정신의 욕구적인 활동과정을 구속하여 적절한 표출로 유도하게 된다. 후자인 이론적인 이성은 그 자체로 평가되는 순수 활동으로서 작용하고 있다. 이러한 이성의 작용에 있어서 이성은 순수한 인식이며 보편적인 진리의 성격을 묵상하는 데 정력을 쏟고 있는 것이다(최명관 역, 1984).

그리스인들은 이성을 가지고 조화의 세계로 이해하려 하였다. 여기에 명상의 생활에 대한 정신이 엿보인다. 아리스토텔레스는 이 같은 생활이야말로 이성이 활동하는 생활이며, 참다운 진리를 탐구하는 길이라고 가르치고 있다. 그리하여 그는 우리에게 과학과 철학을 통하여 이성을 훈련할 것을 주장했다.

둘째로, 행복한 사람을 만드는 데 있다. 행복한 사람이 되려면 지적 탁월성과 인격의 탁월성, 즉 도덕적 탁월성을 가지고 있어야 한다. 이러한 탁월성들의 본질과 획득 방법들에 대한 설명이 『니코마코스 윤리학』에 나타나 있다. 아리스토텔레스는 탁월성 중심의 윤리학을 정립하는 동시에 이에 바탕을 둔 도덕교육을 전개하였다. 그가 말하는 탁월성은 중용으로 되어 있으며, 중용은 이성에 비추어 정의되는 것이다. 아리스토텔레스에 의하면 중용이란 덕과 이성적인 행동을 할 때 얻을 수 있다. 그러므로 교육은 이성을 통해서 중용의 덕을 실천하게 하는 데 있다. 그가 말한 중용이란 절반의 '中'이 아니라, 자기가 놓인 위치를 정시(正視)하여 자기 스스로를 깨달아 거기에 적중한 태도를 취하는 행동이다. 그러니 그는 행복, 최고선의 실천을 위하여 중용의 덕을 지키는 이성적인 생활과 행동을 할 수 있는 사람을 만들 것을 교육의 목적으로 삼았다(최명관 역, 1984).

지적 탁월성과 도덕적 탁월성은 모두 후천적으로 획득된다. 이것들은 습관화와 교수활동을 통해 획득되는 것으로서 교육의 중요한 목적이자 내용이 된다. 아리스토텔레스는 어린 시절에 인격의 탁월성이 습관화를 통해 얻어질 수 있다고 생각했다. 그는 "우리들 속에서 만들어지는 탁월성들은 본성에 의하여 생기는 것도 아니고 본성에 반하여 생기는 것도 아니다. 우리는 본래 그것들을 받아들이도록 되어 있으며, 이는 습관을 통해 완전하게 되는 것이다."라고 말했다. 모든 탁월성은 한 번의 실행으로 얻어지는 것이 아니라 행동이 습관화됨으로써 얻어지는 것이다. 아리스토텔레스는 어린 시절에 형성된 습관화가 쾌락과 고통, 기쁨과 괴로움 등을 적절하게 통제하도록 한다고 생각했다. 즉, 습관화가 영혼의 비합리적 부분을 적절하게 제어한다는 것이다. 그리하여 그는 인격과 습관은 불가분의 관계를 가지고 있다고 생각했다. 좋은 습관은 시간과 정력을 절약시켜 줄 뿐만 아니라 미래의 행동을 예측하게 해 준다. 그가 말하는 습관화는 매우 복잡한 과정을 통해 형성된다. 이는 가족, 학교, 그리고 공동체와 모두 관련되어 있는 교육의 중요한 과정이다. 따라서 나쁜 습관이 형성되었다면 그것은 공동체 전체의 책임이 된다.

아리스토텔레스는 습관화의 단계를 넘어서게 되면 이성적인 사고의 단계로 들어가야 하는데 이때 교수활동이 요구된다고 하였다. 교수활동의 성패는 습관화에 의해 크게 영향을 받는다.

지적 탁월성은 교수활동에 의해 만들어지고, 좋은 도덕적 탁월성은 습관에 의해 형성된다. 인간은 왜 해야 하는가를 알기 전에 좋은 습관을 먼저 배워야 한다. 그 누구도 좋은 습관을 소유하지 않고는 이성적인 세계에 들어갈 수가 없기 때문이다.

셋째, 자유교육(liberal education)을 중시했다. 아리스토텔레스는 노예나 직공 등의 직업교육과 구별하여 이같이 한정하였는데, 그 구별은 그 후 오랫동안 계속되었다. 플라톤과 마찬가지로 아리스토텔레스는 시민의 교육적 이상을 보다 일반적인 용어로서 이해하였다. 그에게 있어서 시민이란 주로 자유인이었다. 자유인이 되기 위해서는 두 가지, 즉 정치적이고 경제적인 차원을 가져야 한다. 정치적 측면에서 자유민은 병역에 종사하고, 투표하고, 공무를 수행하였고, 경제적 측면에서는 노예가 하는 천한 일을 할 필요가 없었다.

자유민에 알맞은 교육목적은 교양교육이다. 교양교육의 독특한 목적은 지력의 개발인데 지능과 이성이 야수와 구별 짓게 하는 인간의 독특한 것이기 때문이다. 교양교육의 이상을 따름으로써 인간은 가장 훌륭한 시민의 자격과 대부분 자기실현과 인생의 주된 목적인 행복을 얻을 수 있다. 이런 연유로 자유교육은 그리스에 있어서 노예를 제외한 자유민에 대한 교육의 뜻이다. 아리스토텔레스는 그 의미를 확립하고 노예와 상인에게 실시하는 교육과 구별했다. 그에 의하면 자유교육은 직업적 · 생산적인 교육이 아니고 여가를 이용하여 자유인으로서의 교양을 중시하는 교육이다. 자기의 영혼을 가다듬고 생(生)의 의의를 명상 안에서 찾고자 하면 자연히 여가가 있어야 하는 것이다. 그러나 이것도 따지고 보면 그들의 의식주를 위한 근로를 제공하는 노예가 따로 있었기 때문이다.

그 후, 이 자유교육은 중세에 와서 자유7학과(seven liberal art)를 의미하게 되었고, 문예부흥시대의 인문주의 교육에서는 자유교육이 정신과 신체의 완전한 발달을 기할 수 있다하여 고어(古語)와 고(古)문체를 그 내용으로 했다. 17세기 이후에는 자유교육을 인간의 모든 능력을 자유로이 발달시키는 교육으로 보고, 직업교육에 대립시켜 일반교양을 위한 교육으로 해석하였다.

이와 같은 교육목적을 성취하기 위해 아리스토텔레스는 교육을 3단계로 할 것을 주장하였다(임창재, 2008).

첫째, 가정교육기로 출생 후 7세까지는 신체적 발육에 중점을 둔다.

둘째, 공공교육기로 7세에서 14세까지는 건전한 사회생활을 위한 습관 및 정서의 훈련을 강조한다.

셋째, 공공교육기의 계속으로 15세에서 21세까지는 시민적 훈련과 이성의 도야에 중점을 둔다.

또한, 학교교육의 단계와 방법을 구분하여 다음과 같이 제시하고 있다.

첫째, 초등학교는 육체적, 도덕적 습관의 형성을 강조한다.

둘째, 중등학교는 체육, 음악, 그림 등을 통하여 정서의 훈련을 강조한다.

셋째, 고등교육은 수학, 논리학, 과학 등을 통하여 시민적 훈련과 이성의 계발을 강조한다.

아리스토텔레스는 개인의 행복과 국가의 행복을 위하여 국가가 개인의 교육을 관장해야 하며, 개인은 지적 · 도덕적 탁월성을 갖춘 이성적인 인간이 되도록 해야 함을 역설하였다. 그의 교육관은 단순히 시민을 기르는 교육으로부터 모든 인간적인 것을 포괄하는 보다 넓은 교육으로의 전환을 시도하였다. 그는 사유의 법칙을 분석하여 논리학의 창시자가 되었으며, 그의 귀납적 · 분석적인 사유방식은 후세의 교육내용과 방법에도 영향을 미쳤다. 그의 교육사상은 중세의 토마스 아퀴나스, 근대의 코메니우스 · 로크 · 루소 · 페스탈로치 등의 교육사상을 비롯하여, 현대의 항존주의 교육철학에서 지속적으로 이어져 내려오고 있다.

아리스토텔레스의 교육사상은 여러 가지 점에서 탁월한 점을 가지고 있지만 결함도 가지고 있다. 그의 교육이론에는 비민주적인 부분이 많이 발견된다. 그러한 것 가운데 노예제도의 인정, 영성 경시사상, 다른 문화권에 대한 경멸, 직업 및 기술 교육에 대한 경시 등을 지적할 수 있다. 그는 노예근성에 근거하여 노예제도를 의심 없이 인정하였다. 그는 노예가 노예근성을 갖게 된 것은 환경의 결과라는 것을 모르고 있었다. 그는 원인과 결과를 혼동하였던 것이다.

플라톤과는 달리 그는 여성에 대해 거의 배려하지 않았다. 그는 여자는 남자에 비해 모든 점에서 열등하다고 보았다. 그는 열등한 사람은 탁월한 사람에게 예속되는 것이 오히려 자신의 행복을 보장받는 것이라고 생각했다.

아리스토텔레스는 자유인을 위한 교양교육과 노예와 기능공을 위한 직업훈련을 엄격하게 구분하였다. 교양교육과 직업교육, 인문교과목과 자연교과목의 구별에 있어서도 후자보다 전자를 중시하게 된 것은 아리스토텔레스의 영향이 크게 작용하였다고 할 수 있다. 교양교육의 우위를 강조한 것은 많은 문제를 야기하였지만 직업기술교육이 갖는 약점을 지적한 것은 뛰어난 생각이었다.

아리스토텔레스의 교육사상이 가지고 있는 약점에도 불구하고 교육사상사에 있어서 그의 지위는 확고하다. 그가 보여 준 학문적 업적, 탐구방법, 리케이온의 설립, 그리고 교육사상 등은 영원한 가치를 가지고 있기 때문이다.

원전 읽기 『니코마코스 윤리학』

인간이 영위할 수 있는 최선의 삶은 어떤 것인가? 행복을 누리는 삶이라고 한다면 일단은 수긍할 수 있겠다. 그러나 행복이 어떤 것인지 확실히 해 두지 않는 한 아직 알맹이 있는 답이 주어진 것은 아니다. 아리스토텔레스는 최선의 삶을 보장해 주는 행복의 실질적인 내용에 대한 질문을 논의의 출발점으로 삼는다. 그가 제시한 답은 인간에게 주어진 역량을 최대한 계발하여 발휘할 수 있게끔 삶을 꾸민다면 그것이 곧 진정으로 행복한, 즉 최선의 삶이 된다는 것이다.

물론 이 답 역시 인간에게 주어진 역량에 관한 설명이 따라 주어야 만족스러운 것이 될 수 있다. 바로 그에 관한 설명이 『니코마코스 윤리학』의 핵심 부분을 이루고 있다. 아리스토텔레스는 행복의 관건이 되는 역량을 크게 지적인 것과 실천적인 것 두 종류로 나누어 상론한다. 그는 삶의 방식으로서는 지적인 역량을 발휘하여 진리탐구에 몰두하는 관조적인 삶을 가장 바람직한 것으로 평가한다. 그 때문에 그의 윤리관은 너무 주지주의적이라는 비판을 받는다. 그 비판이 전혀 근거 없는 것은 아니다. 그렇다고 해서 그가 실천적 역량을 지적인 것보다 덜 중요한 것으로 취급한 것은 절대로 아니다.

실천적 역량이란 주어진 상황에 대하여 특정한 정서적 반응을 보이고 그에 따라 행동하는 성향으로서 흔히 말하는 덕과 같은 것이다. 가령 의로움, 너그러움, 우애, 용기, 절제 등이 그 예다. 이런 덕목이 결핍된 인간은 지적인 역량을 갖추더라도 심각하게 잘못된 인생을 살 가능성이 크다. 이 점을 잘 알고 있는 아리스토텔레스는 사실상 실천적인 덕에 관한 논의에 훨씬 더 많은 지면을 할애하고 아주 세심한 정성을 쏟는다. 각 덕목에 관한 그의 논의는 내용도 내용이지만 논변의 정교함과 깊이 때문에 오늘날에도 철학적 분석의 뛰어난 모범으로 통용되고 있다. 각론뿐 아니라 덕 일반에 관한 총론적 논의에도 주목할 만한 대목이 많다. 가령 정서적인 반응과 관련된 측면에서는 덕이 중용(中庸)으로 규정되어 있는데, 동양사상사에도 비슷한 이론이 있기에 비교연구의 관점에서 보면 이 대목이 특히 흥미로운 것이다.

또한 덕은 정서적 반응을 넘어 결국은 행위를 통해 드러나는 것이기 때문에 덕의 논의는 행위이론을 포함하게 되는데, 이 대목에서 아리스토텔레스의 기여는 기념비적인 것이다. 행위 일반의 구조와 그중에서도 윤리적 책임을 물을 수 있는 행위의 특성에 관하여 그가 시도한 분석은 최초의 본격적인 행위이론이라 할 만한 것이다.

아리스토텔레스는 『니코마코스 윤리학』에서 어떤 기발한 윤리교설을 창안해 내서 열렬한 신봉자를 끌어모으거나 하지는 않았다. 그보다는 윤리문제에 관한 학문적인 논의의 기반이 되는 개념 틀을 차분하게 정리해서 마련해 놓은 것이 그의 가장 큰 공로라고 할 수 있다. 그 개념 틀은 적어도 이 책이 쓰인 기원전 4세기부터 계속 서양윤리학의 사상적 골격과 같은 역할을 해 왔다. 서양윤리사상의 큰 흐름을 그 저류에까지 깊이 탐구하고자 하는 지적인 호기심을 가진 독자는 이 책을 재독, 삼독하면서 저자와 토론하기에 결코 싫증을 느끼지 않을 것이다.

– 이태수(서울대학교 철학과 교수).

출처: 동아일보(2005. 7. 27).

제4장 로마의 교육 이해

1. 로마의 사회화 문화적 배경

로마는 티베르(Tiber)강 남쪽에 라틴(Latin)족과 에투루스칸(Etruscan)족이 점차 이탈리아 반도를 통일하고 마침내 세계적인 대제국을 건설하였다. 공화정 말기에 나타난 2차에 걸친 3두 정치를 거쳐 옥타비아누스(Octavianus)에 이르는 시기는 로마가 세계제국으로서 지중해 세계를 지배하는 국가로 군림한 때였다. 세계의 길은 모두 로마로 통한다고 할 정도로 로마는 세계제국으로서의 찬란한 물질문명을 과시하였다.

로마는 대외정책에 있어서 그리스와는 달리, 인접하고 있는 많은 도시국가를 정복하고 병합하여 영토를 확장하면서 피정복민을 노예로 삼지 않고 오히려 그들에게 자치제를 실시하게 하며 동맹국으로 후대하였다. 또한, 노예를 거느릴 경우에도 그들을 가족처럼 취급하였기 때문에, 인접 약소국가들이 로마의 예속국이 되기를 자청하여 로마의 영토는 급속히 넓어지고 인구는 날로 증가하였다. 이리하여 에트루리아 지배하에 있던 로마는 기원전 509년에 에트루리아 지배로부터 벗어나 공화정을 수립하였다. 그 후 로마는 기원전 4세기 초에 에트루리아를, 3세기 초에는 중부 이탈리아를 정복하고, 남부 이탈리아 일대에 있던 '위대한 그리스'라는 그리스 식민지를 장악하여 기원전 270년에 이탈리아 반도를 완전히 통일하였다. 이러한 로마의 대제국으로서의 번영은 서기 395년에 동서 두 제국으로 분열하고 1453년 동로마의 멸망으로 사라지고 말았다(진원숙, 1997).

로마의 문명은 자주 그리스의 문명과 대비된다. 그리스 문명이 탁월한 학문과

섬세하고 정교한 예술로 이루어진 데 비해 로마의 문명은 탁월한 정치와 거대하고 실제적인 예술로 이루어져 있다. 로마인들의 실용성 추구에 대해서는 어느 고대인도 따라갈 수 없다. 로마인들은 이러한 재능을 살려 탁월한 법률을 만들어 대제국을 건설하여 통치하였다. 엄격한 법률과 관습은 제국을 통치하는 데는 필요한 것이었지만 지적 탁월성을 성취하는 데는 부적합하였다. 그리스에 비해 탁월한 군사력, 경제력, 정치력을 가지고 있었지만 그리스에 버금하는 지적인 위인들을 배출하지 못했다. 이와 같은 로마의 사회적 · 문화적 배경을 정리하면 다음과 같다(이주한, 2009).

첫째, 로마의 사회조직의 형태는 귀족 중심의 계급사회였다. 로마의 사회는 귀족, 평민, 노예계급으로 구성되어 있었다. 귀족은 특권계급으로서 시민권을 소유하고 있었다. 그들은 경제적으로 강력하여 부유한 토지 소유자들이었으며 상호 간에만 결혼하고 참정권을 비롯하여 여러 공권과 사권을 행사하였다. 평민은 비특권, 피지배계급으로서 시민권은 없으나 병역과 납세의 의무가 있었다. 그리고 그들에게는 소유 토지가 극히 적었으며 민회참석 이외의 참정권이 없었다. 이들에게는 참정권은 없었으나 그 밖의 사법상의 권리를 소유할 수는 있었다. 예속인은 귀족의 보호를 받아 귀족의 토지를 경작하여 토지의 대가를 납부하였다. 이들은 평민이나 해방된 노예가 격하 또는 승격된 사람들이며 재산권은 인정받지 않았다. 노예는 전쟁포로이거나 부채로 인한 사람들이었다.

둘째, 로마사회는 가족제도를 중요시하였다. 로마사회는 아버지가 중심이 된 가부장제로서 가장은 가정의 중심일 뿐만 아니라 종교적인 권위도 가지고 있었다. 여자의 사회적 지위는 그리스보다 인정되었고 공식집회에 나갈 수도 있었으며 연회석상에서 남편 옆에 앉게 되어 있었다.

셋째, 로마사회는 준법정신이 발달되었다. 로마인은 법을 알고 준수해야 하며 법률 지식을 통해 권리를 획득해야 한다는 의식이 강했으며, 권리와 의무에 대한 정신이 발달하였다. 로마인은 조직과 행정의 천재였다. 로마 정신으로 우리가 실용적 정신, 지배질서의 정신, 조직적 정신을 내세우는 것도 이 때문이다. 특히 세계 최초의 성문법인 12동판법은 리쿠르구스가 만든 법이 스파르타를 정초한 것처럼 로마사회의 기초를 확립해 주었다. 법률은 해야 할 행위와 해서는 안 되는 행위를 알려 준다는 점에서 교사와 교육의 역할을 수행한다. 로마의 청소년들은 12동판법을 암기하고 그것을 현실에 적용하도록 요청받았다. 그들은 이 법률로부터 분쟁을 해결하는 법을 배웠다. 아버지와 자식의 관계, 부부의 관계, 주인과 노예의 관계, 재산권을 명시한 이 법은 로마인들의 사적, 공적 인간관계를 지도하였다. 사회생활에 있어서나 교육에 있어서 이 법은 비판이 허용되지 않았다.

12동판법을 위시하여 국내법인 시민법이 발달했다가 후에는 만민법이 완성되었다. 특히 키케로(M. T. Cicero)는 자연법 · 만민법 · 시민법의 세 가지 법에 의거하여 법체계를 완성하였다. 자연법은 모든 인간에게 공통된 자연의 보편적 법이고, 만민법은 국가 간의 법 내지 국제법으로 관습의 산물로 간주되었다. 그리고 시민법은 개별국가나 특정 공동사회에 적용되는 헌법 내지 공동체법이다. 여기서 중요한 점은 만민법과 시민법이 자연법에 위배되지 않는 한에 있어서 유효하다는 것이다.

넷째, 로마인은 모방성이 강하고 실제적이고 현실적인 민족이었다. 거친 토지를 일구어 생활을 발전시키면서 온 특질은 힘의 단결, 근면, 진실, 강인성 등이었다. 따라서 그들은 미적 향락이나 지적 활동 그 자체보다 실질적인 가치를 가지는 것을 지향하고 그것의 완성에 힘쓰며 노력하는 사람들이었다. 그러기에 그들은 본질적으로 실리주의적이며 공리적인 사람들이었다. 로마인은 창조적인 능력에 있어서는 도저히 그리스인을 따를 수 없었다. 그리하여 로마인은 진리를 탐구하는 일에 맞지 않아, 학문 · 예술 분야에 있어서는 그리스인의 모방에 따랐다. 로마의 신들은 그리스 12신의 특성을 그대로 가지고 있으며 단지 이름만 바꾸어 사용하였다. 즉, 제우스를 주피터(Jupiter)로, 아폴론을 아폴로(Appollo)로, 헤라를 주노(Juno)로 한 것이 그 예이다. 또한, 철학에서도 헬레니즘 철학을 수용한 스토아철학이 로마의 사상계를 휩쓸었다. 그러나 로마인들의 천성은 현실적이고 실제적이었기 때문에 군사적 · 정치적 조직 및 토목공사에 있어서는 고대의 다른 민족보다 훨씬 뛰어났다.

예컨대, 건축에 있어서 그리스인은 신전건축에 그 최고의 기능을 기울였지만 로마인은 세속적인 건물에 더 노력하였다. 원형경기장 · 공공 욕탕 · 극장 · 교량 · 군용 포장도로 등 웅대한 건축과 토목공사 등이 발달한 것도 로마인의 실용성 추구 경향을 보여 주는 것이다. 교육에 있어서도 그리스인과 같이 심미성을 구하기보다 실용성을 찾았다. 그러므로 '쓸모 있는 사람'이 그들이 구하는 교육목표였다. 그러므로 그들은 고래로 실리주의적인 국민이라고 간주되고 있다.

다섯째, 로마인은 웅변을 좋아하는 변론적 국민이었다. 이것은 그들의 정치 · 사회조직이 어떠한 일이나 자유토론에 의하여 결정되는 것에서 온 것이다. 그리하여 자유민에게는 웅변을 중히 여기는 습관이 형성되었다. 이 웅변은 특히 제정시대 로마 교육에 중요한 목적이 되었다. 키케로와 퀸틸리언(Quintlian)이 웅변가를 이상적으로 교육된 사람으로 본 것도 이 때문이다. 그러므로 로마에는 일찍부터 다른 어느 시대보다 웅변가가 많았다.

2. 로마시대의 철학

1) 스토아주의

마케도니아와 로마제국의 출현으로 인한 폴리스 붕괴 후에, 정치뿐만 아니라 사회적으로도 변화가 일어나 무질서를 보여 주었다. 사상의 세계에도 마찬가지였다. 회의주의를 비롯한 여러 사상이 득세하였다.

이러한 혼란의 시기에 이성의 합리성과 준엄한 도덕주의를 강조한 스토이즘(Stoism)이 등장하여 로마사회의 철학, 정신의 역할을 하였다. 이때는 주로 인간의 이성을 보편적인 것으로 보고 인간이 이성을 가지고 있는 한 모두 평등하다는 사상이 지배적이었는데 이러한 사상이 바로 스토이즘으로 표현되었다. 이 스토이즘은 로마의 만민법 성립에 큰 영향을 주었으며, 인간은 그 본성인 이성을 따라 질서 있게 살 수 있다고 하는 생각이 근대 자연법 사상의 원천이 되었다. 전 우주를 지배하는 통일 원리는 세계이성으로서의 로고스(Logos)라고 보았으며 로고스에 충실한 생활을 하기 위해서는 일체의 감정과 욕구를 단절하고 외계에 의하여 절대로 마음을 동요시키지 않도록 극기 · 금욕의 생활을 철저히 해야 한다고 하였다. 따라서 인간은 누구나 인간 이성을 가지고 태어났으며, 이성을 좇아서 생활해야 할 존재이므로 누구나 평등하며 모두가 세계시민으로 보았다.

스토아주의란 명칭은 제논(Zenon)이 학생들을 가르치던 장소, 즉 '페인트칠한 주랑'에서 유래되었다. 342년에 태어난 제논은 플라톤이 세운 아카데미아에서 공부하였다. 그는 300여 년경에 스토아학파를 창설하였다. 스토아주의는 기본적으로 도덕철학에 관심을 두었으며, 이성의 발달을 목표로 삼았다. 그들에게는 이성적 생활이 최고의 탁월성이었다. 이성을 마음의 활동으로보다는 생활의 방식으로 바라봄으로써 그들은 소크라테스와 함께 지식의 탁월성이라는 견해를 공유했다고 할 수 있다. 그들은 이성에 따라 살아가는 것을 배우는 것이 최고의 교육적 이상이라고 생각했다(신득렬, 2000).

스토아주의자들에게 있어 모든 탐구의 목표는 마음의 평정과 확실한 도덕적 가치를 특징으로 하는 행동양식을 갖춘 인간을 만드는 것이었다. 그들은 이 세계는 거대한 도시이며, 세계시민으로서 인간은 이 도시를 위해 자신의 의무를 수행해야 된다고 생각했다. 그리하여 도덕적 가치, 의무, 정의의 가치가 특별히 강조되었다.

제논의 사상은 그리스뿐만 아니라 로마제국에까지 파급되었다. 세네카, 네로에 의해 노예 신분에서 해방된 에픽테투스, 황제 마르쿠스는 스토아철학의 진수를 보여 주었다.

스토아주의는 르네상스를 거쳐 근대 철학에도 크게 기여했다. 이 사상은 몽테뉴, 프란시스 베이컨, 몽테스키외, 모어, 에라스무스, 스피노자, 파스칼 등에게 영향을 미쳤다. 스토아학파는 사라졌지만, 이 철학의 핵심적인 사상은 현대 사상에서 끊임없이 등장하고 있다. 스토아주의가 강조한 개념, 즉 이성의 우위, 의무, 정의, 마음의 평정, 도덕적 가치의 확실성, 세계시민, 의지의 자율, 자연법, 무관심

등은 현대에도 중요하게 사용되고 있다.

2) 에피쿠로스주의

에피쿠로스주의는 에피쿠로스가 가르친 철학을 의미할 뿐만 아니라 그의 철학 원리에 따른 생활양식을 담은 윤리체계를 의미하기도 한다. 에피쿠로스(Epicuros, B.C. 341~270)에 관한 자료는 디오게네스로부터 얻어진다. 그에 의하면 에피쿠로스는 기원전 341년 사모스섬에서 태어났으며, 18세에 아테네에 가서 아테네시민이 되었다는 것이다.

그는 기원전 306년에 추종자들과 함께 아테네에 학교를 세웠다. 학교의 이름은 '정원'이라는 뜻의 '호 케포스(Ho Kepos)'로 알려져 있다. 아카데미아와 리케이온이 엄존하는 상황에서 새로운 학교의 창설은 도전적이었다. 이 학교에서는 여자들과 노예들도 받아들였다. 그의 삶은 검소하고 단순하였다. 그의 학교는 기원후 4세기까지 지속되었다. 그는 찾아오는 학생들에게 '마음의 평화'를 통하여 행복을 추구하도록 가르쳤다. 그는 우리에게 고통을 주는 성욕, 사회적 지위, 권력, 명성으로부터 피해야 하며, 정치에도 참여하지 말아야 한다고 가르쳤다(신득렬, 2000).

에피쿠로스는 진리의 표준을 감각에 두고 쾌락주의를 주장하였다. 즉, 감각할 수 없는 것은 지식에 없다고 하여 감각의 기준은 마음에 느끼는 감정 여하에 달려 있고, 쾌락의 감정을 느끼게 하는 선이며 불쾌감을 주는 것은 악이다. 따라서 육체적 쾌락보다 감정적 쾌락에 가치를 두고 마음의 평정에 인생 최고의 목적을 두었다.

살아 있는 동안, 그리고 그 이후 에피쿠로스는 도덕 개혁가로 알려져 있다. 사람이 어떻게 살아야 하는가에 대한 그의 사상은 자연계에 대한 이해, 인간의 심신관계에 대한 신념에 기초하고 있다. 데모크리토스처럼 에피쿠로스도 우주는 물질과 공간으로 구성되어 있다고 생각했다. 그는 감각작용이 지식의 기초라고 믿었다. 그는 고통을 주는 원인을 피하고 심신에 쾌락을 주는 것을 추구하는 것이 지식의 목표라고 생각했다. 또한, 선한 쾌락과 선해 보이는 쾌락을 구별할 줄 알아야 한다고 주장하였다.

잘산다는 것은 실천적 지혜, 즉 절제, 정의, 용기를 행사하는 것이다. 이것은 더 큰 쾌락을 가져다주는 고통을 받아들이는 것도 포함한다. 그러한 에피쿠로스주의는 자기 봉사적인 태도와는 거리가 멀다. 에피쿠로스는 우정이 바람직하고 유용하기 때문에 장려하였다. 그는 72세에 질병으로 고통 속에 죽어 가면서도 평정한 마음과 태도를 견지하였다.

에피쿠로스가 주장한 쾌락의 윤리는 스토아주의의 의무윤리와 대립된다. 그러나 그 결과는 동일하다. 에피쿠로스주의자는 스토아주의자처럼 동일한 절제와 정의에 따라 살아갈 수밖에 없다.

에피쿠로스에게 있어 철학은 삶의 기술이다. 철학은 행복을 추구하는 것이며, 행복을 얻기 위한 수단을 제공한다. 현명한 사람은 두 가지 방식으로 행복을 추구한다. 첫째, 자신의 욕구를 최소한으로 줄이고 경쟁과 세상의 소음에서 벗어나 은둔하는 것, 둘째, 우정을 갖는 것이다. 불행의 원천은 공허한 욕망과 세속적인 위협에서 온다. 이러한 원천 이외에 두 개의 큰 공포, 즉 죽음의 공포와 신에 대한 공포가 있다. 그러나 과학이 욕망의 한계를 드러내고 신들의 공포를 진정시키는 데 효과적이라면, 죽음에 대한 공포도 달랠 수 있다고 그는 생각했다. 영혼은 육체와 더불어 소멸하기 때문에 불멸에 대한 헛된 욕망을 버려야 한다고 생각했다.

3. 로마시대의 교육

로마는 군주제 도시국가로 시작되어 공화정이 되었다가 마지막에는 전제적인 국가로 종말을 맞이하였다. 로마 교육은 이러한 정치적 변화의 영향을 받아 시대별로 교육의 목적, 내용, 방법의 변화를 보여 준다.

로마의 교육은 정치 형태에 따라 왕정기 · 공화정기 · 제정기의 교육으로 구분할 수 있다. 그러나 교육의 목적과 내용 등에 비추어 보면 그리스를 정복하여 그 문화가 유입된 기원전 2세기를 전후로 크게 달라졌다. 따라서 그리스 문화가 유입되기 이전, 즉 로마 고유의 전통이 보존되었던 시기의 교육을 '전기의 교육'으로 보는데, 이 시기가 왕정시대부터 공화정시대 초기와 중기까지에 해당한다. 그리고 그리스 문화가 유입된 이후, 즉 그리스식 교육제도를 받아들인 이후 시기의 교육을 '후기의 교육'으로 구분하는데 이 시기는 공화정시대 말기와 제정시대에 해당한다(정석환, 2007).

1) 전기의 로마 교육

전기의 로마인은 젊은이들이 엄격한 도덕적인 가치를 존중하고 이를 실천하도록 요구하였다. 로마 고유의 문화는 자신의 의무를 다하고, 극기 · 신에 대한 두려움 · 인내 · 근면 · 검약 · 용기 · 애국심 · 희생정신 등을 갖추도록 하는 데 역점을 두었다. 이는 신과 국가와 가정에 대한 의무를 수행하는 데 적합한 인간을 기대했음을 뜻한다.

먼저 전기 로마 교육은 전통에 기초한 교육이었다. 그들의 교육은 조상들의 관습을 배우는 전통적인 생활방식으로의 입문이었다. 이에 대해 키케로(Cicero)는 "로마의 능력은 후손들의 능력만큼이나 고대의 풍습에 기초를 둔 것이다."라고 했으며, 바로(Varro)는 "훈련을 잘 받은 소년은 고대의 노래를 부르곤 했는데 그 노래는 조상을 찬양하는 곡이었다."라고 말했다. 로마인들은 위대한 로마인이 죽으면 그에게 바치는 노래를 불렀고, 실물 크기의 집안 어른들의 조각상을 만들어 집안을 장식하는 것이 관례였다. 그들에게 있어서 최상의 능력은 전통을 지키는 능력이었고, 최상의 목적은 전통을 유지하고 거기서 이탈하지 않는 것이었다.

전기 로마 교육은 가정을 중심으로 이루어졌다. 아버지가 가부장권이라는 절대적인 권한을 행사하였고, 교육의 책임은 부모, 특히 아버지가 담당하였다. 로마의 12동판법 중 제4법에서는 '부권'을 규정하였는데, 이에 의하면 자식을 살리고 죽일 수 있는 권한이 아버지에게 있었고, 자식이 살아 있는 한 아버지의 소유였다. 그리고 로마법에 따라 아버지가 살아 있는 한 로마의 젊은이는 결코 어른취급을 받을 수 없었다. 전기 로마의 교육이 가정 중심인 까닭은 바로 가부장권에 근거한 것이다. 또한, 로마의 체계적인 학교교육이 생기지 않은 것도 바로 그 이유에서였다(김봉수 역, 1987).

따라서 로마인들은 가정에서 자녀들을 건강하게 양육하였으며, 로마사회를 유지하고 발전시켜 온 신이나 부모와 같은 앞선 세대를 존경하고 로마를 지탱해 온 로마법을 존중하게 만들었다. 그리하여 로마의 청소년들은 주로 가정을 통하여 로마에 충성할 수 있는 도덕적 성격을 함양해 나갔다. 이들은 부모로부터 로마의 신화나 역사 속에서 등장하는 위대한 인물들에 관한 이야기를 직접 들으면서 자랐다. 이들은 영웅 전기나 위인 전기를 통해 그 속에서 나타나는 훌륭한 행동을 교훈으로 삼거나, 자기 아버지의 모습을 직접 보고 배움으로써 인격을 형성해 나갔다.

전기 로마의 교육방법은 주로 직접적인 시범과 모방이었다. 그들은 관습을 배우고 덕성을 기르는 것을 구체적 시범에 의해 가르쳤다. 소년들은 아버지를 모방함으로써, 소녀들은 어머니를 모방함으로써 배웠다. 그들은 로마에 봉사한 과거 영웅의 공적을 노래와 소설로 표현하여 암기시키고 그 행동을 모방하게 하였다. 영웅들의 전기적인 소설을 자녀 자신이 직접 읽는 것이 아니라, 이야기를 듣거나 줄거리 낭독을 듣는 것이었다. 소년이 읽고 쓰고 셈하는 능력이 부족할 때는 부친이 시범을 보여 모방하게 하였다.

2) 후기의 로마 교육

로마는 이탈리아 반도를 통일하고 이어서 그리스를 점령한 후, 점차 영토를 확대하여 제정시대에는 지중해를 가운데 두고 유럽과 아시아와 아프리카를 통치하는 대제국을 이루었다. 로마는 식민지를 포함하여 방대한 영토를 통치하는 데에 공용어가 필요했다. 행정관료 · 외교관 · 군인 등 지배층의 엘리트들이 그리스어를 국제 공용어로 사용하였고, 이들은 그리스인 교사와 수사학자들을 로마로 불러들여 그리스어와 문화를 익혔다. 이런 연유로 이 시기에 로마의 고유문화는 사라지게 되고, 그리스 문화를 세계적 문화로 확장시키게 되었다. 이 과정에서 그리스식 교육도 점차 그 세력이 증대되어, 로마 고유의 가정 중심의 교육은 쇠퇴하고 그리스식 학교를 중심으로 하는 교사의 교육으로 바뀌어 갔다. 따라서 후기 로마의 교육은 초기 로마의 순수한 가정교육 중심의 교육 풍토가 소멸되고, 그리스 문화에 완전히 동화되어 학교교육 중심으로 옮겨 갔다.

후기 로마 교육의 목적은 주로 지적 발전을 도모하는 데 있었다. 구체적으로는 언어능력과 공적 담화 및 토론의 성공이 교육의 주된 목적이다. 그러나 후기 로마에서도 초반에는 덕성을 강조한 순수 로마인의 특성을 보존하였다. 이상적으로 교육받은 남성으로 생각하였던 웅변가는 선량한 시민상이기도 하였다. 교육의 기능은 웅변에 능숙해서 국가에 실제적으로 봉사할 선량한 사람을 양성하는 데 있었기 때문에 먼저 선량한 품성을 갖춘 후에 숙련된 웅변가가 되는 교육을 받았다. 그 목적은 세 가지 요소를 포함했는데, 도덕적 성격, 폭넓은 교양 지식, 자신 있게 말할 수 있는 언어능력을 갖춘 사람만이 진실한 웅변가라고 보았다.

무엇보다도 후기 로마 교육의 특징은 실제적 경험과 일상생활을 통한 앎과 행동의 학습장이었던 가정교육이 소멸되고, 그 대신 지식 위주의 교육장인 학교교육을 중심으로 발전한 점이다. 이 시기의 학교는 초등 · 중등 · 고등교육 수준의 세 종류였다(임창재, 2008).

첫째, 초등교육 수준의 루두스(Ludus)는 6, 7세경의 어린이가 입학하여 읽기, 쓰기, 셈하기의 초보적인 기능을 가르친 사립 초등교육기관으로서, 국가로부터 통제나 지원을 받지 않았고, 단지 학부모가 부담하는 저렴한 학비로 운영되었다. 리테라토르(문자교사)는 문자를 해독하는 것 이상을 가르치지 않았고, 자유민 남자나 노예에서 해방된 사람들이 담당하였으므로 사회적 신분이 낮았다.

둘째, 중등교육 수준인 문법학교(Grammaticus)는 12~13세에서 14~15세까지의 초등교육과정을 이수한 상류층 소년들을 대상으로 중등교육을 실시한 학교이다. 이 학교에서의 교육내용은 그리스의 교양과목으로 7자유학과인 3학(문법, 수사학, 논리학)과 4과(산술, 기하, 천문학, 음악), 키케로 문장 그리고 변론의 훈련을 교육내용으로 하였다. 그중에서도 특히 문법과 수사학 등 언어 관련 교과들을 강조하여 지도하였다. 문법은 문법과 문학을 포괄한 것으로 문법과 시와 시인들의 작품에 관한 설명을 가르친 다음에 그리스 문학과 라틴 문학을 익히도록 하였다. 이 학교는 사립학교였지만 루두스와는 달리 국가의 보조를 받았다.

셋째, 고등교육 수준에는 수사학학교와 철학학교가 있었다. 수사학학교는 문법학교를 졸업하고 정치 활동에 뜻을 둔 16세 내지 18세의 청년에게 수사법을 중심으로 웅변술을 가르치는 사립학교이다. 이 학교의 목적은 웅변술을 연마하여 훌륭한 웅변가가 되어 로마 사회에 적응하고 공헌할 수 있는 인재를 양성하는 데 두었다. 이것은 당시 로마의 사회적 추세에 따른 것인데, 로마의 청년들은 아테네 말기의 청년들과 같이 개인의 입신양명에 관심이 있었고 정치가로 출세하기를 동경하였기 때문이다.

정치가가 되기 위한 필수요건은 대중 연설의 기술, 즉 웅변술이었다. 이에 따라 교육내용은 수사학 이론, 웅변 기법, 그리스 문법, 라틴어 등이었다. 수사학학교에서는 레토르(rhetor: 수사학자)가 지도하였으며, 단지 소수의 학생만이 수사학학교에 다닐 수 있었다.

이 학교의 수업은 이론적인 면과 실제적인 면으로 나누어졌으며 이론적인 면에서는 수사교사가 교과서나 강의에 의해 변론술을 가르쳤다. 실제적인 면에서는 먼저 문장표현을 연습시켜 위인을 찬미하고 비열한 인물을 비판 공격하는 논문이나 논평을 하도록 하였다. 그리고 덕이나 부덕에 관하여 논하고 구체적인 문제에 대한 논문 작성을 연습시켰다. 변론의 연습은 설득연설, 탄핵 및 변호연설을 하고, 끝으로 즉석연설을 연습하였다.

철학학교는 수사학학교의 수료자가 진학하여 논리학, 변증법, 윤리학, 법학 등 인문과학과 물리학, 의학, 기계학 등 자연과학을 포함하고 있으나 그중에서도 윤리학과 스토아 사상을 중요시하였다.

이와 같이 학교교육이 로마 후기인 제정시대에 들어와서 급속도로 발달하게 된 원인은 제왕들의 교육에 대한 적극적인 보호와 지원에 있었다. 제정시대는 교육과 도서관을 육성 · 지원하였으며 학자를 우대하였다. 즉, 문법가, 수사가, 의사, 철학자들에게는 재판권을 주고 병역의 의무에 대한 면제의 특권을 주었으며, 유명한 학자에게는 연구를 위하여 국고보조금을 지급하고 공로자에게는 은급을 지불하였다.

요컨대, 로마의 교육관은 그리스의 영향을 받았으면서도 이를 실용적으로 재조직하여 수용하였다는 점을 들 수 있다. 루두스의 리테라토르, 문법학교의 그라마티쿠스, 수사학학교의 레토르는 대부분 그리스인이었고, 교육내용도 그리스 교육내용을 그대로 수용하였으므로, 학생들은 교육을 받는 과정에서 그리스 문화의 영향을 많이 받았다.

그럼에도 불구하고 로마는 자신들의 필요에 따라 그리스식 교육내용을 재조직하여 교육하였다. 교육내용의 포괄성에 비추어 볼 때, 로마의 교육은 그리스의 교육에 비해 편협성을 띠었다. 즉, 그리스와 로마가 모두 7자유학과를 학교교육의 주요 내용으로 삼았으나, 그리스는 이들 내용을 포괄적으로 균형 있게 강조하였고, 로마는 그중 언어영역에 비중을 두어 그 밖의 영역은 중요시하지 않았다. 모든 지식과 기술은 선량한 시민과 훌륭한 웅변가를 양성한다는 목적에 종속시켜서 자신들에게 필요한 내용만을 재조직하여 교육하였던 것이다.

4. 로마의 교육사상가

1) 키케로

(1) 생애

로마 귀족 출신인 키케로(Marcus Tullius Cicero, B.C. 106~43)는 아르피눔(Arpinum)에서 태어난 로마의 탁월한 정치가, 법률가, 학자, 작가이다. 그는 가장 위대한 로마의 웅변가인 동시에 독특한 키케로 문체의 창시자이다. 어려서부터 천재로 알려진 그는 특히 문장력이 뛰어난 것으로 정평이 나 있었다. 그는 수사학학교를 거쳐 아테네로 유학 가서 플라톤 학파인 필론(Philon), 스토아학파인 디오도로스(Diodoros) 등으로부터 그리스 학문을 배웠다. 또한, 수사학자 아폴로니우스(Apollonimus)와 금욕주의 철학자 포세이도니우스(Poceidonius) 등의 가르침을 받기도 하였다. 기원전 81년부터 법정 변론인으로 활동하기 시작했다.

그는 정치가이자 장군인 폼페이우스를 좋아했으며, 그와 깊은 유대를 가지고 있었다. 그는 기원전 63년 정적 카틀리나(Catlina)를 패배시키고 집정관이 되었다. 기원전 60년과 59년에 카이사르의 요청을 여러 차례 거절하였다. 기원전 58년 그의 정적 클로디우스(Publius Clodius)가 호민관이 되자 신변의 위협을 느껴 폼페이우스에게 도움을 요청하였으나 거절당하였다. 카이사르의 반응도 냉담하였다. 그들의 도움을 받을 수 없게 된 것을 안 키케로는 로마를 탈출하기로 결심하였다. 정적들을 현명하게 대하지 못해 '로마의 아버지'로 불리던 그는 로마를 떠나지 않을 수 없었다(신득렬, 2000).

1년 후인 57년 그는 로마로 귀환하였다. 그는 다시 로마로 돌아와서 당시의 귀족과 평민의 반목이 심할 때에는 출세하기 위해 웅변술이 필요하다고 생각하고 포름(Forum)의 연단에 섰으며 그 후 변호사가 되었다. 그리고 재무관이 되어 시실리에서 근무하였고 다시 법무관을 지낸 후 안토니우스(Antonius)와 함께 집정관이 되었다. 계속된 정치의 불안으로 신변의 안전을 위해 피신하여 연구와 저술에 힘쓰다 자객에 살해되었다. 주요 저서로는『웅변론』,『의무론』,『국가론』등이 있다.

탁월한 윤리학자로서 뿐만 아니라 철학자로서 키케로는 그 자신뿐만 아니라 다른 사람들에게도 영향을 미쳐 소위 키케로시대를 열었다. 라틴 산문에 미친 그의 공헌은 지대하였다. 그의 글은 키케로 문체를 만들어 냈으며, 그의 아름다운 문체를 모방하려는 시도는 18세기까지 계속되었다.

(2) 교육사상

키케로의 교육사상은 웅변론에 나타나는데 인간을 근본적으로 선하다고 보면서 자유교육을 주장하였다. 그래서 교육의 본질은 인간의 천부적인 소질의 완성으로 보고 인간정신의 최고 기능이 존재하는 이성의 완전한 실현을 덕이라고 하였다. 그러므로 교육은 이 이성을 주의 깊게 발전시키는 것이며, 이성의 교육이야말로 사람을 유덕하게 하고, 행복으로 이끄는 길이라는 것이다. 이러한 그의 교육사상은 그리스철학을 근본으로 하고 있다. 일생의 최고 목적은 행복한 생활이며, 이 행복한 생활에 이르는 길이 덕이기 때문에 철학에 의하여 선하고 유덕한 인간이 된다고 하였다.

교육의 목적을 키케로는 선을 가진 인간과 인문주의적 교양을 가진 웅변가를 양성하는 것이라 하였다. 훌륭한 웅변가는 넓은 교양과 철학적인 배경의 지식을 가져야 하며, 사물과 인간성에 대한 지식을 가져야 한다고 하였다. 그리고 웅변술을 배우는 것은 학생들에게 명예심을 주게 되고, 이 명예심은 학생들을 도덕적인 퇴폐에서 구할 수 있으며, 개인적 도리를 바로잡는 기본이 된다고 하였다.

교육내용은 철학, 국사, 정치학이었으며, 자연과학은 중요시하지 않았다. 철학은 모든 지식의 으뜸이고 정치학은 과학의 주인이고 국사는 민족의 주체성을 기르기 위함이었다. 교육방법은 악을 근절하고 선을 조장할 수 있는 환경을 만들어 주는 것이며, 어린이에게 교훈적이고도 평화스럽게 하는 것이었다. 그러므로 체벌로써 어린이를 좌절시키거나 치욕을 주어서는 안 된다고 하였다.

키케로 교육사상의 중심을 이루는 내용은 몇 가지로 요약하면 다음과 같다. 첫째, 웅변가가 되기 위한 준비교육야말로 로마 정계에 들어가는 필수적인 준비로 보고 그 과정에서 철학과 웅변을 모두 갖추어야 한다고 주장하였다. 진정한 웅변가는 철학자이어야 하며 적어도 철학을 실제 생활에 적용하는 힘을 가진 사람이어야 한다는 것이다. 둘째, 그는 아동의 심리적 발달을 자세히 관찰한 후, 발달단계마다 덕에 대한 본능이 있음을 발견하였다. 그 본능은 특별한 지도 없이도 약간의 규범교육에 의하여 깨우치며 그 내면적 소질에 의해 덕 있는 사람으로 성장하는 것이다. 셋째, 교육적인 환경을 마련하는 것이 중요함을 역설하였다. 아동은 좋은 환경에 의해 바른 언어와 생각, 그리고 바른 생활습관과 태도가 이루어질 수 있다. 따라서 아동의 선한 성품을 기르는 데는 악을 근절하고 선을 조장하는 환경이 필수요건이 된다. 키케로가 제시한 교육방법은 체벌보다는 교훈적인 훈계, 국가에 대한 감사 정신을 기르는 것 등이다.

2) 세네카

세네카(L. A. Seneca, B.C. 4~A.D. 65)는 네로 재임기간의 전반기(54~62) 10여 년 동안 로마제국의 가장 강력한 사람 중의 하나이다. 그는 작가로서도 명성을 얻었다.

그는 스페인의 코르도바(Corduba)의 부유한 집안에서 태어났다. 로마에서 교육을 받은 그는 수사학, 철학, 법학을 공부했다. 그는 젊은 시절에 정치에 입문하였다. 그의 정적인 메살리나(Messalina)는 41년 클라디우스(Claudius) 황제로 하여금 세네카를 코르시카(Corsica)로 추방하도록 하였다. 추방 이유는 세네카 황제의 조카 딸 리빌라와 간통을 했다는 혐의였다. 이 섬에서 그는 8년을 보냈다. 이 기간 동안에 그는 과학과 철학을 공부했으며 약간의 작품을 썼다. 이 작품을 통하여 그는 유명하게 되었다.

황제의 부인 아그리피나(Agippina)의 요청으로 세네카는 49년에 로마로 귀환하였다. 세네카는 50년 집정관이 되었으며, 부유한 여자 파울리나(Pompeia Paulina)와 결혼하였다.

아그리피나는 후에 네로(Nero) 황제가 된 그녀의 아들 도미티우스(Domitius)의 개인교사로 세네카를 채용하였다. 그녀는 아들을 알렉산드로스처럼 만들려고 하였다. 세네카는 5년 동안 그를 가르쳤다. 54년 클라티우스가 암살된 후 황제가 된 네로는 세네카를 두 명의 고문 중 하나로 임명하였다. 다른 한 사람은 유명한 브르루스(S. A. Burrus) 장군이다. 이들은 폭군이 총애한 인물들이었다.

62년 브르루스가 죽은 후 세네카의 영향력은 줄어들기 시작하였다. 네로와의 회담 이후 그는 로마를 떠나 자신의 집에 은거하여 저술하기 시작했다. 65년 국가전복 음모에 연루되었다는 이유로 네로는 세네카에게 혐의를 해명하도록 명령하였다. 세네카는 정치에 더 이상 관심이 없다고 말했지만 네로를 이해시킬 수 없었다. 네로는 호민관을 시켜 세네카가 자살하도록 명령하였다.

세네카는 비록 불운한 생애를 살기는 했지만 다른 철학자들과 마찬가지로 여러 권의 저서를 남겼다. 그의 철학적 저작들은 스토아주의에 기초한 실천윤리였다. 그의 『행복론』에는 스토아철학의 인생관이 잘 나타나 있으며, 독자들은 여기서 풍성한 교육적 시사를 얻을 수 있다.

세네카의 철학은 스토아주의가 유포됨에 따라 살아남게 되었다. 그의 사상은 아우구스티누스와 제롬에 의해 연구되기도 했으며, 그의 책은 감옥에 들어간 보이티우스를 위로하기도 했다. 단테, 초서, 페트라르카에게 알려진 그의 도덕 작품들은 에라스무스에 의해 편찬되기도 했다. 칼뱅, 몽테뉴, 루소도 세네카를 인용하였다. 최초의 스페인 사상가로서 그의 영향력은 오랫동안 지속되었다.

3) 퀸틸리아누스

(1) 생애

퀸틸리아누스(M. F. Quintilianus, 35~96)는 『웅변가의 훈련』으로 널리 알려져 있다. 그는 로마 제정 시대 최고의 교육자이자, 교육사상가, 법률가, 문학비평가이다. 또한, 유능한 웅변교사로서 고대 로마의 교육사상을 잘 드러내고 있다.

그는 북스페인 칼라구리스(Calagurris)에서 태어났다. 그의 아버지는 로마에서 유명한 수사학 교사였기 때문에 그는 어려서부터 로마에 가서 일반교육을 받는 동시에 당대 최고 웅변가인 아페르로부터 웅변술을 배울 수 있었다. 그는 베스파시아누스(Vespasianus) 황제 하에서 최초로 국가로부터 보수를 받는 교사가 되었으며, 서기 90년에 공직에서 은퇴한 그는 도미티아누스(Domitianus) 황제 치하에서 그의 두 아들을 교육하는 교사가 되기도 했다. 그리고 공사(公私) 교육에 헌신한 공헌으로 황제로부터 집정관(Consul) 칭호를 받았다.

그러나 가정적으로는 불행하였다. 그는 부인과 두 자녀를 잃고 말년에는 공직에서 물러나 저술에만 몰두하였다. 이때 그의 20년간의 교육 경험을 배경으로 2년 동안 집필하여 59세에 출간한 책이 유명한 『웅변가의 훈련』이다. 로마 정치에 직접 참여했던 키케로와는 달리, 퀸틸리아누스는 수사학 교사로서 웅변가 양성에 전념하였고 저술 활동을 한 교육자이자 교육사상가였다.

그는 도미티아누스 황제가 암살당한 해인 96년에 타계하였다. 그가 쓴 『웅변가의 훈련』은 그가 죽은 후에 출판되었으며, 후세에 큰 영향을 미쳤다.

(2) 교육사상

퀸틸리아누스는 어린이들에게 제공되는 공부는 우선 재미가 있어야 한다고 생각했다. 어린이는 질문을 받아야만 하고 칭찬도 받아야 한다는 것이다. 잘했을 때는 기쁨을 느끼도록 해야 하며, 공부하기 싫어할 때는 동기가 일어나도록 다른 무엇을 해 주어야 한다는 것이다.

그는 훌륭한 교사는 아동의 능력을 분간하고 그들의 타고난 소질을 알아야 한다고 말했다. 자연이 준 재능은 무한히 다양하며, 아동의 신체가 서로 다르듯이 마음도 서로 다르다는 것이다. 그리하여 어떤 아동은 역사에, 어떤 아동은 시에, 어떤 아동은 법률에 더 많이 흥미를 느끼며, 따라서 교사는 아동의 특수한 자질을 존중하고 아동을 이해하려고 애써야 한다는 것이다.

여기에서 우리는 퀸틸리아누스가 학생들의 실제적 요구를 중시하고 학생들의 개인차에 대해 배려했다는 것을 알 수 있다. 그는 아동을 존중했기 때문에 체벌을 반대했으며, 관대한 태도가 학습을 더욱 향상시킨다고 생각했다.

퀸틸리아누스는 학생들의 의무에 대해서도 언급하였다. 학생들은 배우는 과목들 못지않게 선생을 사랑해야 하며, 부모처럼 대해야 한다는 것이다. 교사에 대해 강한 애착을 갖는 것이 공부에 무한히 도움이 된다. 그래야 꾸중할 때 화내지 않고, 칭찬받을 때 기뻐하고 학교에 가는 것이 즐겁게 된다는 것이다. 그는 "가르치는 것이 교사의 의무이듯이 학생이 학습할 능력이 있다는 것을 보여 주는 것은 학생의 의무이다. 이러한 두 의무는 상호 필수적이다."라고 말했다(성기산, 1993).

『웅변가의 훈련』에서 단순히 말 잘 하는 사람의 배출이 아니라 훌륭한 사람의 배출에 관심을 가진 퀸틸리아누스는 "내가 양성하려고 하는 웅변가는 카토(M.

Catto)가 정의한 웅변가, 즉 '말하는 기술을 가진 훌륭한 사람'이다."라고 말했다. 그는 웅변가인 동시에 훌륭한 사람을 양성하기 위해 학생의 도덕성 발달에 중점을 두었다. 도덕성이 결여된 웅변가는 사리를 위해 거짓된 것을 법정과 공회당에서 말할 것이기 때문이다. 그는 '훌륭한 사람은 의심 없이 참된 것과 명예로운 것을 말할 것'이라고 믿었다.

그에 따르면, 웅변가는 훌륭한 사람이며, 선이 덕과 밀접하게 관련되어 있기 때문에 교육에 의해 완전하게 되어야 한다고 생각했다. 따라서 웅변가는 도덕적 인격형성에 주의를 기울여야 하며, 정의롭고 명예로운 것들에 관해 완전한 지식을 가져야 한다고 주장하였다. 그는 아름다운 문체와 웅변술을 가진 키케로를 찬양했지만 그의 문체를 맹목적으로 모방해서는 안 된다고 가르쳤다.

퀸틸리아누스는 훌륭한 웅변가를 양성하기 위해서 3단계의 교육을 주장하였는데, 제1기는 7세에 이르기까지의 가정교육, 제2기는 일반적인 문법학교의 교육, 제3기는 전문적인 수사학 교육이다. 그에 관하여 살펴보면 다음과 같다(임창재, 2008).

첫째, 가정교육기이다. 7세까지의 가정교육에 있어서 부모는 높은 교양을 지니고 있어야 하고, 유모는 고상한 사람이며 정확한 언어를 구사할 수 있어야 한다고 하였다. 언어나 동작의 표현은 강제적 방법을 쓴 것이 아니라 흥미나 놀이의 방법에 의해 배우게 하고 힐책보다 격려와 보상으로 자극해야 한다는 것이다.

그는 조기교육을 강조하여 어린이의 교육은 어떤 시기에도 단절되어서는 안 되며, 언어습득의 기초적인 기억력은 어렸을 때에 가장 강하므로 될 수 있는 한 일찍부터 언어교육을 시작하는 것이 좋다고 하였다. 때로는 친구 사이에 경쟁심 또는 부러워하는 마음을 일으키게 하여 자극하며 또 상을 주어 격려할 필요가 있다고 하였다.

둘째, 학교교육기이다. 학교교육은 가정교육을 마치고 실시되는 문법학교와 수사학교의 교육을 말한다. 가정교육기에서 지육은 어느 정도 이루어졌으나 덕육이 부족하므로 학교교육에서 어린이들이 서로 접촉함으로써 자극을 받게 하고 동료 간에 경험을 서로 나눌 수 있도록 하여 부족한 것을 보충하도록 하였다. 학교는 사회성을 계발시키는 교육의 장으로 여기서 우정이 형성되고 공부에 있어서도 향상이 기대되기 때문에 중요하다는 것이었다. 학교교육은 공립학교가 사립학교보다 우수하므로 완전한 공립학교 체계의 확립을 주장하였다.

문법학교에서는 도덕과 지식교육을 목적으로 문학을 주로 가르쳤으며, 수사학교는 전문적인 수사학의 교육을 목적으로 음악, 산수, 천문학, 기하, 철학 등을 가르쳤다.

퀸틸리아누스가 『웅변가의 훈련』에서 제시하는 교육방법을 살펴보면 다음과 같다.

첫째, 체벌을 사용하는 것을 금하였다. 체벌보다는 포상이 교육적 효과를 가져온다고 믿었다. 둘째, 개성의 차이에 의해서 가르치되 교사가 아동의 성질을 연구할 것을 주장하였다. 즉, 학습은 아동의 개인차와 개성을 존중하는 것이었다. 셋째, 조기교육을 지지함과 동시에 독서는 유년 시대에 시작되어야 한다고 하였다. 넷째, 학습에 있어서 흥미와 유희의 필요성을 인정하였다. 다섯째, 학습에 있어서 경쟁의식을 조장하였다. 여섯째, 그리고 교사선택의 중요성을 지적하였다.

퀸틸리아누스가 기대하는 교사는 학식이 깊고 넓으며 도덕적 품성을 갖추어 아동에게 인격적 감화를 줄 수 있어야 하고, 교육자로서의 기술과 사명감을 갖춘 사람이어야 한다.

퀸틸리아누스의 교육관은 조기교육의 강조, 체벌 반대, 개성의 존중, 아동 심리 통찰의 강조, 교사의 역할과 기술 등을 중시한 뛰어난 교육론으로서 평가받고 있다. 그는 도덕을 중요시하였지만, 국가적 차원의 도덕보다는 개인적 차원의 도덕을 강조하였다.

이렇게 볼 때, 퀸틸리아누스는 현대 교수원리의 대부분을 예견한 것이다. 그리고 그의 웅변교육은 문예부흥 때 고전주의자들에게 영향을 주었다. 특히 에라스무스(Erasmus)는 그의 『웅변교수론』을 자기의 교육론에 도입하기도 하였다.

4) 마르쿠스 아우렐리우스

마르쿠스 아우렐리우스(Marcus Aurelius Antonius, 121~180)는 로마에서 태어났으며 출생 때의 이름은 마르쿠스 안니우스이다. 스토아철학이 담긴 『명상록』을 써서 불후의 위인이 되었다.

평판이 좋은 가문에서 태어난 그는 어린 시절에 아버지를 여의고 어머니에 의해 양육되었으며 좋은 여건에서 최상의 교육을 받았다. 그는 『명상록』 제1권에서 자신이 최상의 교육을 받을 수 있도록 해 준 가족과 교사들에게 감사를 표시하였다. 마르쿠스는 그의 개인교사 유니우스(Q. J. Rusticus)로부터 에픽테투스의 『어록』을 소개받았다. 그는 주변의 많은 철학파를 두었으며, 그들로부터 철학을 공부하였다.

미래의 황제로 예정된 그는 19세 때인 140년에 집정관이 되었다. 161년에는 집정관으로서 양동생인 루키우스 베루스와 함께 로마제국 최초의 공동 황제가 되었다. 169년 루키우스가 죽자 단독 황제가 되었다. 그의 재임기간(161~180)은 로마의 황금기였으며, 키케로를 제외하고는 로마의 사상가로서 유일하게 후세에 영향을 미쳤다.

황제로 있는 동안 그는 수많은 전쟁에 참가하였다. 『명상록』에 담긴 사상과는 달리 황제로서 그의 정치는 이상적이지 못했다. 재임기간 동안 전쟁, 경제적 난관, 질병, 기독교인들에 대한 박해 등이 연이어 일어났다. 그는 기독교도들을 싫어했지만 조직적으로 박해하지는 않았다(신득렬, 2000).

그는 황제로서가 아니라 『명상록』의 저자로서 널리 알려져 있다. 그는 이 책을 공개하기 위해서가 아니라 오로지 자신을 위해 썼다. 마르쿠스가 쓴 『명상록』은 독창적이라기보다는 스토아 사상가들, 특별히 에픽테투스의 사상을 현저하게 보여 주고 있다. 이 책 전체에 흐르고 있는 아름답고 우울한 분위기가 사람들을 사로잡는다. 스토아철학의 윤리에 따른 그는 에픽테투스가 내건 2개의 계명, 즉 "인내하고 금욕하라(endure and abstain)."를 충실히 따랐다. 이것들은 부동의 마음을 통해 환경으로 받아들이도록 요구한다. 그는 자연의 질서와 조화를 이루도록 하는 마음의 평정성과 동료 인간에 대한 봉사를 강조하였다.

이 책은 스토아철학의 표어인 의무, 부동, 의지 등을 강조하고 있다. 청교도적, 금욕적, 정적주의적 태도는 도피주의적이기도 하다. 놀랍게도 이 책은 그리스어로 쓰여 있다. 전쟁과 행정의 바쁜 일정 속에서도 그는 틈틈이 시간을 내어 자신의 생각을 기록하였다. 많은 사람이 이 책을 통해 위안과 영감을 얻고 있다. 이 책은 특별히 인간의 위엄을 보여 준다.

원전 읽기 『의무론』(마르쿠스 툴리우스 키케로)

서양 고대에 우리기 비리는 이상 국가가 실제로 있었다. 그곳에는 경찰이 없었다. 시민은 단도를 지니고 다닐 수 없었고, 장군이건 병사건 도시로 들어오려면 성문에서부터 무장을 해세해야 했다. 카르타고, 마케도니아, 코린토스를 정복한 장군들은 하나같이 전리품을 국고에 넣거나 도시 장식에 사용했다. 사기, 수뢰란 말도 없었다.

기원전 2세기 중엽의 로마공화국이 그러한 이상 국가였다. 이는 전적으로 로마인이 농민 출신으로서 검소하고 질박한 생활을 했던 데다 정의, 지혜, 용기, 인내의 4주덕을 갖춰 행복한 생활을 추구하려는 스토아학파의 금욕주의 윤리사상을 받아들인 덕분이었다.

마르쿠스 툴리우스 키케로가 살던 당시 로마는 고통이 최고악이요, 쾌락이 최고선이라는 에피쿠로스의 윤리사상에 물들어 타락해 가고 있었다. 이를 안타까워한 그가 기원전 44년에 아테네에 유학하고 있는 이들에게 보내는 서간문 형식으로 쓴 저술이 『의무론』이다.

비스마르크가 정치가가 되고자 하는 학생은 꼭 읽으라고 권유했듯이, 이 책은 그의 이상 정치가론이기도 하였다.

세계 역사상 윤리 면에서 키케로의 『의무론』만큼 후세에 줄곧 영향을 끼친 책은 일찍이 없었다. 서양 고대는 말할 것도 없고, 기독교 중심의 중세 시대에도 이 책은 계속 도덕 규범 도서였다.

15세기 중엽 인쇄술이 발명되기 전에 『의무론』의 필사본이 700개나 세계 여러 도서관에 산재되어 있었다 하며, 인쇄술이 발명된 이후에도 『의무론』은 성경 다음으로 많이 읽혔다. 1501년 에라스무스는 늘 지니고 읽어야 한다며 포켓용 번역판을 내놓았다.

셰익스피어의 시대에도 『의무론』은 도덕 철학의 결정체였다. 18세기 볼테르는 누구도 이보다 더 현명한 책은 쓰지 못할 것이라고 설파했고, 프레데리크 대왕은 이 책을 도덕에 관한 최상의 책이라고 극찬하였다.

키케로의 『의무론』은 3권으로 되어 있다. 제1권은 도덕적으로 선한 것(명예), 제2권은 유익하거나 편의적인 것(공리, 功利), 제3권은 명예와 공리의 상충을 다루고 있다. 1 · 2권의 내용은 중기 스토아학파의 파나이티우스에게서 따온 것이지만, 3권은 키케로의 독창적인 것이다.

그는 오리엔트, 그리스, 로마의 온갖 신화와 인간의 일화를 총동원하여 공리보다는 최고선인 명예를 택할 것을 주창했다. 포에니전쟁 때 국가의 안위를 위해 죽음의 자리를 찾아간 레굴루스 장군, 비겁자라는 온갖 비방에도 지연하는 작전을 써서 로마를 구한 파비우스 장군의 이야기는 유명하다. 또 물건의 하자를 숨기거나 남을 속여 실리만을 챙기는 사람은 혹독하게 질타를 당한다.

건강에 좋지 않은 살기 나쁜 집인데도 건강에 좋은 집으로 상대에게 파는 자는 "결코 정직하지도 않고, 순박하지도 않으며, 명예롭지도 않고, 정의롭지도 않으며, 선하지도 않은 사람이다. 오히려 그런 자는 교활하고 간교하며, 남을 잘 속이고, 사악하고 난폭하며, 사기와 음흉의 세계에서 자란 사람이다."라고 말한다.

– 허승일(서울대학교 역사교육과 교수).

출처: 동아일보(2005. 5. 31).

제5장

중세의 교육 이해

1. 중세의 사회와 문화적 배경

로마제국은 395년 두 부분으로 분열되었다. 로마가 지배하는 서로마제국은 476년 야만인에 의해 정복되고, 비잔틴제국으로 알려진 동로마제국은 거의 1000년까지 지속되었다. 비잔틴제국이란 역사학자들이 중세제국을 부를 때 사용하는 말이다. 이렇게 부르게 된 것은 7세기 후에 나타난 국가와 사회가 이전의 형태와 현저하게 달랐기 때문이다(진원숙, 1997).

중세(Middle Ages)란 용어는 르네상스시대의 지식인들이 고대와 그들의 시대 사이에 끼어 있는 암흑과 야만의 중간시대란 뜻으로 사용하였다. 그러나 중세 초의 암흑과 비문화의 시기는 대체로 6~10세기에 국한되며, 13세기를 전후해서는 독특하고 우수한 중세 문화가 형성되었다. 중세 문화의 가장 탁월한 것은 동로마제국에서 이루어졌다. 11세기 중반까지 이 제국은 세계의 주도적 문화 중의 하나였다.

지중해 세계의 통합된 정치세력으로서의 서로마가 사라진 후, 중세 문화는 세 개의 대 문화권으로 형성되었다. 서유럽은 로마 가톨릭교에, 비잔틴은 그리스정교에, 사라센은 이슬람교에 근거하여 각각 독특한 문화를 구성하였다. 그중 서유럽은 가톨릭교의 문화를 중심으로 고대 문화와 게르만 문화의 3요소가 융합하여 이루어진 문화이다.

중세는 고대와 근대를 연결시키면서 근대사회를 탄생시키기 위하여 특별한 문화와 사회를 구성한 시기로 볼 수 있다. 따라서 중세의 문화는 고대 그리스나 로마의 문화와 판이하게 다르다. 중세는 로마제국에 견줄만한 강력한 국가 형태를 취하지 못했고 계속되는 사회적 불안 속에서 정신적 구원을 신앙, 즉 종교에서 구했다. 고대 그리스 문화가 인본주의 · 심미주의 · 현세주의 · 국가주의의 색채가 강했고, 고대 로마 문화가 자유주의 · 실리주의 · 현실주의 · 제국주의적 특성을 가졌음에 비하여, 중세 문화는 초자연주의 · 금욕주의 · 내세주의 · 개인주의에 그 바탕을 두고 있었다. 이를 구체적으로 살펴보면 다음과 같다(김병희, 2007).

첫째, 기독교의 성립과 발달이다. 현대 사회는 과학이 중심을 이루듯이, 중세는 종교가 사회의 중심을 차지했다. 중세는 기독교를 비롯하여 이슬람교가 유럽과 서아시아를 지배했기 때문에 흔히 신중심사회라고 불린다. 이 시대는 신앙의 불꽃이 찬란하였지만 이성의 빛은 희미하거나 꺼지고 있었다. 이러한 경향은 중세 전기에 더욱 현저하였다.

절대 존재인 신을 중심으로 신에게 복종하고 오직 신만을 위한 인생관과 세계관에 따르도록 하였다. 인간의 자연적 특성과 현세적 가치를 천시하여, 현세의 향락과 일시적인 행복에 대한 욕망을 배격하고, 영원불멸인 신의 세계를 동경하였다.

중세의 교회는 정치적 · 경제적 · 세속적 권력을 가지고 있었다. 철저한 위계에 따른 조직을 확보한 로마 교황의 권위는 절대적이었다. 또한, 교회가 교육 전반에 대한 책임과 교사 임면권을 가지고 교회에서 교육을 실시하였다. 교회는 재판권도 행사하여 승려는 물론, 세속인까지도 교회의 재판을 받도록 하였다. 당시 교회는 오늘의 국가와 같은 구실을 하였다.

둘째, 사회 · 경제적으로는 봉건주의와 장원제도가 성립되었다. 로마제국이 몰락한 후 이슬람교도의 침공, 북쪽의 바이킹족의 침입과 약탈, 그리고 마자르의 침입으로 유럽은 불안과 공포의 시대를 이루게 되었다. 따라서 위험을 피하기 위해 강한 사람을 중심으로 뭉치어 지역방위를 하며, 그 지역에서 간단한 생산시설과 농경지 및 비농경지를 사용하여 자급자족의 공동체 생활을 하는 삶을 영위하였다.

농민은 토지 사용의 대가를 생산물로써 장원의 주인인 영주에게 공납하며, 그 밖의 노동을 의무적으로 제공하면서 최소한의 생계를 유지하였다. 영주는 그의 봉토를 자기의 부하에게 주고 다시 그 부하에게 나누어 줌으로써 주종관계를 이루었다. 이와 같은 관계를 봉건제도라고 하며, 맨 위에 국왕, 그 다음 영주, 제후, 승려, 기사 그리고 평민과 농노로 이루어지는 철저한 계급사회가 되었다.

셋째, 십자군 원정과 사라센 문화와의 교섭이다. 십자군 원정의 결과로, 교황과 교회의 권위가 실추되었고, 봉건제후와 기사의 몰락을 초래하였으며, 봉건체제의 동요에 따른 왕권의 신장을 조장하였다. 또한, 지중해를 중심으로 하는 동서 교역이 촉진되었으며, 사라센제국과의 인적 · 물적 교류의 결과로 사라센 문화를 알게 되었고, 그 결과로 새로운 학문적인 경향을 발전시켜 나가게 되어 중세 사회 전환에 커다란 영향을 끼쳤다.

넷째, 중세의 문화는 그 자체를 고대 및 근대로부터 두드러지게 구별 짓는 특색이 있다. 이를테면 중세의 특성은 사회문화가 온통 기독교화되어 기독교 사회 및 기독교 문화가 성립되었다. 중세의 학술 · 예술 · 도덕 · 풍속 등 일체는 기독교의 지배하에 있었다. 따라서 고대 문화의 섭취도 기독교의 교의가 허락하는 범위 내에서, 또 교회의 실용 목적에서 행해져 고대 문화의 전면적인 섭취는 불가능하였다. 예를 들면, 신학은 물론, 철학과 미술에서도 이러한 경향이 나타났다. 교부철학과 스콜라철학에서도 나타나듯이, '중세의 철학은 신학의 시녀'라 할 정도로 철학과 신학이 분리되지 않았으며, 철학이 신학의 체계화에 이용되었다. 미술도 사원 건축이 주가 되고, 회화와 조각은 사원의 장식물과 부속물로서 다루어졌다. 특히 고딕 양식은 천장이 높아져, 하늘을 찌를 듯이 높이 솟아 있어 지상에서 천국을 바라다보는 중세인의 종교적 동경을 잘 나타내고 있다.

문학 면을 보면, 기사문학 작품이 많으며 비교적 중세의 후기에 나타난 것들(롤랑의 노래, 아서왕의 이야기, 니벨룽겐의 노래)과 사랑을 중심으로 하는 서정시가 음유시인에 의해 널리 퍼졌다.

2. 중세의 철학

중세의 철학사상은 교부철학과 스콜라철학으로 이 시대의 철학은 신학을 위한 역할을 하였을 뿐이다.

교부철학의 출현은 중세 전기의 시대적 상황과 맞물려 발달되었다. 즉, 로마 말기의 무정부적 상태에서 기독교가 일반 민중 속으로 광범위하게 유포되면서 신과 그에 대한 신앙의 문제가 가장 중심적인 관심사가 될 수밖에 없었다. 게다가 4세기경 콘스탄티누스 황제에 의해 공인되고 이어서 테오도시우스 황제에 의해 국교로 공인받는 것을 계기로 기독교는 보다 심도 있는 철학적 체계를 갖추기 위한 노력을 경주하였다. 이런 노력의 일환으로 나타난 것이 바로 교부철학이다(신득렬, 2000).

교부(Patristic)철학의 핵심인 교부[敎父: 그리스어이자 라틴어인 아버지(pater)에서 유래되었다]란 연구와 저술을 통해 교회의 정통교리를 정당화하고, 성스러운 생활을 통해 몸소 신앙적 모범을 보임으로써 일반인들의 존경을 받았던 교회의 지적 지도자들이요, 기독교 교육자들을 지칭한다. 교부들은 또한 교의(敎義)의 건설 · 교의의 발전에 공헌하고 기독교사상을 합리적 · 철학적으로 체계화하려는 신학자들로서 대개의 경우 그리스 · 로마의 문예에 정통한 사람들이며 고대 그리스의 문학적 · 철학적 유산과 기독교 사도들의 신앙적 가르침이 어떤 관계에 있는지에 관심을 갖고 있었다.

그러기에 그들은 그리스철학, 특히 플라톤의 이데아 세계관을 주된 연구대상으로 삼았다. 이것이 그리스 사상과 그리스도교의 교리가 학문적 · 철학적으로 결합하게 된 계기가 된 것이다. 플라톤에 따르면, 만물의 근원과 본질은 완전하고 영원한 정신세계, 즉 이데아계에 있다. 가시적 세계의 모든 개별적 사물들은 그 이데아계의 모방이다. 따라서 개별적인 사물들은 이데아의 속성을 부분적으로 가지고 있다. 그러나 완전하지는 않다. 교부들은 이런 플라톤의 생각에 기초해서 최고 존재자인 신으로부터 개별적 피조물에 이르는 세계의 모든 존재 질서를 설명하고 교리를 정당화하고자 하였다. 이런 생각으로 교부철학을 집대성한 대표적인 신학자가 아우구스티누스(Augustinus)이다.

중세 후기에 대두된 스콜라(Schola)철학의 뿌리는 아우구스티누스와 교부신학자들에게서 발견할 수 있지만 원리는 보이티우스에 의해 형성되었다고 할 수 있다. 그는 로마에서 태어나고 아테네에서 교육을 받은 사람이다. 보이티우스의 저서에서 신앙과 이성을 결합하려는 시도가 나타나고 있다. 그는 이성의 능력에 대해 확신하고 있었다.

스콜라철학의 등장 배경은 아이러니하였다. 기독교가 자기 팽창을 위해 전개된 십자군 전쟁은 아이러니하게도 기독교 자신을 약화시키는 결정적 계기가 되었다. 200년 가까이 전개된 십자군 전쟁은 동 · 서문화의 활발한 교류를 가능하게 하였고, 동방으로부터 유입된 새로운 사상과 문화는 절대 진리라고 확신했던 기독교 교리에 대해 근본적으로 회의하게 만들었다. 그 결과 교회의 교리와 교의는 무조건 믿어야 하며 이를 의심한다는 것 자체가 죄악이라고 보던 중세 전반기의 무조건적 신앙은 더 이상 유지될 수 없었다. 이제 사람들에게 신은 더 이상 전지전능하고 유일무이한 절대자가 아니었다. 따라서 교황도 더 이상 신을 대리하는 절대적 권위자가 아니었고, 교회도 더 이상 유일한 구원의 방주가 아니었다. 말하자면 기독교적 신앙체계 전체가 십자군 전쟁과 그에 따른 새로운 문화와 사상의 유입으로 뿌리로부터 흔들리게 된 것이다. 특히 십자군 원정으로 인한 사라센 문화의 유입은 잠자는 유럽의 지성인을 자극하여 이성적으로 기독교 교리에 대한 비판적 검토가 시작되었다. 이런 시점에서 교회지도자들은 기독교 교리의 우위성과 절대자로서의 신의 존재를 객관적으로 증명하지 않으면 안 되었고, 기독교 교리의 정당성을 논리적 · 합리적으로 설득하지 않으면 안 되었다. 이런 시대적 상황에서 출현하고 발달한 것이 바로 스콜라철학이다.

스콜라철학의 창시자는 안셀무스(Anselmus, 1033~1109)이며, 완성자는 아퀴나스(Thomas Aquinas, 1225~1274)이다. 안셀무스는 신앙은 인식에 선행하여 존재하며 신앙을 통해서 인식에 도달해야 한다고 주장했는데, 이 주장은 스콜라철학의 가장 기본적인 방법론이다. 이 입장에 기초해 그는 다음 두 가지 방식으로 신의 존재를 증명하고자 하였다. 첫째는 존재론에 의한 증명인데, 신은 모든 존재자 중에서 가장 완전한 존재자이다. 완전한 존재자는 완전하기 때문에 실재할 수밖에 없다. 따라서 신은 존재한다. 둘째로 원인론에 의한 설명으로, 만물에는 반드시 그것을 존재하게 하는 원인이 있다. 그 원인은 다시 그것을 존재하게 한 원인이 있다. 이렇게 계속 원인을 거슬러 올라가면 최초의 원인, 즉 제1의 원인에 도달하게 되는데, 그것이 바로 신이다. 따라서 신은 존재한다. 이러한 신의 존재 증명을 통해서 안셀무스는 스콜라철학의 기초를 정립하였다(김봉수 역, 1987).

아퀴나스는 아리스토텔레스철학에서의 질료(matter)와 형상(form)의 관계를 적용하여 스콜라철학을 집대성하였다. 그에 의하면, 자연계와 은총계, 국가와 교회, 세속의 덕과 종교상의 덕은 각각 질료와 형상, 수단과 목적, 하위와 상위의 관계에 있다. 이성과 신앙도 또한 이런 관계에 놓여 있으며, 신앙은 이성의 위에 위치하고 있어서 이성을 완성시켜 준다. 따라서 그에게 신학은 목적이며 철학은 수단이다. 신학은 신에 대한 신앙에서 출발하여 모든 사물을 신의 피조물이라고 일반화하는 것이다. 그리고 철학은 직접적인 대상으로부터 출발하여 더 일반적인 개념으로 추론해 나가며, 결국 존재의 최고 원리 또는 제1원리나 신의 개념에 이르는 통로이다. 아퀴나스의 이런 사유에서 신학과 철학은 서로 모순되지 않고 적절한 조화와 통합을 이루고 있으므로, 이성은 신학, 즉 신앙을 위해 배제되어야 할 것이 아니라 필수불가결한 요소가 되는 것이다.

이런 논거로 아퀴나스는 아리스토텔레스철학을 그리스도교 입장에서 재현시켜 인생 최대의 목적을 신은(神恩)의 생활에 이르는 것으로 보았다. 따라서 국가보다는 교회를, 공민적 도덕보다는 종교적 도덕을 상위에 두었으며, 국민을 신은의 생활로 인도한다는 한계 내에서만 국가의 의의가 있었다.

스콜라철학은 교육적으로도 큰 영향을 미쳤다. 이 사상은 학교에서 권위 있는 진리체계를 전달하는 데 적절한 교수와 학습의 방법을 극히 효과적으로 체계화하였다. 당대의 자연과 사회가 아니라 문학이 교과목이 되고 있는 곳에서는 탐구,

발견, 발명보다는 주어진 자료를 정의, 설명, 해석하는 데 적합한 방법들이 요구되었다. 스콜라주의는 여러 가지 교수방법을 고안했지만 모두가 학생들이 스스로 찾아내어야 하는 자료가 아니라 기성의 교재를 받아들이는 경우에 적합한 것이었다. 학교에서 여전히 교과서 위주로 가르치고 발견과 탐구의 원리에 의존하는 대신에 권위와 습득의 원리에 의존하고 있는 한 그들의 방법은 스콜라주의적이라고 할 수 있다.

3. 중세의 교육

1) 기독교의 교육

중세의 교육은 크게 두 가지로 나누어진다. 중세 전기는 기독교 교육 중심이었고 중세 후기에는 세속 교육 중심이었다.

중세 전기에는 로마시대에 있었던 문법학교나 수사학학교 등의 세속적인 학문을 지도하는 학교교육은 크게 쇠퇴하였고 기독교 교육이 주를 이루었다. 서양의 문명 세계에 침입한 게르만 종족들은 로마의 교육제도를 철저하게 파괴하였다. 그리하여 중세 초기에는 로마식 학교제도가 거의 사라졌다. 단지 국가를 대신하여 교회가 교육의 제공자이자 지도자가 되었으며, 오직 교육은 교회와 수도원에서 그 명맥을 이어갔다. 따라서 중세 전기의 교육은 기독교 교회가 주체가 되어 교회 및 교회와 관련된 기관에서 실시한 교육을 말한다. 여기에는 문답학교, 고급문답학교, 본산학교, 수도원학교가 있다.

대부분의 학생은 성직자가 되려는 사람들이었다. 이 학교는 내세를 위한 목적을 가지고 있었다. 교사는 그들에게 교부의 가르침을 보존하기 위해 라틴어를 가르쳤다. 그들은 교회 절기를 위해 수학을, 예배를 위해 음악을 가르쳤으며, 신체 훈련을 천시하였다.

아동기는 인정되지 않았기 때문에 6세의 아동과 청소년이 같은 의자에 앉아 공부하였다. 중세의 학교는 어린이를 위한 것이 아니라 성직자와 사무원을 위한 직업학교였다. 중세에는 7세의 아동도 어른처럼 일해야 했으므로 아동기가 인정된 것은 18세기 이후였다.

기독교가 궁극적으로 추구하는 교육목적은 개인으로 하여금 도덕적인 인간이 되도록 하여 신에 봉사하는 것이었다. 이에 따라서 교육내용은 도덕적이고 종교적인 교리였으며 문법, 문학, 수사학 그리고 철학은 성서의 시녀격으로 가르쳤다. 교육기관은 교회가 중심이 되었으며 학교는 교회를 통하여 이룩된 제도였다(김경희 · 정희숙, 2002).

(1) 문답학교

문답학교란 말로서 가르치는 학교, 문답식으로 수업하는 학교라는 뜻이다. 이 학교는 이교도를 기독교화하기 위한 교육기관으로서 아직 세례를 받지 않은 이교도에게 기독교 교리의 문답을 통하여 예수의 생애, 부활, 십자가에 대한 예비지식을 가르치는 준비교육이었다.

교육목표는 도덕적 삶을 위한 훈련과 기독교 신앙에 대한 바른 이해와 생활화에 있었다. 처음에는 성인을 대상으로 하였으나, 나중에는 어린이를 입학시켰으며, 수학연한은 2년에서 3년이었다.

학생들은 초급 · 중급 · 고급의 세 수준으로 나누어지고 각 수준별로 학급에 배치되어 교육받았다. 초급반은 '청강반'으로, 성경 낭독과 설교를 경청하게 하여 교리에 대한 기초적 이해와 신앙생활의 원리를 터득하게 하였다. 중급반은 '기도반'으로, 수업 후에 기도하는 법을 가르쳤다. 이 기도 생활은 학교의 생활규범으로 되어 있어서 상급반 진급의 평가 기준이 되었다. 고급반은 '선별반'이라 불렸고, 주로 교리와 예배 의식, 그리고 세례에 필요한 절차, 읽기, 쓰기 등의 초보적인 지식을 배우는 예비훈련과정이었다. 교육방법은 교리문답서를 중심으로 한 문답식이었고, 교육 담당자는 처음에는 감독(주교)과 사제와 집사들이었으나, 나중에는 전담강사들이었다.

(2) 고급문답학교

고급문답학교는 일명 문답학교, 교사학교라고도 한다. 이 학교는 문답학교가 각 지방에 설립되므로 이에 필요한 문답학교의 교사나 지도자를 양성하는 곳이었다. 따라서 문답학교가 일반 대중의 교화를 위한 초급단계의 학교라면, 고급문답학교는 비교적 높은 수준의 학교였다.

교육내용은 신학을 비롯하여 그리스철학, 수사학, 천문학, 문학 등이었다. 신학 외에도 비종교적인 그리스 학문을 연구하고 교수하였다. 문답학교 교사 또는 교회의 지도자들은 그리스적인 학문을 이해하여 기독교 교리를 설명하고 옹호할 수 있는 논리적 기초가 마련되어 있어야 하였기 때문이다. 이로써 기독교와 그리스철학의 교섭이 이루어지기 시작하고, 그 과정에서 플라톤철학이 유입되어 교부철학의 이론적 기초로 활용되었던 것이다.

(3) 사원학교

사원학교는 일명 본산학교라고도 한다. 또한, 교회의 감독자가 주재하는 교회 내에는 반드시 이 학교가 설립되어 있으므로 감독학교라고 불렀다. 귀족이나 부호들의 기부에 의해 설치되는 경우도 있어 기부학교라고도 한다.

이 학교는 기독교 교육기관 중에서 수준이 가장 높은 고등교육기관으로 교회의 지도자인 성직자(목사, 교구장)의 양성과 일반 귀족 자제의 교양교육에 있었다. 장래의 희망에 따라 학생들을 내교와 외교로 나누어 수용하였다. 교육내용은 성서, 과학, 철학, 수학, 그리스 학예,7자유과 등이 교수되어 고급문답학교의 교육내용보다 깊고 전문적이었다. 학교의 전반적인 관리는 반드시 본산에 속해 있는 성직자가 맡았으며 그 아래에 교육을 담당하는 전문적인 교사를 두었다. 교육방법은 분단수업으로 체계적인 방법이었으며, 기독교철학인 스콜라철학(scholasticism)이 이 사원학교를 근거로 하여 일어났으므로 고등한 학문연구의 집산지였다.

사실 철학을 형성하고 발전시킨 핵심적인 인물은 그 이름에서도 드러나듯이 주로 이 본산학교의 교장이나 학자들이었다. 이들의 신학 및 그리스철학에 대한 수준 높은 연구는 나중에 대학의 성립은 물론 근대 문예부흥을 가능하게 했던 지적 자양분이 되었다.

(4) 수도원학교

중세의 종교적, 교육적 정신을 지배했던 사회제도들 중의 하나가 수도원제도이었으며, 수도원학교는 수도원에 부속된 학교로서 승려 또는 수도를 목적으로 하는 수도사를 양성하는 곳이었다. 그러나 후에는 일반인 교육도 실시하였는데, 이 학교는 두 과정으로 이루어졌다. 내교는 승려를 양성하는 과정이고, 외교는 일반 어린이의 교육을 담당하였다. 교육내용은 내 · 외교 모두 초등반과 고등반에 따라 다르게 제시되었는데 초등반에서는 읽기, 쓰기, 셈하기 등의 초등 교과를 가르치고 고등반에서는 3학(문법, 수사, 논리)과 4과(음악, 산수, 기하, 천문학)의 고등 교과를 가르쳤다.

수도원(monasterium)이란 그리스어 'monachos'에서 온 것으로 '홀로 사는 것'을 의미한다. 처음에는 한 사람이 거주하는 집을 의미했지만 나중에는 신에 봉사하고 규칙에 복종하는 남녀의 종교공동체를 의미하게 되었다. 수도원생활은 평신도와 일반성직자에게 요구되는 것 이상으로 종교적 작업을 몸소 실행하는 종교적 제도, 의식, 신념체계를 의미한다.

따라서 수도원이란 말은 육욕적, 현세적, 향락주의를 거부하고 수도원이라는 고립된 곳을 찾아 영적 정신의 안정된 생활을 이루어 보겠다는 종교운동으로 간주되었고, 이 사람들을 승려 또는 승(monk)이라 하며, 이들은 기독교도로서 부패하고 세속적인 사회를 떠나서 신과 더불어 조용한 생활을 영위하는 집단이었다.

이러한 종교운동이 일어난 원인은 첫째, 중세 초기 사회의 타락과 경제적인 불안정, 둘째, 종교적 박해와 이에 대한 공포, 셋째, 속죄와 내세를 위한 영혼의 구제를 이루려는 믿음, 넷째, 내세가 가까웠기 때문에 내세에 대한 준비, 다섯째, 교회의 세속화 등이다.

개인적 신앙생활로 수도원에 들어가는 사람들은 자신의 불완전을 인식하고 참된 자아의 발견을 지향한다. 수도원은 사회로부터 격리되어 종교생활에 전념하는 것을 의미하며, 기도와 노동의 생활을 받아들이고 예수가 가르친 “네 이웃을 네 몸같이 사랑하라.”는 계율을 지키려 하였다. 아울러 사회봉사기능으로 수도원은 사회에 적극적으로 봉사하여 사회의 개선을 지향하였다. 교육과 연구기능으로서, 중세 수도원은 개인의 신앙생활을 도와주는 기관인 동시에 그 시대의 유일한 교육기관이었다. 수도원에서는 신학을 가르치기 전에 철저하게 기초 학과목을 가르쳤다. 7자유과 중 기초인 3학, 즉 문법, 논리학, 수사학은 사원학교와 수도원에서 필수로 가르쳤으며 4과인 기하학, 산수, 천문학, 음악은 선택적으로 가르쳤다. 이후 수도원은 종교지도자의 양성센터가 되었다. 그리하여 수도원은 실제로 탁월한 종교지도자들을 배출하였다. 중세와 근대 초기의 위대한 인물들의 상당수가 수도원 출신이었다. 그러나 사원학교와 수도원은 그 수가 많지 않았으므로, 이러한 중세의 교육은 보편적이지 못했다.

교육방법은 엄하였으며, 체벌을 사용하기도 하였다. 가르치는 일반적 방법은 교리문답식 질문과 응답식 그리고 명상과 사색의 방법이었다. 수도원에서의 기숙적 생활은 계속적 접촉을 통한 인격교육을 가능하게 하였다.

수도원제도는 중세문명의 발달에 크게 기여하였다. 이러한 기여는 주로 예술, 학문, 교육, 의료 활동을 통하여 이루어져 있다. 또한, 농업의 발달과 기술, 기예 발달에 도움을 주었다. 로마인과 야만족은 노동을 존중하지 않았지만 수사와 수녀는 노동을 기꺼이 받아들여 자급자족의 길을 걸어갔으며, 발달된 기술을 세속사회에 보급시켰다. 14세기 영국의 베네딕투스 수도원의 수사들은 기술을 연마하여 유명한 시계 제조공이 되었다.

또한, 수사들은 근대세계를 형성하는 데 크게 기여하였다. 중세 문화의 보존, 스콜라철학의 발전, 중세대학의 발전에 공헌하였으며, 농경, 목공, 직물 등을 통해 산업적 기술과 수공 노동의 중요성을 발달 · 전수시켰다. 뿐만 아니라 그들은 고전 학문의 원고를 정리하였으며, 르네상스가 올 때까지 그것들을 안전하게 보존하였다. 수도원이 없었다면 고전 고대의 문명이 제대로 전승되지 않았을 것이다.

2) 세속 교육

(1) 기사도 교육

중세사회는 한편에서는 기독교라고 하는 이념체계와 다른 한편에서는 봉건제라고 하는 정치 · 사회제도를 근간으로 발달하였다. 기사는 봉건제도의 성립과 함께 출현한 상류 무사계급이다. 봉건제도의 성립과 발전의 과정은 게르만민족의 침략과 그에 대한 방어의 전쟁사이다. 특히 프랑크 왕국의 마르텔(Karl Marrtell) 대제는 사라센의 침략 시 기존의 종사제도를 활용하여 부하에게 봉토를 지급하고 작위를 수여하는 대신 주군에게 충성을 서약하고 영토를 방어하도록 하였다. 이 제도가 8세기 이후 봉건제도로 발전하다가 10세기경에 이르러 완전히 정착된 것이다. 그런데 이때 영토를 방어하던 군대가 기마병을 주축으로 구성되어 있었기 때문에, 상류계급의 무사를 일컬어 '기사', 그리고 그들 특유의 이상적 규범을 '기사도'라고 하였다.

교육목적은 기독교적인 무인을 양성하는 것이었다. 일반적으로 무사들은 문맹이고 무식하였기 때문에 무사로 하여금 기독교적인 정신을 습득하도록 하였다. 따라서 기사의 군사적인 미덕은 용기, 충성, 관용이며, 사회적 미덕은 예의, 공손, 자비였다. 기사는 교회에 대해서는 신앙의 서약을 하고, 군주와 영주에 대해서는 충성의 서약과 약자와 부녀자에 대해서는 의협의 서약을 하였다. 기사의 이상은 심령은 신에게, 생명은 왕에게, 심정은 부인에게, 명예는 우리들 스스로를 위해서 지킨다는 것이었다. 그러므로 이들의 생활원리는 사람들이 가장 높이 평가하도록 행동하라는 것이었다.

기사교육은 수도원이나 대학이 소홀히 하였던 신체훈련을 강조하였다. 종교교육은 교회의 종교적 예식과 의식에 참여하여 훈련받았고, 약간의 문학교육도 있었으나 모국어로 시를 낭독하는 정도에 불과하였다. 이러한 기사교육의 형태는 상류층을 위한 특수한 형태의 교육이었다. 기사의 교육은 특정학교에서 행해진 것이 아니라 영주의 저택, 즉 궁정에서 생활을 통해서 실시되었다. 봉건 영주의 봉토를 행정적으로 관장하는 요새화된 성이 있었고, 기사는 영주의 궁정에서 함께 생활하는 가운데 여러 기능을 익혔다(성기산, 1993).

기사교육은 세 단계, 즉 가정교육기, 시동교육기, 시종교육기로 구분된다. 가정교육기(출생~7세)는 기사의 가정에서 부모들이 직접 필요한 신체적 · 도덕적 · 종교적 교육을 담당하였으며, 교육내용은 명랑, 순종, 신앙심, 도덕심 등과 같은 인성교육, 건강한 신체훈련과 예의범절이었다. 시동교육기(7~14세)는 영주의 궁정으로 들어가서 군주나 영주, 왕후, 귀부인 및 수도사의 시중을 들면서 여러 가지 교육을 받았다. 궁정의 귀부인으로부터 종교음악, 예의, 동작, 장기놀이 등을 배웠으며, 때로는 모국어로 읽고 쓰기, 음유시인의 시와 음악을 배웠으며, 신체단련도 받았다. 시종교육기(14~20세)는 시종이 되어 실제 체험을 통한 기사교육을 받았는데, 식탁에서 봉사하고 잠자리를 보살피며 말을 돌보고 무기를 손질하며 방패를 운반하였다. 21세가 되어 이러한 교육과정을 마치고 기사로서의 준비가 완성되면 기사 입문식을 거행하여 정식 기사가 되었다. 기사교육이 주로 기술의 획득이었던 관계로, 교육방법은 시범 및 실제 교육이었다. 그들의 주요한 교육방법은 "행함으로써 배운다(learning by doing)."라는 의미에서 현대적이었으나, 그 동기는 사회적 표준으로 인식되는 보수적인 관습에 의해서 통제되고 지배되었다.

(2) 대학교육

동서문화의 교류가 활발해지고 교회조직이나 국가조직이 발달함에 따라 새롭고 체계적인 지식이 필요하였으며, 동서문화의 교류와 상공업의 발달에 따라 자연히 직업도 전문적으로 분화되었다. 또한, 길드(Guild) 사회가 성립되고 시민정신에 의한 시민문화가 형성되어 자유도시가 발달되어 갔다. 이러한 다양한 변화는 지금까지의 수도원 교육이나 기독교 중심의 종교 교육보다 더 높은 지식과 학문을 요구하였다. 그러므로 대학의 발달은 십자군 전쟁의 결과 상공업의 발달 및 동서문화의 교류, 사라센 문화의 영향, 조합제도, 도제교육과 시민교육의 보편화에 의한 시민 문화의 형성에 의해 촉진되었고, 학문의 단체조합이 형성되어 고등한 학술의 연구기관을 이루어 나갔다. 이와 같이 대학은 본산학교나 수도원학교를 모체로 하고 시대사조에 따라 급진적인 발달을 보게 된 것이다. 본래 대학은 연구단체의 뜻인 일반연구소(studium generale)에서 시작되었는데, 그 당시의 학생들은 국적이나 사회적 제약 없이 누구나 또 어디에서든지 모일 수 있다는 대학의 장소적 성격이 강조되었다. 이와 같이 대학은 국가 또는 종교상의 제약을 받지 않고 순수한 학문의 단체 또는 조합(universitas)으로서 자연스럽게 이어 나가고 또 발달한 것이었다(손인수, 1997).

중세 최초의 대학은 이탈리아의 살레르노(Salerno)와 볼로나(Bologna) 대학이었다. 살레르노 대학은 11세기경에 창설되었으며, 의학으로 유명하였다. 세계의 대학으로 공인된 것은 1231년이며, 여기서 파생한 대학이 나폴리(Napoli) 대학이다. 볼로냐 대학은 법학으로 유명하며 1158년에 대학으로 인가받았다. 여기서 파생된 대학이 파두아(Padua) 대학이며, 이 대학의 특징은 학생조합의 세력이 큰 것으로 학생들이 대학을 통제하였다.

파리 대학은 노틀담 사원 내에 자리 잡은 대학으로 1109년에 설립되어 1180년에 공인된 신학과 철학의 총 본산이었다. 이 대학은 중세의 가장 모범적인 대학으로 교수의 단체가 설립된 대학이었다. 영국의 옥스퍼드(Oxford) 대학은 1167년경에 파리 대학을 모범으로 개교하였다.

대학은 학문의 연구소로서 법학, 철학, 신학의 전문 분야에서 활동할 수 있는 사람과 대학교수 양성을 목적으로 하였다. 교육내용은 각 과가 특색을 가지고 있었는데, 인문학과는 7자유과, 문법, 철학, 논리학, 수사학, 형이상학, 수학 및 자연과학 등이 있고, 자연학과는 물리학, 천문학, 동물학, 식물학, 심리학 등을 포함시켰다.

교육방법은 강의를 통한 필기(dictate)와 토론이었다. 특히 교수의 강의를 학생들이 필기하는 것이 주였다. 그리고 토론은 주로 형식논리학의 삼단논법에 따라서 어떤 주제를 설정하고 반론을 전개시켜 마지막에 결론을 이끌어내는 방법이었다.

대학은 독립정신과 자유정신에 따라서 교수 · 학생의 단체에 의하여 운영되었으며, 교회나 국가가 통제하고 감독할 수 없었다. 그러므로 대학은 교회나 국왕의 간섭을 배제하고 학문의 자유와 자치권을 행사할 수 있는 기관이었다. 따라서 학문의 자유를 위해서 어떠한 권력과도 타협하지 않은 것이 그들의 명예였다. 그래서 교황이나 국왕은 대학을 보호하였다.

중세 대학의 교육사적 의의는 첫째, 자유로운 학문 탐구를 통해 훗날 문예부흥운동과 종교개혁운동을 촉발하는 데 결정적 기여를 하였다. 둘째, 서양의 고전문화를 계승함과 아울러 동방의 아라비아 문화를 서양에 소개해 주는 가교 역할을 훌륭하게 수행하였다. 셋째, 정치 · 사회 · 종교적 문제에 대한 언론과 출판의 자유를 태동시키는 데 기여하였다.

(3) 시민교육의 발달

11세기 말에 시작하여 약 2세기에 걸친 십자군 원정은 장원제도의 붕괴를 촉진시켰으며, 사라센 문화를 전래하여 결과적으로 중세 도시의 발달을 촉진시켜 상공업이 급속도로 발달하였다. 이러한 상공업의 발달로 재력을 배경으로 하는 새로운 사회계급인 시민계급을 형성하였다.

새로운 시민계급은 자기들의 권익보호를 위해 단체를 만들었다. 이러한 단체는 상인조합(merchant guild)과 수공업조합(craftmen guild)인 조합제도로 외국무역에 대한 독점과 영주로부터 법적 권리를 얻어 이른바 자유시를 성립시켰다.

상공업의 발달과 더불어 새로운 시민계급을 위한 새로운 형태의 교육이 필요하게 되었으며, 이러한 요구에 의해 생긴 것이 시민학교 또는 도시학교다. 시민학교는 도시, 지방, 상공업의 성격에 따라서 교육내용이나 규모가 달랐으며, 대체로 시민계급 등의 상류계급의 학교와 하류계급의 학교로 구분되었다. 상류계급을 위한 교육기관으로는 영국의 문법학교(grammar school), 공립학교(public school), 독일의 라틴어학교(latin school)를 들 수 있는데 이들 학교는 오늘날의 중등교육의 기초가 되었다. 하류계급의 교육기관으로는 영국의 조합학교(guild school), 독일의 독일어학교(deutsche school), 습자학교 등이 있었다. 또한, 도시 상공업 자제들을 위한 비형식적인 교육이 발달하였는데 이것을 도제교육이라 한다.

시민교육의 교육사적 가치는 교육의 대상을 시민계급에 두었다는 것, 교회로부터 교육을 분리시켜 공공단체가 맡았다는 것, 생활을 위한 실제적 교육이었다는 것을 들 수 있다. 따라서 교육이 중세적인 것에서 새로운 근세적인 것으로 전환하는 계기를 마련하게 된 것은 교육사적 의의라 할 수 있다.

4. 중세시대의 교육사상가

1) 성 아우구스티누스

(1) 생애

아우구스티누스(Aurelius Augustinus, 354~430)는 가톨릭이 공인받은 시기이자 로마가 멸망해 가고 있던 시기에 살았던 인물로서, 교부문학시대의 가장 위대한 사상가이다. 그는 '신약성서'와 플라톤철학을 관련시켰으며, 그의 사상은 중세 가톨릭교와 신교에 전승되었다. 말하자면, 초창기 가톨릭의 교리가 분명하지 않던 시기에 그는 가톨릭을 하나의 사상으로 통일시키는 데 지대한 영향을 미쳤다.

고대에 살았음에도 그를 중세인의 반열에 올려놓게 되는 중요한 이유 중 하나는 신과 이성의 관계를 조명하는 그의 사상이 중세 후반기까지 계속되었다는 점이다. 아리스토텔레스 이후로 인간 이성에 대한 관심이 커져가고 있었고, 로마도 그러한 전통에 따르고 있었다. 이 흐름을 바꾸어 놓았던 인물이 바로 아우구스티누스였다. 그는 '알기 위해 신을 믿는 것이 아니라, 믿기 때문에 알고자 하는 것'이라 확신하였다.

아우구스티누스는 354년 고대 로마의 자치 도시였던 북아프리카의 타가스테

(Thagaste)에서 태어났다. 그의 아버지 파트리키우스(Patricius)는 이교도였으며 하급 관리였다. 어머니는 모니카(Monica)로서 기독교인이었다. 어머니 모니카는 아우구스티누스의 생애에 있어서 결정적인 영향을 미쳤다. 독실한 기독교인으로서 그녀는 남편과 자식이 기독교 신앙을 갖도록 심혈을 기울였다.

아우구스티누스는 고향 타가스테에서 초등교육을 받고, 13세 때에는 중등교육을 받기 위해 마다우라(Madaura)로 보내졌다. 그곳의 한 문법학교에서 그는 언어교육뿐 아니라, 전통적인 라틴 문학작품들을 접하게 되었다. 17세 때에는 카르타고(Karthago)의 수사학교 학생으로 등록하였고, 이후 11년 동안 그곳에 머물면서 수학했다.

젊은 시절의 아우구스티누스는 이교도와 같은 방종한 생활을 보냈다. 카르타고 생활 일 년이 채 되기 전에 비교적 하층민으로 추정되는 한 무명의 여인과 동거하게 되었고(370년), 그런 관계는 그 뒤에도 줄곧 15년 동안 계속되었으며, 그 안에서 아데오다투스(Adeodatus)라고 이름 한 아들까지 갖게 되었다(372년).

이후 아우구스티누스는 373년 19세의 나이에 그의 삶에 있어서 엄청난 지적 경험을 하게 된다. 수사학을 공부하면서 키케로의 『호르텐시우스(Hortensius)』를 접하게 되었는데, 이 책은 그로 하여금 철학에 눈 뜨게 하였고, 세계에 대한 이해와 인식태도에 큰 변화를 가져오게 하였다.

이 시절 그의 삶에 또 다른 영향을 미친 것은 마니교(Manichaeismus)였다. 아우구스티누스는 그가 『구약성서』의 도덕관을 받아들일 수 없었기 때문에 마니교도가 되었다고 하였다. 선과 악의 이원론을 깨달은 그는 마니교 신앙이 악의 존재를 가장 잘 설명해 주고 있다고 생각했다. 마니교에 환멸을 느낀 후에 그는 회의론자가 되었다. 여전히 신의 존재를 인정했지만, 그는 진리의 절대적인 기준을 찾을 수 있는 인간의 능력을 의심했다.

32세(386)에 아우구스티누스는 어머니의 간절한 기도와 충고, 교부 암브로시우스(Ambrosius, 340~397)의 설교, 그리고 신 플라톤주의자들의 저서를 읽고 영향을 받아 33세에 세례를 받고 기독교로 개종하였다. 37세(391)에 히포 레기우스에서 사제 임명을 받고 여생을 목회자로 보내면서 많은 저술과 정통교리의 옹호를 위한 논쟁에 힘썼다. 그는 모든 이단과 가톨릭 교리를 타도하려는 모든 시도에 격렬히 반대했다. 그는 42세(396)에 히포의 주교가 되었으며 76세에 타계할 때까지 34년간 이 곳에서 활약했다.

그의 저서로는 철학과 신학 관련 저서가 많은데, 대표적 작품은 『고백록(Confessions)』(397)과 『신국론(De Civitate Dei)』(413~426)이다. 『신국론』에서 기독교적 세계관에 입각한 그의 역사 철학을 엿볼 수 있으며, 특히 그가 45세 때 쓴 『고백록』은 불후의 명저가 되었다. 이 책에 그는 자신의 생애에 대해 소상하게 기록하였으며, 무엇보다도 종교적 방황기에 대한 생생한 증언을 보여 준다. 또한, 이 책에서 우리는 한 위대한 인물의 극적인 양면성을 보게 된다. 그는 청년 시절에 저지른 타락과 죄에 대해 철저하게 회개하고 성자의 길을 걸어가는 과정을 정직하게 묘사하였고 자신의 타락한 삶을 통하여 인간 내면에 대한 뛰어난 통찰을 보여 주었다. 그 밖의 저서로는 『삼위일체론』(400), 『기독교 교육(Christian Education)』(427) 등이 있다(주영흠, 2007).

(2) 교육사상

아우구스티누스의 교육철학은 플라톤의 뿌리로부터 왔다. 그는 플라톤과 마찬가지로 감각의 세계는 오류로 꽉 차 있으며, 위험하다고 생각했다. 인간이 감각경험에 의존하는 한, 참된 지식을 얻을 수 없다고 생각했다. 그는 하나님에 대한 신앙을 가져야 비로소 지식을 얻을 수 있다고 주장하였다.

플라톤의 영향을 받은 아우구스티누스는 단지 소수만이 진리를 파악할 수 있다고 믿었다. 진리는 상대적이 아니라 절대적이며, 교회를 통해서 그것을 배운다. 교육의 임무는 독자적인 판단을 피하고 개인의 생각보다 교회 조직을 더 중요하게 생각하게 하는 데 있다. 진정한 진리는 기도와 묵상을 통해서 정신이 정화될 때 신비스런 지식을 통해서 발견될 수 있다고 하였다.

이 같은 아우구스티누스의 관점은 기독교와 플라톤철학을 종합시킨 이상주의적 교육관을 출현시켰으며, 그의 『기독교 교육』에 잘 피력되어 있다. 그것은 학생의 감정과 독특한 성격에 대한 깊은 관심에다가 지성에 대한 관심을 결합시킨 것이다. 그는 교육을 강압적 · 권위적인 통제라기보다는 격려와 자극에 의한 것으로 보았다. 교사는 소크라테스나 플라톤이 보여 준 바와 같이 학생의 벗이자 원조자로서의 역할을 해야 한다는 것이다. 이러한 교사는 학생의 개인적 탐구와 발견을 위한 자극을 제공해야 하는데, 이것은 고도의 전문적 기술을 요하는 것이다. 이 점은 그의 『기독교 교육』 제4권 교수방법 편에 제시되어 있다.

한편, 아우구스티누스에게 있어서 인간 삶의 과제요, 교육의 목적은 궁극적으로 최고의 선을 소유하는 것이며, 이는 신을 인식하고, 신을 사랑하고, 즐기는 것이며, 바로 이것이 인간의 행복한 삶을 보장해 준다.

인간이 그의 과제인 신에게로 가까이 가는 길을 아우구스티누스는 인간 영혼의 발전과정에 따라 일곱 단계로 나누어 설명한다. 첫 번째 단계는 인간의 신체적 활동에서의 영혼의 기능이다. 영혼은 여기서 인간의 신체가 양육되고 성장하는 데 있어 관리하는 역할을 담당한다는 측면에서 이 단계의 인간은 식물의 수준에 비교될 수 있다. 두 번째 단계는 영혼이 감각행위의 원칙으로서 작용하는 경우이다. 인지와 감성 그리고 그것을 바탕으로 하고 있는 욕구, 충동, 습관화, 기억, 표상 등에서 인간은 동물의 수준에 상응한다. 세 번째 단계는 'ars'로 정신적인 기억 능력을 바탕으로 인간의 모든 문화 활동이 이 단계에 속한다. 네 번째 단계는 영혼이 육체와의 힘든 싸움을 끝내고 자신을 정화하고 강화하는 단계로 특별히 사회적 덕을 쌓고 지혜를 추구하는 단계이다. 다섯 번째 단계는 이미 쌓은 높은 덕이 지속되도록 노력하는 단계이다. 여섯 번째 단계는 인간의 영혼이 추구했던 근본적인 진리와 최고선을 발견하게 된다. 마지막인 일곱 번째 단계는 최고의 참된 선을 발견한 기쁨을 누리는 단계이다. 그리고 그곳에서부터 뒤를 돌아보며, 자신이 밟아온 여정 가운데 교육이 얼마나 중요한 역할을 했는가를 생각하며, 교육의 필요성을 재확인하게 된다(주영흠, 2007).

교육의 단계에서 제시된 인간의 정신적이고 영적인 성장과정은 아우구스티누스에 의하면 두 가지 통로를 통해 이루어지는데, 그의 교육의 목적을 실현하기 위한 방법론적인 원칙들이다. 첫 번째 통로인 인간 정신의 건강을 위해서는 도덕적인 정화가 필요하다고 본다. 두 번째 통로인 인간의 눈이 신을 향하기 위해서는 끊임없는 연습이 필요한데, 그것은 학문적인 연구를 통해 가능하다고 생각했다. 전자는 도덕적 도야, 즉 훈육이고, 후자는 지적 도야로서 교수이다.

훈육이란 학생들이 도덕적 삶을 살도록 의식적으로 영향을 미치는 것을 의미한다. 그러한 훈육을 그는 영혼을 구원하는 예술로서 파악하고 있다. 지적 도야는 이성이 담당한다. 이성은 영혼의 행위로서 진리인 신을 인식하는 통로로 좋은 학문을 통해서 연마된다. 아우구스티누스는 좋은 학문으로서 7자유교과를 지칭하고 있다. 일반적으로 7자유교과에 속하는 것으로 인정되는 천문학 대신에 철학을 넣었다. 아우구스티누스에게 있어서 7자유교과는 악의 본질과 근원, 세상과 만물의 창조에 대해 물음을 던지는 철학을 공부하기 위한 기초이다. 이로부터 그는 자유학문을 신을 인식하는 수단으로 받아들였다. 아울러 아우구스티누스는 특별히 교사의 자격으로서 이러한 교양교과에 정통해야 한다고 권장하였다.

교육사상가로서의 아우구스티누스의 공헌은 당시의 세대를 뛰어넘은 것이었다. 첫째, 그의 교사관에 입각하면, 교사는 학생이 성숙한 인격체로 변화될 수 있도록 모범을 보여야 한다. 교사는 교육철학자가 되어야 하며, 학생들을 선한 삶으로 인도해야 한다. 둘째, 아우구스티누스의 교육론은 그리스철학이 중세로 유입되도록 하는 가교 역할을 하였다. 그가 7개 교양과목을 인정하고 가르쳤던 것은 수많은 교육자에게 지대한 영향을 끼쳤다.

2) 유스티니아누스

유스티니아누스 1세(Flavius Petrus Sabbatius Justinianus I, 483~565)는 483년 타우레시움(지금의 유고 땅)에서 태어났다. 그는 527에서 565년까지 재위하였으며, 재임 중 탁월한 업적을 남겼다. 그는 비잔틴제국, 즉 동로마제국의 황제 중 가장 유명한 황제이며 법률개혁가로서 이름이 높다. 그는 법률의 혼란과 모순을 인식하고 대대적인 정비와 개혁을 단행하였다. 그의 주선으로 개정된 법률은 '유스티니아누스법전' 또는 '시민법'이라 불리고 있다.

유스티니아누스는 외치보다는 내치에 있어서 성공한 황제였다. 6세기의 뛰어난 비잔틴 문명은 대체로 그의 통치 철학에서 나왔다고 할 수 있다. 그는 식사와 휴식 없이 일할 수 있는 탁월한 능력의 소유자였기 때문에 '결코 잠을 자지 않는 황제'로 불렸다. 그는 넓은 안목과 큰 야망, 그리고 놀라운 정신력과 정력을 가지고 있었으며, 옛 로마제국을 되찾으려는 시도를 감행하였다. 그의 입법의 성과는 그에게 잊히지 않는 명성을 안겨다 주었다(신득렬, 2000).

'유스티니아누스 법전'의 정식 명칭은 '로마법 대전'이다. 이 법전은 후세 법학도들에게 불멸의 고전이 되었다.

많은 탁월한 업적을 남겼지만 9백여 년이나 지속되어 온 플라톤의 아카데미를 529년에 폐쇄한 것은 주목할 만하다. 그가 이러한 조치를 한 것은 그리스철학에 대한 반대가 아니라 이교도에 대한 항거의 표시였다. 이로 인해 아카데미의 많은 교수가 페르시아와 시리아로 뿔뿔이 흩어졌다. 아카데미의 폐쇄는 공교롭게도 베네딕투스에 의해 몬테카시노수도원이 창립하던 해인 529년에 일어났다. 이 사건은 중세 암흑시대를 예고하는 것이었다.

3) 토마스 아퀴나스

(1) 생애

사상사에서 13세기 중엽은 흥분을 자아내는 시대이다. 1214년 신성로마제국이 멸망하고 유럽은 신중심사회가 되었다. 이슬람교가 군사적으로 성공을 거두고 과학과 철학의 지도자가 되었다. 이러한 상황에서 토마스(St. Thomas Aquinas, 1225~1274)가 등장한 것이다. 그는 중세 최대의 기독교 철학자이자 신학자이다. 가톨릭 측에서 본다면 서양의 가장 위대한 철학자이자 신학자이다.

스콜라철학의 대표적 학자인 아퀴나스는 로마와 나폴리 중간에 위치한 로카세카(Roccasecca) 성에서 출생했다. 아버지는 아퀴노의 영주이며 무장이었고 어머니는 나폴리 출신의 귀부인이었다. 5세 때 몬테카시노의 베네딕투스 수도원에 들어가서 기초교육을 받고, 성서 · 교부들의 저작 · 라틴어 문법 · 기초 수학 · 음악 이론 등을 배웠다. 아퀴나스의 뛰어난 재능을 인정한 수도원장의 권유로 14세(1239)에 나폴리 대학에 진학한 그는 인문학부에서 자유학과를 공부하였는데 여기서 도미니쿠스 교단 소속 교사들로부터 아리스토텔레스철학을 접하게 되었다. 나폴리 대학에서 수학하는 동안 그의 일과 삶에 결정적인 영향을 준 두 가지가 있었는데, 하나는 아리스토텔레스철학과의 만남이며, 다른 하나는 도미니쿠스 교단과의 만남이었다.

부모의 강력한 반대에도 불구하고 20세(1244)에 도미니쿠스 교단에 수도사로 입단한 그는 "아리스토텔레스철학의 모든 부분을 라틴 세계의 사람들이 이해할 수 있도록 하겠다."는 목표를 세우고 철학과 신학 연구에 몰두하였다. 22세(1246)부터 4년간 쾰른(Cologne)에 있는 성 십자가 수도원에서 수학한 후 사제 서품을 받았다. 28세(1252)에 사제가 된 그는 당시 유럽에서 신학의 중심지였던 파리 대학으로 옮겨 성서학 강사로서 가르치면서 동시에 계속 수학하여 신학 석사학위를, 그리고 32세(1256)에 교수 자격 학위를 취득하여 교수가 되었다. 이 과정에서 그는 스승 알베르투스 마그누스(Albertus Magnus, 1193~1280)의 지도를 받으면서, 침묵과 근면으로 연구에 투신하였다. 알베르투스는 '만능박사'라는 별명이 가리키듯 모든 학문에 능했으며 그의 큰 업적으로 기독교의 교의에 대하여 아리스토텔레스의 철학이 지니는 이용 가치를 처음으로 찾아낸 것이 있다. 이러한 알베르투스에 의해 대충 엮어진 자료를 완성시킨 사람이 아퀴나스였다. 두 사람은 친밀한 사제 관계로서 긴밀한 협력관계를 유지했다.

아퀴나스는 파리 대학 교수직을 거쳐, 로마 대학, 나폴리 대학 등에서 교수로서 활동하면서, 그의 역작 『신학대전(Summa theological)』(1265~1273)을 완성하였으며 아리스토텔레스 주해를 계속하다가 1273년 12월에 일체의 활동을 중지하였다.

건강이 현저히 악화되어 산 세베리노 성의 누이 테오도라한테서 휴양하던 그는 리옹에서 개최된 제14차 공의회에 참석하라는 교황 그레고리우스 10세(Gregorius

X)의 요청으로 리옹 교회회의에 가는 도중에 병이 악화되어 포사노바에 있는 시토회 수도원에서 체류하다가 50세(1274)를 일기로 영면하였다.

이후 아퀴나스는 1323년에 성인으로 추대되었고, 1567년 공식적으로 교회박사로 불리게 되었으며, 19세기 말에 교회는 그를 정통적 주창자로 공표하였다. '그는 덕뿐만 아니라 학문으로도 성인'이라는 말에서도 그가 어떤 사람이었으며 어떤 거대한 발자취를 남겼는지를 나타내 주고 있다.

그는 인간으로서는 거의 불가능할 정도의 방대한 저술을 남겼다. 중요 저서로는 『존재와 본질』, 『진리론』, 『반이교도대전』, 『신학대전』 등이 있다. 그의 『신학대전』은 윤리학 저서라고 할 수 있을 정도로 습관과 도덕적 덕을 논의하였다. "도덕적 덕이 지적 덕과 어떻게 다른가?" 하는 질문에 대해 아퀴나스는 이렇게 설명하였다. 인간이 선한 행동을 하기 위해서는 이성이 지적 탁월성의 습관에 의해 사용되어야 할 뿐만 아니라 도덕적 탁월성에 의해 인간의 욕구가 사용되어야 한다고 말했다. 욕구와 이성이 다르듯이 도덕적 탁월성과 지적 탁월성은 서로 다르다. 도덕적 습관이 이성에 순응하여 존재하는 한 탁월성으로 간주된다. 이러한 주장은 아리스토텔레스의 주장을 재확인한 것으로 이성과 지성이 도덕적인 생활을 하는 데 근본이 됨을 시사하고 있다.

(2) 교육사상

아퀴나스는 아리스토텔레스의 형상과 질료의 이론을 신학에 차용한다. 즉, 순수형상으로서의 신은 제1의 원인으로 모든 사물의 궁극적 목적이 된다. 이를 토미즘(Thomism) 혹은 실재론이라 지칭하고 중세의 대표적 철학으로 설정된다. 또한, 현재 가톨릭 철학의 바탕이며 종교적 항존주의 교육철학의 기반이 되었다.

토미즘철학의 목적은 신의 존재의 지적인 증명이다. 이를 위해 진리의 원천인 이성과 신의 은총을 구분하고 지식과 신앙을 다른 법칙으로 설명하지만 궁극적으로는 보완적인 것이다. 이성은 신앙을 지지하고 이성의 부족은 계시에 의해 보충한다. 우주는 기계론적 법칙에 의한 질서보다 목적론에 따라 배열되어 있다. 즉,

우주는 우연적인 것이 아니라 신의 목적이 반영된 것이었다(차석기, 1989).

토미즘에 따르면 인간존재는 영혼과 육체를 가진 존재로 신념과 이성에 의해 이끌어진다. 교육은 영원하고 변화되지 않는 특징을 지닌다. 교육철학은 초자연주의에 근거하는데, 이는 인간의 기원과 자연, 그리고 운명의 견지에서 교육목적을 정교화하는 것이었다. 인류는 창조의 과정을 통해 신으로부터 나왔으며, 인간본성은 신의 형상을 따라 만들어진 것이다. 인간의 운명은 신에게 주어져 있다는 것이다. 그러면서도 교육이 정신적 차원만이 아니라 실제적 차원의 일도 준비해야 한다고 보았다. 실재론을 따르면서 토미즘은 사람의 구별적인 특성이 이성이라는 점과 교육이 지성적으로 수월성을 따르는 삶에 기여해야 한다는 점을 주장하였다.

아퀴나스가 제시한 구체적인 교육형태 및 교육내용은 다음과 같다. 첫째는 학습자의 인지과정과 지식 습득의 방법에 관한 것이다. 그에 의하면 교육을 받는 인간은 독특한 인지과정을 통하여 지식을 획득한다고 한다. 즉, 처음에는 신체의 오관을 통해 느끼는 감각에 의해 사물을 알게 되고, 그다음 감각은 지적 상상력을 작동하게 하여 마침내 감각적 지식을 지적 지식으로 변하게 한다는 것이다. 다시 말해서 구체적 · 경험적 지식은 독특한 개인의 인지과정을 통해 보편적 · 추상적 지식으로 이어진다는 것이다. 교육이란 바로 이 감각적 · 경험적 지식을 지적 · 보편적 지식으로 개념화시키는 과정을 의미한다는 것이다. 이러한 지식을 습득하는 방법으로는 발견과 학습의 두 가지가 있다. 전자는 인간의 선천적 이성이 스스로 지식을 습득하는 것이고, 후자는 교사와 같은 사람을 통해 학습자의 선천적 이성 작용을 돕는 방법이라고 하였다.

둘째는 교수(teaching)에 관한 것이다. 이것은 학습자가 선천적 이성에 의해 스스로 발견하고 배운다는 점에 초점을 둔 것이다. 아퀴나스에 의하면 올바른 교수법은 학습자의 선천적 학습 동기에 근거한 것이어야 한다. 가르친다는 것은 학습자들에게 새로운 지식을 주입시키는 것이 아니라, 그들이 이미 알고 있는 것을 토대로 삼아 그들 자신의 선천적 이성의 작용으로 기존 지식을 새로운 지식으로 발전시키도록 돕는 예술적 행위이어야 한다는 것이다. 이 같은 아퀴나스의 교수법은 현대의 발견학습법을 연상케 한다. 또한, 아퀴나스는 교수를 인간을 섬기는 소명으로서 보도록 강조하였다. 가르친다는 것은 고도의 언어적 과정이기 때문에 교사는 사용하는 낱말, 문장, 실례, 비유 등을 조심스럽게 선택해야만 한다. 학생을 교수–학습 과정으로 이끄는 자료의 토대는 새로운 진리를 규명하고 의존하며 다리를 놓는 것으로 사용해야 한다. 따라서 가르친다는 것은 진리에 대한 사랑, 인간에 대한 사랑, 그리고 신에 대한 사랑에서 솟아나는 행위라고 보았다.

셋째는 교육의 내용에 관한 것이다. 그는 어떠한 교육내용이 가장 바람직한가에 대해 설명하지는 않았지만, 당시 널리 수용되었던 형이상학적 · 인식론적 원리에 입각하여 교육내용을 구분하였다. 그가 권장한 교육내용은 7자유학과이다. 그 이유는 7자유학과가 학문적으로 훈련시키는 기초과목으로서 적합하다고 보았기 때문이다. 이러한 교양과목을 마친 뒤에는 지적 지식이 되는 철학 · 형이상학을 배워야 한다고 하면서 배움의 순서를 제시하였다. 이것이 토미즘의 교육과정 조직이다. 이 토미즘은 현대의 허친스(R. M. Hutchins)나 아들러(M. J. Adler)와 같은 항존주의 교육사상가들에게 영향을 끼쳤다.

원전 읽기 『고백론』(아우구스티누스)

4월, 인류의 시선은 바티칸이라는 지구상의 가장 작은 나라와 그곳에서 한 노인이 운명하여 장례를 치르는 광경, 또 265대 교황이 취임하는 장면에 쏠렸다. 새 교황 베네딕토 16세는 그의 문장(紋章) 아래편에 조가비 한 개를 그려 넣었다.

이 조가비는 그가 각별히 경애하는 아우구스티누스에게서 유래한다. 사도 바울 다음가는 사상가인 그에게는 유명한 일화가 있다. 하루는 그가 바닷가를 거니는데 어린아이 한 명이 모래밭에 구멍을 파고는 조가비로 바닷물을 퍼다 붓고 있었다. 그가 무얼 하냐고 묻자, 아이는 바닷물을 퍼서 구멍에 채울 생각이라고 대답했다.

이어 "그 조그만 조가비로 무슨 수로 바닷물을 다 채우느냐"고 면박하자 아이는 "당신의 그 작은 머리에 무슨 수로 삼위일체의 신비를 다 집어넣으려고 하세요?"라고 당돌하게 대꾸하고는 사라졌다는 것이다. 새 교황도 이 지성적 겸허함을 배우고 싶어 하는 듯하다.

서구 문화의 두 기둥이 헬레니즘과 헤브라이즘이라는 견해를 받아들인다면, 두 문화가 합류하는 지점은 아우구스티누스의 사상이라고들 한다. 그리고 고대와 중세를 통틀어 가장 많은 저작을 낸 그는 『고백록』을 자기 대표작으로 간주했다.

이 책이 불후의 명작인 이유는 진리에 대한 그의 열정이 담겨 있기 때문이다. 아리스토텔레스나 아퀴나스, 데카르트, 칸트, 헤겔 등을 형광등의 밝고도 차가운 빛을 내는 지성이라고 한다면 그의 책에서는 시뻘건 불꽃으로 넘실거리면서 삶을 송두리째 삼키는 '마음의 논리'를 접할 수 있다.

그는 책을 통해 인간 천성이 "진리를 찾아내려는 사람에 사로잡혀 있다."고 단정하고 그 진리를 '님'이라 불렀다. 그리고 "님 위해 우리를 내시었기에 님 안에 쉬기까지는 우리 마음이 편하지 않소이다."라고 실토한다. 당시 유행하던 온갖 철학과 종교를 방랑한 끝에 나사렛 사람이 "아버지"라고 부르던 인격신에게서 그 진리를 발견한 것이다. 그리고는 "이제 당신만을 섬길 각오가 되어 있소이다."라고 선언한 뒤 44년간 성직자, 영성가, 사상가 및 한 시대의 정신적 지도자로서 남김없이 이 언약을 실천한다.

여생을 두고 끊임없이 되뇌던 그의 후회, "늦게야 당신을 사랑했습니다. 이렇듯 오랜, 이렇듯 새로운 아름다움이시여, 늦게야 당신을 사랑했습니다!"라던 그의 유언에서 진리에 대한 열정을 독자는 엿볼 수 있을 것이다.

예수 그리스도는 종교적으로 유일신 사상에 이르기도 힘겨운 인류에게 유일신 하나님이 삼위일체로 존재한다는 놀라운 가르침을 새로 내렸다. 그리스인들은 스무 세기를 궁리했지만 아직도 그 교리가 무슨 뜻인지 속 시원히 알아듣지 못하고 있다. 아우구스티누스는 로마제국이라는 거대 문명이 시들어 가던 구역질 나는 냄새를 맡았다. 그 제국의 붕괴와 몰락은 서구 문명의 몰락을 느끼는 현대인들의 위기감을 대변해 주고 있기도 하다.

> 동구권이 붕괴되면서 혼자 남은 초강대국이 그 군사 횡포로 세계 평화를 파괴하지나 않을까, 그리스도교와 이슬람 두 세계에서 파생한 광신적 근본주의가 인류의 폭력적 종말을 부채질하지 않을까 안타까워하는 지성인들에게 『고백록』은 그의 『신국론』과 더불어 좋은 길잡이가 되어 줄 벗이다.
>
> – 서영(주교황청 대사, 전 서강대학교 교수).

출처: 동아일보(2005. 5. 20).

제6장 르네상스기의 교육 이해

1. 르네상스기의 사회와 문화적 배경

'르네상스'라는 말은 넓게 보면 문학 · 철학 · 미술 · 음악 등의 문예를 포함하여 과학 · 경제 · 정치 · 사회 등 인간생활 전반에 걸쳐 중세사회의 속박으로부터 벗어나려는 인간해방운동, 사회개혁운동을 의미한다.

르네상스는 천재와 영웅의 시대로서, 14세기에 시작하여 15세기에 절정을 이룬 후, 16~17세기에는 유럽 전역에 파급되었다. 즉, 르네상스운동은 상업이 발달한 이탈리아의 자유도시 플로렌스(Florence)나 베니스(Venice) 및 제노아(Genoa) 등지에서 일어나 15~16세기는 알프스를 넘어 프랑스, 독일, 영국으로 전개되었다. 르네상스 운동이 처음 이탈리아에서 일어난 배경으로 첫째는 경제적 번영을 들 수 있다. 지중해 무역의 중심지였던 북부 이탈리아에서 상업과 화폐 경제가 일어나 봉건제도가 일찍 해체되고, 모직물 · 견직물, 그 밖의 여러 공업도 발달하여 경제적 번영을 누렸다. 이러한 상공업의 발달은 자연과학과 경험주의의 기저를 갖게 되었다. 둘째는 시민들이 자유정신과 창조정신으로 충만했다. 자유로운 시민생활을 통해 시민의 창조 의식이 싹텄고, 이들은 수준 높은 지식과 교양을 필요로 하였으며 동시에 시민 자신의 지위 상승과 명예에 대한 욕구가 컸다. 셋째는 고전 문화의 발상지였다. 이탈리아가 고대 로마 문화의 중심지였으므로 고전 문화의 전통과 유적이 많이 남아 있었고, 고전과 고전 관련 자료를 손쉽고 풍부하게 얻어서 연구할 수 있었다. 또한, 이탈리아인은 로마인의 후손임을 자랑으로 삼아, 고전적인 로마 문화를 부활시켜 계승하고자 하였다. 넷째는 비잔틴과 아라비아 문화와 접촉이 빈번하여 강한 자극을 받았다. 특히 1453년 비잔틴 제국의 몰락으로 많은 그리스 학자가 그리스 고전을 가지고 이탈리아로 망명하여 고전 연구가 부활되었다. 다섯째는 교황과 군주의 후원이 있었다. 율리우스 2세(Julius II)나 레오 10세(Leo X) 등 교황들이 문화를 적극적으로 보호하고 후원하였고, 베니스, 제노바, 플로렌스, 밀라노 등 근대 국가적 요소를 띤 도시국가들의 전제 군주와 상업 귀족이 권위를 보전하기 위하여 경쟁적으로 그들의 부를 학문과 예술을 위해 바쳤다. 요컨대, 교통이 발달된 상업도시인은 자유, 번영을 향유하며 이러한 운동을 일으키는 데 적당한 기질이 있었고, 옛 로마인의 직계인 이탈리아인은 조국의 영화를 동경하였으며, 단테(Dante), 페트라르카(Petrarca), 보카치오(Boccaccio) 등의 문예활동이 인문주의를 발전시켰고, 많은 그리스 학자가 이탈리아에 망명하여 그들의 학예를 가지고 왔다는 점 등으로 충분한 여건을 가지고 있었다. 르네상스시대의 사회와 문화적 특징은 다음과 같다(진원숙, 1997).

첫째, 르네상스 운동은 신 중심사회에서 인간중심사회로의 전환을 가져왔다. 중세 이래로 기독교 권위의 질곡으로부터 인간성을 해방시키고 그리스 · 로마의 학문과 문화에 대한 이해를 통해 인간 본래의 올바른 모습을 회복하고자 하는 운동이었다. 신 중심적인 인생관과 세계관을 부인하고 인간중심주의 인생관과 세계관을 추구함으로써 신에 얽매여 있던 중세에서 깨어나 인간성의 존중과 인간의 주체성을 회복하려는 인간해방운동을 르네상스 운동이라 한다.

둘째, 르네상스 운동은 인간의 현재생활에 대한 관심에서 출발하였다. 당시의 사람들은 현재의 삶이 더욱 자유롭고 풍요해지고 평화로워야 한다고 생각했다. 그리하여 그들은 인간과 자연의 관계를 새롭게 정립하려고 하였다. 자연에 대한 과학적 연구와 미지에 대한 탐험이 시작되었다.

셋째, 르네상스 운동은 문예부흥운동이었다. '르네상스'라는 말은 '재생'을 의미하는 이탈리아어 'renascenza'로부터 왔다. 이것은 학자들에 의해 고대 그리스와 로마의 저작을 재발견하는 것이며, "원전으로 돌아가자."는 운동이었다. 이 운동은 원전에 단순히 주석을 다는 것을 넘어서는 것을 의미한다. 고전문학은 신적인 문학으로서의 중세 신학보다 인간적인 문학이었으며, 이 부흥운동은 고대 그리스 · 로마의 문학을 애호하는 인문주의자(humanist)에 의해서 추구되었다. 인문주의자들은 수도원 도서관에서 잊혔던 원고들을 찾아내어 공부하기 시작하였다. 그리스 사상과 문학에 대한 관심은 문학 자체에 대한 관심도 컸지만 그리스인들에게 생기를 불어넣는 정신적 자유, 자연의 질서와 아름다움에 대한 의식 등에 관한 감탄으로 인해 생겼다. 따라서 문예부흥 운동은 인간중심의 문화, 곧 인문주의 운동이라고 할 수 있다.

넷째, 자연과학의 발달로 사람들의 공간적, 사상적 지평을 확대시켰다. 과학적 발견과 발명은 중세 사람의 맹목적인 신앙과 인습을 깨뜨리는 데 크게 기여하였다. 폴란드의 천문학자 코페르니쿠스(N. Copernicus, 1473~1543)의 지동설이 1543년 출판된 후 케플러(Kepler)에 의하여 수학적으로 실증되고 계승되었으며, 이 학설은 갈릴레오(Galileo)에 의해서 증명되었다. 구텐베르크(Gutenberg, 1390~1468)는 세계 최초로 활판인쇄술을 발명했다. 그가 발명한 인쇄술은 교육을 비롯한 모든 분야의 혁명적인 변화를 가져왔다. 자연과학의 발달에 따라 기술의 진보도 현저하여 나침판의 발명과 항해술의 발달, 화약, 총포가 발달하였다.

다섯째, 르네상스시대에는 탁월한 화가, 조각가, 건축가들의 뛰어난 예술작품을 통하여 당대의 사람들은 물론 후세의 사람들에게 정서적, 영적, 지적인 감동과 변화를 주었다(임창재, 2008).

레오나르도 다 빈치(Leonardo da Vinci, 1452~1519)는 피렌체 공화국의 빈치에서 서자로 태어났지만, '최후의 만찬', '모나리자' 등 불후의 명작을 남겼다. 미켈란젤로(Michelangelo, 1475~1564)는 피렌체 공화국 카프레세에서 태어나, 메디치가의 후원을 받으면서 예술 수업을 했다. 그는 조각, 회화, 건축에서 탁월한 작품을 남겼다. 대표적인 작품으로는 '피에타', '마돈나와 아이', '다비드' 등이 있다. 라파엘로(Raffaello, 1483~1520)는 우르비노에서 태어났다. 그가 그린 '아테네 학당'은 르네상스 양식의 건축물을 배경으로 플라톤철학의 역사적 계속성을 표현하려 하였다. 라파엘로의 작품은 철학적 깊이가 있는 것으로 널리 인정되고 있다. 이것은 그가 인문주의라는 것을 보여 주는 것이다.

르네상스시대에 활약한 위대한 예술가들은 교육에 관해 저술하지 않았지만 위대한 교사의 역할을 유감없이 수행하였다. 그들이 남긴 예술작품은 위대한 저서 못지않게 오늘날까지도 사람들의 주목을 끈다. 그들이 작품에 담은 위대한 철학사상, 인간애, 다양한 정서는 시대를 초월해 교육적 활동을 수행하고 있다.

2. 르네상스기의 교육

르네상스는 교육사상에도 지대한 영향을 미쳐 인문주의 교육사상을 출현시켰다. 따라서 교육은 인문주의 정신을 구현하기 위한 인문주의 교육으로 조화적인 인간상을 형성하는 데 있었으며 인문주의 교육목적은 풍부한 인문적 교양의 습득을 통한 인간의 폭넓은 자아실현과 사회 및 인류의 발전과 복지를 지향하는 데 두었다. 일반적으로 인문주의 교육은 초기의 개인적 인문주의와 후기의 사회적 인문주의 그리고 키케로주의로서의 인문주의 교육을 들 수 있다(정석환, 2007).

1) 개인적 인문주의

남이탈리아 중심의 개인적 인문주의 교육은 국가나 사회보다 개인의 발달, 개성의 신장, 개인의 행복을 더 우선시하는 개인적 가치를 강조했다. 이는 중세의 신본주의에 대한 반동으로서 인간적이고 세속적인 삶에 관심을 두었고, 내세에 대한 준비보다는 현실 세계에서 시민으로서의 생활의 중시에서 비롯되었다. 이러한 교육사상은 근대의 자유주의 사상의 초석이 되었다.

교육의 목적은 개인의 교양을 중심으로 한 사고의 자유, 자기표현, 창조적 활동의 자유를 누릴 수 있는 인간형성에 두었으며, 이러한 교양은 그리스 · 로마의 고전에서 얻을 수 있는 것으로 간주했다. 이런 연유로 지성, 육체, 덕성의 조화로운 발달을 추구한 그리스인의 자유와 선미한 인간상과 궁극적으로는 자신의 개성과 일상생활에 참가하는 데 필요한 능력을 지닌 자유인, 즉 교양인 양성을 목적으로 하였다.

교육내용은 신학 대신에 인문과목과 과학에 치중하였으며 그리스 · 로마의 고전문화, 고전예술을 중심으로 라틴어, 도덕, 예의, 체육, 음악, 무용에 관련된 것이었다. 개인적 인문주의 교육은 인간생활과 관련된 모든 영역을 포괄하였기 때문에 이 시대에는 다재다능한 인물들이 배출되었다. 예를 들면, 화가이자 조각가로 알려진 레오나르도 다 빈치(Leonardo da Vinci)는 건축가, 음악가, 철학자, 기계기사, 물리학자, 해부학자이기도 하였으며, 물리학자이자 천문학자로 알려진 갈릴레오(Galilei Galileo)는 화가와 음악가로도 활동하였다는 사실은 그 당시의 다방면에 걸친 교육내용을 반영하고 있다. 이 같은 인간 중심의 인문주의 교육은 인간에 대한 새로운 자각과 가치를 토대로 하여 보다 풍부한 교양을 쌓기 위해서 그리스 · 로마의 고전을 교과서로 사용하였다.

교육방법은 교과서나 문헌 등이 학습경험의 유일한 자원이었다. 특히 퀸틸리아누스의 웅변교수론이 교과서로 많이 채택되었으며, 중세의 구두논의 대신에 논문을 쓰게 하였다. 어학능력을 발달시키는 것을 목적으로 하여 라틴어, 그리스어는 산 언어(living language)로서 취급되었다. 그리고 억압과 체벌 대신에 개성과 흥미, 환경의 중요성을 강조하였다.

개인적 인문주의의 중심인물에는 비토리노(Vittorino da Feltre, 1378~1446), 단테, 페트라르카(1304~1374), 보카치오, 세르반테스(Miguel de Cervantes Saavedra, 1574~1616), 셰익스피어(Shakespeare, 1564~1616) 등이 있다.

파두아 대학 교수인 비토리노는 초기 르네상스의 이상을 구체화시킨 학교를 1423년 이탈리아 만투아에 세웠다. 이 학교는 유럽 최초의 기숙학교로 인정되고 있으며, 교육내용은 역사, 철학, 산수, 기하학, 음악, 천문학, 그리스 · 로마 문학 등을 포함하고 있었으며, 부유한 어린이뿐만 아니라 유능하지만 가난한 어린이도

입학을 허가하였다.

단테는 이탈리아 시인들 중에 가장 위대한 사람으로 셰익스피어, 괴테와 더불어 서양문학의 3대 거목으로 인정되고 있다. 그의 주저 『신곡』은 가장 중요한 기독교 시이다. 그는 라틴어 대신에 이탈리아어를 사용함으로써 유럽 문학에 큰 영향을 미쳤다. 단테의 사고방식은 철저하게 중세적이지만 이 작품을 통하여 사람들을 근본적으로 변혁시키려고 했다는 점에서 교육적인 작품이라고 할 수 있다.

페트라르카는 고대 로마 문필가인 키케로의 저술을 수도원 도서관에서 찾아낸 장본인으로서 학자, 시인으로서 쇠퇴해 가는 중세와 르네상스 사이의 위대한 인물로 존경받았다. 중세의 인물인 단테는 도덕의 측면에서 신학적으로 올바른 것에 주로 관심을 가졌지만 페트라르카는 인간의 마음과 양심의 발달에 관심을 가졌다.

그는 당시의 교육관에 반대하여 새로운 교육관을 제시하였다. 스콜라주의 및 신학과 구별하기 위해 페트라르카와 그의 추종자들이 하는 새로운 연구 활동에 대해 '인문학(literae humanists)'이라는 이름이 주어졌으며, 이로부터 이러한 학파들에 대해 '인문주의자들(humanists)'이라는 말이 유래되었다.

그의 사상의 본질은 과거가 현재의 자양분이라는 심오한 인식에 있었으며, 그의 공로로 이탈리아 인문주의가 꽃필 수 있었다.

시인 페트라르카의 친구인 보카치오는 이탈리아 문학의 위대한 인물로서 이탈리아 르네상스에 중요한 역할을 하였다. 보카치오는 많은 책을 썼는데, 특히 『데카메론』이라는 작품으로 '이탈리아 산문의 아버지'라는 칭호를 얻었다.

『데카메론』은 여러 점에서 교육적 시사를 주고 있는데, 특히 운명에 순응하는 것이 아니라 그것을 극복하려는 의지를 보여 준다. 르네상스 정신인 인간 지성을 강조할 뿐만 아니라 인간의 모든 것을 있는 그대로 받아들이려는 자세가 돋보인다.

세르반테스는 스페인이 낳은 가장 위대한 소설가, 극작가, 시인이다. 그가 1605년에 쓴 『돈키호테』는 『성서』 다음으로 많은 60여 개 언어로 번역되었다.

세르반테스는 이 작품을 통하여 자신의 인생관과 세계관을 유감없이 드러냈다. 그는 문학적 상상력을 통해 어린이들과 성인 독자들에게 실현되기 어려운 이상과 모험을 감행하도록 요구하고 있으며, 현실에 집착하는 삶을 공격하였다. 현실과 상상의 세계를 교묘하게 대비시킴으로써 상상의 세계를 믿도록 한다. 그는 영원한 이상주의자를 창조함으로써 젊은이들에게 꿈을 심어 주는 데 성공하였다. 그는 이상이 실현되지 못하고 평범한 사람으로 되돌아오더라도 그러한 삶이 현실에 안주하는 삶보다도 가치 있다는 것을 보여 주려 하였다.

셰익스피어는 자신의 희곡의 주제내용을 거의 창작하지 않았으며, 전승되어 온 이야기를 극화시켰다. 옛 이야기에서 『햄릿』과 『페리클레스』를, 당시 알려진 이야기에서 『로미오와 줄리엣』을, 플루타르코스의 작품, 로마 희극, 그리고 영국사에서 『맥베스』, 『리어 왕』과 같은 작품을 만들어 냈다. 이러한 활동으로 보아 그는 고전과 역사에 대해 상당한 수준의 지식을 가지고 있었다고 할 수 있다.

셰익스피어의 작품에는 예술적인 미의 표현과 도덕적 교훈이 담겨 있다. 또한, 그의 작품은 교육적 시사를 던져 준다. 그는 작품을 통하여 인간이 가져야 할 덕목을 강화시켜 주고 이기적이고 금전 지향적인 생각을 사라지도록 해 준다. 그는 명예로운 행동을 장려하며, 어떠한 철학자, 성직자, 교사 못지않게 관용, 동정, 인간미, 예의, 자비 등에 대해 가르쳐 준다.

2) 사회적 인문주의

북구 유럽에서 일어난 사회적 인문주의 교육은 개인의 발달, 개성의 신장보다 국가사회의 발달을 우선하였다. 즉, 개인의 완성보다 사회개혁과 인간관계의 개선을 목적으로 한 교육이었고 미적, 문학적인 교육보다 사회적, 종교적, 도덕적 교육을 강조하였다. 이 운동은 소수의 사람보다는 전체로서의 사회를 위한 풍부하고 완전한 삶을 사는 데 목적을 두었다.

사회적 인문주의자들은 학문 자체를 즐기거나 심미적인 교육보다는 종교교육과 도덕교육을 강조하고 고전 연구는 이를 위한 수단으로 활용하였다. 따라서 이들은 종교를 진지하게 받아들이고 당시의 신학적 교의를 수용하였지만, 교회 안에서의 도덕적인 악을 격렬하게 공격하였다. 이탈리아의 개인적 인문주의가 귀족 계급의 교양교육을 중시하여 중등교육과 고등교육이 발달하였다면, 북유럽의 사회적 인문주의는 서민의 도덕교육과 조기교육을 중시하여 초등교육의 개선에 기여하였다.

교육내용은 고전과 성서문학이었다. 성서와 교부의 저서 및 해설을 가르치는데 노력하였으며, 어학교육으로는 라틴어, 그리스어, 히브리어 강좌가 개설되었다. 또한, 역사, 지리, 과학, 체조, 음악, 미술 등도 다루어졌다.

교육방법은 학습자의 흥미와 능력을 중요시하였으며, 어학교육은 이중번역의 방법이었다. 영어를 먼저 배우고 다음에 라틴어로 번역하고 다시 영어로 번역하도록 하였다. 또한, 먼저 학습을 분명히 이해하고 연습하며, 다음으로 연습한 것을 기억하여 다시 반복한 후에 생활에 응용하고 활용하도록 하였다. 사회적 인문주의 대표적 사상가로는 마키아벨리, 모어, 에라스무스, 라블레 등이 있다.

마키아벨리(Niccolo Machivavelli)는 1469년 이탈리아 피렌체에서 태어나 정치사상가로 독학으로 학문하였으며, 이러한 자기 교육으로 인해 인문주의 교육의 병폐에서 벗어날 수 있었다. 그의 주저 『군주론』은 정치사상의 이정표를 세운 책이다. 정치사상사에서 마키아벨리를 통해 처음으로 권력현실에 대한 객관적인 분석이 이루어졌다.

르네상스 도덕주의자들은 키케로의 『의무론』에 따라 명예롭게 행동하고 약속을 지키는 것을 강조하였다. 세네카의 주장에 따라 그들은 군주들이 자비와 관용의 자질을 도야해야 한다고 강조하였다. 마키아벨리는 이러한 논증을 하나하나 공격하였다. 그는 새로운 군주는 사자의 강인한 힘과 여우의 술수를 모방해야 한다고 주장하였다.

마키아벨리에 대한 해석이 다양할지라도 이 책을 읽는 사람들은 크게 두 부류로 나누어질 것이다. 한 부류는 마키아벨리가 군주에게 권고한 것들을 마음에 깊이 새겨 실제로 실행하려는 사람들이고, 다른 부류는 공화정이 어떻게 해서 군주정 내지 독재정으로 전락하게 되는가를 인식하여 정치가에 대해 끊임없이 경계하는 사람들이다.

모어(Thomos More)는 1478년에 런던에서 태어난 정치가, 작가, 대법관 그리고 학자였다. 모어는 정치가와 거룩한 순교자로서 뿐만 아니라 1516년 라틴어로 출판된 『유토피아』의 저자로서 유명하다. 이 책의 본래 이름은 『국가의 최선 정체와 새로운 섬 유토피아에 관하여』이다.

『유토피아』는 이성이 지배하는 참된 공동체를 상징한다. 거기에는 만인이 평등하며, 신앙의 자유가 보장되어 있으며, 재산은 공유이며, 사유재산제도가 철폐되어야 비로소 평등하고 정의로운 재산 분배가 가능하다고 주장하였다. 이 책은 정치적 · 교육적 목적을 가지고 있다. 『유토피아』에 제시된 선은 영국에서 성취되어야 할 이상이며, 그곳에 없는, 영국에서 제거되어야 할 악이 당시 영국을 괴롭혔던 것이다. 모어는 『유토피아』를 통하여 있어야 할 덕과 제거되어야 할 악을 명시함으로써 동시대 사람들에게 인생의 지침을 주려고 하였다.

3) 키케로주의

인문주의 교육의 이념은 르네상스 말기에 이르러 어느덧 고전이 목적이 되어 고전중심의 교육으로 변질되었다. 즉, 고전의 내용이나 정신보다 형식을 강조하고 주로 고전문장의 암송에 열중하였다. 이러한 고전어 학습의 경향을 언어주의라 하였으며, 언어주의는 16세기 초기에 절정을 이루면서 고전문학 중에서도 키케로의 문장을 가장 우수한 것으로 보고, 그의 문장을 암송하고 그가 사용한 단어 등을 활용하는 것을 주로 하는 키케로주의를 성립시키게 되었다. 이러한 교육은 피상적 모방이자 문자를 암기하고 주입시키는 것이므로 인간의 창작 기능을 오히려 저해시키는 것이었다.

교육목적은 완전한 라틴문체와 키케로의 문체를 활용할 수 있는 인재를 양성하는 것이었다. 따라서 교육내용은 선정된 고전과 키케로의 문장이 주가 되었으며, 교육방법은 자연히 문체를 암송하고 표현할 수 있도록 하기 위한 암기 위주의 방법이었다.

이러한 키케로주의, 즉 형식적 인문주의 교육에 대한 반동작용으로 등장한 것이 17세기의 실학주의 교육이다.

3. 르네상스기의 교육사상가

1) 에라스무스

(1) 생애

에라스무스(Desiderius Erasmus, 1467~1536)는 인문주의자로서 북유럽 르네상스의 가장 위대한 학자인 동시에 자유주의자였다. 그는 일찍부터 학자로서 명성을 날렸으며, 자유주의적 입장 때문에 극단직이고 급진적인 사람들로부터 고통을 받았다. 그는 가톨릭의 부패를 비판하는 동시에 종교개혁가들의 거듭된 지원과 지지 요청을 거부하였다. 그는 두 세력이 모두 불합리하다고 생각하였다. 그는 양쪽의 비판을 잘 견디어 냈으며, 끝까지 홀로 남았다.

에라스무스는 1466년 네덜란드 로테르담에서 의사의 딸인 마르가레타와 성직자인 로헤르 헤라르트의 사생아로 출생하였다. 이러한 출생배경 때문에 그는 살아 있는 동안 자신의 가계에 대해서는 거의 말을 하지 않았다. 일찍 부모를 여의고 어린 시절을 공동생활 동포교단이 설립한 디벤터 초등학교에서 보냈다.

그는 후견인들에 의해 수도원에 보내져 거기에서 교육을 받고 1492년에 가톨릭 신부가 되었다. 1493년 주교의 비서가 되어 유럽 각지를 여행하게 되었다. 그리고 독일의 유명한 인문주의자 아그리콜라(Agricola)의 영향을 받아 신학과 고전의 연구에 몰두하였다. 그 후 영국의 케임브리지 대학에서 고전을 강의하고 인문주의 운동을 일으켰다.

1508년 평소 모아 오던 3천여 개의 격언들을 모은 『격언집』을 출판하여 북구에서 큰 명성을 얻었다. 1509년 모어의 집에서 유명한 『우신예찬』을 썼다. 1512년 바셀로 옮겨 저작생활을 하였으며 그의 저서는 당시 사회에 많은 영향을 주었다.

1529년 폭도들이 대성당의 성화들을 철거, 파괴, 불사르는 일이 생기고, 이어서 다른 교회들에서도 이러한 일이 계속되었고, 가톨릭 미사가 금지되는 등, 종교개혁이 진행되면서 불화와 폭력성이 심해졌다. 이를 견디지 못한 에라스무스는 바젤을 떠나 그때까지 가톨릭 지역으로 남았던 인근의 프라이부르커로 간다. 그는 그곳에 6년 동안을 머물다가, 바젤에서의 소요와 혼란이 어느 정도 진정되자, 1535년에 다시 바젤로 돌아온다. 그해에 가톨릭교회에서 그에게 추기경자리를 권유하였으나 사양하였다. 에리스무스는 1536년에 오랫동안 친분을 맺어온 바젤의 출판업자 프로벤의 집에서 세상을 떠난다. 라틴어 산문에 있어서 대가로 불리는 에라스무스는 다수의 저작을 남겼다.

(2) 교육사상

에라스무스는 이러한 저서를 통하여 그의 인문주의를 널리 알리려 하였다. 그러나 불행하게도 그의 사상은 귀족과 엘리트를 위한 것이었다. 그의 사상에는 민중이나 서민의 개념이 없었다. 이것은 에라스무스만의 한계가 아니라 르네상스 인문주의자들의 공통된 신념이었다. 그는 교육받은 사람, 교양인의 개념을 가지고 있었지만 만인이 그러한 인간형성의 경지에 도달할 수 있다고 생각하지 않았다.

르네상스 인문주의자들의 교육철학은 고전적인 고대에 뿌리를 두고 있다. 퀸틸리아누스, 키케로, 플라톤, 이소크라테스가 르네상스 교육이론에 자주 인용되고 있다. 에라스무스는 기독교 인문주의자로 간주될 수 있다. 그는 기독교를 떠나 교육을 생각하지 않았다. 그의 교육철학은 박학과 경건을 결합하려는 것이었다. 에라스무스는 성 제롬(St. Jerome)이 이러한 경지에 도달했다고 생각하였다.

에라스무스는 『우신예찬』에서 우신의 입을 통해 당대의 부조리와 부패를 남김없이 고발하고 마음껏 조롱하였다. 우신은 사회의 모든 영역에 걸쳐 부조리를 모조리 찾아내어 모든 사람의 우둔을 폭로하고 조롱하였다. 이 책은 16세기 종교개혁을 비롯한 모든 사회개혁의 시발점이 되었다.

에라스무스는 교육을 통해 인간이 개선된다는 신념을 가졌다. 그의 교육사상은 인문주의적이지만 기독교의 범위 안에서 전개되고 있었다. 이러한 그의 교육사상은『대화집』,『공부의 방법』,『어린이 교육』,『키케로에 관하여』등에서 찾아볼 수 있다.

교육목적은 지성을 가진 인간의 본성과 존엄성에 대한 신념을 결합시켰다. 올바른 지식과 정직한 판단을 할 수 있는 인간상의 구현을 교육목적으로 추구하였다. 그러므로 어린이 교육의 목적은 경건한 마음의 심화, 자유학과를 철저히 학습하는 습관형성, 인생에의 준비, 어릴 때부터 선량한 행동양식의 습득 등을 강조하였다.

교육방법에 있어서 자유인에게는 자유스러운 교육을 해야 하며, 체벌은 학습동기에 적절하지 않으므로 회초리 없는 교육을 조사 · 연구하여 개별적으로 학습을 지도할 것이며, 어린이의 정신발달과 흥미에 따라 학습 양을 정하도록 하였다.

이 같은 에라스무스의 교육사상의 특징은 크게 세 가지로 집약될 수 있다. 첫째, 교육의 개념에 대한 인문주의적 정의이다. 그에게 있어서 교육이란 지성을 가진 인간의 존엄성과 자유교양교육의 습득, 그리고 신앙에 의한 경건한 삶을 조화롭게 연결시키는 것을 의미한다. 따라서 그가 제시한 바람직한 교육적 인간상은 예의, 학식, 기독교 신앙심을 겸비한 사람이다. 에라스무스의 교육관은 당시 남부 유럽에서 지향하던 개인주의적 · 심미주의적 교육과는 뚜렷이 구별되는 사회적 · 도덕적 측면이 강조된 것이다. 둘째는 아동에 대한 새로운 인식과 교육을 제시하였다. 그는 신의 자녀로서의 아동에 대한 존중과 이해를 촉구하면서, 아동을 교육하는 목적이 경건한 신앙심과 선한 행동, 도덕성 발달과 성서를 통해 마음의 양식을 풍부하게 하는 데 있다고 하였다. 이 같은 교육목적을 달성하기 위해서는 빈부귀천과 남녀의 차별 없이 균등하게 교육할 것과 개개인의 능력을 인정하는 개별화 교육이 이루어져야 한다고 하였다. 셋째로 에라스무스의 교육관은 유럽 전체의 공동문화 설립을 이상으로 삼는 세계주의를 지향하는 것이다(신차균 · 안경식 · 유재봉, 2006).

한편, 에라스무스는 모든 부모가 그들의 자녀에게 교육을 제공할 책무가 있다고 주장하였다. 자녀의 인격과 지성을 발달시키기 위하여 적절한 환경을 준비시키는 것은 신과 사회에 대한 부모의 빚이라고 생각했다. 그는 이러한 환경을 마련해 주지 못하는 부모들을 질타하였다. 그는 자녀를 애완용처럼 과잉보호하는 어머니들도 비판하였다. 특히 아버지가 성서와 고전을 가르쳐야 한다고 하였다.

에라스무스는 교사들에게도 높은 표준틀을 제시했다. 교사는 완벽한 도덕, 신사의 기질, 철저한 교육을 받아야 한다. 에라스무스의 생각은 교사는 백과전서적인 지식을 가져야 하며, 그래야 학생이 전인교육을 받을 수 있다는 것이다. 그는 여성교사들을 인정하지 않았으며, 교사들이 학생에게 아버지 같은 친구가 되어야 한다고 생각했다. 그는 훌륭한 교사는 아동의 흥미와 호기심에 맞게 자료와 교과서를 선택한다고 생각했으며, 경쟁이 건전한 성취욕을 가져오며, 체벌은 바람직하지 않다고 생각했다.

에라스무스는 교사와 학부모의 어깨 위에 성공적인 교육의 책임의 대부분을 두면서도 학생의 필수적인 공헌을 무시하지 않았다. 그는 탁월성의 세 가지 선행조건의 고전적인 원리를 재확인하였다. 재능, 수업, 연습이 그것들이다. 따라서 학생들은 학습을 위한 어떤 적성을 보여 주어야 한다. 에라스무스는 아동의 능력에 대해 낙관적인 견해를 가지고 있었다. 즉, 아동은 자기 계발의 가능성을 가지고 있다는 것이다. 대체로 에라스무스의 교육론은 고도로 이상주의적이다. 그는 아동의 협력의 결여나 의욕의 결여를 논의하지 않았다. 그는 부정적인 행동이나 태도는 신통찮은 교수법의 결과로 간주하였다.

2) 라블레

프랑스에서는 종교개혁과는 일정한 거리를 두면서도 중세교육을 비판하는 사람들이 인문주의적 전통을 고수하면서도 사회적 관심을 보여 주었다. 이 운동의 대표적인 인물은 라블레(Francois Rabelais)이다. 라블레는 1483년 푸아투(Poitou)에서 태어났다. 1519년 서프랑스에 있는 퐁트 네 르콩트 수도원에 들어가서 많은 책을 읽고 언어를 배웠다.

그는 불후의 명저 『팡타그뤼엘』과 1535년 『가르강튀아』를 썼다. 당시의 어리석음과 미신을 신랄하게 조소한 그의 작품은 외설스럽고 반종교적이라는 이유로 갖은 고초를 겪었지만, 이 책을 통해 대중을 교육문제에 접근시켰다. 그는 르네상스와 중세의 갈등을 잘 묘사하였으며, 스콜라주의와 형식주의를 풍자하였다. 그의 사상은 인문주의와 실학주의 요소를 함께 가지고 있었다.

풍자작가로서 인문주의를 추구한 프랑스 최대의 인문학자였던 라블레는 중세 사원학교에서의 형식적, 주입식이었던 서적중심의 교육을 신랄하게 비난하고 종교, 도덕, 과학 등 다방면적인 도야를 주장하며 형식보다 내용을 중시하였다.

교육의 목적은 실제적이며 행동적인 인간, 학문과 생활을 결부시키고 생활을 통하여 학문을 얻는 인간, 강제와 압박보다 자유와 자율을 존중하는 인간상을 추구하는 것이었다.

교육내용은 고전을 상소하였으며 서적중심의 언어학적인 내용을 배제하였다. 이런 점에서 인문적 실학주의의 선구적 이념을 제시한 것이 되었다.

그의 교육사상의 특성은 정신적 발달의 조건으로 체육을 중시하고, 자연관찰을 중시하며 실물에 대하여 학습하는 직관학습을 주장하고, 자주적 사고를 존중하며, 실제적인 생활에 유능하도록 도야하고, 즐거운 교수방법과 훈련법을 강조한 것이다.

라블레의 사상은 후세에 큰 영향을 미쳤다. 즉, 몽테뉴, 로크, 볼테르, 루소 등에게 영향을 미쳤다. 라블레를 통해 중세 교육의 모습과 사회 관습을 알게 되었다.

원전 읽기 『군주론』(니콜로 마키아벨리)

『군주론』이라는 작은 책자의 저자인 니콜로 마키아벨리는 이 책에서 충격적인 주장을 제기한다. 필요한 경우 정치가는 도덕적 구속에서 해방되어야 하고 때로는 위선적이어야 한다는 것이다. 이 때문에 그의 이름 '마키아벨리'는 권모술수적인 정치책략가의 대명사로 굳어지게 되었다.

이러한 평가가 나온 데는 마키아벨리 자신의 책임이 전혀 없는 것도 아니다.

그러나 이런 평가에만 매달린다면 마키아벨리의 역사적 공헌을 정당하게 볼 수 없으며 결코 바람직하지 않다.

이 책에서 마키아벨리가 정치가들이 필요에 따라 일체의 도덕적 구속에서 해방되어야 함을 강조한 것은 사실이다. 그러나 이렇게 강조한 이면에는 당시 유럽의 지배적인 정치 사회 철학이던 기독교와 인문주의적 공화제 사상과 같은 '지적 전통'을 전복하겠다는 그의 야심 찬 지적 작업이 깔려있다는 점을 이해해야 한다. 그는 당시의 지적 전통 위에 수립된 정치이론은 실제로 존재하는 정치라기보다는 '있어야 할' 이상적 정치공동체의 문제만을 다뤄 항상 사태의 핵심을 비껴가고 있다고 생각했던 것이다. 그가 보기에 정치학의 핵심은 '권력의 조직체를 어떻게 획득하고 유지할 것인가'였던 것이다.

당시까지 모든 정치이론의 중심이었던 '바람직한 정치 공동체의 구성과 조직의 문제'는 그에 의해 '효과적인 권력 조직의 획득과 유지의 방안에 관한 문제'로 바뀌게 된다. 이 권력 조직을 그는 '스타토(stato, 국가)'로 정의하였는데, 이는 그의 정치학의 핵심 개념이다.

이렇게 해서 권력 조직으로서의 국가 문제가 마키아벨리에 의해 사상 처음으로 정치학의 중심을 차지하게 되었다. 이것은 정치이론에서 가히 '코페르니쿠스적 전환'이라고 불릴 만한 큰 사건이다.

특히 프랑스와 스페인이 대결을 통해 전혀 새로운 유형의 정치 조직으로서의 근대적 영토국가가 출현했던 당시에 이와 같은 인식의 전환이 이뤄졌다는 점에서 역사적으로도 매우 중요한 의미를 지닌다.

당시 도시국가 피렌체의 관리이던 마키아벨리는 군사 외교 업무를 접하게 된다. 이때 그는 프랑스와 스페인의 군사 대결장으로서 유린당했던 이탈리아가 부활하기 위해서는 새로운 정치 조직을 통해 이들과 같은 영토국가의 조직을 확보하고, 또 뛰어난 군사 능력을 갖춰야 한다는 점을 절실히 깨닫게 된다.

따라서 그에게는 공동체 안전을 위한 결정적 수단인 힘, 즉 권력과 능력의 문제는 정치학의 중심 문제였다. 그가 '비르투(virt'u)라고 표현한 이 힘이 하나의 그릇에 담겼을 때, 또 하나의 조직체가 되었을 때 국가가 된다고 정의했다.

마키아벨리의 공헌은 당대에 출현하기 시작한 근대적 정치 질서의 역사적 의의를 그 누구보다도 빨리 국가라는 개념을 통해 포착한 데 있다. 이러한 점에서 그는 근대 정치이론의 비조로 평가되는 것이다.

이러한 문맥 속에서『군주론』을 이해할 때 그 역사적 의미가 제대로 평가될 수 있다. 기존의 도덕률에 대한 거부는 충격적이었겠지만 자신의 의도를 효과적으로 전달하기 위해 수사(修辭)적 필요에서 나왔다는 사실도 우리는 잘 인식할 필요가 있다.

– 박상섭(서울대학교 외교학과 교수).

출처: 동아일보(2005. 4. 24).

제7장 종교개혁기의 교육 이해

1. 종교개혁기의 사회와 문화적 배경

16세기의 사상사를 개관하는 일은 어려운 일이다. 이 세기에는 르네상스 운동이 유럽 전역에 확대되고 있었으며, 종교개혁(Reformation)이라는 혁명적인 사건이 숨 가쁘게 전개되었다. 종교개혁은 반가톨릭 운동으로서, 이 운동의 결과로 신교(Protestantism)가 형성되었다. 종교개혁은 1517년에 먼저 독일에서 시작되어 스위스, 프랑스, 네덜란드, 영국, 덴마크, 노르웨이 등 북유럽에 파급되었다.

종교개혁은 부분적으로 르네상스가 가져온 자유정신의 산물이었다. 유럽의 여러 지역에서 불안한 정치 상황이 계속되었으며, 많은 지역 통치자가 신성로마제국으로부터 독립을 원했다. 종교개혁은 이러한 불만 세력에게 불을 지피는 결과를 가져왔다. 종교개혁은 기독교계뿐만 아니라 사회전반에 걸쳐 커다란 변혁을 가져왔다. 종교개혁은 강력한 교황권을 약화시키는 동시에 세속 권력의 강화를 가져왔으며, 르네상스의 산물인 개인의 가치와 자유를 더욱 자각시켰다.

종교개혁의 원인은 종교적 원인과 사회적 원인으로 나누어 볼 수 있다(이주한, 2009).

종교적인 원인으로서는 첫째, 무엇보다도 기독교의 쇠퇴와 형식주의적 타성, 가톨릭 성직자들의 타락현상에 있었다. 로마 교황권은 바빌론의 유폐와 대분열에 의해 타격을 받았으며, 덧붙여 교회 안의 타락과 부패는 교회에 대한 사회적 불신을 사게 되었다. 종교적 순례 등은 너무 지나치게 강조되어 형식적 타성에 빠졌으며, 개혁을 담당해야 할 고위성직자 자신들이 도덕적 타락에 빠졌다. 15세기에 이탈리아, 독일, 영국, 프랑스 전역에 걸쳐 교회 내부에서 일어난 많은 소요사태의 일부는 교황, 성직자, 수사, 수녀 등의 권력남용과 타락을 겨냥한 것이었다. 교황 인노켄티우스 8세, 교황 알렉산데르 6세의 타락은 극에 달하였다. 성 베드로 대성당의 개축에 필요한 자금을 조달하기 위해 판매한 면죄부는 타락의 전형을 보여주었다.

둘째, 신비주의적 신앙의 대두이다. 이미 중세를 통해 독일의 일부 지방에서는 내적 경건이나 신과의 직접적인 교통을 강조하는 종교운동이 있었다. 이러한 내적 경건을 강조하는 신비주의적 사상은 교회의 근본적 신앙체계에 파괴적인 힘으로 작용하였다. 따라서 북방의 기독교적 인문주의자들의 종교적 순수성의 회복을 위한 주장은 결과적으로 종교개혁 운동의 사상적 기초를 마련한 것이었다.

르네상스 운동이 그리스 로마의 고전정신의 부활이라면 종교개혁은 원시기독교의 재생을 통하여 신과 인간의 중개자인 교회의 권위를 거부하고 오직 신과 인간과의 직접 교섭을 통해서만 참된 신앙을 얻으려는 직접 신앙으로의 복귀운동이었다. 그리고 중세 스콜라철학이 기독교를 타율주의, 객관주의의 특색을 가지고 체계화하는 데 반하여 신비주의는 양심의 종교, 심정의 종교, 즉 신앙의 본질을 주관의 체험 속에서 인정하고 하나님은 인간의 영혼 안에 존재하는 종교를 요구하여 원시 기독교의 재생을 기도하였다.

다음으로 사회적인 원인으로서는 첫째, 왕권의 강화이다. 왕권이 성장하여 중앙집권적 국가 또는 이를 지향하던 군주들이 교황의 권력을 국외로 몰아내려는 정치적 요인과 교회를 군주의 통제 아래 두고 교회와 수도원의 재산과 수입을 국가에 귀속시키고자 하는 경제적 요인이 있었다. 또한, 신흥 시민 계급은 교황의 과세에 의해 부가 국외로 흘러가는 것에, 그리고 농민은 교회와 수도원의 착취에 불만을 품었다.

둘째, 북부 유럽 인문주의자들의 성경 연구와 보급은 일반 사람들에게 종교개혁의 당위성을 각성시켰다. 또한, 인쇄술의 발명과 종이의 보급으로 종래 특수층에게만 한정되었던 지식과 학문을 대중들도 쉽게 접할 수 있게 되었던 점도 작용하였다.

르네상스와 종교개혁은 유럽 근대화의 문을 열었다는 역사적 의의를 지니고 있으며 중세에 대립하는 문화적 · 사상적 운동이었다. 르네상스가 그리스 로마문화를 이상으로 하는 고전정신의 부활이라면 종교개혁은 원시 기독교의 정신을 이상으로 형식적 교권주의에서 탈피하는 직접 신앙으로의 복귀운동이었다. 르네상스는 세속화면에서 중세를 부정하여 근대화 추진에 공헌하였으나, 대중운동은 아니었다. 종교개혁은 순수화를 추구해서 중세를 부정하고 서민을 주축으로 사회적, 도덕적, 종교적 교양을 위한 대중운동이었다. 이와 같이 종교개혁은 르네상스의 사회적 발전이라 할 수 있다.

종교개혁 운동은 구교에 대한 수정과 개조를 가한 새로운 종교, 즉 신교(protestant)운동인 것이다. 그리고 성서에 복귀하여 원시 기독교의 진리를 부활시켜 새로운 인간의 각성을 추구하고 새로운 사회를 건설하려는 것이었다. 요컨대, 종교개혁은 순수한 기독교의 재발견 운동으로 성서만을 기독교 신앙의 유일한 규범으로 삼았고, 모든 인간이 평등하게 창조되었다고 보아 자유사상, 민주주의 사상으로 발전하게 되었으며, 노동과 직업을 신성시하여 새로운 직업윤리를 이루었다.

2. 신교의 교육

사제중심의 권위적, 형식적, 세속적인 기독교의 신앙을 올바른 방향으로 바꾸는 데 있어서 선결조건은 그 무엇보다도 국민의 의식을 일깨우는 것이다. 선 · 악의 올바른 평가와 선택을 위해서는 국민 대다수가 현실을 파악할 수 있는 알 권리가 보장되어야만 명실상부한 종교상의 개혁이 진행될 수 있다는 것은 자명하다. 이런 연유로 종교개혁의 수단을 교육에서 찾을 수밖에 없었고, 이 때문에 교회 자체가 교육기관으로서 역할을 하였으며 종교의 교육화가 바로 종교개혁기 신교의 교육이었다. 따라서 신교의 교육은 종교가 교육의 중심이 되어 종교와 도덕의 융합을 의도하는 교육이었다.

신교의 교육이념은 진정한 신앙을 갖는 종교인의 양성을 목적으로 하고, 자기 자신의 올바른 양심의 눈을 가지고 성서 가운데서 신을 찾아 직접적으로 신과 교감하여 은혜를 받는 신앙인을 만들며, 자연적 · 물질적 · 신체적 · 본능적인 것을 인정하여 인간미 있는 인간을 양성하는 것이었다.

교육목적은 성경에 의해 종교적 · 도덕적인 인간육성과 국가와 교회에 충실히 봉사하는 인간으로 내세를 지향한 현실적인 인간을 형성하는 것이었다.

교육내용은 성서의 독서력을 널리 대중에게 교육하는 것이었다. 이를 위해 신교 지역의 초등학교의 핵심 교육과정이자 주요한 교과서는 성서이고, 습득해야 할 기초 기능은 모국어로 성서를 독서하는 능력이었다. 일찍이 영국의 위클리프는 성서를 영어로, 독일의 루터는 독일어로 번역하여 자국민들로 하여금 성서를 직접 읽을 수 있는 길을 열어 놓았었다. 구체적으로는 초등학교에서는 복음서, 교리문답서, 이솝이야기, 기도문 등이었고, 중등학교에서는 대부분 인문주의 교과목으로 라틴어, 그리스어, 수학, 수사학 등이었다. 인문주의 교과를 배우는 것은 고전어의 습득이 성서사, 교부의 저작원전을 연구하는 데 필요하기 때문이었다.

교육방법은 키케로의 '웅변론'과 퀸틸리아누스의 형식적 방법을 사용했다. 이에 따라 학습지도에 있어서 형식주의, 암기주의 및 주입식 교육을 하였으며, 때로는 체벌과 엄격한 훈련이 있기도 하였지만 종교적인 교화가 학교의 교육방법이었다.

신교의 교육은 교회로부터 국가 또는 공공단체로 이관되어 국가의 중대한 사업으로 전개되어 공교육의 발달과 국가주의 교육의 발달을 가져오게 하였다. 그리고 의무교육의 발달을 가져오게 하였고 근본적인 학교 개혁의 동기가 되었다(신득렬, 2000).

종교개혁이 교육사적 측면에서 갖는 의의는 첫째, 신앙의 권위를 개인적 차원에 두고, 개인의 양심, 자유, 이성을 존중한 점으로 개인 존중, 이성 존중의 교육을 발달하게 하였다. 둘째, 성경을 모국어로 번역하고 일반 대중에게 널리 읽힘으로써 일반 대중교육의 발달에 기여하였다. 셋째, 프로테스탄트는 과학적 진리를 인정하고 중요시하였으므로, 종래의 종교교육이나 문학교육과는 달리 자연과학 지식을 갖춘 실생활에 유용한 인물을 양성하는 데 주안점을 두었다. 넷째, 인간평등사상과 노동의 신성화는 교육의 민주화와 실업교육 내지 직업교육을 발전시키는 데 기여하였다. 다섯째, 아동에 대한 존중과 부모의 교육적 의무를 강조한 제안은 진보적 교육의 토대가 되었다. 여섯째, 교육의 운영권을 교회로부터 국가로 양도시킨 것은 공교육제도 확립에 한 몫을 담당한 것이다. 일곱째, 모든 국민에게 교육을 받을 수 있는 권리와 그에 따른 학교제도가 인정되었으며, 루터가 제시한 초등학교의 여교사 채용, 가정교육의 개선, 자녀교육의 중요성 등도 교육사적 의의를 갖는다.

3. 종교개혁기의 교육사상가

1) 루터

(1) 생애

루터(Martin Luther, 1483~1546)는 독일의 탁월한 성직자이자 성서학자, 목사이자 교육사상가이다. 가톨릭교회의 부패를 비판한 그의 95개 조항은 종교개혁을 촉발시켰다. 그는 수많은 저술과 설교를 통해 16세기뿐만 아니라 그 이후의 정치, 경제, 사회, 그리고 교육사상에 현저한 공헌을 했다.

루터는 1483년 11월 10일 작센(Saxony)주의 아이슬레벤(Eisleben)에서 광부의 아들로 출생하였다. 그는 그의 부모로부터 엄격한 가정교육과 종교교육을 받았다. 1501년 에르푸르트(Erfurt)에 있는 유서 깊은 에르푸르트 대학에 입학하였으며, 1502년에 학사, 1505년에 문학 석사학위를 받았다. 1505년 7월 2일 폭풍우를 만나 공포를 느낀 나머지 수사가 되겠다고 맹세하였으며, 아우구스투스 수도원에 들어

갔다가, 다시 비텐베르크(Wittenberg) 수도원으로 옮겼다. 1507년 24세에 루터는 사제로 서품을 받았으면서도 가톨릭 교의에 대한 의문이 싹텄으며, 오직 직접적·내면적인 개인의 '신앙에 의해서만' 구원받을 수 있다는 확신을 갖게 되었다.

1512년에 29세 루터는 신학박사학위를 받고 비텐베르크 대학의 신학교수로 부임하여 신학을 가르치게 되었으며, 학생 지도와 신학연구 및 강의에 몰두하였다. 1517년 루터가 34세가 되던 해에 가톨릭교회의 베드로(St. Peter) 대성당 개축비용을 마련하기 위한 면죄부(Indulgence) 판매 일행이 작센에 왔을 때, 면죄부 판매에 반대하여 95개 조항의 항의문을 라틴어로 작성하여 비텐베르크 교회 정문에 게시하였다. 이것이 본격적인 종교개혁의 발단이 되었다.

1520년, 교황 레오 10세는 루터에게 파문을 선고하고, 황제 칼 5세(Karl V)는 루터를 이단자로 규정하고 체포령을 내렸다. 그러나 작센의 선거 후 프리드리히 공의 도움으로 바르트부르크(Wartburg)성에서 10개월간 칩거하면서 신약성서를 독일어로 번역하였다. 이 번역된 성서는 독일 국민의 교과서가 되어 국어 통일과 국민의식 고취에 크게 기여하였다.

1522년 39세에 비텐베르크로 돌아와 뜻을 같이 하는 사람들과 함께 개혁운동을 추진하여 소위 영방교회(Landeskirche)를 조직하였다. 이것이 루터파 교회의 발단이다.

1525년 42세 때에 루터는 파계한 수녀 보라(Katharina von Bora, 1499~1552)와 결혼하면서, 가톨릭교회에서 요구하는 수도사 맹세와 독신생활을 거부하였다. 이후 말년까지 그는 저술 활동과 설교에 전념하였다. 1546년 출생지였던 아이슬레벤에서 "우리들은 하나님의 말씀을 구하는 걸인이다. 참으로 그렇다."라는 글을 남긴 채 63세를 일기로 세상을 떠났다.

(2) 교육사상

루터는 교회의 권위보다는『성서』의 권위가 우선되어야 하며, 개인적 판단이 집단적 판단보다 우선되어야 한다는 점을 강조하였다. 그는 하나님 앞에 서 있는 인간은 죄인이며, 무력하다는 점을 강조하면서 겸손의 신학을 주창하였다. 이러한 신념으로 인해 교황과 교회의 권위는 약화되고 만인이 사제를 통하지 않고 개인적으로 구원될 수 있다는 신념이 확산되었다. 미사와 자선행위와 같은 의식주의는 내적 경건과 신앙 앞에 무릎을 꿇게 되었으며, 신이 준 육체와 사회생활이 학대되지 않고 인정되기에 이르렀다(성기산 역, 1997).

종교개혁이 가져다 준 적극적인 생활방식은 세속적인 생활 전반에 영향을 미쳤다. 종교개혁 지도자들은 교육에 깊은 관심을 가지고 교육을 통하여 그들의 이상을 실현하려 하였다. 루터의 가장 큰 교육적 공헌은 생명의 위험 속에서도 어학적 재능을 발휘하여 처음으로 『성서』를 독일어로 번역한 일이었다. 모국어로 번역된 『성서』는 사람들에게 널리 읽히기 시작했으며, 이러한 현상은 교육의 요구를 더욱 증대시켰다. 『성서』를 읽기 위해 만인에게 교육기회가 주어져야 한다고 생각한 루터는 역사상 최초로 의무 교육제도를 주장하였다. 그는 교회의 통제로부터 교육을 해방시키려 하였으며, 정부가 학교를 설립해야 한다고 주장하였다. 초등교육이 공교육이 되어야 하며 의무교육으로 행해져야 함을 주장한 것은 적어도 모든 아동은 신분 · 성별 · 계급 · 빈부 · 종교의 구분 없이 누구나 동등하게 초등교육을 받아야 한다는 것을 역설한 것이었다. 그는 이 빛나는 아이디어를 주로 설교를 통하여 사람들에게 전달하였다.

루터의 교육목적은 자기가 맡은 사명을 담당할 수 있는 유용한 인간, 성품을 도야하여 가정과 교회와 국가를 위하여 각자의 기능을 발휘할 수 있는 인간, 전 인류의 발전을 도모하고 가정에서는 행복하며 교회의 봉사자와 국가에 책임 있는 시민을 양성하는 것이었다. 이를 위해 루터는 먼저 가정의 교육적 의미와 부모의 역할을 중시하고, 부모 의식의 각성을 촉구하였다.

교육방법은 신앙의 자유에 따라서 인간의 자유를 중요시한 결과 엄격한 체벌과 훈련을 배제하고 어린이가 즐거운 분위기에서 공부할 수 있도록 하는 방법을 추구하였다. 즉, 체벌을 삼가야 하고, 교과목은 어린이 능력에 맞아야 한다. 학습과 실습은 병행해야 한다. 실례와 모범은 언어나 권고보다 훌륭하다는 것을 강조하였다. 교수방법은 단순반복, 귀납법, 단계적 교수법, 소크라테스적 대화법을 사용하도록 하였다.

루터는 논문과 설교를 통해 자신의 교육적 이상을 제시하였다. 그는 교육은 의무적이어야 하며, 국가가 교육제도를 주관하여야 한다고 주장하였다. 그는 교육의 역사에서 무상 의무 교육제도가 확립되어야 가난한 가정의 자녀들이 교육기회를 기질 수 있다는 것을 최초로 천명한 사람이며, 여성 교육의 필요성과 여교사의 채용을 주장하였던 사람이다.

루터는 전문적인 교육사상가가 아니면서도 서양교육사상사에서 중요한 지위를 차지하고 있다. 종교개혁가로서의 루터는 여러 면에서 많은 실수를 하였다. 신적 권위에 대한 지나친 의존, 개인의 자유와 가치에 대한 과소평가, 가난한 농민에 대한 경멸 등은 그를 평가하는 데 빼놓을 수 없는 것들이다. 그럼에도 루터의 공교육과 의무교육에 관한 견해는 시대를 훨씬 앞서는 탁월한 견해였다.

2) 칼뱅

(1) 생애

철학사학자 듀란트는 종교개혁이 가져온 전체적인 영향력을 고려할 때 루터보다는 칼뱅(Jean Calvin, 1509~1564)의 영향력이 더 컸다고 평가하였다. 루터는 독일 민족주의에 호소함으로써 자신의 교회를 보호하였지만 칼뱅은 민족주의가 아니라 종교 그 자체를 사랑하고 강조함으로써 유럽과 미국에까지 영향을 줄 수 있었다. 칼뱅은 민족주의자가 아니었으며, 종교가 곧 그의 조국이었다. 루터와 달리 칼뱅의 신앙은 스위스 국경을 넘어 유럽 전역에 퍼져 나갔다.

칼뱅은 1509년 프랑스의 노용(Noyon)에서 탄생하였다. 칼뱅의 아버지(Gerard Cauvan)는 당시 노용에서 출현하기 시작하던 중산층에 속하였으며, 주교의 비서직을 역임하였고 이곳 성당의 참사회원이기도 하였다. 아버지의 이러한 신분으로 인해 칼뱅은 교회와 상류사회의 양식을 어렸을 때부터 몸에 익힐 수 있었다. 칼뱅의 어머니(Jeanne Lefranc)는 일찍부터 칼뱅에게 경건한 생활을 가르쳤고, 칼뱅에게 사제의 교육을 받게 할 것이라는 점에서 아버지와 뜻을 같이하였다. 그가 이미 어렸을 때부터 당시의 관습에 따라 성직자의 길을 걷게 할 부모의 계획이 있었음을 확인할 수 있다.

어린 칼뱅은 그의 가족과 절친했던 귀족 형제 가문의 아들들과 함께 교육을 받았고 그들과 함께 후에 파리의 마르쉐 대학에도 입학하게 된다. 계속해서 칼뱅은 파리에 있는 콜레주 드 몬타그에서 엄격한 교양교육을 받았으며, 1528년 문학석사학위를 받게 된다. 이곳에서 후에 유명한 인물이 된 에라스무스, 라블레, 이나시오 요욜라를 만났다. 루터의 사상이 프랑스에 파급되자 그는 종교적 신념이 흔들려 법학으로 바꾸어 공부하였다(연세대학교 교육철학연구회 편, 1996).

칼뱅은 종교에 관해 인문주의적인 온건한 견해를 갖고 있었으나, 1533년 갑자기 루터적인 개혁사상으로 바뀌었다. 프랑스왕 프랑시스 1세가 이단자들을 박해하려 들자, 스위스로 도피하였고 마침내 1536년 제네바에 정착하였다.

스위스의 제네바에서 칼뱅은 시정을 완전히 장악하고 종교와 정치가 하나의 행정체제로 융화하는 신정적 공화국을 건설하였다. 그는 시민에게 엄격한 윤리적 상황을 강요하였으며, 축제, 극장 등 오락을 폐쇄하였으므로 단순, 소박한 시민생활이 이루어졌다.

1536년 발표된 그의 『기독교 강요』는 체계적인 신학으로서 중요할 뿐만 아니라 종교개혁에 큰 영향을 미쳤으며, 프로테스탄트 신학의 교과서가 되었고, 문체의 치밀성과 활력에 의해 프랑스의 대표적 산문이 되었다. 1559년 판에는 예정설이 포함되어 있다. 이에 의하면 신은 전지전능하며 각 개인의 구원여부를 이미 결정하고 있다는 것이다. 그러므로 신의 은총에 소명되기 위해서는 도덕적 행위가 필요하며 각자는 현세 상황에서 자기 직업에 근면하고 충실하도록 노력을 계속한다는 것이다.

칼뱅은 1559년에 개혁신학적 입장의 성경신학의 수립과 교육을 위해 그의 평생의 숙원이었던 제네바 아카데미를 설립하였다. 그는 이 학교를 후계자인 베자(Theodore Beza)에게 운영하도록 하고, 스스로는 강의하는 일에 몰두하였다.

종교개혁의 신학적이고 실천적인 작업에 몰두하면서 늘 과중한 일을 감당해 왔던 칼뱅은 그가 55살이 되던 해인 1564년 5월에 오랜 투병생활 끝에 하나님의 부르심을 받았다. 그의 원대로 그의 무덤은 세상에 알려지지 않도록 한 무명병사의 묘처럼 만들어졌다. 이것이 시사하는 것처럼 그는 그의 삶의 매 순간에 자신이 원하든 원하지 않든 하늘의 주님이 명령하시는 대로 복종했던 하나님의 충성된 병사였다.

그의 저서로는 『기독교 강요(1536)』, 『신앙에 관한 가르침(1537)』, 『제네바 교회 교리문답(1541)』, 『제네바 대학의 체제(1541)』 등이 있다.

(2) 교육사상

칼뱅은 인문주의적인 교육사조가 유럽에 꽃이 필 때 학교를 방문했고, 또 같은 배경에서 교육실천에 직접 참여하였던 사람이다. 따라서 이 인문주의로부터 직·간접적으로 영향을 받고 성장하면서, 교육을 비중 있게 보는 안목을 키웠다. 그는 자신의 종교개혁도 장기적인 안목에서 그 실효를 거둘 수 있게 하기 위하여 교육의 통로가 필수 불가결함을 간파하고, 교회의 모든 활동에서 교육적인 측면의 기능을 강조하였을 뿐만 아니라, 제네바 시의 학교 설립과 운영에 적극적으로 관여하였다. 그는 초등학교와 중등학교의 법제를 작성하는 데도 직접 관여하였고, 지금의 제네바 대학의 전신인 제네바 아카데미를 직접 설립·운영하였다.

칼뱅의 교육개념은 그의 신학적 인간이해에 바탕을 둔 교육개념이었다. 따라서 칼뱅의 교육개념은 일반 교육학의 영역에서보다는 기독교교육학의 영역에서 보다 높게 평가될 수밖에 없다. 그에게는 한 사람의 비 기독교인이 기독교인으로 되는 것이 관건이고, 한 사람의 기독교인이 신앙적으로 더욱 성장하는 것이 관건이다. 더욱이 칼뱅은 교육의 장을 주로 '교회'로 보았기 때문에 그가 교육이라고 했을 때, 이것이 지칭하는 것은 거의 교회의 교육을 의미한다.

칼뱅의 교육개념은 그의 신학 전반 안에 '교육'이 폭넓게 투영되어 있다. 다시 말해서 그는 교육이라는 눈을 통해서 하나님과 인간과 교회를 보는 안목을 갖고 있었고, 많은 신학적 주제를 교육적인 사고의 통로로 설명하였다. 그는 성서 전반의 사건들을 하나님의 인간에 대한 교육이라는 측면에서 해석하였고, 율법과 교회와 예수 그리스도의 성육신 사건을 하나님이 인간의 이해능력에 맞게 자신을 조절하여 교육하시는 하나님의 인간에 대한 눈높이 교육, 즉 '아콤모다치오 데이'로 설명하였다. 칼뱅의 이러한 성서의 교육적인 해석은 우리에게 성서 전반을, 그리고 하나님과 세계와 인간을 교육적인 눈으로 해석할 수 있는 가능성을 위해 하나의 교육신학적인 지평을 열었다고 할 수 있다(신득렬, 2000).

칼뱅은 신을 알고 사랑하고 봉사해야 한다는 궁극적인 목적을 설정하고 이것이 실생활에 적용되도록 하는 데 교육의 목적을 두었다. 이를 위해 그는 학생의 정신적 · 지적 · 신체적 · 문화적 · 직업적 가능성을 최대한 발전시키는 것을 하위 목적으로 설정하였다.

칼뱅은 제네바 시민의 교육문제에 깊은 관심을 가졌지만 교육에 관한 체계적인 저술은 하지 않았다. 그러나 설교문을 통해 신자들이 계속 교육받아야 한다고 강조하였다.

칼뱅은 제네바 전 시민의 교육은 가정, 교회, 국가, 학교의 네 기관에 의하여 행해져야 하며 국가는 법으로, 교회는 훈계로 신의 명령에 따라 어린이를 교육해야 한다고 하였다. 그리고 1559년에 리브 칼리지(College de Rive)를 세워 일반 시민의 교육기관을 통합하고 신앙교육을 중시하며 승려양성에 주력하였다. 교육내용은 종교와 고전을 가르쳤으며, 일종의 신학교의 체제를 갖추었다. 이와 같은 칼뱅의 사상은 프랑스에 영향을 주어 대학교육보다 초등교육을 크게 장려하는 계기가 되었으며, 영국에서도 칼뱅파의 활동으로 교육발전이 이루어졌다.

제8장

17세기의 교육 이해

1. 17세기의 사회와 문화적 배경

17세기에는 국가 이익이 교회 세력에 도전하였으며, 대중에게는 현세가 내세보다 더욱 매력적인 곳으로 생각되었으며, 전승된 전통과 권위에 대한 도전이 정신적으로 각성되기 시작하였다. 정신적 각성의 계기는 주로 세 가지 면에서 이루어졌다. 첫째는 르네상스이고, 둘째는 종교개혁이며, 셋째는 과학적 탐구와 실생활에 대한 새로운 관심, 즉 실학주의 운동이었다. 15, 16세기 일어난 르네상스와 종교개혁 운동은 세월이 지남에 따라 점차 그 본래의 뜻이 퇴색하여 편협한 형식주의나 교조주의적 경향으로 기울어졌다. 이에 대한 반성과 비판으로 새롭게 일어난 것이 현실생활과 밀착된 실학주의 운동이며, 이러한 운동으로 귀결되는 정신적 각성과 도전정신이 일어나도록 하는 데 여러 가지 사회 · 문화적 영향이 있었다(임창재, 2008).

첫째, 르네상스와 종교개혁기에 대한 비판정신이 대두했다. 17세기 초에는 아직도 인문주의와 종교개혁 운동이 부분적으로 남아 있었다. 과학사상의 가치를 인식한 사람들은 인문주의와 종교개혁사상을 극복하기 위해 노력하였으며, 교육사에서 이러한 사람들은 흔히 실학주의자로 불렸다. 특히 르네상스 후기에 일어난 키케로주의(Ciceronianism)와 종교개혁 운동이 가진 언어적 형식주의와 교육의 종교화는 실학주의자들에게 비판의 대상이 되었다. 학교교육이 형식적이고 편협한 키케로주의에 빠져서 라틴어 학습, 특히 무의미한 어구의 암송에 전념하였고, 교파에 따른 종교적 교의의 해석과 암기에 몰두하여, 진정한 의미의 인문주의 교육과는 거리가 멀어짐에 따라 이에 대한 반발로 일어난 교육이 실학주의 교육이다. 무엇보다도 종교적인 측면에서 종교개혁은 각 국가의 지역적인 애국심 또는 민족의식의 성장을 촉진하였고, 종교개혁의 결과는 특히 영국 및 유럽의 북방지역에 있어서 군주권의 강화를 촉진시켰다.

둘째, 17세기는 상업혁명이 있었다. 식민제국의 건설과 상업주의 정책의 추구는 결과적으로 군대와 함선의 장비를 위해 또는 정치적 권리확장을 위해서 활용될 수 있는 풍부한 재원을 군주들에게 가져다주었다. 더욱이 상업과 통상의 확장은 강력한 정부의 필요성을 요구하였다. 16세기의 상인, 은행과 공업인에게는 그들의 사업을 위해 강력한 정부의 지원이 필요하였다. 해적이나 강도들로부터 통상활동이 보호되어야 하고 공업은 국가의 자원 없이는 충분히 성장하지 못할 단계에 놓여 있었다. 따라서 근세 초의 상공 시민계층은 전제군주의 권력 강화를 강력히 지지하게 되었던 것이다.

셋째, 자연과학의 발달이 사회적 환경을 변화하기 시작했다. 르네상스에 의해 배양된 과학적 정신은 자연에 대한 엄밀성과 실증성을 추구하게 하였다. 또한, 절대주의 하에서 이루어진 초기 자본주의의 발달은 기술과 이를 뒷받침하는 자연과학의 발달을 필요로 하였다. 또한, 편협한 인문주의 교육에 대한 반발은 교회의 압력에도 불구하고 학교 이외에서 이루어진 과학적 탐구와 발견에 의하여 자극을 받았다. 데카르트와 뉴턴의 과학적 공헌은 새로운 과학에 눈을 뜨게 하였다. 17세기 중기까지 과학 및 과학적 태도에 대한 존중은 유럽 문명의 기초를 이루었다. 실학주의자는 실재에 대한 관심이 지대하였으며, 이것을 발전시키기 위하여 과학과 탐험에 눈을 돌렸던 것이다. 그들은 고전을 지식의 근원으로서만 인정하였으며, 인간, 사회, 자연에 대한 넓고 새로운 안목을 획득하였다. 16세기 초에 활동한 코페르니쿠스의 뒤를 이어 나타난 갈릴레오, 케플러, 뉴턴 등은 전통적인 사상에 큰 충격을 주었다. 그들은 진리는 주어지는 것이 아니라 만들어지고 증거에 의해 지지된다는 신념을 가졌으며, 이를 널리 전파하였다. 17세기 후반기에 과학은 더욱더 효과적 방법과 새로운 학회의 지원, 수학의 발달, 과학기구의 개량 등에 의해서 일반인에게 보급되었다. 관찰과 수학적 계산으로 우주의 합리적 법칙에 관해 설명하여 세계관의 변화까지 초래하였다.

이러한 자연과학의 발달로 그 연구 성과를 응용한 동력 기계 및 화학 기구들이 발명되어 공업 및 교통의 발달에 이바지하였으며, 무엇보다도 학교교육에서 과학적이고 실증적인 연구 방법의 도입을 초래하였다.

2. 17세기의 철학

중세의 기독교는 종교적 진리를 어떻게 기독교인의 합리적인 생각으로 설명할 수 있는가 하는 문제를 중심으로 전개되었다. 13세기까지만 해도 신앙과 이성은 잘 조화되는 듯하였으나, 중세 말엽에 이르자 이성과 신앙 사이에도 분열이 뚜렷해지고 이윽고 근대사상이 싹트면서 근대적 철학, 즉 합리론과 경험론이 형성되었다.

합리론은 인식의 기원을 선천적인 본유 관념인 이성에서 구하고자 한 근대 철학사상으로 프랑스를 중심으로 하여 유럽에서 발전하였다. 이것은 합리주의 또는 이성론이라 하여 학문적인 추리방법으로서 연역법을 사용하였다. 대표적인 철학자는 데카르트(Descartes, 1596~1650), 스피노자(Spinoza, 1632~1677), 독일의 라이프니츠(G. Leibniz, 1646~1716) 등이었다(손인수, 1997).

현대 철학의 기초자인 데카르트는 철학적 사유를 스콜라주의로부터 해방시킨 사람이다. 헤겔과 많은 철학자는 그를 '근대 철학의 아버지'라고 불렀다. 데카르트는 근대 과학적 세계관의 기초를 확립하고 모든 인식의 출발을 이성에 두었다. 그리고 의심은 사유 활동이며 사유(cogito)는 정신이며 지성이고 이성이라고 하였다. 그러므로 "나는 사유 활동과 함께 존재하지 않으면 안 된다."고 보고 "나는 생각한다. 그러므로 나는 존재한다(Cogito, ergo sum).”라는 명제를 성립시켰다. 이 명제는 “나는 나 자신에 관한 사유를 하는 가운데 스스로를 의식하게 됨으로써 나의 존재를 확인할 수 있다.”라는 뜻이다. 그는 이 명제에서 추론하여 드디어 인간의 이성을 신뢰하기에 이르러서 모든 진리는 경험에 의하여 얻어지는 것이 아니라, 인간이 날 때부터 지니고 있는 이성에 의하여 탐구되는 것이라는 이성론, 즉 합리론을 확립하였다.

인간의 정신적 소질은 수학적 필연성과 같이 명료성과 확실성의 연역추리의 사고로 연마되어야 하며, 정신적 소질이 이와 같은 사고 방법으로 연마됨으로써 차별적 인간관의 편견과 인습을 제거할 수 있는 자기 확신이 내적으로 확립되는 것이다.

그의 인간관은 인간을 유한실체인 정신계와 물질계가 결합하여 이루어진 존재로 보는 이원론적 인간관이다. 정신과 신체가 인간의 영혼 내에서 상호작용을 마비시킬 수도 있는가 하면 정신이 신체에 영향을 미칠 수도 있다는 것이다. 이와 같은 정신과 신체의 상호작용은 뇌의 중심부에 있는 송과선에 의한 중계역할을 통하여 이루어진다.

경험론은 영국을 중심으로 발달한 근대 철학사상으로 대륙에서 발전한 합리론과 함께 서양 근대사상의 2대 조류를 이루었다. 모든 인식은 후천적인 경험에 의해 얻어진다고 보며, 인식에 있어서의 초경험적 · 이성적인 계기를 인정하지 않는 입장이다. 따라서 경험에 입각한 지식을 전제로 모든 진리는 감각 또는 지각을 통한 방법에 의존하는 것이다. 대표적인 인물은 베이컨(F. Bacon, 1561~1626), 홉스(T. Hobbes, 1588~1679) 등이다.

베이컨은 기존 진리보다 미지의 진리를 찾아내는 데 관심을 두고 새로운 철학 방법을 고안해 내었다. 그의 철학 방법은 논증이나 설득의 논리가 아니라 인간이 자연환경을 정복하기 위한 발견의 논리였다. 즉, 자연을 이용하고 자연을 정복하는 것은 자연의 법칙을 알고 이에 따르는 길밖에 없다. 그러므로 그는 “아는 것이 힘이다.”라고 밝히고, 자연을 아는 방법은 일체의 편견을 버리고 있는 그대로 자연을 관찰하고 실험하여 그 결과를 귀납하는 데 있다고 주장하였다. 지식은 자연을 극복할 수 있는 힘으로써 과학적 지식의 배양을 역설하였으며 확실한 지식과 자연의 법칙을 알기 위해서는 선입견적인 편견과 망상을 버려야 한다고 하였다.

베이컨이 지칭하고 있는 '우상(idols)'은 마음의 오류를 의미하며, 과학적 진보에 장애가 되는 것으로 귀납적 방법에 의해 네 가지 우상, 즉 종족의 우상, 동굴의 우상, 시장의 우상, 극장의 우상을 추방할 것을 주장하였다. 종족의 우상(idola of the tribe)은 인류의 본성에 내재되어 있으며, 공통으로 나타나는 우상이다. 인간의 감각이 대상의 표준을 잘못 이해하는 데서 온다. 몇 개의 관찰로부터 쉽게 일반화를 끌어내려는 시도가 그 예이다. 동굴의 우상(idola of den)은 개인의 지적 또는 신체적 구조에 따르는 오류이다. 이 오류는 개인의 특수한 성향으로부터, 개인의 교육과 다른 사람과의 교제로부터, 독서로부터, 개인이 존경하는 권위자로부터, 그리고 마음에 새겨진 상이한 인상으로부터 일어난다. 시장의 우상(idola of market)은 사람과 사람이 서로 교제하는 데서 생기는 것으로 가장 극복하기 어려운 우상이다. 이것은 사람들은 언어를 수단으로 하여 서로 교제하지만, 인간의 불완전한 언어 사용 때문에 기만당하기 쉬운 경향성을 말한다. 이를테면 행운이라는 말을 듣고 그것을 경험적 실재로 착각하거나, 행운의 여신이라는 말을 듣고 그것을 실재하는 신으로 간주하고 숭배하는 경우가 여기에 속한다. 극장의 우상(idola of theatre)은 기존의 철학체계가 가지고 있는 여러 가지 독단으로부터, 그릇된 논증의 규칙으로부터 오는 그릇된 사고방식이다. 즉, 확실한 근거 없이 우리 인간의 판단을 흐리게 만드는 사상이나 이데올로기 또는 미신이나 여론 등이 여기에 속한다. 그는 올바른 사고와 판단을 하기 위해서는 네 가지 우상을 극복해야 한다고 생각했다.

이 같은 과학적 방법과 철학적 방법의 결합은 과학과 철학에 중요한 영향을 끼쳤을 뿐 아니라 인간의 능력과 이성 및 경험을 존중하는 실학주의 교육의 발생에도 커다란 영향을 끼쳤다.

3. 실학주의의 교육

'realism'은 교육사에서는 실학주의(實學主義)로, 철학에서는 실재론(實在論) 또는 실재주의(實在主義)로, 문학 · 예술에서는 사실주의(寫實主義) 또는 현실주의(現實主義)로 번역되어 사용되고 있다. 따라서 교육에서의 실학주의는 철학이나 예술, 문학 분야의 실재론이나 사실주의와 대비될 수 있다. 실학주의는 교육의 이론이나 실제에 있어서 관념적인 사고방식보다는 실물 그 자체를 중시하면서 자연과학적 사물교과에 많은 관심을 기울이는 교육사상이다. 그러므로 실학주의는 전통적인 언어학습이나 문학수업보다는 사회적인 삶이나 자연현상을 연구대상으로 삼으며, 현실생활에 대한 구체적이고 실제적인 학습이 핵심이 되는 실질 도야를 존중한다. 즉, 실제 생활에서의 구체적인 의무를 보다 적절히 준비할 수 있는 교육을 지향하였다. 그 준비 교육은 세 가지 형태의 움직임으로 점차 발전해 나갔는데, 초기에는 인문적 실학주의 교육으로 시작하여, 다음에는 사회적 실학주의 교육으로, 마지막에는 감각적 또는 과학적 실학주의 교육으로 발전해 나갔다(정석환, 2007).

1) 인문적 실학주의

인문적 실학주의는 초기의 실학주의 형태로서 언어주의, 형식주의에 대립하는 내용주의, 현실주의를 추구하였다. 인문적 실학주의는 실학주의의 선구로서 고전을 추구한다는 점에서는 인문주의와 같으나, 인문적 실학주의는 고전을 배우되 실생활에 이용하고 적용하려고 하였다. 그러므로 가장 완전한 지식은 고전문학에서 발견되는 것이며, 중요한 것은 고전문학에 포함되어 있는 과학적, 역사적, 사회적 사실을 연구하는 것이었다. 고전을 중시한 이유는 고전이 인간정신의 극치를 나타내며 인간 지성의 다방면의 산물일 뿐만 아니라 실제로 인간이 주의를 집중하는 일체의 것이 포함되어 있다고 믿었기 때문이었다.

교육목적은 실생활을 준비하는 도구로서 고전을 추구하고 탐구하여 현세생활에 잘 적응할 수 있는 유능한 인간을 형성하는 것이다. 즉, 학습자가 인간 사회에 대한 완전한 지식과 이해를 갖추도록 하여 실제 생활에 잘 적응할 수 있도록 하는 것이었다. 인문적 실학주의는 르네상스시대의 개인적 인문주의와 내용 면에서는 유사하나, 그 목적과 방법에 있어서는 구별이 된다. 인문적 실학주의는 고전문학이 실제 생활을 준비하는 유용한 수단이 되어야 함을 강조하였다.

교육내용으로, 인문적 실학주의는 고전 중심 또는 문장 중심의 인문주의 교육내용이 갖는 편협성은 배격하고, 인간사고와 관련된 전 영역을 망라하여 백과전서식 내용을 교육내용으로 채택하였으며, 특히 그리스어, 라틴어, 히브리어 등 고전어를 중시하였다.

교육방법은 개별적으로 어린이들을 연구하여 개인의 흥미와 능력에 맞도록 교육할 것이며, 모든 학습이 즐거운 가운데 이루어지도록 해야 하며, 강제적인 방법보다는 자발성의 원리에 따를 것을 강조하였고, 암송보다는 이해를 중시하였다. 인문적 실학주의를 대표하는 학자에는 밀턴(J. Milton), 라블레(F. Rabelais) 등이 있다.

2) 사회적 실학주의

사회적 실학주의는 고전의 의의를 바르게 파악하기 위하여 사회현상과 현실의 사물을 연구해야 한다는 입장이다. 사회적 현상과 물적 현상에 관한 실제적인 지식에 의하여 고전의 참된 의의가 더 잘 이해된다는 것이다. 따라서 교육의 재료로서 고전 이외의 실제 사물을 택하였으며, 현상을 직접 연구하는 것이 보다 더 효과적이라고 하였다. 현실 사회가 바로 학교라는 입장에서 사회적 실학주의가 대두되었다.

교육목적은 학자나 전문가를 양성하는 것이 아니고 실생활과의 접촉을 통해서 세상 물정에 밝은 유능한 사회인을 양성하려는 것으로 귀족 청년들로 하여금 직접 인간사에 참여하여 '신사'가 되도록 하는 데 두었다. 따라서 '현실 사회, 이것만이 올바른 지식의 요람이요, 학교이다'라는 주제 아래, 서적에 의한 교육보다는 인간과 직접 접촉하는 사회적 활동에 의한 교육을 중시하였다. 사회적 실학주의 교육은 교양 있는 신사를 양성하기 위한 상류 계층의 귀족적 인간교육이었다.

교육내용은 여행의 교육적 가치를 높게 평가하고, 고전어보다는 실제 사용되는 언어, 그리고 역사와 철학 등을 중시하였다. 특히 여행의 중시는 직접적인 경험을 얻을 수 있으며 사람과 풍습에 대하여 알 수 있으며, 사람들을 직접 만나고 그 지역에 가 보는 것이 책을 통해서 아는 것보다 훨씬 가치가 있다는 것을 믿었기 때문이다. 즉, 여행을 통해 "많은 신기한 유머, 여러 종파, 다양한 판단, 의견, 법률, 관습 등을 알게 됨으로써, 자신의 잘못을 수정하고 자신의 행동을 바르게 판단할 수 있게 된다."라고 믿었다. 교육방법은 단순한 기억보다 이해와 판단을 강조하였으며 강제나 폭력을 배격하였다. 사회적 실학주의를 대표하는 학자들에는 몽테뉴(M. Montaigne), 로크(J. Locke) 등이 있다.

3) 감각적 실학주의

감각적 실학주의는 과학적 실학주의라고 하며, 감각적 직관을 교육의 기초로 하였다. 즉, 실물, 표본, 그림 등의 감각적 직관의 훈련과 언어가 아닌 구체적 사물을 교재로 교육을 하였다. 따라서 감각적 실학주의는 감각적 지각을 자극하는 구체적인 사물은 물론이고 자연과학의 지식과 연구방법을 사용하여 인간생활의 향상을 도모하였다. 고전이나 사회적 인간관계를 통한 교육보다는 감각적 직관과 과학적인 방법을 통해 과학적인 내용을 익히도록 하여 인간생활을 개선하고자 하였다. 따라서 일반적으로 실학주의란 이 감각적 실학주의를 말하는 것이며 교육에 있어서 과학운동의 시작인 것이다.

교육목적은 자연법칙에 일치하는 활동을 하며 이러한 활동을 통해 개인 및 사회를 발달시킬 수 있는 인간을 양성하는 것이었다. 이는 과학적 지식을 이용함으로써 인력을 증강시키고 새로운 사회질서를 건설하려는 것이었다.

교육내용은 모국어, 자연과학과 사회과학의 실제 등 포괄적인 것을 부과하였다. 예컨대, 베이컨은 교육의 주요한 임무는 자연의 법칙을 배우도록 하는 것이고, 가장 중요한 교육내용은 과학이라고 믿었고, 코메니우스는 백과전서적, 즉 범지식적 교육과정을 제안하였다. 교육방법은 심리학적, 과학적 기초 위에 감각을 통한 학습을 강조하였다. 언어는 회화, 작문 등 직접적인 방법으로 교육하였으며 여행, 관찰, 실습을 중요시하였다. 그리고 교육에 있어서 동물원, 식물원, 그림, 사진, 표본 등이 활용되었다. 감각적 실학주의를 대표하는 학자에는 코메니우스(J. A. Comenius), 베이컨(F. Bacon) 등이 있다.

4. 실학주의의 교육사상가

1) 로크

(1) 생애

로크(J. Locke, 1632~1704)는 영국이 낳은 17세기의 위대한 철학자이자 교육사상가이다. 그가 교육론에서 제시한 인간성인 '신사'는 동서양의 교육에 영향을 큰 미치고 있다.

로크는 1632년 변호사 집안에서 태어났지만, 일찍 어머니를 여의었다. 1647년 14세에 웨스트민스터 학교(Westminster Public School)에 입학하여 고전어, 고전문학을 공부하였으며, 여기에서 주로 어학에 관한 암기 위주의 교육을 받았고 이것이 후일 학교교육에 대하여 비판을 하게 되는 근거가 되기도 하였다. 1652년에는 옥스퍼드 대학에 입학하여 엄격한 대학생활을 하면서 신학, 그리스의 수사학, 도덕철학을 공부하였으며, 의학과 자연과학도 연구하여 경험주의 철학사상과 실학주의 교육사상의 싹이 트게 되었다.

1656년에는 학사학위, 1658년에는 석사학위를 받고 1660년에 모교의 그리스어, 수사학 강사가 되었다. 1667년에는 샤프츠베리 백작의 주치의 겸 비서, 가정교사가 되었으며, 여기에서 샤프츠베리의 후원으로 정치 · 과학 · 철학의 탐구에 전념하였다. 그가 지은 『인간오성론(1690)』은 이때 경험한 교육의 실천이 인간의 분석으로 나타난 것으로, 사람의 마음은 백지(tabula rasa)와 같아서 인식이 형성되려면 감각과 내성이라는 두 경험을 통해서 가능하다고 본 '백지설'을 주장하였다. 지식을 얻는 것은 백지와 같은 어린 아이의 마음속에 외부에서 여러 자극을 주어 관념을 구성시켜 가는 것이며 생득적인 관념이 없다고 했다.

1683년 정치적 변화로 인한 샤프츠베리의 투옥, 망명, 병사로 로크도 네덜란드로 망명하였다. 이때 친구 클라크와 나눈 교육서간이 그의 아들의 교육에 활용되었는데 이것이 『교육론』의 기초를 이루게 되었다.

로크는 1688년 제임스 2세의 퇴위와 함께 귀국하여 베를린 공사로 임명받았으나 사임하고, 또 건강을 이유로 한적한 농촌에 살면서 프랑시스 맛샴경의 가문에서 가정교사로 종사하다가 1704년 72세를 일기로 일생을 마치게 되었다.

(2) 교육사상

로크는 개인의 인격이 전적으로 교육에 의존하는가 아니면 생득적인 구성인가 하는 문제에 대해 고뇌하였다. 우리의 마음이 백지라면 모든 마음은 구조상 동일하다. 사람들 간의 차이가 있다면 그것은 교육의 결과라고 할 수 있다. 그리하여 그는 교육의 중요성을 강조하였으며, 사람의 90%가 교육에 의해 결정된다고 주장하였다.

교육목적은 어린 신사의 양성이었다. 신사의 이상적인 자질은 덕, 지혜, 예의, 학문 등을 갖춘 사람으로서 이는 '건강한 신체에 건전한 정신' 속에서 구현된다고 하였다. 신사는 신을 믿으며 진실을 서로 이야기하는 사랑과 친절을 가지고, 사람과 접촉하는 도덕, 실천적 지식, 체험의 지혜, 다른 사람에 대한 대응의 요령인 예법, 지육으로서의 학예를 닦아야 한다고 하였다.

교육내용으로는 지적인 기억력 및 추리력을 발달시키면 다른 교과목의 이해에 도움이 된다고 하였다. 따라서 고전어나 수학이 기억력 및 추리력의 정신적 능력을 훈련하는 데 가장 적당하다고 하는 학습 전이설을 주장하였다. 교육과정은 신사교육에 필요한 모든 지식을 포함하여 지리, 역사, 수학, 자연과학, 법학, 수사학, 논리학, 의학, 무용 등 실제적인 과목을 가르치도록 하였다.

교육방법은 키케로주의의 형식적 방법에 따르며 감각, 기억, 추리의 능력을 단련하는 데 칭찬을 학습동기로 이용하였다. 체벌은 열등한 동기를 일으키며, 벌에 관련된 작업은 싫어하게 되고 노예적인 심정을 일으키므로 악덕의 근원이 된다고 금지하였다.

로크의 교육사상은 그 자신의 말처럼 한계를 가지고 있다. 부유한 가정의 자제를 위한 교육일지라도 그는 너무 많은 교과목을 나열하였으며, 학교교육보다는 가정교사에 의한 개인교사의 역할에 지나치게 의존하는 교사중심의 교육을 강조하였다. 이러한 로크의 교육사상은 루소나 페스탈로지, 스펜스 등에게 영향을 주었다(성기산 역, 1997).

2) 코메니우스

(1) 생애

체코의 교육개혁가인 동시에 종교지도자인 코메니우스(J. A. Comenius, 1592~1670)는 1592년 3월 보헤미아의 모라비아(Moravia)주 니브니츠(Nivnitz)에서 태어났다. 12세에 양친을 잃어 고아가 된 그는 백모 밑에서 수공업을 배우다가 1608년 16세 때 모라비아 형제교단에서 운영하는 프레라우(Prerau)의 라틴어학교에 입학하여 10세나 아래인 학생들과 함께 2년간 주로 라틴어와 종교교육을 받았다. 목사 후보로 선발된 코메니우스는 헤르본(Herborn)에 있는 칼뱅 아카데미와 네덜란드 암스테르담 대학을 거쳐 독일의 하이델베르그 대학에서 칼뱅 신학을 연구하였다. 학업을 마친 그는 고향인 모라비아로 돌아와 모교인 프레라우 라틴어학교에서 교사로 재직하였다. 1618년 26세에 모라비아 교회에서 목사 안수를 받고 폴네크시의 장학사 및 목사로서 활동을 시작하였다.

그러나 불행하게도 보헤미아에서 발발한 신 · 구교 간의 30년 전쟁이 신교의 패배로 끝나자, 그 지역에서 모라비아 교도들에 대한 박해가 시작되었으며, 더욱이 아내와 어린 자녀, 그 밖의 가족 모두를 페스트로 잃게 되었다. 그는 비통한 심정을 신앙으로 극복하기 위해 저술 활동에 몰입하였다. 이후 코메니우스는 종교의 자유를 찾아 모라비아 교도들과 함께 망명의 길을 떠나 폴란드, 영국, 스위스, 네덜란드 등 각 나라를 전전하였으며 그가 세상을 떠날 때까지 조국 땅을 밟지 못하였다.

1641년 51세에 그는 교육을 통한 사회개혁을 열망하였으며, 6년간 스웨덴에서 교육개혁운동에 참여한 후 폴란드로 돌아왔다. 그는 1648년 모라비아 교단의 주교가 되었으며, 1650년 헝가리의 젊은 왕자 지그몬드 라코치(Zsigmond Rakoczi)의 초청을 받아 학교를 세웠다. 이곳에서 그는 유명한『세계도회』를 집필하여 1658년에 발표하였다. 이 책은 아동의 감각을 발달시키고 라틴어를 쉽게 배우도록 할 목적으로 저술되었으며, 2세기 동안 학교교재로 사용되었다.

(2) 교육사상

코메니우스의 교육사상은『대교수학』에 나타나 있는데, 그는 이 책을 특정한 국민, 민족, 집단을 의식하지 않고, 만인에게 모든 것을 가르치기 위한 기초를 제공할 목적으로 저술한 것처럼 보인다.

코메니우스의 교육의 목적은 경건과 덕과 지혜를 기르는 것이었다. 그는 세상의 모든 것에 대한 지식을 가진 이성적인 인간, 앎과 신중함에 따라 행하는 도덕적인 인간, 그리고 모든 것을 신에게 의탁하는 종교적인 인간을 교육이상으로 삼았다. 이상적으로 교육받은 인간은 지적으로 자유롭고, 행동에 있어 신중하며, 영적으로 경건한 사람이며, 궁극적인 행복에 이를 수 있다는 측면에서 만인에게 행복의 수단인 교육이 제공되어야 한다고 주장하였다. 이렇게 되기 위해서는 학습자의 마음과 신체, 개인과 사회, 이론과 실천이 전반적으로 발달해야 한다고 생각했으며, 만인의 교육가능성을 확고하게 믿었다. 이러한 행복의 달성은 학습자로 하여금 능력의 범위까지 모든 지식을 알게 하며, 유덕하게 하고 신을 사랑할 수 있도록 하는 데 있다. 코메니우스는 교육받은 사람이 되기 위해서는 범지를 가져야 한다고 생각했다. 그의 교육적 이상은 원대한 것이었으며, 미지의 세계에 대한 개척정신을 반영한다. 그의 범지학은 인생철학인 동시에 교육철학이었다(정확실 역, 1995).

이렇게 볼 때, 코메니우스의 교육목적론은 보편적 지식주의, 범지주의 교육론으로 신, 자연, 인간에 대한 진리와 지식을 알아야만 도덕과 경건심을 기를 수 있게 되고 신과 일체가 될 수 있다는 것을 알 수 있다.

그는 살아가기 위해서는 인생에 필요한 모든 것을 알아야 한다고 주장하면서 교육의 내용은 자연, 인간, 신을 포함해야 한다고 했다. 신은 인간을 위하여 자연세계의 모든 지식인 자연의 책, 인간의 내면세계인 양심의 책, 그리고 신의 계시, 즉 성서를 창조하였다. 이러한 세 가지 책은 인간이 배울 수 있는 모든 교육내용을 포함하고 있으며, 이를 통해 이성, 언어, 의식적인 활동을 개발해야 한다. 그렇게 되기 위해서는 모든 사람이 학교에 가야 한다고 주장하였다.

또한, 코메니우스의 교육방법은 '자연의 질서에 따라서'라는 합자연의 원리를 적용하였다. 그의 교육방법은 현대 과학과 심리학에 관련되어 있다. 그리고 철저한 훈련을 강조하여 "훈련 없는 학교는 물 없는 수차와 같다."는 보헤미아의 금언을 철저히 따랐다. 그는『대교수학』제5편에서 학습을 자연의 법칙과 일치시켜야 한다는 것을 다음과 같이 제시하였다. 우선 자연의 법칙으로, 자연현상에는 적당한 시기가 있다. 자연은 형태 있는 것을 만들기 전에 재료를 준비한다. 자연은 비약하지 않고 한 걸음 한 걸음 전진한다. 이러한 자연법칙에 따라 다음과 같은 교육방법을 제시하였다.

첫째, 교육은 유소년 때에 시작하며, 연령단계와 능력에 맞는 것이어야 한다. 둘째, 단계별 학습과 학년별 학습을 해야 한다. 셋째, 아동은 규칙적으로 등교해야 한다. 넷째, 개별교수보다 학급교수가 좋다. 다섯째, 아동에게 필요한 것만 가르쳐야 한다. 여섯째, 법칙을 가르치기 전에 실례를 들어 가르쳐야 한다. 일곱째, 교육내용을 충분히 이해시킨 뒤에 기억시켜야 한다. 여덟째, 친절, 설득, 유쾌, 흥미가 강제와 고역(苦役)에 대신해야 한다. 아홉째, 학습을 실패하더라도 체벌을 하지 말라.

덧붙여 세 가지 학습방법을 제시하였다. 첫째, 그것은 부서지기 쉬운 지식이 아니나 손상되지 않은 전체적인 것이어야 한다. 둘째, 그것은 피상적, 부수적인 것이 아니나 그 기초가 확실하고 사실적인 것이어야 한다. 셋째, 그것은 지겹거나 억지로 강요된 것이 아니라 사랑스럽고 즐거워서 지속될 수 있는 것이어야 한다.

코메니우스는 『대교수학』 제4편 학교제도론에서 한 인간이 태어나서 25세까지의 성장과정을 통하여 심리적 변화와 이성의 발달에 따라 효과적인 교육을 수행할 수 있는 학교제도를 제시하고 있다. 각 단계는 6년으로 되어 있다. 코메니우스는 네 종류의 학교가 네 계절에 비교될 수 있다고 생각 했다. 교육의 사닥다리, 즉 어머니 무릎 학교, 모국어 학교, 라틴 학교, 그리고 대학을 설정하였다(정확실 역, 1995).

첫째, '어머니 무릎 학교'로, 어머니는 최초의 교사이며, 가정은 최초의 학교라고 생각했다. 이 학교는 가정마다 존재한다. 이러한 사상을 정립하기 위하여 그는 『유아학교』(1630)를 저술하였다. 이 책은 어머니를 위한 유아교육 지침서이다. 어머니가 되기 위해서는 많은 것을 배워야 한다.

둘째, '모국어 학교'로, 이 학교는 모국어를 공부하는 곳으로, 모든 학생이 의무적으로 다녀야 한다. 코메니우스는 직업학교에 적합한 어린이를 일찍 선정해야 한다는 당대의 교육학자들과는 달리 모국어 학교에서 모든 학생이 공부해야 한다고 생각했다. 이러한 주장은 교양교육을 모든 학생에게 허용한 것으로 보아야 할 것이다. 이 학교의 목적은 모국어를 사용하여 기초교육을 받는 것이다. 이 학교는 마을마다 세워져야 한다.

셋째, '라틴학교'로, 이 학교에서는 라틴어뿐만 아니라 모국어, 그리스어, 히브리어를 배우도록 되어 있다. 이러한 언어 이외의 문법, 자연철학, 수학, 윤리학, 변증법, 수사학, 그리스어, 히브리어 등을 공부한다. 코메니우스는 이러한 수준의 학교가 모든 도시에 세워지기를 희망하였다.

넷째, '대학'으로, 18세에 라틴 학교를 졸업한 학생은 6년간의 대학교육을 받는다. 이 교육은 보편적이고 인류를 위한 것이어야 하며, 이 학교에는 소수의 탁월한 학생들이 받을 수 있다. 코메니우스는 대학에는 근면하고 도덕적인 학생만 입학시켜야 한다고 생각했다. 이러한 학생을 선발하기 위해 시험을 치러야 한다. 그는 여행의 가치를 인정하였다. 여행은 단순한 놀이나 휴식이 아니라 배운 것을 직접적으로 확인하고 관찰하는 것이기 때문이다. 대학의 마지막 학년은 여행을 하면서 보내도록 되어 있다.

코메니우스의 교육방법은 합자연의 원리와 직관의 원리를 원칙으로 하였으며 훈련을 통하여 학습한 내용을 강화해야 한다고 하였다. 합자연의 원리는 자연의 질서에 따르는 것, 예컨대 자연은 적당한 시기가 있으며, 자연은 한 가지 한 가지씩 완성해 가며, 자연은 비약하지 않고 한 단계 한 단계 발달해 간다 등이 있다. 직관의 원리란 교육의 실제에 있어서 직관주의는 모든 경험적 지식을 중요시하는 것이며 사물교수이론이라 할 수 있는 것이다.

코메니우스는 '자연의 방식', 즉 문법에 관한 것이 아니라 사물에 관한 학습을 주장하였다. 이 목표를 달성하기 위해 그는 감각에 호소하는 교수법을 사용해야 한다고 믿었기 때문에 그림, 실물, 모델, 현장실습 등의 방법들을 사용하였다.

또한, 가장 좋은 교수법은 교사가 적게 가르치고 학습자가 많이 배우는 것이라고 생각하면서 이를 위해서는 세 가지가 우선 개선되어야 한다고 생각했다. 첫째로 하루의 수업시간은 4시간으로 하고 같은 시간만큼 독립적인 공부를 하도록 하고, 둘째로 암기는 아주 중요한 것만 하도록 하고 나머지는 학습자 스스로 하도록 하며, 셋째는 모든 수업활동을 학습자의 능력에 맞게 해야 한다는 것이다.

이러한 코메니우스의 근대적인 교육사상은 그가 생존한 당시에는 깊이 뿌리박은 인문주의로 말미암아 학교교육의 개혁에 큰 영향을 미치지는 못하였다. 그러나 고전에만 의존하고 있던 16세기까지의 사상을 탈피하고 교육의 원천을 자연계에서 구하는 전환점을 이루게 되었다는 것이 큰 공적이었다.

원전 읽기 『신기관』 (프랜시스 베이컨)

프랜시스 베이컨은 과거의 잘못된 과학을 비판하고 이러한 비판 위에 새로운 근대 과학을 정립하려고 노력했던 영국의 경험주의 철학자였다.

베이컨은 1620년부터 자신의 새로운 학문체계를 집대성한 『대혁신』을 총 6부로 집필하기 시작했다. 그는 1605년 발표한 『학문의 진보』를 개작해서 『대혁신』의 1부로 편입시켰고, 제2부로 『신기관』을 저술했다. 『신기관』은 베이컨이 아리스토텔레스의 '기관'에 대한 비판을 염두에 두고 쓴 야심작이었다.

베이컨이 근대 과학의 정신을 대표할 만한 사람으로 꼽히는 이유는 그가 실험이라는 새로운 과학 방법론을 강조했으며, 결국 이러한 방법론이 정착되는 데 가장 중요한 역할을 했기 때문이다. 그의 과학 방법론의 정수를 담고 있는 저작이 바로 『신기관』이다.

『신기관』의 제1권은 삼단논법이 자연의 진리를 탐구하는 방법으로 부적절함을 강조하면서, 진정한 '자연에 대한 해석'을 가능하게 하는 방법으로 '참된 귀납법'을 제안했다. 그리고 이러한 목적을 위해서 베이컨은 인간 지식의 오류의 원천을 인간의 본성에서 유래한 종족의 우상, 편견에서 유래된 동굴의 우상, 언어와 의사소통에서 유래된 시장의 우상, 학파의 오류에서 유래한 극장의 우상이라는 네 가지 우상으로 분류한 뒤에, 이는 결국 베이컨에게 있어 과학 방법론의 핵심은 사물의 본질이 무엇인가라는 정적(靜的) 원리를 사변적으로 생각하는 것이 아니라, 사물이 무엇에 의해 일어나고 있느냐는 동적(動的) 원리를 탐구하는 것이다. 이를 위해서 가장 중요한 것은 개별 사실을 광범위하게 수집해야 하며, 이러한 광범위한 탐구는 실험에 의해 수행되어야 하는데, 실험에 대한 강조는 베이컨이 생각했던 새로운 논리하기의 정수였다.

베이컨 이전에는 실험이 자연을 교란시키기 때문에 진정한 과학의 방법이 될 수 없다고 보았다. 그러나 그는 "사람의 본심이나 지적 능력, 품고 있는 감정 등은 평상시보다는 교란되었을 때 훨씬 더 잘 드러난다."라고 비유하면서 "마찬가지로 자연의 비밀도 저 스스로 진행되도록 방임했을 때보다는 인간이 기술로 조작을 가했을 때 그 정체가 훨씬 더 잘 드러난다."라고 자연에 대한 조작을 정당화했다.

베이컨의 『신기관』은 근대 과학의 방법론은 물론 과학의 진보와 효용에 대한 믿음을 압축적으로 담아낸 책이다. 이 책은 17세기 과학혁명을 주도했던 과학자들에게 널리 읽혔고, 결국 영국의 '왕립협회'나 프랑스의 '과학아카데미'와 같은 새로운 과학단체들을 설립하고, 실험과학을 추동했던 동인이 되었다.

과학자들은 실험을 통해서 자연에 조작을 가하고, 이 과정에서 새로운 법칙을 알 수 있다고 믿게 되었고, 이러한 실험을 위해서 공동연구를 해야 하며 더 나아가서 국가와 사회가 이러한 과학 활동을 지원해야 한다고 주장하기 시작했다. 참된 과학적 방법에 대한 확신, 과학의 중요성에 대한 믿음, 진보에 대한 희망은 서구의 '근대'를 구성하는 가장 중요한 특징이며, 이는 베이컨의 『신기관』에 가장 잘 드러나 있다고 해도 과언이 아니다.

– 홍성욱(서울대학교 생명과학부 교수).

출처: 동아일보(2005. 6. 3).

제9장

18세기의 교육 이해

1. 18세기의 사회와 문화적 배경

18세기의 유럽 사회는 절대주의 국가체제가 지속되면서 개인의 사상과 행동에 대한 정치적 · 사회적 · 종교적 억압이 계속되었지만, 절대주의 시대에서 근대적 민주체제로 옮겨가는 과도기적 시대였다. 즉, 절대왕정의 구속과 억압을 제거하고 민주주의 확립을 위한 구체제 개혁의 정치적, 사회적, 교육적 운동이었다. 따라서 17세기 후반부터 18세기를 통해 대두된 새로운 문화사조, 즉 계몽사조는 어느 시대보다도 더 혁신적이었으며, 과학, 종교, 예술에 대한 지식인들의 태도에 근본적 변화를 초래하였다.

계몽사조는 반종교적 · 반형이상학적 사고방식, 즉 현세적 · 과학적 사고방식을 자연 인식뿐만 아니라 사회 인식에까지 확장시키고 이와 같은 사고방식을 보급하고 계몽하여 사회적 부자유 · 불평등을 제거하자는 움직임이었다.

계몽사상의 기초는 이성에 있는데, 이 이성을 바탕으로 하여 일체의 제도 · 관습 속에 있는 비합리적인 것, 몽매한 것을 철저하게 비판하여 배제하려는 것이다. 그것은 또 인간의 이성에 대해서 절대적인 신뢰를 가지며, 인간의 미래의 진보에 대하여 낙관적인 견해를 가지고 있었다. 따라서 이러한 진보사상에 입각하여 현상을 개혁하고, 보다 좋은 사회를 건설하는 것이 인간의 실천적 과제라고 보았던 18세기 계몽사조의 사회 · 문화적 배경은 다음과 같이 제시될 수 있다(이홍우 · 박재문 · 유판구 역, 1996).

첫째, 계몽사상의 핵심은 합리주의이다. 합리주의 사상은 전제적, 종교적, 사회적 속박으로부터 인간성을 해방시키고 개인의 자유와 권리를 신장시키기 위하여 이성에 호소하였다. 즉, 이성의 힘에 의해 유용한 지식을 얻고 자유를 통해 행복을 얻을 수 있다고 생각했다. 그러나 이성의 만능을 믿고 모든 사물을 이성에 비추어 이를 합리화하려는 사고방식은 극단적 주지주의적 경향으로 변질되기도 했다.

둘째, 자연주의이었다. 계몽주의에 입각한 자연주의의 관점이란 초자연적인 것에 대치되는 자연적인 것을 믿고 추구한 것이었다. 모든 우주 안에서 일어나는 현상과 사물에는 인간의 이성으로 인식할 수 없는 초자연적인 힘의 적용은 있을 수 없다는 생각이었으며, 이와 같은 결과로 자연과학이 크게 발전하였다. 17세기의 과학정신은 외계의 자연을 대상으로 한 것이었으나, 18세기에 들어오면서는 인간생활 그 자체로 향하여 국가, 사회의 모든 운영을 전통성에서 해방함으로써 사회의 부패와 타락을 비판하고, 자연의 질서를 이성의 이치에 부합하는 것으로 받아들였다.

셋째, 계몽사상은 인도주의적 사회생활의 추구이자 사회운동이었다. 인간 개인의 기본적인 자연권을 존중하며 인도주의에 입각한 사회복지제도를 확대시키려고 노력하였다. 이와 같은 사상은 17세기 영국의 명예혁명, 18세기의 미국혁명과 프랑스혁명을 비롯해서 그 밖의 자유주의와 민주주의에 입각한 많은 운동의 바탕이 되었다.

2. 18세기의 철학

18세기의 지배적인 사상은 계몽철학과 관념론 철학으로 대변될 수 있다. 계몽사상은 인간이 보편적으로 가지고 있는 이성을 원리로 하여 과거의 모든 역사적 권위와 전통을 비판하며, 인간과 사회의 몽매와 불합리를 타파하고 합리적인 완전한 사회와 인간관계를 건설하고자 하였다. 계몽사상은 자유사상, 과학적 지식, 비판적 정신, 진보적 관념과 인간 존엄의 의식을 근본으로 하고 있다.

한편, 17세기경부터 나타난 합리론과 경험론은 계몽시대에 이르러 각각 발전하여 볼프와 흄에 이르러서는 정반대의 귀결을 이끌어 내게 되었다. 합리론 철학은 오로지 합리적인 인식이 가능하다고 믿고 이것에 의해 독단적으로 형이상학을 수립하였으며, 경험론 철학에서는 인식은 경험 속에 그 기원을 가진다고 생각하고 여기에서 회의론적 경향을 보여 일체의 형이상학을 부정할 뿐만 아니라, 자연과학조차도 확실하지 않다고 생각하였다. 이와 같은 상반된 두 입장의 장점을 종합하여 새로운 철학으로 발전한 것이 독일의 관념론 철학이었다.

관념론이란 형이상학으로는 정신적인 존재, 이념, 자아, 정신, 이성, 의지 등을 본원적 존재로 보고, 물질적 존재는 다만 그 현상 또는 가성이라고 보는 입장이다. 인식론상으로 존재한다는 것은 지각되고 의식되어 있는 것에 불과하며, 만물을 여러 표상의 복합체로 보는 것이다. 따라서 형이상학으로는 유심론이 되고 인식론상으로는 관념론이 되며 세계관, 인생관의 측면에서는 이상주의가 된다. 대표적인 학자로는 칸트, 피히테, 헤겔, 쇼펜하우어 등이 있다.

관념론의 대표적인 학자인 헤겔(G. W. F. Hegel)은 자유의 실현을 철학적 사색의 대상으로 하고 자유를 실현하는 주체적인 힘은 이성에 있다고 보았다. 이성은 자유를 목표로 삼고 자유는 주체의 실존이라고 믿고 있는 것이다. 인간의 사고방식은 개개인에 따라 다르며 상이한 사고방식에서 생기는 개인의 의견은 서로 이질적이며 주관적인 성향이 강하기 때문에 공동체 사회에서 지도원리가 되지 못한다. 보편·타당하고 객관적인 개념이나 원리가 공동체 생활의 원리가 되어야 하는데, 이와 같은 객관적인 개념이나 원리가 이성이라고 하였다. 인간은 이러한 이성의 기준에 따라서 자기 자신의 가능성을 인식하고 자기의 생을 형성하며 생활해야 한다.

세계의 역사는 세계정신의 변증법적 발전과정으로 정신이란 우주의 근원이며, 세계의 생성·발전의 과정은 정신의 발전과정에 불과하다. 이와 같은 정신은 주관적 정신에서 객관적 정신으로 다시 절대정신으로 발전한다고 한다.

3. 18세기의 교육

계몽사상의 최후의 성취자인 칸트는 계몽사상을 인간이 유아기에서 걸어 나와 이성에 의지하는 사상운동이라고 생각하였다. 계몽사상가들은 이성을 사용할 용기를 가졌으며, 인간과 사회문제의 해결에 이성을 적극적으로 사용하였다. 계몽주의의 신앙은 자연, 이성 그리고 진보였다. '자연'은 합리적 질서였다. 과학적 세계로부터 빌려 온 자연개념은 보편적 법칙으로 인간세계에 적용될 수 있다고 믿었다. '진보'는 불가피한 개념으로서 18세기의 기초가 되었다.

그러나 교육사상사적으로는 이성보다 자연의 개념이 더욱 중시되었다. 왜냐하면 18세기 교육운동은 루소를 중심으로 자연주의에 의해 주도되었기 때문이다. 교육사에서 말하는 자연주의는 인위적인 교육과 반대되는 자연적 교육을 의미한다.

자연주의는 중세 기독교 교육의 초자연주의적 교육에 반대하고, 학습자의 내면에 존재하는 자연성을 신뢰하면서 그것을 조장하고 계발하는 교육철학이다. 자연을 교재로 하고, 자연법칙을 교수방법으로 하며, 자연성 회복을 목적으로 한다.

자연을 교재로 한다는 말은 이제까지의 권위주의적이고 인위적인 교육환경에서 벗어나 자연 상태의 자유로운 분위기 속에서 자발적인 교육이 이루어져야 함을 뜻한다. 이것은 근대에 등장하는 자연과학적 지식을 교육의 내용으로 적극 수용하려는 입장이기도 하다. 자연법칙에 따르는 교수방법이란 학습자의 발달단계에 따라 적절하게 학습과제가 제시되어야 한다는 것으로, 특히 아동단계에서는 학습자의 감각경험에 기초하는 실물교육을 강조하고 있다. 여기에는 지식이 인간의 감각경험을 통하여 획득된다는 경험주의 철학이 영향을 미쳤으며, 교육의 장에서는 학습자의 능력에 맞는 교수방법을 사용함으로써 학습자의 흥미를 불러일으키는 자발적인 탐구학습을 장려했다.

일반적으로 교육에 있어서 자연주의는 17세기의 감각적 실학주의를 모체로 한다. 그러나 라트케나 코메니우스가 주관적 자연주의를 제기하며, 외계 자연에 순종하는 교육을 주장한 것에 반하여, 루소는 주관적 자연주의를 내세우면서도 당시의 프랑스 사회가 몹시 인위적이고 기교적인 생활에 충만함을 반대하여 '자연적 사회'를 그리워했다.

루소의 자연주의는 그로 하여금 교육의 반사회 이론을 지니게 하였다. 인위적이고 타락된 인습들에 의해서 지배당하고 있는 시민들이 인간의 교육을 왜곡하게 되자, 루소는 완전한 순수한 상태인 자연에서의 교육의 이상화에 경주했던 것이다.

동시에 그는 아동의 자연적 발달단계에 착안하여 개성을 존중하는 일 이외에 교육의 목적이나 방법이 있을 수 없다고 생각하였다. 그렇게 때문에 자연주의는 실학주의의 계승임과 동시에 19세기의 심리적 계발주의의 선구가 되었고, 또 현대에 있어서 개인주의와 개인의 권리를 강조하는 정치적 · 경제적 조직의 기초가 되는 것이다(김수동, 1996).

일반적으로 18세기에 전개된 자연주의 교육은 첫째, 자연이라는 것은 자연에 일치하는 교육을 뜻한다. 자연에 일치하는 교육을 한다는 것은 교육과정에 대한 자연법칙의 발견－형성－응용을 의미하는 것이다.

둘째, 자연에 일치하는 교육을 한다는 것은 인간발달이 자연적 법칙에 일치하는 교육을 의미한다.

셋째, 자연에 일치한 교육을 한다는 것은 모든 인위적인 것에 반대하여 자연에 돌아간다는 것을 의미한다. 그리하여 자연주의자들은 아동에 대한 인위적인 환경과 훈련을 공격하고, 아동의 자유스러운 자발성을 억압하고 아동을 인형과 같이 다루는 모든 인위적인 것을 반대했다.

교육의 목적은 개인의 선천적인 선과 덕성을 보존하여 개인의 권리를 인정하는 사회 건설이었다. 즉, 기본적인 미덕인 평등, 우애, 순수자유를 모든 사람에 의해서 실현될 수 있도록 하는 사회를 만드는 것이었다. 그러기 위해 어린이의 선천적인 선이 자발적으로 자유롭게 발전하도록 인공적인 것에서 벗어나 그의 경향, 감정이 자유롭게 나타나도록 해야 하는 것이다.

교육내용은 전통적인 학과에서 벗어나 어린이에게 분명히 보이며 자연의 질서 속에 나타나는 자연현상이었다. 교육과정은 인위적인 사회의 습관과 관념 대신에 어린이 자신의 천성에서 나오는 활동과 흥미로서 이루어졌다. 체육과 건강훈련의 중요성을 강조하고 도덕교육과 직업교육을 경시하는 한편, 지적 교육을 배제하였다.

교육방법은 아동중심, 개성존중, 생활중심, 활동중심의 교육방법으로 어린이를 어른에게서 해방시켰다. 교육은 외부에서 강제되는 방법이 아니고 개인의 자연적 발달을 도모하는 것이었다. 그러므로 교사는 학습을 강제하는 것이 아니고 어린이가 자연의 질서에 따르도록 돕는 것이다.

4. 18세기의 교육사상가

1) 칸트

(1) 생애

칸트(Immanuel Kant, 1724~1804)는 계몽시대뿐만 아니라 모든 시대에 걸쳐 위대한 철학자로 인정되고 있다. 그는 데카르트의 합리론과 베이컨의 경험론을 종합하였다. 그의 인식론, 윤리학, 미학에 관한 종합적이고 체계적인 작업은 후대의 모든 철학에 영향을 주었다. 뿐만 아니라 칸트는 유럽 계몽사상의 대표적 철학자로서 중세 세계관의 유산을 청산하는 행동의 기본적 원리에 의해 살아갈 수 있다는 자율성을 강조한 철학자였다. 그는 평생을 너무나 경건하고 성실하게 살았기 때문에 '근대의 소크라테스'라고 불렸다.

칸트는 1724년에 동 프러시아의 수도 쾨니히스베르크(Konigsberg)에서 태어나, 일생 동안 고향을 중심으로 40마일 밖을 나가보지 않고 이곳에서만 보냈다. 그의 부모 모두 루터교 경건파에 속한 독실한 신자이었으며, 특히 칸트 13세 때 병으로 일찍 세상을 떠난 어머니의 신앙적인 감화를 받으면서 유년 시절부터 경건하고 성실하게 성장하였다.

1732년 8세 때 경건파 교회의 담임목사가 운영하던 라틴어학교에 입학하였다. 일생에 걸쳐 라틴어 고전을 좋아하게 된 것은 바로 이 학교에서 받은 교육 때문이었으나, 한편으로는 지나치게 엄격한 종교예식 때문에 교회제도에 대하여 반감을 갖게 되기도 하였다. 1740년 16세에 쾨니히스베르크 대학에 입학하여 철학 · 수학 · 자연과학을 공부하였으며, 22세 때에 아버지마저 세상을 떠나, 가정교사로 9년 동안 일하면서 학업에 전념해, 1755년 31세에 모교에서 박사 학위를 받은 후 무급 강사가 되었고 강사로서 15년을 보냈다. 이 기간 동안 그는 강사로서 그리고 저술가로서 명성을 얻게 되었다. 저작과는 달리 그의 강의는 흥미롭고 좋은 것이었다. 독서를 통한 해박한 지식은 강의의 중요한 자원이 되었던 것이다.

1770년 47세에 정교수가 되어 논리학과 철학, 교육학을 강의하였다. 그는 정년퇴임할 때까지 다른 대학의 초빙을 일체 거절하고 쾨니히스베르크 대학에서만 42년간 교단을 지켰다. 이 무렵 그는 데카르트의 합리주의철학과 영국의 경험주의철학을 종합하여 비판철학을 완성하고, 이를 『순수이성비판』(1781), 『실천이성비판』(1788), 『판단력비판』(1790)으로 연이어 발표하여 철학사상 위대한 공적을 남겼다.

1786년 65세에 이 대학총장이 되었으며, 만년에 쓴 『영구 평화를 위하여』(1795)는 국제 평화사상의 기원이 되었다. 선천적으로 허약한 체질을 가진 그는 독신으로 지냈으며, 정확하고도 엄격한 절제와 규칙적인 생활을 계속하여 80세의 고령으로 세상을 떠났다. 그가 세상을 떠날 때 남긴 말은 "좋았어."라고 한다(성기산 역, 1997).

(2) 교육사상

칸트의 교육사상은 그가 대학에서 강의하기 위하여 썼던 강의안을 제자 링크가 편집한 『교육학』에서 찾아볼 수 있다. 칸트는 인간만이 교육을 필요로 한다는 전제에서 자신의 교육론을 전개하였다. 그는 "인간은 교육을 필요로 하는 유일한 존재이다. 여기서 교육은 교양과 더불어 양육, 훈육, 교수활동으로 이해해야 한다. 교육에 따라 차례로 인간은 유아, 아동, 그리고 학생이 된다."라고 하였다. 인간이 교육을 받아야 하는 이유는 태어날 때 훈련되지 않은 여러 힘, 즉 충동, 본능, 욕구를 가지고 태어나기 때문이다. 공동체의 효과적인 구성원이 되기 위해서는 이러한 힘들이 반드시 훈육되어 공동체의 원리에 따르도록 하여야 한다.

칸트는 교육의 목적을 인간성의 이념을 실현하는 것으로 보았다. 어린이는 현재뿐만 아니라 미래에 있어서 가능한 한 보다 나은 상태에까지, 인간성의 이념에까지 합치하도록 교육하지 않으면 안 된다고 하였다. 또한, 동물은 태어나면서부터 본능적으로 잘 살 수 있으므로 교육이 필요하지 않지만 인간은 태어난 그 상태로는 자립할 수 없기 때문에 교육을 필요로 한다고 하여 인간은 교육되지 않으면 안 되는 유일한 피조물이라 하였다. 이와 같이 교육의 필요성을 강조한 그는 교육의 힘을 중요시하는 교육의 만능론을 주장하여 인간은 교육에 의해서만 인간이 될 수 있나고 하었다.

칸트는 교육이란 경험적, 충동적인 자연성을 이성화하여 보편타당한 행위의 주체가 되는 것으로 보고, 이것을 신체적인 것과 실천적인 것으로 나누어 신체적 교육은 인간과 동물에 있어 공통적인 양육이며, 실천적(도덕적) 교육은 인간을 자유행위자로서 생활할 수 있도록 도야하는 것이라 하였다. 이것을 인격교육이라고 하며 사회의 일원으로 자활할 수 있는 능력을 가진 자유행위자를 만드는 것을 교육으로 보았다.

그러므로 훈련에 의하여 동물적인 충동을 극복하여 인간의 자연성을 계발하고 감성과 욕망을 순화하여 자유로운 인격으로 접근시켜야 하며, 소극적인 훈련만으로 완전하지 못하므로 적극적인 교수가 필요하다고 하였다. 교수는 인간이 자기의 목적을 기술적으로 달성하는 데 필요한 이해력을 계발하고 판단력을 확실하게 하며 인간에게 인격적으로 완성된 개인으로서의 가치를 심어 주는 행위이다. 교육은 인간의 정신적 모든 능력을 형성하는 것이며 교수는 교육의 종속적 부분으로 첫째, 훈련에 의하여 자연적인 조야성을 교정하고, 둘째, 지식, 도덕 등을 연마하여 여러 가지 목적에 도움이 되도록 하며, 셋째, 사회화에 의하여 예절 바르고 품위 있는 행위를 할 수 있도록 지도하며, 넷째, 덕을 길러서 개인의 덕성과 종교심을 깊게 가지도록 해야 한다는 것이다.

칸트는 자신의 의지로 올바른 목적을 선택할 수 있는 자율적 목적선택 능력의 육성을 교육의 궁극적인 과제로 보았다. 교육은 도덕화를 지향하는 것이기 때문에 인간의 도덕적 품성을 형성하는 인위적인 기술이며, 교육기술에 관한 사고를 교육학이라고 하였다. 그러나 기술은 단순한 기교나 기술을 지칭하는 것이 아니라 어떠한 목적을 포함하고 그것을 실현하는 방법을 의미하는 것이다. 따라서 교육목적은 도덕적 인간의 형성이 되며 교육방법은 이성이 행위의 도덕률이 되기 위한 인식, 판단, 실천의 과정을 비판적으로 성찰할 수 있는 태도의 훈련이다(신득렬, 2000).

이에 덧붙여 칸트는 학생들이 학교에서 공부할 때 가장 위험한 것이 방심하는 것이라고 말했다. 이러한 신념 때문에 그의 강의실은 정숙하고 진지하였다. 모든 지적 활동은 전심(傳心)을 요구한다. 주의 집중을 하지 않고는 중요한 것을 배울 수 없다. 그는 "방심은 학교에서 허용되어서는 안 된다. 왜냐하면 방심은 어떤 성벽이 되어 결국은 습관이 되기 때문이다. 어떤 사람이 방심에 빠지게 되면 가장 뛰어난 재능을 가지고 있더라도 그 재능을 낭비하게 된다."라고 말했다. 그리하여 칸트는 '방심은 교육의 적'이라고 규정하였다.

아동의 인격형성에 있어서는 정직성이 매우 중요하다고 생각했다. 그래서 그는 "정직은 인격의 토대이며 본질이다. 거짓말하는 사람은 인격을 가지고 있지 않다. 정직하지 않으면 모든 교제가 불가능하다."라고도 밝히고 있다. 왜냐하면 거짓말을 한다는 것은 보편적 법칙과 규칙을 가지고 있지 않다는 것을 의미하기 때문이다.

또한, 칸트는 어린이는 사교성을 가지고 있어야 한다고 말했다. "아동은 다른 아동들과 우정을 형성해야 하며, 언제나 혼자 있도록 해서는 안 된다. 일부 교사들이 학교에서 우정을 형성하는 것에 대해 반대하고 있으나 그것은 잘못된 것이다." 지적 교과목의 학습을 중시하는 사람들은 우정을 비롯한 개인적 관계를 경시하는 경향을 보여 준다. 그러나 이러한 태도나 경향은 잘못된 것이다. 지적 교과목의 학습과 개인적 관계의 발달은 양자택일의 관계가 아니라 얼마든지 공존할 수 있는 관계이다. 따라서 교사는 이 둘이 잘 조화되도록 아동들을 지도하여야 한다. 그리고 칸트는 무엇보다도 이 모든 것을 아동의 연령에 따라 가르칠 것을 제안하였다. 연령에 따르지 않으면 아무런 성과도 거두지 못한다고 보았기 때문이다. 칸트는 부모들이 이러한 원리를 무시하고 자식들이 조숙하기를 바라는 것은 중대한 문제라고 하였다.

2) 루소

(1) 생애

루소(J. J. Rousseau, 1712~1778)는 18세기 가장 위대한 사상가 중의 한 사람이다. 그는 계몽시대의 인물이지만 계몽사상의 주도적 인물이었던 사람들과 사상적으로 일정한 거리를 두고 있었다. 그는 계몽사상에 공감하는 바가 많았지만 이들의 지나친 합리주의 정신에는 동조할 수 없었다. 전통적인 속박에서 벗어나 개인의 존엄성을 제창하였으며, 계몽사상의 이지적(理知的) · 합리적 성격에 반대하여 감정의 우위를 역설하였고, 자신이 신봉하는 자연주의와 낭만주의 사상을 옹호하기 위하여 저술활동에 전념하였다. 무엇보다도 그가 쓴 『에밀(Emile or On Education)』은 당대는 물론 후세에까지 지대한 영향을 미쳤다. 자연주의, 아동중심교육사상, 진보주의 등은 모두 그의 교육사상에서 연원된 것이다.

루소는 스위스의 제네바(Jeneve)에서 칼빈파의 신교도이었던 시계공인 아버지 이자크, 어머니 베르날 사이에 차남으로 태어났다. 그는 식자공(植字工), 마부, 서기, 음악교사, 작곡가, 악보사, 기자 등의 다채로운 직업을 가지고 있었으며, 방랑가이기도 하였다.

루소의 어머니는 루소가 출생하자마자 세상을 떠났고, 10세 때는 아버지마저

제네바를 떠나 람벨슈 목사에게 의탁되었다. 이때 대자연을 마음껏 즐길 수 있었는데, 이것이 그로 하여금 자연을 찬미하고 인성을 선한 것으로 보게 되는 사상이 싹트는 데 영향을 주었다.

1728년 프랑스로 떠나 그의 생애에서 잊을 수 없는 바랑 부인을 만나 10년 동안 행복한 생활을 영위할 수 있었다. 이런 중에도 귀족 집안의 종복노릇을 하는가하면 신학공부를 하기도 하고, 독일, 스위스 등지를 방랑하기도 하였다.

1740년에 이르는 동안 행복한 나날을 보내면서 감미롭고 아름다운 자연 속에서 그의 감수성은 활짝 피어올랐으며, 자신의 교양을 높이기 위해 독서에 전념하면서 역사, 지리, 천문학, 음악 등 여러 학문에 몰두하였다(정희숙, 1980).

바랑부인과 헤어진 루소는 리용의 마블리가에서 한동안 가정교사 생활을 하였는데 이것이 나중에 『에밀』을 쓰게 되는 경험을 얻게 된다. 1741년 28세에 다시 파리로 옮겨 와서 백과전서파인 디드로(Denis Diderot) 등 계몽주의 사상가와 백과전서파들과 교제를 넓혀 갔으며, 살롱도 출입하며 신지식을 접했다.

1744년부터는 하숙집 하녀 테레즈와 사랑에 빠져 25년 동안 동거생활을 한 후 1768년에 정식으로 결혼식을 올렸으며 다섯 명의 자녀를 두었으나 경제적 곤란 때문에 모두 양육원에 맡겼다. 이 일은 후에 동료들과 사회적 비난으로 시달리다가 정신병을 앓게 된 원인이 되기도 하였다.

1762년에 지은 『사회계약론』은 주권재민사상을 고취하여 민주정치의 선구가 된 프랑스혁명과 미국 독립의 경전이 되었으며, 같은 해에 발간한 『에밀』은 그의 교육사상을 집대성한 것으로서 교육의 근본적인 개혁을 주장하고 있다. 이 『에밀』에 나타난 종교론이 당시의 기독교를 비판하고 자연종교를 제창하고 있어서 기독교의 비위를 건드려 파리 고등법원은 『에밀』을 금서(禁書)로 규정하고 소각을 명령하였으며, 루소를 체포하도록 하였고 사교(司敎)는 그를 파문하였다. 파리 대학의 신학부는 그의 의견에 반대하고 박해를 가하여 스위스, 독일, 영국 등 유럽 여러 나라를 전전해야만 했다.

1768년 56세에 파리로 돌아온 그는 악보 베끼는 직업으로 생계를 이어 나갔다.

1778년 그는 『고독한 산보자의 몽상』이라는 작품을 다 마치지 못하고 에르므농빌에서 66세를 일기로 운명했다. 프랑스 대혁명이 일어나기 바로 11년 전이다. 그의 유해는 프랑스 국민들이 존경하는 위인들의 무덤인 파리의 '판테온'에 안장되어 있다.

(2) 교육사상

자연주의자로서 루소는 사회악으로부터 인간을 해방시키기 위해서는 아동을 사회 안에서가 아니라 사회 밖에서 교육해야 하며, 자연의 법칙에 따라 교육해야 한다고 생각했다. 루소가 희구하는 자연인은 야만인을 의미하는 것이 아니라 인간의 본성에 따라 행동하는 자율적인 사람이라는 이상이었다(송유진, 2012).

루소가 『에밀』을 통하여 강조하고자 한 것은 '자연에 따른 교육'이었다. 그가 사용한 자연이란 말은 다양한 의미로 사용될 수 있다. 그것은 인간성이란 의미도 가지고 있고 자유란 의미도 가지고 있다. "자연으로 돌아가라."라는 권고 속에는 인간의 본래의 모습, 즉 자유롭고 선하게 태어난 상태로 돌아가라는 의미가 담겨 있다. 그리하여 인간의 본래 모습이 가장 많이 남아 있는 인생의 단계, 즉 유아기와 아동기가 루소에게는 교육의 주된 관심사였다(안인희, 1984).

루소는 아동기를 인생의 한 단계로 설정하고 그 자체에 가치와 의미를 부여한 최초의 인물이라고 할 수 있다. 이전의 사람들은 어린이를 작은 어른으로 생각하였다. 어린이가 저지르는 모든 과오는 그것들이 나쁜 줄 알면서도 일부러 저지르는 행위로 생각했다. 이러한 견해는 어린이에게 가혹한 처벌을 허용하게 했다. 그는 어린이에 대한 억압과 부자유 등 인위적으로 가하는 학대행위는 그릇된 유아관과 아동관에서 온다고 생각했다. 루소의 교육사상적 특징은 다음과 같다.

첫째, 루소의 인간관은 성선설에 두고 있다. 루소는 인간은 본래부터 선하다고 주장하였다. 그는 이러한 견해를 『에밀』 첫머리에서 선언하였다. "조물주가 만물을 창조할 때는 모든 것이 선하지만 인간의 손에 넘어오면 모든 것이 타락한다." 이 구절은 『사회계약설』 첫머리에 나오는 말인 "인간은 자유롭게 태어났으나 어디에서나 속박되어 있다."와 더불어 루소의 가장 유명한 말로 인식되고 있다. 신이 창조한 인간은 근본적으로 선하다는 것을 전제하고 있는 루소의 인간관은 원죄설을 주장하던 당시의 가톨릭 문화에 반하는 것으로, 근본적으로 선한 아동이 타락한 사회에서 잘못된 어른의 영향으로 선함이 퇴색되어 악해진다는 것이다. 따라서 인간의 선한 마음을 유지하는 방법은 사회가 선하게 되는 데 있다고 생각했다.

둘째, 이러한 인간관, 즉 성선설에 근거한 루소의 교육목적은 자연인의 양성이었다. 루소가 의미하는 자연인은 야만상태에서 살아가는 인간이 아닌, 사회 속에서 살아가는 인간이며, 사회 속에서 살면서도 사회의 악에 물들지 않고 자신이 타고난 선한 본성을 지켜나가는 인간이다.

셋째, 루소의 교육방법은 자연주의 교육관을 따른다. 자연주의 교육방법은 인간의 발달단계를 인간 내부의 자연적 순서에 합치시키는 합자연의 원리와 실물을 통해 교육되는 직관적 교육, '비교육이 곧 교육'인 소극적 교육방법을 따른다. 루소는 인간의 본성은 선하다고 보기 때문에 선을 가르친다거나 악을 교정한다거나 하는 적극적 교육은 인간의 자연적 본성을 해치게 된다는 점에서 반대한다. 소극적 교육은 아동에게 덕을 가르치는 것이 아니라 아동을 악덕으로부터 지키는 것이며, 아동에게 진리를 가르치는 것이 아니라 아동을 오류로부터 지키는 것이다. 이런 관점에서 루소는 특히 아동기의 교육은 소극적이어야 한다고 주장하였다(안인희 · 정희숙 · 임현식, 1994).

루소는 교육의 3요소로 자연 · 사물 · 인간을 들고, 참된 교육은 이들 세 가지 요소가 모순 없이 조화를 이루어 전개될 때 가능하며, 그중에서도 중심은 자연이 되어야 함을 역설하였다. 왜냐하면 이 세 가지 교육 중에서 자연의 교육은 인간의 힘으로는 어떻게 할 수가 없기 때문이며, 사물의 교육은 어느 정도까지는 인간이 좌우할 수 있지만, 인간이 마음대로 할 수 있는 유일한 교육은 인간의 교육뿐이므로, 인간의 힘이 미치지 않는 자연의 교육 쪽으로 사물의 교육과 인간의 교육을 일치시켜야 한다는 것이다.

교육내용은 어린이의 자연스런 발달단계에 의해 결정되고 각 단계는 여러 고유한 힘에 의해 통일되어 있는 것으로서 이 고유의 힘에 응해서 정해져야 한다고 보았다. 대체로 유년기에는 신체, 소년기에는 감각, 청년기에는 이성, 청년 후기에는 심정의 발달에 중점을 두었다. 루소는 『에밀』에서 자연인이 형성되는 과정을 구체적으로 서술하고 있다. 『에밀』은 루소가 20년의 명상과 3년의 작업 끝에 완성했다고 밝힌 교육소설로서 전체 내용은 5부로 구성되어 있다. 1부에서 4부까지는 에밀이라는 남자아이의 성장 · 발달 단계를 유아기 · 아동기 · 소년기 · 청년기로 나누고 각 단계별로 발달과정과 이에 적합한 교육론이 제시되고 있다. 그리고 제5부는 청년기 이후 결혼까지의 시기로 에밀의 배우자가 될 소피라는 여성을 대상으로 한 여성교육론이 제시되고 있다(민희식 역, 2006).

① 제1권 유아기의 교육(0~5세)

유아기에 있어서의 중요한 욕구는 신체적 욕구이다. 따라서 이때는 아이의 육체적인 욕구를 채워 주는 일과 욕망이 자연스럽게 표현되도록 하는 일이 필요하다. 신체의 활동을 자유롭게 해 주며, 부자유스러운 의복 등은 각 기관의 운동을 속박하므로 삼가야 한다. 이 시기의 아이는 아직 말을 할 수 없기 때문에 자신의 감정과 욕구 표현을 울음으로 나타낸다. 그리하여 루소는 아이의 울음에 주목하면서, 아이를 자연인으로 기르기 위해서는 아이에게 도움을 줄 때, 실제적으로 필요한 경우에만 한정하도록 하고, 변덕이나 까닭 없는 욕구에는 동조하지 말아야 한다고 지적한다.

아이가 울을 때마다 모든 것을 들어주게 되면, 아이를 변덕스럽고 남을 지배하고 군림하려는 아이로 만들게 된다는 것이다. 그리고 전원에서 자연을 즐기는 가운데 생활하게 하고 문명의 타락한 영향을 받지 않도록 하며, 모든 부모는 교사로서 그리고 부모로서의 책임을 다해야 한다. 무리하게 사리를 가르치는 것은 금물이며, 공허한 말을 하고 조숙해지는 것을 피하여 자연적으로 덕성을 기르도록 하여야 한다. 루소는 이러한 자연적 교육의 원리를 제시하였다.

- 제1원칙: 아이는 여분의 힘을 가지고 있기는커녕 자연이 요구하는 것을 충족시킬 만한 힘조차 없다. 그러므로 자연이 그에게 부여한 힘을 충분히 사용할 수 있게 해야 한다.
- 제2원칙: 아이의 욕구가 육체와 관련된 것인 경우 언제든지 그 아이를 도와서 지성에 있어서나 힘에 있어서나 그 아이에게 부족한 것을 보충해 주어야 한다.
- 제3원칙: 아이를 도와주는 경우 실제로 필요한 것에 한해 도와주고 일시적인 기분이나 이유 없는 욕망에 대해서는 아무것도 해 주지 않도록 해야 한다.
- 제4원칙: 아이의 말과 표정, 몸짓을 주의 깊게 연구하여 자연에서 오는 욕망과 주장에서 오는 욕망을 구별해야 한다.

② 제2권 아동기의 교육(6~12세)

루소는 이 시기에 감각발달, 신체발달, 체력발달, 기관발달, 언어발달이 이루어진다고 하였다. 따라서 이시기는 무엇이든지 보고 만지려고 한다. 그러므로 감각기관 및 체력의 훈련을 하고 책은 피하는 것이 좋다. 다만 12세가 되면 데포의 소설 『로빈슨 크루소의 일기』는 가르쳐도 된다고 하였다. 이는 자연에서 생존하는 인간의 모습을 묘사한 것으로 자연 속에 살아가는 아동에게 도움이 되기 때문이다. 이러한 훈련을 하기 위해 짧고 가벼운 옷을 입히고 맨발로 다니며 더위에 견디도록 한다. 부상을 입어도 달래지 말며 참도록 하고, 넘어져도 스스로 일어나도록 내버려 둔다. 생활 그 자체가 교육이며 미래의 준비는 있을 수 없으므로 매일매일 즐겁게 지내도록 하고 징계나 위협, 명령은 있어선 안 된다. 도덕적 훈련도 추상적이어서는 안 되며 회화를 통하여 언어를 습득하는 것이 중요하다.

유아와 아동의 교육에서 부모와 교사가 행위의 모범을 보이는 것만큼 중요한 것은 없다. 모든 교육사상가가 이 점에 대해서는 의견의 일치를 보이고 있다. 루소는 여러 점에서 언행의 일치를 보여 주지 못했지만 교육에 있어서 모범의 가치를 매우 강조하였다.

③ 제3권 소년기의 교육(13~15세)

이때는 신체의 감각기관에서 일어나는 욕구보다도 자연현상에 대한 강한 호기심이 작용하며, 합리적인 지식을 부단히 갈망한다. 그러므로 자연과학적 지식을 주고 교재를 선택하여 인간의 사회적 연대성과 자립생활을 준비하기 위하여 서서히 직업교육을 시작한다. 이 시기에 에밀은 목공일을 배우게 된다. 기술을 배움으로써 불확실한 미래의 생계를 대비하고 신체와 정신의 건강을 유지할 수가 있다. 또한, 주입식으로 지식을 주어서는 안 되고 이해를 통해서 사물을 알도록 한다. 이때의 강렬한 탐구심과 호기심은 실제의 답사와 관찰에 의하여 경험함으로써 확실한 지식을 얻도록 유도해야 한다.

④ 제4권 청년기의 교육(16~20세)

이 시기에는 정시적인 가정과 도덕적인 삼성이 형성된다. 동정심과 박애정신이 생겨나고 자신을 도덕적인 존재로 의식하기 시작한다. 이제 도덕과 종교에 관한 교육이 이루어져야 한다. 또한, 사랑과 이성에 눈 뜨게 되는 시기이다. 이 시기에도 여전히 언어보다는 행동을 통한 교육이 이루어져야 하며, 책보다는 경험을 통해 배울 수 있도록 해주어야 한다. 청년기 교육은 다른 시기의 교육과 비교하여 고차원적인 교육의 시작으로 볼 수 있다. 즉, 추상적인 교과의 학습을 실시하고 도덕과 종교의 관념을 완성시킨다. 이는 인지적으로 준비된 환경을 조성하고 이후에 교육을 실시하는 것으로, 교육의 시기를 기다린다는 점에서 의미가 있다.

⑤ 제5권 성인기의 교육(21~25세)

이 시기는 그동안 공부한 다양한 내용의 지식을 바탕으로 여행을 통하여 삶의 지혜를 체득하는 과정이다. 또한, 혼인을 하여 가정을 이루는 시기이기도 하다. 에밀은 25세가 되면서 이상적 여성인 소피와 결혼을 하게 된다. 에밀의 배우자가 될 소피에 대한 교육에 있어서 여자는 남자를 즐겁게 하고 복종하며 남자로부터 사랑을 받는다. 그리고 어린 자녀의 보육과 부모를 잘 받들며 여자의 본무로서 현모양처의 교육을 한다.

루소의 교육사상의 교육사적 의의는 첫째, 교육은 변질되고 타락되기 이전의 자연 상태, 즉 순수한 인간의 본래성을 되찾도록 촉구하는 작업임을 역설하여, 인간성 회복의 교육을 선도하였다. 둘째, 아동중심, 생활 중심의 교육을 주장하여, 교사중심, 지식 중심의 교육에 대한 재고를 유도하였다. 셋째, 소극적인 교육의 중요성을 강조하여, 대안교육의 모색을 활성화 하는 데 기여했다. 넷째, 인간의 발달 단계와 그 특성에 따라 교육내용과 교육방법을 구체적으로 제시하여, 교육심리 · 교육과정 · 교육방법 연구와 활용의 중요성을 환기시켰다. 다섯째, 양심과 이성에 따라 판단하고 실천하는 도덕적 자연인을 통해 사회를 개혁함으로써 이상사회를 구현하려 하였다.

루소의 교육은 아동중심교육관의 이론적 기반이 되었고, 전통적 교육의 아동관을 전환하여 새로운 시각으로 교육을 파악한 이론이다. 루소는 인간의 발달단계에 적합한 교육을 주장하였고 모든 강제적인 교육을 거부하였다. 루소는 자연 · 사물 · 인간의 순으로 교육의 중요성을 찾았다.

루소의 교육사상은 많은 단점과 장점을 가지고 있다. 불명료한 자연의 개념, 교육개혁의 실현 가능성 문제, 인간발달 단계에 대한 의문, 여성교육의 문제 등 여러 가지 문제가 제기될 수 있다. 이러한 많은 단점에도 불구하고 『에밀』은 교육학에 있어 불후의 고전이 되었다. 특별히, 환경, 학습준비성, 자유, 직관, 감정, 양심 등의 가치와 중요성을 강조한 것은 교육활동이 존재하는 한 영원히 기억될 것이다. 그의 사상은 칸트, 페스탈로치, 프뢰벨, 듀이 등에게 영향을 미침으로써 그의 사상의 위대성을 보여 주었다(안인희, 1990).

원전 읽기 『실천이성비판』 (이마누엘 칸트)

선행은 이타(利他)나 대의(大義) 혹은 공존공영을 '위해서' 하는 행위라기보다는 어떤 행위를 그렇게 하는 것이 '옳기 때문'이라는 오직 그 이유 때문에 하는 행위이다.

윤리 도덕은 우리 모두에게 혹은 다수의 사람에게 이익이 되기 때문에 가치가 있는 것이 아니라, 그 자체가 가치 있는 것이다.

많은 경우에 이로움이나 유용함은 한갓 감성적인 욕구 충족에 대응하는 것이다.

감성적 욕구 충족에 상응하는 명령은, 모든 경험으로부터의 교훈이 그러하듯이, 능란한 처세의 요령은 될지 모르나 보편적 도덕 법칙이 되지는 못한다.

도덕은 처세의 기술이 아니라 인격의 표현이다. 선은 감성적 욕구를 충족시켜 주기 때문에 좋은 것이 아니라 그 자체가 좋은 것이다. 이 '선'의 관념으로부터 비로소 '좋음', '가치' 등의 개념이 유래한다.

그러므로 도덕 법칙은 정언적, 즉 단정적 명령으로 이성적 존재자에게 다가온다. 가언적인, 즉 어떤 전제하에서 말해지는 명령은 필연성이 없다. 명령을 받은 자가 그 전제를 받아들이지 않으면 그 명령은 명령으로서 효력이 없기 때문이다. "언젠가 이웃에 도움을 청하게 될 때를 생각해서 항상 이웃에 친절히 하라." 따위의 가언적 처세훈들은 도덕적 선의 표현이 될 수 없다.

선은 인격적 주체의 가치이고 그러므로 그 자체가 목적이자 무엇을 위한 수단이 아니다. 또한 사람으로서 사람은 인격적 주체이고, 주체란 문자 그대로 무엇을 위한 수단으로 취급될 수 없는 그 자체가 목적인 것이다. 인격적 행위만이 도덕적, 즉 당위적이므로 그것은 인간이 도달해야만 할 이성의 필연적 요구이다.

어떤 사람이 행위를 할 때 '마음 내키는 바대로 따라도 법도에 어긋나지 않는다.'라면 그를 우리는 성인이라 부를 것이다. 마찬가지로 실천적인 행위 의지가 (정언적인) 도덕 법칙과 완전하게 일치함은 신성성(神聖性)이라고 일컬어야 할 것이다.

감성 세계에 살고 있는 인간이 이러한 신성성에 '현실적으로' 도달한다고 볼 수는 없겠지만, 그렇다 하더라도, 아니 바로 그러하기 때문에 '완전한 일치를 향한 무한한 전진' 가운데에서 우리는 인격성을 본다.

이와 같은 가르침을 담은 『실천이성비판』(1788)은 『순수이성비판』(1781), 『판단력비판』(1790)과 더불어 칸트의 이른바 3대 비판서 가운데 하나이다. 『실천이성비판』은 3부작으로 볼 수 있는 칸트의 도덕철학 3대서 가운데 하나이기도 하다. 이 책은 출판 순서에서나 내용 면에서 그 중간적 위치를 차지한다. 『윤리형이상학 정초』(1785)가 칸트의 도덕철학의 포괄적 서설이라면 『실천이성비판』은 그 체계의 골간이고 『윤리형이상학』(1797)은 이에서 구축된 원리로부터 실천 세칙을 연역해 놓은, 이를테면 응용윤리학이다. 이를 한 벌로 읽고 공부한다면 고전의 '참맛'을 느낌과 더불어 인간 존엄성의 근거를 깨치게 될 것이다.

– 백종현(서울대학교 철학과 교수).

출처: 동아일보(2005. 5. 2).

제10장 19세기 교육의 이해

1. 19세기의 사회와 문화적 배경

19세기는 정치 · 경제 · 사회 · 문화 등 다방면에 걸쳐 자유로운 정신이 전개되는 시대이다. 특히 19세기 전반에는 자유주의와 민족주의가, 후반에는 사회주의가 유력한 사상으로 대두되었다. 또한, 영국의 산업혁명에 수반된 자본주의적 패권, 식민지와 세계 시장의 경쟁적 각축전, 국가주의에 의한 부국강병의 국가 형성, 18세기 합리주의 사상에 대한 비판, 유산계급과 무산계급의 사회적 대립, 국가 간의 세력 다툼 등으로 인한 다양한 변화의 시대이기도 하다. 따라서 19세기의 사조는 매우 복잡하지만 다음과 같은 몇 가지 두드러진 경향을 발견할 수 있다(이주한, 2009).

첫째는 국민국가의 발흥이다. 19세기 유럽 사회는 정치적으로는 프랑스혁명의 결과 자유민주주의의 발달을 가져왔으나, 나폴레옹 전쟁을 계기로 민족국가의 형성이 촉진되고 국가주의 사상이 고양되었다. 나폴레옹으로부터 침공당한 국가들은 국민에게 열렬한 애국심을 고취하였으며, 이로 인해 시민교육이 강화되었다.

둘째로 19세기는 인간에 관한 과학적 지식을 현저하게 발달시켰다. 헤르바르트의 '학습심리학', 다윈의 '진화론', 제임스의 '심리학' 등이 인간에 관한 지식을 확장시켰다. 인간에 관한 과학적 발견이 교육에 적극적으로 활용되어 과학적 실리주의 등이 발달하였으며, 국가의 이익과 국민의 복지를 위해 의무교육이 확대된 시기이다. 교육학이 학문으로서의 체계를 갖추었고, 인간에 관한 과학적 발견들이 교육에 적극 활용되기 시작하였다. 이에 따라 근대적인 교육제도와 교육방법, 그리고 특수교육이 발달하였으며, 페스탈로치 · 헤르바르트 · 프뢰벨 등 교육사상가들이 등장하였다.

셋째로 19세기는 혁명의 세기였다. 경제적으로는 18세기 후반 영국에서 시작된 산업혁명이 19세기 전반에는 전 유럽으로 확산되었다. 산업혁명의 진행으로 자본주의 경제체제가 형성되고 국제무역망이 확충되었다. 사회적으로는 시민사회가 형성되면서, 빈부 격차의 심화, 주기적인 공황, 실업과 빈곤, 여성과 아동의 노동문제 등의 사회경제적 문제가 야기되었다.

넷째로 신인문주의의 등장이다. 신인문주의는 18세기의 계몽주의에 대립하여, 문학의 낭만주의의 바탕을 성립하였다. 독일을 중심으로 생겨난 신인문주의는 계몽주의의 과도한 주지주의 · 합리주의 · 개인주의에 대립하여 정의주의 · 역사주의 · 민족주의의 특색을 나타내었다. 신인문주의는 문학 · 예술 · 철학 등 유럽문화 전반에 영향을 주었다.

다섯째로 교육적인 측면에서는 국가주의 교육과 신인문주의 교육의 두 가지 경향으로 전개되었다. 국가주의 교육은 민족국가의 형성을 바탕으로 제국주의적 국가체제가 성립하면서 대두되었으며, 의무교육이 확대되었다. 계몽주의와 대립하여 형성된 신인문주의의 교육은 페스탈로치를 중심으로 발전하였다.

2. 19세기의 철학

자본주의 시민사회가 발달됨에 따라 점차로 그 특징과 문제점이 두드러지게 나타났는데 그 가운데 자유와 평등의 조화 및 그 실현의 문제가 가장 중요하였다. 자유와 평등을 실현하고 평화와 행복을 추구한 위대한 많은 사상이 나왔는데 이들 사상 가운데 대표적인 것은 공리주의와 실증주의 사상이었다.

공리주의는 쾌락과 행복은 만인이 원하는 바라고 주장하였다. 만인이 쾌락과 행복을 원한다는 단순한 사실로부터 공리주의가 주장하고 있는 바는 선에 대한 모든 도덕적 관념이 행복의 원리란 관점에 의해 가장 잘 이해될 수 있는 있다는 것이다. 또한, 행복의 원리를 최대 다수의 최대 행복이라고 하여 쾌락의 총합이 고통의 총합보다 더 클 때 선이 성취된다고 하였다. 그러므로 한 행위가 쾌락을 성취하고 고통을 제거하는 데 유용하다면 그것은 선인 것이다. 대표적인 공리주의자들로는 벤담(J. Bentham)과 밀(J. S. Mill)이 있다.

실증주의란 경험적인 소산인 사실에서만 출발하고 다만 그것에 대한 엄밀한 서술만을 목적으로 하며 경험적인 사실의 배후에 하등의 초경험적, 형이상학적인 실재를 인정하지 않는 입장이다. 즉, 실증주의란 실재, 본체, 선 등 형이상학의 이론을 떠나서 어디까지나 사실을 바탕으로 하여 관찰과 실험에 의하여 현상 간의 관계와 법칙을 밝히고자 하는 입장이다. 대표적인 학자는 콩트(A. Comte)이다. 콩트는 독일 관념론의 추상성을 배격하고 경험적인 사실을 바탕으로 하여 관찰과 실험을 중시한 실증주의를 주장하였다.

3. 19세기의 교육

1) 국가주의 교육

유럽 각국은 제국주의의 형태와 자본주의 체제를 갖추게 되면서 경쟁적으로 영토 확장과 식민지 개척에 나서게 되었다. 국가 간에 경쟁이 심화되면서 국가의 보존과 번영에 최고 가치를 두는 국가주의 사상이 대두되었다. 각국은 국가주의 사상에 입각하여 국민의 역량을 최대한으로 기르고 효과적으로 결집하기 위해 국가주의 교육체제를 갖추게 되었다.

국가주의 교육은 국가의 공적 이익을 목적으로 한다. 국가의 공적 이익이란 국가의 번영을 위해 국민의 역량을 강화하고 국민의 단결을 도모하며, 국민은 국가 발전을 위한 수단이 되는 것이었다. 무엇보다도 강건한 국민을 기르기 위해 체육을 중시하고, 산업생산력을 높이기 위해 직업교육이 강조되었다.

국가주의 교육의 일차적 목적과 기능은 개인의 발달이 아닌 국가의 발전과 혁신을 중심과제로 삼고, 국가관리 · 통제 · 국가경영 위주의 교육에 두고 있다. 따라서 국가주의에서 교육은 부국강병이라는 국가의 목표와 이상을 실현하기 위한 국민의 총화와 단결을 꾀하며 국가 발전에 기여하는 인간을 육성하기 위한 효율적인 수단이요, 방법인 것이다.

국가주의 교육의 기본적인 목적이 국가의 이상 실현에 기여할 인간의 육성에 있었기 때문에 교육내용 역시 애국심의 배양에 요구되는 것이 강조되었다. 그리하여 전통적인 인문교과나 성서 혹은 라틴어와 고전문학으로부터 탈피하여 자국의 문학과 언어 · 역사 · 지리 · 정치와 의무에 관한 공민교과, 그리고 애국심 배양을 위한 음악, 특히 국가(國歌)가 중시되었으며, 건강 · 체력 · 보건을 위한 체육훈련 역시 중요한 교과목으로 포함되었다(한규원 · 이항재, 1996).

국가주의 교육은 초등 의무교육을 강조한다. 그리하여 유럽의 국가주의 교육은 초등교육까지는 의무교육이자 공통과정인 단선형 학제이지만, 중등 이상의 수준에서는 복선형 학제를 더욱 적합한 제도로 본다. 또한, 국가주의 교육에서는 교육이 개인 · 단체, 종교가 아닌 국가의 사업으로 인식되어 교육에 대한 국가의 관리가 강화되면서 공교육제도와 의무교육제도의 발달을 가져오게 되었다. 그리하여 19세기 이후 세계 각국에 있어 국가의 통제와 지원에 의한 교육이 일반화되었으며, 그에 따라 국가적 교육기관 또한 보편화되기 시작하였다.

의무교육제도 수립에 따라, 그 때까지 주로 중 · 상류 계층에 집중되어 있던 교육기회가 서민 대중으로까지 확대되었으며, 그에 따라 취학인구가 급격하게 팽창하는 교육의 대중화 현상이 나타나게 되었다. 따라서 오늘날 세계 각국에서 공통적으로 채택하고 있는 공교육제도 및 의무교육제도와 교육의 대중화 현상은 바로 이 19세기 국가주의 교육에서 비롯된 것이라고 할 수 있다.

프랑스에서 국가주의 교육은 라 샬로테와 콩도르세 등에 의해 주장되었으며,

이후 나폴레옹에 의해 중앙집권적 교육체제가 확립되었다. 독일에서는 피히테, 슐라이어마허 등에 의해 국가주의 교육이 주장되었으며, 프러시아에서는 세계 최초의 의무교육제도가 실시되었다. 미국에서 국가주의 교육은 제퍼슨과 만 등에 의해 주장되었으며, 매사추세츠 주에서는 의무교육이 실시되었다.

2) 신인문주의의 교육

신인문주의(neo-humanism)는 18세기 말엽부터 19세기 초엽에 걸쳐 독일에서 개화한 제2의 인문주의 운동이다. 18세기 후반의 계몽주의는 인간의 본성을 합리적인 이성 속에서 구하여, 그에 위반되는 모든 인습과 권위를 배척하는 한편, 인간의 이성적인 면만을 추상적으로 강조한 나머지 다른 면을 무시하는 결함을 내포하고 있었다. 이러한 계몽주의를 비판하고 극복하고자 등장한 것이 19세기 독일의 신인문주의이다.

신인문주의 교육은 이성의 계발을 강조하는 계몽주의의 주지주의적, 합리주의적 경향을 비판하고 인간의 신체적 · 지적 · 정의적 특성의 조화로운 발달 이상과 원리를 그리스 문화에서 찾고자 했으며, 라틴 고전에 대한 언어적, 형식적 모방에 빠진 르네상스의 구인문주의를 비판하고 그리스의 문학과 예술 전반에 담긴 정신과 내용을 되살리고자 하였다.

르네상스 인문주의가 고대 로마 문화의 형식을 부활하는 데 편중하였고 특히 키케로주의로까지 타락했던 데 비하여, 신인문주의는 고대 그리스 문화의 정신과 내용을 부활하려 하였으며, 특히 고전에 포함된 정신 속에서 스스로의 인격을 균형 있게 발달시키는 것을 교육의 이상으로 삼았다. 또한, 르네상스 인문주의가 모방적이고 이상적이었음에 비하여, 신인문주의는 자각적 · 비판적 · 현실적이었다.

신인문주의 교육은 내적 자발성에서 기인하는 교육 가능성을 신뢰하는데, 이것은 루소의 자연주의의 영향을 받은 것이었다. 즉, 개인의 자연적 성향을 구속하지 않고 자연스러운 발달을 이루는 것이 올바른 교육이라는 것이다. 신인문주의 교육은 아동을 성인의 축소판이 아닌 고유한 개성과 정신을 가진 존재로 본다. 따라서 개별 아동의 흥미를 인정하고 이를 충족시키기 위해 노력하는 과정에서 교육이 이루어진다.

신인문주의 교육은 인간의 전인적 발달을 지지한다. 이들은 학습자 내부의 다양한 능력을 조화롭게 발전시키는 것을 중요한 교육의 책무로 보았다. 즉, 지성의 계발, 도덕성의 계발, 건강한 신체발달 등이 그것이다.

이와 같은 신인문주의 교육의 개인적 발달에 대한 관심은 자연주의 교육원리와 결합하여 심리적 계발주의로 발전하였는데, 이것은 교육을 인간 내면에 잠재한 능력을 계발하는 것으로 보고, 인간발달과 교육과정의 심리적 원리를 찾고자 하였다. 심리적 계발주의는 이후 전개되는 교육의 과학화의 토대가 되었다.

신인문주의 사상은 감정과 생명을 지식보다 근본적이고 가치 있는 것으로 보기 때문에, 감정에 의한 직관은 매우 중요한 의의를 갖는다. 이 사상은 단순히 그리스 사상의 부활이 아니라 19세기의 시대적 산물이다. 신인문주의의 대표적 사상가로는 콩도르세, 페스탈로치, 헤르바르트, 프뢰벨 등이 있다.

4. 19세기의 교육사상가

1) 콩도르세

콩도르세(Marquis de Condorcet, 1743~1794)는 프랑스의 수학자, 사회과학자, 경제학자, 정치가이자 교육사상가로서 리브몽에서 태어났다. 생후 곧 아버지를 여의고, 경건한 가톨릭교도인 어머니의 손에 양육되었다. 일찍부터 수학에 재능을 나타내어 1769년, 26세의 약관으로 과학학사원 회원이 되었고, 1773년 그 곳의 상임서기에 임명되었다.

그는 당시의 철학자인 몽테스키외, 루소 등의 영향을 받았다. 1782년 프랑스 학사원 회원으로 추천되었으며 1789년 혁명이 일어나자 파리시회 위원을 거쳐 1791

년에 공교육위원회의 위원으로 활약하였다. 그는 지롱드파(온건공화주의)에 협조하고 자꼬벵파(과격공화주의)와는 의견을 달리해 의회에 채택한 '공안위원회'의 초안을 반대하다가 1794년 끌라마르에서 체포되어 부르그 라 레느(Bourg-la-Reine)의 감옥에 수감된 뒤 다음날 옥중에서 시체로 발견되었다. 그의 나이 51세였다. 그가 남긴 명저로『인간정신의 진보에 관한 사적 서술의 개요(1793)』가 있다.

그는 계몽주의 철학자이자 교육개혁가이다. 그는 인간의 자연권에 기초를 두고 교육사상을 정립하였다. 그는 정교한 공교육제도를 통하여 인간 능력의 자연적 불평등을 완화시키려고 하였다. 그는 교육은 개인이나 계급의 이익보다는 공동선에 기여해야 한다고 생각했다(신득렬, 2000).

콩도르세가 구상한 교육개혁안은 당시 프랑스 사회의 현실을 뛰어넘어 세계시민으로서의 인성과 지식을 갖추는 것을 교육의 목표로 삼았으며, 인간이라면 누구나 보편적으로 추구해야 할 자유와 권리 그리고 평등을 실현하기 위한 내용을 담고 있었다.

콩도르세는 공교육을 운영하는 데 국가가 직접 개입하는 것에는 반대하였다. 그는 국가는 자유를 실현하는 도구일 뿐이며, 특히 교육과 과학 연구에서는 국가가 시민의 주도권을 인정해야 한다고 생각했다. 따라서 콩도르세는 정부가 아닌 자치적 교육단체가 공교육을 주관함으로써 정치적, 종교적 영향력으로부터 공교육의 자유가 옹호될 수 있다고 생각하였다. 이러한 그의 사상은 생시몽과 사회학자 콩트(A. Comte, 1789~1857)에게 큰 영향을 주었다.

2) 페스탈로치

(1) 생애

페스탈로치(J. H. Pestalozzi, 1746~1827)의 교육적 이상은 그 자신의 삶을 반영한다. 그가 5세였을 때 의사인 그의 아버지가 세상을 떠나자 그의 어머니가 그를 길렀으며, 그로부터 섬세한 감정을 기르게 되었다.

페스탈로치는 취리히의 초등학교와 라틴어학교를 거쳐, 카롤리나 대학

(Collegium Carolinum)에서 고전어 · 역사 · 철학 등을 공부하였다. 그 후 목사가 되고자 신학을 전공했으나 목사직이 자신에게 적합하지 않음을 알고 다시 법학을 전공하였다. 이 무렵 페스탈로치는 급진적 자유주의 사상을 가진 보드머(J. J. Bodmer) 교수의 지도로 『에밀』과 『사회계약론』 등 루소의 저작을 접했으며, 루소에게 크게 감명을 받고 『에밀』의 순수한 인간성의 찬송과 조국애를 스파르타 정신으로 구현하고자 했다. 그리하여 진보적인 학생 단체인 '애국단'의 열렬한 회원으로 활동한 그는 당국의 부당한 처사에 항의하다가 체포 · 구금되기도 하였다. 이후 건강을 해친 페스탈로치는 법률가의 길을 포기하고 루소의 가르침에 따라 농부가 되기로 결심하고, 농장의 견습공으로 들어가 농업기술을 익혔다.

페스탈로치는 농사를 짓고 노이호프(Neuhof)에서 농장을 운영했지만, 가난으로 어려움을 겪었다. 그렇지만 이 사실이 그의 이상주의를 줄이지는 못했다.

그가 고아들을 위해 학교를 세웠던 노이호프, 가난한 어린이와 고아를 맡고 있던 슈탄츠(Stanz), 부르크도르프(Burgdorf), 그리고 마지막으로 기숙학교를 운영했던 이페르텐(Yverdon)에서 그는 교육에 새로운 접근 방법이 필요하다고 확신했다. 이페르텐 학교가 재정적으로 어려움을 겪고 난 후 말년에 그는 노이호프에서 지내다가 거기서 1827년 81세의 일기로 부르크(Brug)에서 세상을 떠났다.

그의 가장 중요한 저서로는 『린하르트와 게르트루트』(1787), 『게르트루트는 어떻게 자녀를 가르쳤는가』(1801), 『백조의 노래』, 『은자의 황혼』(1780)이 있다(김정환, 1981).

(2) 교육사상

페스탈로치는 스위스 출신의 탁월한 교육개혁가로서 산업시대의 사회문제와 대중교육의 필요성을 인식한 최초의 사람들 중의 하나였다. 그는 적절한 조건이 주어지면 모든 사람이 발달할 수 있으며, 누구나 교육받을 평등한 권리를 가지고 있다고 확신하였다. 이러한 신념에 따라 그는 효과적인 교수법, 즉 실물학습(object lesson)과 같은 교수법을 개발하였다.

페스탈로치는 오랜 전란으로 생겨난 빈민들과 고아들을 보면서 가정의 중요성을 절감하였다. 가정의 행복이야말로 가장 근원적이라고 생각했다. 그는 정서적 안정이 어린이 교육의 핵심적 요소임을 인식하였으며, 교육이 인간 도야를 통하여 인간을 개혁하고, 사회를 개혁하는 수단이 된다고 보았다. 그가 민중교육에 힘을 쏟은 것은 사회에서 소외된 빈민이나 고아와 같은 민중들을 교육을 통해 개혁함으로써 사회를 개혁하고 이상적 사회를 실현할 수 있다고 믿었기 때문이다. 그는 인류는 자연적 상태 · 사회적 상태 · 윤리적 상태의 세 단계를 거치게 되고, 교육을 통해 각 단계를 거치면서 발전해 가며 아울러 보다 진보된 사회를 이루어 나가게 된다고 생각하였다.

또한, 교육의 본질은 인간 내면의 본성을 고양시키는 데 있다고 보았다. 그는 인간은 누구나 동일한 본성을 갖고 있으며, 인간의 본성은 도덕적 · 지적 · 신체적 능력을 포함하고 있다고 생각하였다. 교육은 가슴 · 머리 · 손으로 상징되는 도덕적 · 지적 · 신체적 기능들을 조화롭게 발전시키는 것, 즉 전인교육을 목적으로 한다. 그가 추구한 교육의 목적은 모든 어린이의 천부적인 능력과 타고난 잠재력에 기초한 새로운 교육방법을 통해 사회개혁을 이룩하는 것과 특정한 직업이나 특정한 사회적 요구에 따른 기술이나 능력을 배양하는 것이 아니라 일반적 인간 도야에 있었다.

페스탈로치는 머리, 손, 가슴의 교육에 따라 다른 교육내용을 제시하였다. 지적 교육을 위해서는 실물학습을 통해 주변의 모든 것이 교육내용이 되었다. 특별히 수학, 지리 등이 중시되었다.

손의 교육은 노작교육으로 나타났다. 그는 가난한 아이들과 고아들을 위해 직업교육이 필요하다는 것을 절감하였다. 이를 위해 아이들이 노동을 통해 학습하도록 하였으며, 과학적인 영농기술을 개발하기도 하였다. 노작교육은 사회적, 도덕적 발달을 가져오는 수단이 될 수 있다.

가슴의 교육을 위해 그는 정서와 감정을 발달시켜야 한다고 생각했다. 가슴의 교육을 위해서는 이웃 사람들과 신을 향한 마음이 존재해야 한다. 가정교육은 이러한 교육의 중요한 장소이다. 사랑, 신뢰, 감사의 마음이 일어나도록 하기 위해서는 기독교 신앙이 필요하다고 생각했다. 그의 교육사상은 기독교 신앙과 분리할 수 없다. 인간은 신에 대한 사랑, 신뢰, 존경을 가질 수밖에 없으며 이러한 감정은 직접 신에게 향하는 것이 아니라 먼저 인간을 사랑하고 신뢰하고 따르고 감사하는 데에서 출발해야 한다고 생각했다.

페스탈로치는 교육의 방법적 원리로 첫째는 '합자연의 원리'를 제시하였다. 그는 루소의 영향을 받아 교육은 아동 내면의 자연적 성장의 질서에 따라서 이루어져야 한다고 보았다. 그는 당시의 학교가 피상적이면서 박식만을 추구하는 그릇된 지식교육에 치중한다고 비판하고, 아동의 자연적 성장에 상응하는 직관과 경험에 의한 교육의 중요성을 강조하였다(성기산 역, 1997).

둘째는 직관교육이다. 교육은 책이나 언어에 의존하기보다는, 관찰이나 자연과의 접촉 등 직관에 의한 교육이어야 한다는 것이다. 즉, 학습자는 감각과정을 통해 개념이 형성되도록 하는 일반화된 인식론적 과정을 따라야 한다는 것이다. 그의 교육방법은 두 가지, 즉 일반적 방법과 특수한 방법으로 나누어진다. 전자는 정서적으로 안정된 학습 환경을 만들어 주는 것을 의미한다. 즉, 정서적 안정, 신뢰, 애정을 교사가 학생에게 제공하는 것을 의미한다. 후자는 그림이나 말이 아닌 사물을 이용하는 감각수업을 의미한다. 이것은 시각과 청각을 이용하는 것으로, 세 가지 형태의 학습, 즉 수(계산, 수리), 형태(도서, 습자, 측량), 언어(읽기, 말하기, 문법)의 학습을 의미한다. 이러한 인식론과 학습의 방법을 얻은 그는 이것을 사용하여 당시의 학교에서 널리 유행하던 언어주의, 책 중심주의, 암기학습 등을 비판할 수 있었다. 이러한 비판을 통하여 그는 경험이 언어보다 선행되어야 하며, 언어는 사고의 수단이라는 것을 널리 알리려고 하였다.

셋째는 학습의 심리 · 기계화이다. 교수와 학습은 심리학적 조직과 법칙에 따라야 하며, 그 방법에는 일정한 법칙이 있어야 한다는 것이다. 어린이는 감각적 인상, 주의 깊은 관찰, 명료한 이해, 지식의 활용과정을 거치면서 신체적 · 정신적 · 도덕적으로 발달한다고 보았다. 교사가 교육을 할 때는 어린이의 흥미, 준비성,

자유로운 자기표현, 정서적 · 사회적 요구 등을 고려해야 한다.

넷째는 노작교육이다. 이는 일하면서 배우고, 배우면서 일한다는 원리이다.

다섯째, 실물교육이다. 페스탈로치의 실물학습은 그를 유명하게 만들었다. 실물학습에 참여한 어린이들은 사물을 정확하게 그리고 명료하게 이해할 수 있게 되었다. 전통적으로 내려오던 암기학습 대신에 경험을 통해 대상으로 나아갈 수 있었다. 실물학습은 교육과정 환경을 풍부하게 하였으며, 이로서 자연과학과 지리 분야가 각광을 받기 시작했다. 또 현장학습이 강조되고 지역사회를 이해하는 기회를 제공하였다.

그는 학교를 세워 자신의 교육적 신념을 몸소 실천했을 뿐만 아니라 저술활동도 병행하였다. 그의 저술에 담긴 내용 중 심리학적 지식은 옛것이 되었지만 교육철학적, 윤리적 관점들은 고귀한 가치를 가지고 있다. 그가 보여 준 아동에 대한 사랑과 교육에 대한 열정은 교사들에게 귀감이 되었다. 이러한 성취 때문에 페스탈로치는 '인류의 교육자'가 되었다.

페스탈로치가 교육사상에 미친 영향은 다음과 같이 요약될 수 있다.

첫째, 그의 심리주의적 경향이 후에 교육심리학 연구에 크게 영향을 미쳤다. 그의 직관주의와 교수 단계설의 기초가 되어 있는 심리주의적 사상, 그의 아들 야곱의 성자에 관한 교육일기 등은 후세 아동연구, 실험심리학에 영향을 주었다.

둘째, 그의 직관주의적 사상은 후일 직관교수에 영향을 미쳤다. 직관주의 사상은 이전에 코메니우스 등에 의해서도 주장되었으나 그 진의가 불확실하고 수동적이었다. 그러나 페스탈로치는 이를 진일보 발전시켜 능동적으로 구조적 성질을 부여해서 수 · 형 · 언의 3요소를 활용하는 직관주의를 스스로 실천함으로써 영국에 전파되었다.

셋째, 페스탈로치의 교육에 대한 모든 접근은 새로운 종류의 교사를 절대적으로 필요하게 했다.

넷째, 페스탈로치는 교육의 목적은 인간의 개선에 있다고 하였던 바, 이러한 교육적 사상은 민주적 교육의 방향으로 발전하여 인도주의와 함께 현대국가가 필요로 했던 영감을 갖게 했다.

다섯째, '생활이 도야한다'는 명제를 확립함으로써 20세기에 있어서 생활교육의 기초를 닦았다.

여섯째, 아동의 자발적인 노작활동에 의한 기초훈련을 중시한 것은 20세기부터 발전한 노작교육의 사상의 원천이 되었다.

오늘날의 교육에서 크게 평가받는 페스탈로치의 공헌은 아동의 존엄과 아동중심 교육과정의 중요성을 강조한 그의 자연적 교육의 철학이다. 그의 일반적 방법, 즉 정서적으로 안정된 학습 환경의 창조는 현대의 아동심리학의 출현을 예견한 것이었다.

3) 헤르바르트

(1) 생애

헤르바르트(J. F. Herbart, 1776～1841)는 1776년 올덴부르크에서 법률가인 아버지와 비범한 문학적 재능과 지대한 교육적 관심을 가진 어머니 사이에서 태어났다. 어려서는 몸이 허약하여 학교에 가지 못하고 집에서 어머니와 가정교사에게 교육을 받았다. 그는 어머니로부터 그리스어와 수학을 배웠고, 그 밖의 어머니의 열성적인 지원 아래, 피아노 · 바이올린 연주, 승마, 발레, 수영 등 다방면에 걸친 교육도 받았다.

1794년 18세에 그는 예나 대학 재학 중 피히테의 훌륭한 제자가 되어 철학 연구에 몰두하였다. 1797～1799년 그는 개인교사 생활을 하였으며, 이때 그는 교육에 대해 실제적 경험을 쌓았다.

1799년 23세 때에 그는 페스탈로치의 교육사상에 심취하여 그가 세운 부르그돌프 학교를 방문하였다. 페스탈로치는 헤르바르트에게 시범 수업을 참관할 기회를 주었으며, 여기서 그는 페스탈로치의 수업방식에 깊은 감명을 받고 그의 사상에 대체로 공감했지만 그의 능력심리학에 대해서는 반대하였다. 그래서 그는 자신만의 학습심리학을 정립하였다. 통각과 연합을 핵심개념으로 한 그의 학습심리학은 20세기의 학습심리학자인 손다이크(E. L. Thorndike)를 비롯한 여러 심리학자에게 영향을 미쳤다.

1802년 26세에 헤르바르트는 괴팅엔 대학에서 박사학위와 교수자격을 취득한 후에 철학과 교육학을 강의하였다. 이 기간 동안에 교육에 관한 저술활동을 했다. 그는 1806년 그의 주저라고 할 수 있는『일반교육학』을 발표하였다.

1809년 33세에 그는 칸트의 실질적인 후임으로 쾨니히스베르크 대학의 철학교수가 되었다. 이 대학에서 25년 동안 근무하면서 그는 철학, 심리학, 교육학에 관한 많은 저서, 예컨대,『교육학강의 개요』(1835)와『일반교육학 개요』(1841)를 썼다. 또한, 그는 이 대학의 부설 기관으로 사범학교를 설립하였다. 이 학교는 일종의 실험학교로서, 학생들이 대학에서 교육에 관한 이론을 배우고, 학교에서 관찰과 실습을 통해 교육 경험을 쌓도록 하였다. 이 학교는 독일의 과학적이고 체계적인 교사교육 발전에 기여하였다.

1833년 57세에 쾨니히스베르크 대학을 떠나 괴팅엔 대학으로 돌아온 그는 강의에 몰두하면서 그의 마지막 주요 저작『교육학강의 개요』를 저술하였다. 그는 65세를 일기로 세상을 떠났다. 헤르바르트는 페스탈로치의 교육사상을 가장 훌륭하게 정교화시켰다. 그는 자신의 철학적 통찰과 페스탈로치의 교육사상을 결합하였으며, 이는 교육방법에 큰 발전을 가져왔다(성기산 역, 1997).

(2) 교육사상

헤르바르트의 가장 큰 업적은 교육학을 하나의 학문으로 체계화한 데에서 찾을 수 있다. 헤르바르트는 교육학을 구성하는 교육원리는 교육목적에서 연역되어 나와야 한다고 생각하였다. 그는 교육목적을 '임의적 목적'과 '도덕적 목적'의 두 가지로 나누었다. 임의적 목적은 인간의 다양한 능력에 따라 임의로 추구될 수 있는 목적이며, 도덕적 목적은 누구나 추구해야 할 필연적인 목적이다. 도덕적 목적은 인간의 최고 목적이자 교육의 최고 목적으로서 교육을 통해 도덕성을 함양하는 것이다.

그가 세운 교육목적은 도덕적 인격과 윤리적 인간관계의 정립이었다. 도덕적 행위는 도덕적 법칙을 암기하고 설교를 들음으로써가 아니라 인간의 의지가 발달되어야 가능하다고 믿었다.

헤르바르트는 학생들에게 선을 선택하고 악을 버릴 수 있는 의지를 심어 주는 도덕적 품성교육을 제시하였고, 이러한 목적에 이르는 과정으로 여섯 가지 흥미의 단계를 제시하고, 그 분류를 교육내용과 교육방법에 적용하였다. 인간의 흥미는 현실적 사물의 접촉과 인간과의 접촉에서 생긴다고 보고, 전자는 지적 흥미로, 후자는 윤리적 흥미로 표현하였다. 그는 지적 흥미를 다시 경험적 · 사변적 · 심리적 흥미로, 윤리적 흥미를 다시 동정적 · 사회적 · 종교적 흥미로 세분하여 모두 여섯 가지 흥미를 제시하였다.

이러한 분류에 따라 학교의 교과를 크게 두 가지 영역으로 구분하였다. 하나는 역사 영역으로, 여기에는 역사 · 언어 · 문학 등이 포함된다. 다른 하나는 과학 영역으로, 여기에는 과학 · 수학 · 지리 · 미술 등이 포함된다. 이 두 영역 중에서 역사 영역을 더 중요시하였는데, 그 이유는 이기심을 극복하고 전인으로 성장하는 데 필요하기 때문이라고 했다.

헤르바르트는 도덕성의 함양이라는 교육목적을 실현하기 위한 교육방법으로 관리 · 교수 · 훈육의 세 가지를 제시한다. 이 세 가지는 개념적으로 구분될 뿐이며 실제에서는 상호 보완적으로 실행된다.

'관리'는 학습자 스스로가 욕구나 행동을 통제하지 못할 때 외적 권위의 힘으로 질서를 유지함으로써 교육받을 수 있는 조건을 형성하는 교육방법이다. 관리의 구체적인 방법으로는 위협 · 감시 · 권위 · 사랑 · 처벌 등이 있다.

'교수'는 헤르바르트의 교육방법에서 가장 핵심적인 것으로, '사고권'을 형성하고 확장하여 감정과 의지를 불러일으킴으로써 도덕성을 형성하는 교육방법이다. 헤르바르트는 교수가 단순히 지식과 정보를 전달하는 것이 아니라 도덕성 함양을 목적으로 한다는 점에서 이것을 '교육적 교수'라고 불렀다.

'훈육'은 교재라는 매개체가 없이 직접적으로 학습자의 정서에 영향을 줌으로써 도덕성을 함양하는 방법이다. 훈육의 구체적 방법으로는 명령 · 상벌 · 교훈 · 모범 등이 있으며, 특히 교사의 모범이 가장 중시된다.

헤르바르트를 교육학의 교육사적 가치에서 보면 장점은 첫째, 엄밀한 의미에서 체계적인 교육학을 확립하였다. 둘째, 도덕적인 품성 도야를 교육의 중심 목표로 삼았다. 셋째, 교수 진행의 순서를 인정하여 지식의 형성과정으로 4 단계설을 완성하였다. 넷째, 교육적인 교수에 있어서 흥미, 유목화 등의 가치개념을 교육에 도입하였다. 다섯째, 교수법 연구에 활기를 띠게 하였다.

그에 비해 단점은 첫째, 도덕적인 품성을 강조한 나머지 신체적인 양호와 실용적인 지식을 간과했다. 둘째, 개인적인 교육에 주력하여 국가와 사회를 경시했다. 셋째, 교육단계설이 점차 형식화되었다. 넷째, 표상기제의 심리학이기 때문에 주지주의에 기울었다. 다섯째, 기초과학을 윤리학과 심리학에 두었기 때문에 좁은 의미에 불과하다는 것 등을 꼽을 수 있다(신차균 · 안경식 · 유재봉, 2006).

주지하는 바와 같이, 헤르바르트는 페스탈로치의 영향을 받았지만 그를 능가하는 수업이론을 만들었다. 그는 아동의 흥미를 중시하였지만 수업과 교사를 더욱 중시하였다. 그는 학교에서 수업해 본 경험이 없었기 때문에 그의 이론의 적용은 주로 그의 제자들에 의해 이루어졌다. 헤르바르트의 학습심리학과 교수이론은 이미 구식이 되었지만 교육학 발달에 미친 공헌은 지대하다. 그는 교육학을 독립적인 학문으로 정립시켰으며, 교수와 수업을 심리학적 원리에 따라 하려던 시도는 탁월한 업적이라고 할 수 있다.

무엇보다도 헤르바르트는 교육학을 하나의 독립된 학문으로 체계화한 학자였다. 그는 윤리학과 심리학을 기초 학문으로 하여 그 위에 독립된 교육학을 건설했다는 점에서 교육학의 시조로 평가받고 있다. 코메니우스, 루소, 페스탈로치 등 많은 위대한 교육사상가도 교육목적과 방법 등 교육에 대한 이론들을 제시했으나, 교육학을 하나의 학문으로서 과학적 기초를 부여한 체계적 학문이라고는 볼 수 없었고, 헤르바르트에 의해서 처음으로 교육학이 학문적 제계를 갖추게 되었다는 것이다.

4) 프뢰벨

(1) 생애

독일의 교육학자이자 유치원의 창시자인 프뢰벨(F. W. A. Froebel, 1782~1852)의 생애는 독일 역사에서 파란만장한 시대에 걸쳐 있었다. 그는 나폴레옹 전쟁의 충격을 받으면서 살았고, 독일에서 민족주의가 자라고 있는 것을 목격했다.

프뢰벨은 동부 독일의 오버바이스바흐에서 목사의 여섯째 아이로 태어났다. 출생 몇 개월 후에 어머니를 여의고 아버지가 재혼함에 따라 부모의 사랑과 가정의 따뜻함을 느끼지 못한 그는 자연 속에서 삶의 의미를 발견하였으며, 신비주의를 경험하였다.

15세 때에 그는 숲을 지키는 사람이 되기 위한 2년간의 견습생활을 하였다. 식물에 관한 지식을 통하여 자연과학에 대한 관심이 커지기 시작했다. 17세에 예나 대학에서 자연과학을 공부하는 동시에 관념철학, 낭만주의 운동에 심취하였다. 그도 당시 세간에 화제가 되고 있던 피히테의 철학에 영향을 받았다.

1805년, 23세 때부터 2년간 프랑크푸르트의 마인(Main)에 있는 페스탈로치식 모범학교의 교사로 일하였다. 프뢰벨은 처음으로 자신의 천직이 교직임을 깨닫고, 페스탈로치의 이페르텐 학교로 페스탈로치를 방문하였다. 여기서 그는 페스탈로치의 교육원리와 교육방법에 감명을 받고 교육자로서의 삶을 살기로 결심하고, 1808년 26세에 홀츠하우젠가의 세 자녀를 가르치는 가정교사가 되었다. 이후 프뢰벨은 자신의 교육이론 지식이 부족함을 절감하여 가정교사를 그만두고, 1811년 29세에 다시 괴팅엔 대학과 베를린 대학에서 학업을 계속하였다.

1835년, 53세에 프뢰벨은 베른(Bern) 주 당국의 초정으로 부르그돌프의 고아원장이 되어 유아교육에 대한 흥미와 구상을 구체화하였다. 이때 그는 인간교육에서 유아기 교육의 중요성을 새삼 인식하게 되었고, 1837년 고아원장직을 사임하고 블랑켄부르크로 돌아와 '자기교수와 자유교육에로 이끄는 직관교수의 학교'라는 긴 이름의 학원을 창설하였다. 이 학교의 특징은 20여 종에 달하는 장난감을 이용한 놀이교육을 실시한 점이었다. 그리고는 학교명을 '어린이의 작업충동을 육성하기 위한 학교'로 바꾸었다.

1839년, 57세에는 '유아교육 지도자 양성시설'을 설립하여 유아교육 담당자를 양성하려 하였다. 또한, 이들의 실습을 위하여 6세 이하의 유아 약 40명을 모아 '놀이와 작업시설'을 병설하여 매일 2시간씩 장난감 중심의 놀이교육을 실시하였다. 이 시설을 1840년에 '작은 어린이의 작업소'라고 명명하고, 다시 'Kindergaten(어린이의 정원, 유치원)'이라고 바꾸었다. 결국 프뢰벨은 1840년에 '일반 독일 유치원'을 창립하였고, 이 날이 유치원 창설 기념일로 내려오고 있다.

1843년, 61세에는 부모교육서인 『어머니의 노래와 사랑의 노래(1843)』를 출판하였다. 그 후 프뢰벨은 계속 유치원 경영과 유치원교사 양성에 정진하였다. 그러나 프러시아 정부는 1851년에 프뢰벨의 유치원에 폐쇄령을 내렸다. 그는 이의 철회를 탄원하였지만 받아들여지지 않았으며, 이듬해인 1852년 70세를 일기로 영면하였다. 폐쇄령은 1860년에 해제되었다.

프뢰벨의 교육사상은 독일 이민자들에 의해 미국에 전승되었다. 1855년 슐츠에 의해 미국의 위스콘신 주 워터타운에 미국 최초의 유치원이 세워졌다. 유치원은 많은 사람의 주목을 받아 여러 곳에 세워졌다. 유치원을 공립화시킨 사람은 세인트 루이스 학교장학관 해리스(William T. Harris, 1855～1919)이다.

(2) 교육사상

프뢰벨의 교육이론은 여러 영향을 받아 형성되었다. 어린 시절에 받은 종교적 영향, 자연과의 교제, 관념철학과의 만남, 낭만주의 운동, 과학정신으로부터 영향을 받았다. 그는 사사했던 페스탈로치에게서 '자연발달'을, 피히테에게는 '행동의 원리'를 계승하여 양자를 발전 결합시킨 '육아의 자연'을 유일한 근거로 그의 독특한 교육학설을 수립한 사람이다. 특별히 독일의 관념철학은 자연과 인간의 영혼을 통합하려는 우주관을 가지고 있었다. 낭만주의 운동과 함께 분석적인 경향보다는 종합적인 경향을 가지고 있었다.

헤르바르트와 마찬가지로 프뢰벨도 페스탈로치의 이론을 발달시킨 사람으로 간주된다. 그러나 이 두 사람은 서로 다른 노선을 걸어갔다. 헤르바르트가 교사의 방법과 활동에 관심을 가진 데 비해 프뢰벨은 아동의 발달과 활동에 관심을 기울였다. 프뢰벨은 페스탈로치의 참된 수제자라고 할 수 있다. 그는 페스탈로치처럼 인간의 자연적 발달을 열망하였다. 그는 페스탈로치의 원리를 더욱 구체화시키고 실제 경험을 통하여 원리를 검증하였다. 그가 강조한 '계속성', '발달'을 통하여 사람들은 아동의 본성을 더 잘 이해하게 되었다.

프뢰벨은 게임과 놀이를 통하여 어린이의 협동심과 사회성이 발달될 수 있다고 생각했다. 놀이와 게임이 즐겁고 성공적이 되려면 협동심과 사회성이 있어야 한다. 프뢰벨은 협동심과 사회성의 가치를 언어를 통해서가 아니라 어린이의 실제적 활동을 통해서 획득하도록 하였다.

또한, 그는 교육을 문화를 전승시키는 수단이 아니라 우주적 진화의 한 부분으로 보았다. 따라서 학습자는 특정 문화에 한정될 것이 아니라 과거와 현재에 연속되고 있는 인류의 발달에 관심을 가져야 한다는 것이다. 이러한 우주관으로부터 프뢰벨은 교육의 목적을 도출하였다. 즉, 교육의 목적을 인간 내면에 있는 신성을 계발하고, 실현하는 데 두었다. 그는 인간의 본성은 신의 활동의 외적 표현이라는 관점에서 출발하였다. 이러한 교육은 자연과 조화되고 신과 통일되도록 한다. 그는 통일성을 중요시했기 때문에 인간발달의 경우에도 통일성이 준수되어야 한다고 생각했다.

프뢰벨이 중시한 교육내용으로는 종교 · 언어 · 자연과학 · 수학 · 예술 등을 들고 있다. 종교는 심정 도야의 중심이 되는 영역으로서, 삶의 전체적인 통일을 기하게 한다. 언어가 지각되고 인지된 내면적인 것을 표현하는 데 필요하다면, 자연과학은 인간의 삶을 규제하는 법칙을 가장 단순한 형태로 드러내어 주고, 수학은 자연과 인간 사이를 연결하는 매개적인 위치에 있으므로 중요시하였다. 예술은 인간의 내면의 세계를 표현하는 분야로서 중시하였고, 여기에는 노래 · 그리기 · 만들기 · 춤추기 등이 포함되었다.

교육의 방법으로는 자기활동과 창의성을 중시하면서 이 두 가지를 밀접하게 관련시켰다. "신은 인간을 신의 모습으로 창조하였으므로 인간은 신과 같이 창조하고 생산하여야 한다. 이것이 노동, 산업, 생산적이고 창조적인 활동의 고귀한 뜻이며, 심오한 의의이며, 위대한 목적이다."(주영흠 · 이승원 · 심승환, 2010)

그는 이러한 창조적 활동과 창의성의 발달을 위해 여러 가지 교육방법을 활용하였으며, 놀이, 노래, 은물, 작업, 여러 학습도구를 사용하였다. 작업은 활동이지만 은물은 활동이 아니다. 은물은 활동을 위한 하나의 수단일 뿐이다. 이러한 학습방법들은 별개의 것이어서는 안 되며, 서로 연관이 되어야 한다고 생각했다.

첫째는 은물과 작업이다. 둘 다 유아의 놀이를 지도하기 위한 교구와 교육과정이다. 은물은 '신의 은혜로운 선물'이라는 뜻으로, 프뢰벨이 고안하고 제작한 교육적 놀잇감이다. 은물은 신이 창조한 모든 사물의 기본적인 형태를 나타내고 있는데, 유아의 직관을 자극하고 자기표현을 이끌어 내기 위해 고안되었다. 이는 어린이로 하여금 생명이 없는 자연물에 익숙해지도록 하기 위한 것이다. 둘째는 정원 가꾸기와 동물 돌보기이다. 이것은 식물과 동물에 대한 애정과 공감을 불러일으키기 위한 것이다. 셋째는 게임과 노래이다. 이것은 동물과 인간의 내면의 삶을 알 수 있도록 하기 위한 것이다.

프뢰벨 교육사상의 교육적 공헌으로는 첫째, 유아교육의 본질을 재정립했고, 특히 부모교육의 중요성을 일깨웠다. 둘째, 사랑을 전제한 모성애적 보살핌에 의해서 유아의 생활은 유지될 수 있으며, 유아양육은 모성애적 본성의 발휘에서 가능하다고 했다. 셋째, 몸, 마음, 정신의 균형과 조화에서 기약되는 전인교육의 바탕을 마련해 주었다. 넷째, 유희를 자기표현의 가장 가치 있는 교육으로 생각하며, 놀이와 게임의 중요성을 일깨웠다. 다섯째, 아동교육은 그들의 활동, 욕구, 흥미에 의거해서 자유롭고 자발적인 성장과 타율적 강제가 아닌 자율적, 자발적인 계발을 중시했다. 여섯째, 근대교육에 있어서 개성 존중, 아동중심주의 등의 교육사조가 프뢰벨에서 구체화되었음을 알 수 있다.

프뢰벨이 가장 지속적으로 공헌한 것은 그가 유치원을 발전시킨 것으로, 오늘날 우리는 사회화 기관으로서 유치원의 중요성을 잘 알고 있고, 우리 교육제도의 일차적인 토대로 삼고 있다는 것이다. 그리고 아동의 유희적 관심에 기초를 둔 자발적 활동의 발달과 아동에 대한 프뢰벨의 사랑에서 우러나온 교육방법상의 통찰이 가지는 의의이다. 반면 비판하는 사람들은 흔히 프뢰벨의 사상이 너무 모호하고 애매하다고 반대한다. 프뢰벨은 시인처럼 글을 썼고, 그의 철학은 그의 마음의 표현이었으며, 교육의 초월적인 기능을 무한히 신뢰했다는 점에서 교육으로 인간의 궁극적인 희망을 표현하게 된다는 것이다. 프뢰벨은 어린이 중심의 교육기관을 너무 강조했으며, 놀이 활동을 과대평가했던 것 같다.

원전 읽기 **『자유론』(존 스튜어트 밀)**

흔히 현대는 자유와 개성의 시대로 일컫는다. 그러나 다른 한편으로는 몰개성과 통일성의 풍조 또한 확산되고 있다. 통설과 대세에 동조하는 '자유로부터의 도피' 현상은 현대 사회가 직면한 위기의 한 징후이기도 하다. 간섭받지 않을 자유를 갈망하는 동시에 자유를 부담으로 여기고 그로부터 벗어나려는 모순적인 상황을 어떻게 이해해야 할까.

존 스튜어트 밀의 『자유론』을 통해 그 답을 찾아보자. 『자유론』의 목적은 사회가 개인을 상대로 정당하게 행사할 수 있는 권력의 성질과 그 한계를 살피는 것이다.

전통적으로 개인의 자유는 정치권력을 제한함으로써 획득될 수 있는 것으로 인식되었다. 그러나 사회가 발전하고 정치권력의 행사가 제도화된 상황에서는 사회적 다수가 행사하는 권력이 개인의 자유에 더 큰 위협이다.

개인의 자율성과 개성을 살리기 위해선 이제 '국가권력'이 아닌 '사회'의 압력으로부터 벗어나야 한다. 민주사회에서 '다수의 횡포'는 공권력을 통해 행사되기도 하며 관습이나 여론의 압력이라는 형태로 개인의 영역에 침투하기도 한다. 다수의 횡포는 어떤 형태의 정치적 탄압보다 훨씬 더 가공할 만한 힘을 발휘한다. 밀은 "이는 다수의 횡포가 개인의 사사로운 삶 구석구석에 침투해 마침내 개인의 영혼까지 통제하면서 도저히 빠져나갈 틈을 주지 않기 때문"이라고 설명했다.

행복의 조건인 개별성과 자아 발전을 위해서는 무엇보다 사상의 자유가 필요하다. 그리고 사상의 자유가 보장되기 위해서는 다른 의견에 대한 관용이 요구된다. 토론과 비판의 대상이 될 수 없는 진리는 독단에 지나지 않는다. '오류 가능성'과 '부분적 진리'를 인정할 때 사회 진보가 가능하다.

이 책은 "전체 인류 가운데 한 사람의 의견이 다르다고 해서 그 사람에게 침묵을 강요하는 일은 옳지 못하다. 그것은 어떤 한 사람이 자기와 생각이 다르다고 나머지 사람 전부에게 침묵을 강요하는 것만큼이나 용납될 수 없는 일"이라고 설명한다.

밀은 또 "무엇이 유럽 민족들로 하여금 정체되지 않고 계속해서 진보할 수 있게 만들었는가? 유럽을 유럽답게 만든 요인, 그것은 바로 성격과 문화의 놀라운 다양성이다."라고 말한다. '자유와 다양성'은 지적 진보의 조건이다. 사회 내 다수의 의견이 사회 전체를 지배하게 된다면 정체 또는 쇠퇴의 시기가 도래할 것이다. 『자유론』은 이러한 시대 상황에 대한 인식을 토대로 한다. 대중민주주의 사회에서 가장 큰 위험은 자유의 과잉이 아니라 순응적 태도의 확산이다.

그러나 자유를 최대한 향유하기 위해서는 그에 합당한 질서와 안정이 요구된다. 밀은 "질서란 진보와 함께 이루어져야 할 추가적인 목표가 아니라 진보 그 자체를 위한 수단이며 그 일부분이다."라고 정의했다. 즉, 사상의 자유가 신장되기 위해서는 높은 수준의 사회적 합의가 필요하며 그 합의는 건전한 교육과 공론에 의해 유지된다.

밀의 『자유론』은 진보적 역사관과 경험적 인간관을 기초로 한다. 그의 전체 저작의 맥락에서 볼 때 『자유론』은 원칙적 자유주의의 천명이라기보다는 특정한 상황과 조건에 국한된 교훈으로서의 성격을 띤다. 그럼에도 불구하고 『자유론』은 분명 자유주의의 고전이며 자유에 관한 현재의 논의에서도 그 가치를 잃지 않고 있다.

– 유홍림(서울대학교 정치학과 교수).

출처: 동아일보(2005. 4. 24).

제11장 20세기의 교육 이해

1. 20세기의 사회와 문화적 특징

19세기 말에서 시작하여 20세기까지의 서구사회는 정치적 · 경제적으로 큰 변화를 가져오게 되었으며, 그 시대적 흐름을 교육사상에 직 · 간접으로 영향을 미쳐 복잡하고 광범위하게 발전하여 왔다.

민족주의적 국가주의에 나타난 제국주의의 성립과 그로 인한 제1 · 2차 세계대전, 자본주의의 발달과 그로 인한 사회주의 국가의 출현, 세계경제공황, 사회주의와 민주주의의 이념 갈등, 세계평화를 향한 UN의 출현과 활동, 국가 간의 협정과 노력 및 갈등 등 여러 가지 변화를 경험하게 되었다. 따라서 20세기의 교육은 다음과 같은 특성을 지니게 되었다(이주한, 2009).

첫째, 과학적 실험주의에 의한 교육의 과학적인 접근이다. 19세기에 발달한 자연과학과 실증주의는 20세기에 와서 교육에 영향을 미쳐 아동연구에 대한 과학적 방법을 제시하였다. 모든 교육의 문제를 과학적인 태도로 논의하고, 과학적인 방법에 의한 연구결과에 의하여 결정되어야 할 것을 주장하게 되었다. 이러한 과학적인 방법은 심리학 분야에서 먼저 적용되었다. 1879년 분트(Wundt, 1832~1920)가 독일의 라이프니츠 대학에 심리학연구소를 설치하고 그 이후 각종 심리검사가 실시된 것에서 비롯되어 아동발달과 심리학을 기초로 실험교육학이 체계화되었다. 또 양적 연구방법을 교육에 처음 적용하여 교육통계학을 창시한 미국의 손다이크(Thorndike, 1874~1949), 처음 지능검사를 실시한 프랑스의 비네(Binet, 1857~1911) 등의 출현은 교육연구의 과학화에 크게 공헌하였다.

둘째, 아동의 자유와 흥미, 욕구를 중시하는 아동중심교육이다. 18세기의 루소와 19세기의 프뢰벨을 거쳐 교육에 있어서 자유주의 운동은 미국을 중심으로 일어난 아동에 대한 새로운 해석과 관점을 의미한다. 즉, 아동을 억압하는 모든 요소를 제거하고 지금까지의 전통적인 교과내용과 교수활동을 비판하며 아동의 흥미와 욕구에 기초한 새로운 교수방법을 제기하게 되었다.

듀이(Dewey, 1859~1952)가 1896년에 설립한 시카고 대학의 실험학교, 몬테소리의 아동의 집, 닐(Neill, 1883~1973)의 서머힐 실험학교, 엘렌 케이(Ellen Key, 1849~1926) 여사의 저서 『아동의 세기』 등은 교육에 있어서의 민주주의와 자유주의 운동이다.

셋째, 교육의 사회화로 인한 생활중심교육이다. 주지주의에 대한 비판과 개인주의에 대한 사회주의의 도전 등 현대교육은 사회와의 관계 속으로 확대되었다. 교육은 인간과 사회의 상호관계 속에서 그 역할을 할 수 있는 사회적인 활동으로서, 생활 속의 경험을 통한 교육의 특성을 볼 수 있다. 또한, 교육을 생활, 성장, 경험의 재구성으로 본 듀이의 저서 『학교와 사회』와 실험학교 등에서 교육의 사회화 운동을 볼 수 있다.

넷째, 직업교육과 특수교육, 사회교육, 평생교육 및 조기교육의 발달이다. 교육은 사회적 지위와 직업을 부여하는 통로로서의 기능을 담당하게 되어 학교교육의 직업교육에 대한 관심이 고조되었으며, 정신지체아나 영재아동 등 특수아동을 대상하는 특수교육이 발달하였다. 또 학교교육에 그치지 않고 전 생애를 통하여 이루어지는 사회교육과 평생교육이 조기교육과 함께 발달하였다.

다섯째, 집단주의적이고 획일적인 교육과정과 교육방법에서 벗어나, 개별화 수업과 교육과정의 자율적인 참여를 중시하고 있다. 20세기 후반에 포스터모더니즘의 출현은 교육에 대한 전통적인 교육관을 해체하고, 지식에 있어서 상대적인 인식론을 받아들임으로써, 이전의 틀에 박힌 교육과정과 방법에 새로운 전환점을 맞이하게 하였다. 이는 교사에게 있어 아동에 대한 새로운 시각을 요구하며, 변화된 교수방법에 대한 연구의 필요성을 암시하는 것이다.

2. 20세기의 교육

20세기는 풍성한 교육이론을 만들어 냈다. 20세기 전반기에는 교육철학에 기초한 현대의 영향력 있는 교육이론들이 주로 미국에서 만들어졌다. 대표적인 것으로는 진보주의, 항존주의, 본질주의 그리고 재건주의를 들 수 있다. 후반기에는 유럽을 중심으로 한 실존주의, 분석주의, 비판주의, 포스트모더니즘을 들 수 있다. 이들 교육이론은 주도적인 학자와 더불어 많은 협력자에 의해 만들어졌다. 이것들은 서로 경쟁관계에 있으며, 교육계에 미치는 영향도 서로 다르다.

1) 진보주의(Progressivism)

진보주의란 넓은 의미로는 전통주의나 보수주의에 대비되는 혁신주의를 총칭하는 개념일 뿐만 아니라 다면적이며 많은 사상 또는 사상가에게 붙여질 수 있다. 여기서 말하는 진보주의는 미국에서 일어난 '진보주의 교육', '진보주의 교육 운동'을 의미한다.

진보주의는 아동의 흥미와 경험을 강조한 교육사상가, 예컨대 코메니우스, 루소, 페스탈로치, 헤르바르트, 프뢰벨 등의 사상에 기원을 두고 있다. 진보주의자들은 이들의 사상을 현대적으로 해석하려고 하였으며, 미국의 고유한 철학인 실용주의 정신을 받아들였다. 그리고 진보주의는 전통적 교육의 권위에 도전함으로써 나타나게 된 교육사상이다.

듀이는 진보주의 교육사상의 핵심적인 인물이었다. 그는 영원, 절대성, 결과보다는 변화, 상대성, 과정을 중요시하는 철학자이었다. 그는 자신의 철학사상을 실험주의 또는 도구주의라고 불렀다. 기성의 지식과 신념을 절대화, 영속화시키는 대신에 변화하는 세계에서 그것들이 얼마나 적합성을 갖는 것인지 실험하려 하였다. 지식과 관념은 사회문제를 포함한 인간문제를 해결하는 도구로 간주되었다. 전승된 지식도 현재의 문제를 해결하는 데 도움이 되지 않으면 중요시되지 않았다.

진보주의 교육의 이론적 특징으로는 변화를 핵심으로 한 아동중심교육이며, 경험중심교육이라고 할 수 있다. 그래서 아동은 변화하는 환경에 적응해야 하고 상호작용을 통하여 변화되고 경험이 새롭게 형성된다는 것이다. 진보주의 교육의 원리를 제시하면 다음과 같다(안인희 역, 2001).

첫째, 교육은 현재의 생활 그 자체이지 미래의 생활을 위한 준비가 아니다. 듀이는 전통적 교육이 성인생활을 준비한다는 명목으로 학생들의 삶과 분리된 지식을 가르치는 것을 비판하고, 교육은 학습자의 현재의 삶, 현재의 활동과 직접 관련되어야 한다고 주장한다. 학습자의 활동과 관계없이 외부에서 교과가 제시될 때, 학습자들은 주어진 교육내용에 대한 아무런 필요도 욕구도 열망도 갖지 않게 된다는 것이다.

둘째, 학습은 직접적으로 아동의 흥미와 관련되어 있다. 학생들에게 흥미를 불러일으킨다고 학생들이 하고 싶은 것만을 하게 한다거나 노래나 춤과 같은 것들을 위주로 가르친다면 그것은 문제가 될 것이다. 그러므로 교육에서 흥미를 존중하는 교육이 이루어지려면, 학생의 현재의 능력과 관련된 사물이나 활동양식을 찾고, 학습 자료가 학생의 유목적적인 활동을 일으키고 지속적으로 그 활동을 수행해 나갈 수 있도록 교육을 재조직하는 것이 필요하다.

셋째, 교육내용의 이수보다 더 중요한 것은 문제해결의 방법을 배우는 것이다. 진보주의 교육은 진리를 영원불변한 것으로 보지 않는다. 변화가 급속하고 광범위하게 일어나는 사회에서는 미래의 사회상을 예측하기가 거의 불가능하다. 그렇게 때문에 지식을 학습자에게 전달하는 것보다는 문제에 부딪쳤을 때 문제를 해결하는 방법을 가르쳐 주어야 한다. 문제해결의 과정을 통해 학생들은 사실들을 배울 뿐만 아니라 사고하는 방법과 경험세계에 그들이 사고한 것을 어떻게 사용하는가를 배우게 된다.

넷째, 교사의 역할은 지시하는 것이 아니라 안내하는 것이다. 전통적 교육에서 교사는 지식과 정보의 전달자 역할을 하고 권위자로 간주되었다. 하지만 진보주의 교육에서 교사는 학생들보다 더 많은 경험을 하고, 학생들이 변화하는 환경 속에서 문제를 해결해 나갈 수 있도록 조언자, 안내자의 역할을 하게 된다.

다섯째, 학교는 경쟁보다는 협력을 장려하고 학교의 분위기는 협력적이고 민주적이어야 한다. 진보주의자들은 경쟁이나 개인적인 성공보다는 협력이 교육에 더 적절하다고 주장한다. 민주주의를 가르치기 위해서는 학교 자체가 민주적이어야 하며, 학교는 학생의 자치 활동, 사상에 대한 자유로운 토론, 모든 교육적 경험에 대한 학생의 참여를 증진시켜야 한다.

진보주의의 교육목적은 인간의 전인적 성장을 추구함에 있어서 아동의 다양한 개성과 잠재능력을 최대한 발현하여 하나의 완전한 인간으로 성장·발달하도록 하는 것이다. 이런 목적 달성을 교육을 통해서 아동이 잠재적으로 소유하고 있는 지적·신체적·정서적·사회적·도덕적 능력을 다방면으로 개발하여 충분한 성장이 이루어지도록 도모하고자 한다.

진보주의 교육내용은 생활경험을 중심으로 교육과정을 편성하고자 한다. 아동은 실제 생활 속에서 다양한 환경과 상호작용하면서 경험을 형성하며 그 경험을 통해 성장해 나간다는 견지에서 아동이 실제 생활에서 접하고 있는 지적·도덕적·사회적·미적·직업적 요소를 총체적으로 고려하여 교육과정이 편성되어야 하기 때문에 아동 경험의 총체로 구성되어야 한다는 것이다.

진보주의 학습방법은 활동을 통한 교육, 흥미와 관심을 존중하는 교육을 지향한다. 따라서 가장 효율적인 교육방법은 아동이 직접 활동함으로써 학습하게 하는 것, 즉 문제해결학습이나 프로젝트학습에서처럼 실생활과 관련된 문제 상황을 실제로 분석하고 해결방안을 수립하여 실천에 옮기는 일에 참여하도록 해야 한다는 의미이다.

이상과 같은 진보주의 교육이론은 교육에 지대한 공헌을 남겼지만 부작용과 역기능도 남겼다. 첫째, 교육활동을 포괄적으로 생각하지 아니하고 단순화시켜 이해하려 하였다. 그리하여 전통주의 교육과는 다른 방향으로 극단의 길을 걸었다. 그들이 내건 슬로건, "우리는 교과목을 가르치는 것이 아니라 어린이를 가르친다."는 말 속에는 그릇된 신념 또한 드러나 있다. 교수활동은 세 가지 개념으로 교사, 학습자, 교과목의 공존을 가정하고 있다.

둘째, 학습자의 흥미와 자유를 중시한 것은 바람직한 것이지만 교육이 추구해야 할 방향을 잃고 아동의 비위를 맞추는 데 급급한 교육으로 전락하게 만들 가능성이 적지 않다는 것이다. 더욱이 흥미가 언제나 가치 있는 것을 지향하지는 않는다. 따라서 아동들이 가치 있는 것을 학습하도록 흥미를 만들어 내는 일, 즉 동기화가 절실히 요구된다. 진보주의자들은 이러한 노력을 등한시하였다. 그들은 아동들이 가지고 있는 현대적 흥미에 매혹되어 있었다. 또한, 아동들에게 어렵고 복잡한 과목은 회피하게 하고, 쉽고 재미있는 과목만 학습하도록 함으로써 결과적으로 기초학력의 저하를 초래할 수 있다는 것이다.

셋째, 학습자의 현대의 요구를 중요시하고 문제해결 학습의 도입은 학습자에게 생생한 학습활동을 제공했지만 적응주의와 현재주의에 빠지도록 하는 결과를 가져오기도 하였다. 학습은 현재와 어느 정도 거리를 두기도 해야 하는 것이다.

넷째, 교사의 역할을 안내자 · 조력자 · 보조자로서 본 것인데, 잘못 이해하고 적용할 경우 결과적으로 교사의 권위를 추락하게 할 소지도 크다는 것이다.

진보주의의 대표적인 사상가는 존 듀이이다. 윌리엄 제임스의 뛰어난 제자인 듀이는 1859년 버몬트(Vermont)주 벌링턴(Burlington)에서 태어나 15세에 고등학교를 마치고 버몬트 대학에 입학하여 다윈과 헉슬리의 영향을 받았으며, 1879년에 졸업을 한 후 펜실베이니아(Pennsylvania)주 사우스 오일(South Oil)시의 고등학교에서 2년간 교직생활을 하였다. 그리고 1882년 존스 홉킨스(Johns Hopkins) 대학원에 진학하여 홀(Hall), 아담스(Adams), 모리스(Morris) 등의 교수로부터 심리학, 역사, 철학의 영향을 받고 1884년에 시카고 대학의 철학 주임교수가 되어 10년간 근무하였다.

1896년 실험학교(Dewey School)를 설립하고 새 교육이론과 실험을 통하여 진보주의 교육사상을 확립하였다. 1897년 『나의 교육 신조』의 발간을 통해 그의 교육사상을 소개하였으며, 1899년 발간한 『학교와 사회』는 실험학교에서 그가 실천하려고 한 교육이론과 교육실천을 담은 것이었다. 그는 1904년 실험학교 관리에 관한 의견차이로 시카고 대학을 사임하고 콜롬비아 대학의 철학 및 교육학의 주임교수가 되어 1930년 70세에 정년퇴직을 한 후 명예교수가 될 때까지 26년간 교육과 저술활동을 하였다.

1916년 듀이는 『민주주의와 교육』을 출간하여 새 교육 운동에 영향을 주었다. 1919년 중국과 일본을 순방하였고, 멕시코, 러시아, 그리고 터키를 여행하면서 그의 이론을 소개하고 지도하였으며, 터키의 교육제도를 재조직하는 데 도움을 주었다.

듀이는 1938년 『경험과 교육』의 저서를 통하여 진보주의 입장을 분명히 하였다. 그는 13개의 박사학위를 받았으며, 40여 권의 저서, 1,000여 편의 논문을 통하여 많은 업적을 남기고, 1952년 영면하였다(성기산 역, 1997).

듀이의 교육사상은 실용주의의 변화를 근본사상으로 하여 교육을 경험의 계속적인 재구성으로 보았으며 교육의 목적을 교육의 과정 그 자체에서 찾으려고 하였다. 따라서 교육은 생활의 과정이지 성인생활을 위한 준비 또는 장래를 위한 준비가 아니라는 것이다. 또한, 생활은 언제나 고정된 것이 아니고 변화해 가는 것이기 때문에 교육은 성장해 가는 것이며, 그 자체가 목적일 뿐만 아니라 성장인 것으로 보았다.

따라서 교육의 목적은 고정된 것이 없으며, 아동과 교사의 성장에 따라 목적도 변화한다고 생각했다. 좋은 교육목적은 개인의 내재적 활동들과 관련되어야 하며, 학생들의 능력을 해방시켜 주어야 한다는 것이다. 듀이는 교육목적으로서 사회적 능률, 훌륭한 시민성, 교양 등을 제시하였다. 이러한 목적은 모두 유기적인 관계를 가져야 하며, 적절히 통합되어야 한다고 주장하였다.

듀이는 학교에서 제공되는 교육내용은 능동적인 활동이어야 한다는 신념으로, 놀이와 작업을 강조했다. 교육과 정화된 지식이 제공되어야 하지만 이 모든 것이 아동의 일상적인 경험과 관련되어야 하며, 과학, 인문학, 지리와 역사, 놀이와 작업 등은 우열이 있는 것이 아니고, 학습자의 능력, 사회적 효율성을 고려하여 제공되어야 한다고 했다.

전통적인 교육방법을 비판한 듀이는 아동의 흥미가 무한한 가능성을 가지고 있기 때문에 강조되어야 함과 동시에 숙고와 인내심을 요구하는 훈육의 필요성 역시 깊이 인식하였다. 그래서 그는 흥미와 훈육의 통합을 요청하기에 이르렀다. 듀이는 지적 경험의 방법, 직접적인 관찰, 의사소통, 교과목의 유기적 통합, 일상생활과 교과목의 유기적인 관계, 실행에 의한 학습(learning by doing) 등을 이의 실현을 위한 교육방법으로 제시하였다. 경험중심, 활동중심의 교육방법은 교실을 호기심과 활력이 넘치는 장소로 만들었다. 그가 제시한 교육방법은 고도의 교육과 훈련을 받은 교사에 의해서만 사용될 수 있을 것이다.

듀이의 경험중심, 학습자중심 사상은 학습자의 생활에서의 문제를 중심으로 하고 있으며, 이러한 문제를 역동적이고 실제적으로 해결해 가는 과정을 강조하였다. 이러한 문제해결 학습의 방법적 특징은 첫째, 학습자의 현실생활 가운데서 당면하는 문제를 중심으로 학습이 이루어지기 때문에 생활중심학습이다. 둘째, 학습자의 능동적인 집단생활에 의해서 추진되는 학습이다. 셋째, 학습자의 주체적인 실천능력의 형성을 중시하며 주체적인 실천능력을 기르기 위한 것이다.

이상의 듀이의 사상의 교육적 의의는 첫째, 듀이는 자신의 도구주의 철학에서 변화의 중요성을 강조하고 정체적인 목적과 정체적인 이상에 반대했다. 둘째, 미래의 지식은 기능적이고 실험적인 엄격한 검증을 받아야 한다는 점을 강조했다. 셋째, 교육에서 학습자의 중요성을 강조했다. 전통적인 교양교육을 날카롭게 비판했던 듀이는 교육의 발전과 학생중심교육과정을 받아들이는 데 영향을 끼쳤다.

2) 본질주의(Essentialism)

20세기 전반기에 이르러 미국의 사회정세가 급격히 변화, 발전하게 되면서 모든 청소년에게 중등교육까지 의무화하는 교육제도와 아울러, 중등학교와 대학의 교육계획과 교육과정의 개정문제가 활발하게 전개되게 되었을 때, 진보주의 교육의 비판으로서 나타난 것이 본질주의다. 이러한 본질주의는 1938년 배글리(W. C. Bagley)를 중심으로 하여 진보주의를 비판하는 데에서 시작된 교육사상으로 플라톤, 에라스무스 등의 사상을 근거로 하였다.

본질주의 운동이 본격화된 것은 1935년 배글리가 중심이 되어 '미국교육 향상을 위한 본질파 위원회'가 조직된 이후부터였다. 배글리는 진보주의 교육이 객관적 · 전통적 문화를 경시하고 지나치게 아동의 자유와 개인적 욕구만을 존중하는 방임주의를 취함으로써 사회에서 요구하는 기본적 학력을 갖추는 데 많은 결함을 드러냈으며, 그 결과 미국인의 타락을 초래했다고 비판하였다. 특히 진보주의 교육이 지나친 아동중심교육으로 사회적 전통 · 가치를 학습할 수 없고, 아동으로 하여금 이기적이고 자기중심적인 인간으로 전락하게 할 수 있으며, 무질서하고 빈약한 희생정신을 양산하게 될 가능성이 있다고 비판하였다.

그리하여 학교에서 모든 지적 훈련의 기초가 되는 읽기 · 쓰기 · 셈하기를 철저히 훈련하고, 아동의 사회적응을 위해 역사 · 지리 · 문법 · 과학 · 예술 · 국어 등을 교육과정에 포함하고, 외국어 · 수학 · 문학 · 자연과학 등과 같은 전통적 과목을 교수해야 한다고 역설하였다.

본질주의 운동은 이후 1946년 배글리가 타계하자 침체되기 시작했다. 그러다가 1957년 새로운 전기를 맞게 되었다. 소련이 1957년에 발사한 무인 인공위성 스푸트니크(Sputnik) 1호가 무사히 궤도에 진입함으로써 미국인을 놀라게 했던 것이다. 미국인은 우주경쟁에서 소련에 뒤지게 된 이유를 교육에서 찾기 시작했다.

본질주의 교육이론은 1960년대부터 미국인의 호응을 얻기 시작했다. 느슨하고 안이한 학교교육은 첨예한 국제경쟁에서는 부적합하다는 신념이 1970년대에는 "기초로 돌아가라(back to basics)."는 운동으로 재현되었다. 이 운동은 결국 교육과정 개혁으로 귀착되었으며, 이 운동의 주창자들은 잡다한 선택과목들, 수준이 낮은 교과서들의 범람을 비판하였다. 이 운동은 중등 교육의 부실로 학문적 표준이 저하된 것에 대한 미국인들의 우려를 표시한 것이라고 할 수 있다.

본질주의 교육의 목적은 사회 전통과 가치가 내포된 기초적이고 본질적인 문화와 정신을 다음 세대에 전달하는 것이며, 장래 생활의 준비에 있다고 하였다. 교육내용은 민족적 경험이 축적된 문화적 유산과 전통적인 가치가 포함된 교과 또는 교재 중심이었다. 교육방법은 진보주의 사상에서 강조한 아동중심교육이 아닌 교사중심교육이었으며 흥미 대신 아동의 노력을 강조하였으며, 자율성보다는 훈련을, 협동성보다는 경쟁성을 강조하였다. 이러한 본질주의의 교육적 특징을 좀 더 구체적으로 제시해 보면 다음과 같다(안인희 역, 2001).

첫째, 진보주의 교육은 아동의 흥미, 자유를 중시한 데 비해, 본질주의 교육은 아동의 노력과 훈련을 중시한다. 본질주의 교육은 수준 높고 지속적인 흥미는 처음부터 나타나는 것이 아니라 훈련을 받고 노력을 들인 다음에 나타나게 된다는 것이다. 또한, 우리가 학습을 할 때 처음에 재미가 없을 지라도 노력을 들이게 되면, 흥미가 생길 수 있다는 것이다. 따라서 본질주의에서는 학생들이 처음부터 흥미 있어 하는 것만을 가르쳐서는 안 된다고 본다. 학생들이 처음에는 하고 싶지 않고 어려워해도 훈련을 받고 노력을 들이게 된다면, 고차적인 흥미가 나타나게 될 것이라고 보는 것이다.

둘째, 본질주의 교육은 교육의 주도권이 학생이 아니라 교사가 가져야 한다고 주장한다. 본질주의자들은 미성숙한 사람을 성숙한 성인이 통제하고 지도하고 안내해야 한다고 본다. 본질주의 교육은 아동이 한 인간으로서 잠재능력을 충분히 발휘하려면 그것을 객관적으로 잘 알고 있는 교사의 지도와 감독이 필요하다는 것이다.

셋째, 교육과정의 핵심은 소정의 교과를 철저하게 이수하도록 하는 것이다. 학교는 학생들에게 기본이 되는 지식을 교과를 통해 가르쳐야 한다. 예컨대 초등학교에서는 읽기, 쓰기, 셈하기가 필수과목으로 강조되고, 중등학교에서는 교양적인 기술들과 인문학, 사회과학, 자연과학에 관한 교과목을 가르쳐야 한다고 강조한다. 학생의 세계에 대한 지식은 교과내용의 논리적 조직에 따라서 학생에게 제공되어야 한다. 학생은 중핵적인 지식을 알기 위해서 기초적이고 본질적인 교과목을 열심히 이수해야 한다는 것이다.

넷째, 개인의 경험보다는 사회적 문화유산으로서의 민족경험의 중요성을 강조한다. 사회적 문화유산은 수많은 사람의 경험을 집약한 것으로서, 이것은 역사를 통해 검증된 지혜라고 할 수 있다. 본질주의자들은 개인의 경험을 그 자체로 교육목적으로 보기보다는 목적을 위한 수단으로 본다.

다섯째, 학교는 정신 도야를 위한 전통적 방법을 존속한다. 진보주의 교육이 주장하는 문제해결학습방법에도 장점이 있기는 하다. 하지만 추상적인 지식이나 본질적인 지식과 같은 것은, 경험을 통해서 학습하기보다는 강의식의 방식으로 전달받을 수도 있다는 것이다. 예컨대, 수학이나 철학과 같은 지식은 학생들의 활동이나 경험을 통해서 배우기보다는 교사가 체계적으로 지식을 가르치는 것이 더 효과적이 될 수 있다.

본질주의는 과도한 진보주의를 시정하기 위해 대두되어 각광을 받았지만, 그 사상 자체는 전술한 바와 같이 결코 새로운 것이 아니고, 플라톤 이래 옛날부터 내려온 전통적 교육관을 새롭게 재생시킨 것에 불과하다. 그러기에 본질주의를 비판한다는 것은 바로 진보주의적 입장에서 본 전통적 교육관의 비판이 될 수 있다.

본질주의 교육에 대한 비판은 첫째, 사회과학의 경시다. 본질주의는 학문적 훈련을 중시하기에, 학문 중에서도 가장 체계화되어 있는 자연과학이나 역사의식을 강조하는 인문과학을 중시한 나머지 사회과학을 경시하기 쉬웠다. 이것은 진보주의가 사회과학만을 과도하게 중시한 데 대한 하나의 반발로 나타났다. 그렇지만 사회과학은 오늘날의 인류문화의 양상과 그것이 지니는 문제와 병폐를 인식시켜 줌으로써, 앞으로 우리가 지향해야 할 방향을 과학적으로 제시해 주는 것이기에 자연과학이나 인문과학 못지않게 중시되어야 한다는 것이다.

둘째, 참여의식의 결여다. 본질주의는 체계적인 지식의 전수와 교과의 주도권을 강조한 나머지 어린이의 자발적 참여와 학습 동기를 가볍게 보아 결과적으로는 민주사회의 필수요건인 독립심, 비판적 사고, 협동정신 등을 기르는 면을 소홀히 했다는 것이다.

셋째, 사회혁신에 대한 전망의 미흡이다. 이는 특히 재건주의자들이 지적하는 본질주의의 한계이기도 하다. 본질주의는 오늘날 우리 인류가 풀어야 할 과제가 무엇이며, 또 교육이 그 문제해결을 위해 공헌해야 할 것이 무엇인가에 대한 미래 전망과 사회혁신의 자세에 부족함이 많았다는 것이다.

넷째, 본질주의는 그것이 내포하고 있는 보수성이다. 항상 변화하는 문화에 대해서는 너무나 정적이라는 것이다. 그리고 본질주의자들은 문화적 유산의 근본적인 것을 보존해야 한다고 하였다. 따라서 모든 전통적 풍습과 습성을 영광시하기 쉽다. 전통이라고 해서 다 가치 있는 것도 아니요, 옛날에 가치 있던 것이 변화하고 있는 현대에도 가치가 있다고 단정할 수 없기에 전통 중에서 무엇이 보전되고 영속되어야 할 본질인가 하는 기준이 문제가 된다는 것이다. 한편, 본질주의의 보수성은 지적인 진보성과 창의성을 저해할 우려가 있다. 전통을 숭상하는 동양의 문화가 발전되지 못한 근본적 이유가 여기에 있다. 전통을 숭상하고 이를 따르면 만족하기 때문이다. 이런 풍토 속에서 지적 발전과 진전은 있을 수 없다고 하였다.

3) 항존주의(Perennialism)

항존주의 교육사상의 발현은 현대의 과학중심, 물질중심, 현실중심 및 실용주의 배격과 진보주의 교육사상에 대한 전면적인 부정에서 시작되었다.

이들은 진리의 절대성과 불변성을 믿고 시 · 공간을 초월하여 영원불멸의 진 · 선 · 미를 강조하고 이를 교육하는 것이 근본적 사명이라고 하였다. 동시에 영구적인 진리를 규명하여 정신과 이성을 도야하는 것이 교육의 주된 임무라고 보았다.

이 사상의 원류는 플라톤으로부터 시작하여 아리스토텔레스와 토마스 아퀴나스를 거쳐 근래의 허친스(R. M. Hutchins), 아들러(M. J. Adler) 등에 의해 이어져 있다.

교육의 목적으로서는 이성을 강조하고 이성에 의하여 자유롭게 행동하는 사람이 가장 사람다운 사람이라고 하였다. 이를 위하여 지성의 계발과 훈련이 주된 일이라고 하였다. 교육내용으로는 초등교육의 교과과정으로 읽기, 쓰기, 셈하기를 중요하게 여겼으며, 고전중심교육과정을 강조하였다.

특히 항존주의 사상을 집대성시킨 허친스는 20여 년간 시카고 대학의 총장으로 재직하면서 이 교육사상을 실제로 대학에 적용하여 성공하기도 하였다. 항존주의에서는 일반교육 및 교양교육을 중시하였고 전통이 담겨져 있는 '위대한 저서

(Great Books)'의 정독을 권고하였으며, 장래 생활과 준비로서 필요한 절대적인 진리와 지식을 습득하는 일이며 이를 위하여 교사중심교육방법을 강조하였다. 이러한 항존주의 교육원리를 구체적으로 제시해 보면 다음과 같다(송준석 역, 1994).

첫째, 인간의 본성은 어디에서나 동일하기 때문에, 교육은 모든 사람에게 동일해야 한다. 진리가 불변하고 보편적이기 때문에 진정한 교육도 불변하고 보편적이어야 하며, 교육의 목적도 시공을 초월해서 같아야 하고, 동일한 교육목적이 모든 사람에게 똑같이 적용되어야 한다는 것이다. 귀족들은 인격 도야가 교육목적이고 서민들은 직업 도야가 교육목적이라는 그릇된 생각을 버리자는 것이다.

둘째, 항존주의자들은 인간의 본성을 '이성'으로 본다. 인간의 독특한 특성이 이성이기 때문에, 인간은 교육을 통해 이성을 계발하고, 이성에 비추어 자기를 수련하고 본능적 충동과 욕망을 통제하는 것을 배워야 한다는 것이다. 본능대로 살고 환경에 적응하면서만 산다면 어떻게 인간이라 할 수 있는가. 자신을 저속한 욕망대로 내맡긴다면 인간으로서의 몫을 못 한다. 사람 구실을 하는 사람만이 사람이다. 이성의 도야가 바로 이런 인간을 함양시켜 줄 수 있다는 의미이다.

셋째, 교육의 임무는 영원불변한 진리가 담겨 있는 '위대한 저서'를 접하도록 하여, 교양교육을 해야 한다. 교육은 개인을 현실적 세계가 아니라 진리의 세계에 적응시키기 위해 노력해야 한다. 학생들은 문학, 철학, 역사, 과학과 같은 오랜 세월에 걸쳐 인류의 위대한 포부와 업적이 담겨져 있는 위대한 저서들을 읽어야 한다. 과거의 위대한 저서들은 과거의 무수히 많은 시련과 난제를 해결하였으며, 이 시대에 직면한 문제를 풀 수 있는 지식과 지혜의 보고인 것이다.

넷째, 교육은 이상적 삶에의 준비다. 교육이란 생활의 모방이 아니라 생활을 위해서 준비하는 것이다. 주어진 사회에 잘 적응해서 입신출세시키는 것이 아니라, 주어진 사회의 문제를 인식시키고, 이것을 보다 나은 사회로 전진시킬 수 있는 인간을 키워 내는 게 교육이란 입장이다. 오늘날의 학교는 이 기능을 다하지 못하고 있을 뿐만 아니라, 비리에 가득 찬 사회의 복사판으로 전락하고 있다. 학교는 모든 이상을 그 속에 담으려 지성을 도야하는 인공적인 특수한 환경이 되어야 한다.

다섯째, 기본적 교과의 철저한 이수와 교양교육이다. 아동들은 이 세상에서 가장 영원한 것으로 남아 있게 될 어떤 기초가 되는 과목들, 즉 지성에 관한 교과목으로 이성의 도야 및 기본적 기능(읽기, 쓰기, 셈하기)에 관련된 교과목의 철저한 이수가 필요하며 교육내용으로 가장 중시되어야 할 것은 교양교육이다. 교양교육의 기능은 먼저, 모든 학문의 기초가 된다는 뜻이며, 경영학과 학생이 미분 · 적분학을 배우는 이유가 이것이다. 다음으로, 교양이 된다는 뜻이며, 전공학과에 구애됨이 없이 사람으로 꼭 알아두어야 할 진리를 배우는 것으로, 수학과 학생에게 셰익스피어의『햄릿』을 읽히는 이유가 여기에 있다.

마지막으로, 진리에의 접근으로 삶의 엄숙함을 실감케 한다는 뜻이며, 만유인력의 법칙 때문에 이 우주의 모든 물체가 질서 있게 운행을 하고 있다는 말을 들었을 때의 감동 등이 바로 이것이 노리는 것이 된다.

이러한 교육원리에 기초하여 항존주의의 교육목적은 진리를 추구하는 인간의 육성과 이성 및 지성의 계발이며, 이에 적합한 교육내용은 지적 훈련을 위한 것이어야 한다. 지적 훈련을 위해 학교는 실재와 진리를 인식할 수 있는 지식을 중심으로 교과를 조직해야 하며, 학생들에게 교과를 철저히 이수하도록 해야 한다. 교육방법은 엄격한 도야와 훈련을 강조한다. 학생의 흥미나 관심 또는 개인적 욕구 등은 교육방법상 중요한 고려사항이 아니다. 학생은 진리의 발견과 내면화, 이성의 도야를 위해 인내하고 극기해야 하며, 모범인 · 자유교양인 · 인격자 혹은 신앙인인 교사의 모범을 모방해야 한다.

현대 문명의 취약점을 예리하게 파헤치면서 교육의 영원성을 주장한 항존주의도 여러 측면에서 비판을 받았다. 항존주의 교육이론에 대한 비판은 첫째, 항존주의는 너무나 '금욕적', '귀족적'이라는 비난을 받아 왔다. 특히, '지적인 귀족'을 기른다는 점에서 비판되어 왔다. 이는 교육을 위대한 저서에 나타나는 고전적 전통에 한정시키고, 지성의 귀족화를 조장하였다는 것이다. 아이들은 개인차가 있기 때문에, 모든 아이들이 지적인 능력이 뛰어나 위대한 저서를 통해 개인적으로 성장할 수 있는 것은 아니다.

둘째, 현실의 경시다. 인간은 무엇보다도 현실적 존재다. 과거를 아는 것도, 미래를 아는 것도 모두 현대를 충실하게 살기 위함이다. 뿐만 아니라 학생 대부분이 학교를 졸업한 후에 맞는 사회라는 것은 고전적인 교과서에 있는 내용이 그대로 펼쳐지는 것이 아니라는 것이다.

셋째, 항존주의자들은 생산적인 활동가가 되도록 하는 교육철학을 평가하는 것에 실패했다.

넷째, 지성은 단지 인간의 인성의 일면일 뿐인데, 그 부분만 지나치게 강조함으로써, 인간의 정의적이고 인간적인 측면이 무시될 수 있다는 비판을 받았다.

항존주의를 대표하는 사상가는 허친스이다. 허친스(R. M. Hutchins, 1899~1977)는 1899년 뉴욕에서 성직자의 아들로 태어났다. 그는 오하이오 주에 있는 작은 오벌린(Oberlin) 대학을 졸업하고, 군복무 후, 예일 대학 법과대학에서 공부하였다. 그는 졸업 후 2년 만인 1927년에 예일 대학 법대 학장에 선임되었으며, 2년 후인 1929년 시카고 대학 총장에 선임되어 미국인들을 놀라게 했다. 그가 예일대 법대 학장으로 있을 때 만난 아들러는 평생 동안 사상적 친구가 되었다. 그들은 '위대한 저서 읽기 프로그램(The Great Books Program)'을 만들어 운영하였다. 이 프로그램은 그들의 사상을 실현하는 중요한 수단이었다.

허친스는 1951년에 시카고 대학을 떠난 후 포드 재단의 부총재가 되었다. 그 후 1954년에는 공화국기금의 총재가 되었으며, 1959년에는 유명한 민주제도연구소를 창설하였다. 그는 1947년까지 브리태니커 백과사전의 편집위원장을 역임하였으며, 1977년에 신장병으로 타계하였다.

교육에 관한 중요 저서로는 『미국의 고등교육』(1936), 『자유를 위한 교육』(1943), 『위대한 대화』(1952), 『유토피아 대학』(1953), 『학습하는 사회』(1968) 등이 있다.

허친스는 진리는 영원하며, 교육은 우리에게 절대적인 진리의 개념을 제공해야 한다고 믿었다. 교육은 지력을 길러 주어야 하며, 모든 다른 선은 이성의 도야에 종속되어 있고, 이성 그 자체가 목적이었다. 그리하여 교육이 지성을 도야하고 도덕성을 발달시키는 활동이라 간주했다. 이러한 과업은 수고와 노력을 요구하는 것이기 때문에 교육받은 사람의 징표인 지적 탁월성과 도덕적 탁월성은 오랜 기간 동안의 수고와 노력 없이는 획득될 수 없는 것들이다.

또한, 허친스에게 있어서 교육은 교양교육과 동의어였다. 그는 사람은 누구나 전문가와 기능인이 되기 전에 교양인이 되어야 한다고 생각했다. 이러한 생각은 교육사상사의 오랜 전통이었지만 진보주의가 지배하던 시대에 이 전통은 크게 무시되었다. 아동의 흥미와 선택을 중시하는 학교와 사회에서는 지적 전통들과 지적 도야가 무시되었으며, '전인교육'이라는 이름으로 학교가 일종의 놀이장소가 되었다. 허친스는 이러한 교육사조를 비판하였던 것이다.

허친스는 물질주의적 문명관에서 벗어나 우리의 선조들이 우리에게 전승시켜 준 지혜를 배우고 그들과 위대한 대화를 가져야 진정한 자유인이 될 수 있다고 생각했다. 그는 모든 활동에 공통적으로 사용할 수 있는 교양적 기술들(liberal arts)과 위대한 저서들에 대한 이해를 강조하였다.

초 · 중등 교육에서는 기본적인 교양적 기술들, 즉 읽기, 쓰기, 셈하기, 말하기, 듣기 등이 주요 내용으로 간주되었다. 이 기술들은 언제 어디서나 사용된다는 의미에서 교양적이다. 이 기술들은 이성의 발달을 가져오며, 더 많은 교육을 받기 위한 도구가 된다. 특정의 직업을 위한 기술들, 즉 유용한 기술들(useful arts)은 변화의 속도가 빨라 학생이 졸업할 때쯤이면 무용지물이 될 수 있지만 교양적 기술들은 그렇지 않다는 것이다. 이런 의미에서 그는 교양적 기술들이 직업적 기술보다 더욱 실제적이라고 생각했다. 허친스는 교양적 기술들의 획득과 위대한 저서들에 대한 이해가 교양인의 조건이라고 생각했다(신득렬, 2000).

허친스의 교육사상은 현대인에게 주는 하나의 도전으로 간주될 수 있다. 물질주의, 출세지향주의, 반지성주의, 영상문화 등에 사로잡혀 있는 현대인에게 그의 교양교육이론은 하나의 도전이며, 이상이다.

그럼에도 불구하고 허친스의 교육철학이 지니고 있는 단점을 너그럽게 보아줄 수는 없는 것 같다. 허친스는 이성을 너무 지나치게 믿었다. 우리의 이성적인 능력은 정서적인 동인과 분리될 수 없다. 이성은 실체가 아니라 하나의 과정이다. 그것은 문법 훈련이나 아리스토텔레스의 삼단 논법이 아니라 과학적인 실험과 심미적인 경험, 그리고 지식의 확실치 않은 성격을 깨닫는 것에 의해 가장 잘 길러진다.

허친스에게 지적인 경험은 지식의 최고 형식이다. 하지만 지적인 삶은 사회와 떨어져 있을 때 고통을 겪는다. 좀 더 구체적으로 말해서 대학생의 노동 경험은 위대한 책을 공부하는 것만큼 중요할 수 있다. 행동이 없는 지식은 지적으로 고립되게 한다. 지식이 없는 행동은 사회적으로 효과가 없다. 이 두 극단은 교육에서 바람직하지 않다.

이것은 분명히 고전을 읽는 것의 필요성을 없애는 것이 아니다. 그렇지만 고전을 보다 비판적인 정신을 가지고 받아들여야 한다. 즉, 지식의 절대적인 지침이 아니라 지식의 현대적 이상과 고대적 이상의 유사점과 대조점을 보여 주기 위해 참조해야 할 사항으로 고전을 받아들여야 한다. 데카르트가 지적하고 있듯이 위대한 책은 세계라는 책이다. 그것을 공부하는 것이 우리의 최고의 임무이자 소명이다.

하지만 이런 제한에도 불구하고 우리는 허친스를 서양 문명에서 진실로 위대한 교육사상가 가운데 한 사람으로 인정해야 할 것이다. 그는 우리의 문제를 분명히 밝히는 데 기여했으며, 교양 교육의 기초를 튼튼하게 했고, 획일적인 시대에 격렬하게 이의를 제기하고 영웅적인 개인주의를 주장했던 것이다.

4) 재건주의(Reconstructionism)

재건주의 교육사상의 발현은 브라멜드(T. Brameld) 교수에 의하여 재기된 것으로 "현대사회는 중대한 문화적 위기에 직면하고 있다고 보고 이 사회는 반드시 개조되어야 하며 그 선도적 역할은 바로 교육이 담당하여 새로운 사회질서를 확립해야 한다."는 데서 시작되었다.

20세기 중반에 교육운동으로 대두된 재건주의 교육사상은 지금까지 논의된 진보주의, 본질주의, 항존주의 사상으로는 사회의 개조 및 문화 위기의 극복이 불가능하다고 판단하였다. 즉, 항존주의는 '역행적'인 문화관 위에 서 있고, 본질주의는 '문화의 보존'에만 급급하고, 진보주의는 자유주의가 지니는 강점 · 장점과 더불어 '자유주의의 단점과 취약점'도 지니고 있기 때문이라는 것이다.

그러기에 인류가 위기를 벗어나려면, 하나의 교육사조에 의해 지배를 받지 말고 여러 교육사조의 장점을 절충적으로 흡수해야 함은 물론이요, 종래의 교육사조가 지니지 못했던 목표중심성과 미래지향성을 지녀야 한다. 이런 생각에서 문화와 교육을 뜯어 고치자고 외치며 제2차 대전 이후의 미국에 혜성처럼 등장한 사람이 바로 브라멜드였다.

재건주의 교육의 원리를 구체적으로 살펴보면 다음과 같다(안인희 역, 2001). 첫째, 재건주의는 현대 문명의 위기성에 대해서 경고하며, 교육이 새로운 문화를 건설하기 위해서 현재의 시점에서 책임지지 않으면 안 된다고 본다. 브라멜드는 세계 인류가 함께 멸망할 수도 있고 재건할 수도 있는 격동의 위협을 받고 있다고 지적한다. 이런 위기 시대에 반영되어야 할 가장 중요한 분야는 교육이며, 교육의 주 임무는 사회적 유산을 전달하고 보존하는 것이 아니라 문화 재건의 원동력이 되어야 하기 때문에 학교는 문화적 유산을 비판적으로 검토하고, 나아가 사회적 재건에 활용할 수 있는 내용을 중심적으로 다루어야 한다는 것이다.

둘째, 재건주의가 추구하는 새로운 사회는 민주주의 사회이며, 재건주의자의 해결책에 대한 긴급성과 타당성을 학생들에게 확신시키기 위해서 민주적인 절차들이 교실에서 사용되어야 한다. 교육은 사회문제에 대한 학생들의 의식을 일깨워서 그들이 해결을 하기 위한 작업에 능동적이고 적극적으로 몰두하도록 해야 한다. 현 제도의 불공정성과 역기능을 학생들이 조사하고 토론하도록 하며, 이런 과정을 통해서 사회적인 문제에 학생들이 참여하도록 해야 한다. 여기에 교사의 사상적 무장과 설득이 중요한 매개체로 작용된다는 것이다. 왜냐하면, 교사는 재건주의 사상의 타당성과 긴급성을 민주적 방식으로 학생들에게 설득시켜야 하기 때문이다. 교사는 사회성원 모두에게 적극적으로 관여함은 물론이요, 그들의 호응도 얻어야 한다. 그러기 위해서는 우선 교사 자신이 구체적인 문제에 대하여 또렷한 해결방안을 지니며, 공개 강연이나 공개토론 등의 기회를 이용하여 이를 피력해야 한다.

셋째, 교육의 사회개혁성이다. 교육의 주된 목적은 명확하게 짜인 사회개혁 프로그램을 추진하는 데 있다. 재건주의자들이 사회가 변화되어야 한다고 보지만, 그것은 정치적 행위로서가 아니라 근본적으로 교육을 통해서 이루어져야 한다는 것이다.

넷째, 새로운 사회질서는 진정하게 민주적인 것이어야 한다. 우리가 바라는 사회는 부(富)가 국민에게 고루 분배되는 복지사회다. 그러나 그런 사회에 이르는 과정은 국민 모두가 참여하는 민주적인 것이어야 한다. 그러기 위해서는 정치적 혁명보다 더욱 어려운 '마음의 혁명'을 해야 하는데, 이것은 교육에 기대할 수밖에 없다.

다섯째, 아동 · 학교 · 교육은 크게 사회적 · 문화적 힘에 의해 형성되어야 한다. 학교 · 아동 · 교육이 사회 · 문화에 의해 규정되어야 한다고 보고, 본질주의자들이 말하는 자아실현을 사회적 자아실현으로 전환시켜야 한다고 주장한다.

교육원리를 바탕으로 한 재건주의의 교육목적은 사회적 자아실현이다. 이는 포괄적, 사회 중심적, 자아 중심적인 인간 경험을 뜻하는 최고의 가치를 내포한 것이며, 아울러 교육은 문화적 전후 관계가 서로 연결되어야 하고 학습은 이러한 목표를 추구하는 데 불가결한 수단이라는 것이다.

교육내용 면에서는 사회적 자아실현을 위한 경험을 강조하는 교육과정이다. 관련된 지식의 집합으로 다루어지는 것이 아니라 각 교과를 통일된 전체 안에서 통합적으로 연관성을 유지하도록 조직되어야 함을 강조하면서 다양한 내용을 경험할 것을 요구하였다. 교육방법으로는 직 · 간접적인 경험, 교실과 현장(지역사회)과의 자유롭고 지속적인 교류, 소수의 의견을 수용하는 공개적인 참여와 다수와의 합의 및 집단적 협력을 강조하였다.

나아가서 교사들로 하여금 사회재건의 필요성 및 당위성을 아동(학생)들에게 확신시킴으로써 민주적인 국가 사회 건설에 참여할 것을 권하고 있다.

재건주의 교육이론에 대한 비판은 다음과 같다. 첫째, 교육의 수단과 목적은 행동과학에 의해서 발견된 결과에 따라 재구성하여야 한다고 하는데, 우리는 심리학자들끼리 지금 현실사회에서 요구되는 행동의 종류에 대해서 결코 의견을 같이하고 있지 않다는 사실을 알고 있다는 것이다.

둘째, 이러한 재건주의의 주장은 행동과학의 신뢰할 수 있는 연구결과에 기초하고 있기는 하나, 행동과학의 결과가 미래 사회를 어떤 가치관에 입각해서 세울 것인지를 제시해 주는 것은 아니다. 과학은 인간이 추구해야 할 최선의 가치는 무엇인지, 어떤 사회제도가 인간의 실현에 가장 도움이 되는지에 대해 대답을 해 줄 수 없기 때문이다.

셋째, 새로운 사회질서를 수립하기 위한 교육의 설계를 누가 어떻게 하며, 실제적인 문제로서 교육의 힘으로 과연 이러한 새로운 사회복지 확립과 같은 거창한 일을 할 수 있는 능력이 있는지 등을 제기하고 있다.

5) 실존주의(Existentialism)

실존주의는 주체적 존재로서 '실존'의 본질과 구조를 해명하는 데 초점을 두는 철학사조이며, 이는 20세기에 들어 와서 두 차례의 세계대전을 거치면서부터 대두되었다. 20세기에 들어와서 유럽 사회는 비극적인 전쟁 체험을 거치면서 기존의 권위와 질서에 대해 회의하고 과학문명이 초래한 비인간화 현상에 대해 저항하게 되었다. 당시 유럽 사회에서는 현대 과학문명에 의해 상실하게 된 인간존재의 주체성을 개인의 내면세계에서 찾고자 했으며, 개인의 주체적 내면세계를 실존의 개념으로 표현하였다. 이런 의미에서 실존주의는 인간의 주체성과 인간성 회복을 위한 철학으로 간주된다. 실존주의자들은 선행한 실재의 개념에 의해 인간과 세계를 범주화하고 합리성, 보편성, 객관성의 가치에 의해 사상의 체계화를 시도하는 전통철학을 결정론으로 간주하며 이 전통철학에 의해서는 인간의 실존적 문제에 대한 해답을 얻을 수 없다고 주장한다.

실존주의는 키르케고르와 니체에 의하여 합리주의적 관념론과 실증주의에 대한 비판과 도전에서 시작되어 제1차 세계대전 후 독일의 하이데거(Heidegger)와 야스퍼스(Jaspers)에 의해 전개되고, 제2차 세계대전 후에 프랑스의 사르트르(Sartre), 카뮈(Camus) 등의 사상과 문학작품을 통하여 현대철학의 중심 위치에 서게 되었다.

철학의 방향을 인간존재 자체에게로 전환한 실존주의는 종래의 철학이 사물의 본질, 그 내용을 강조했다면, 실존주의는 실존, 사물의 현실, 즉 어떤 사물의 '지금 여기에 있는바 그대로의 것'을 강조하였다.

인간본질의 문제인 '인간은 무엇인가?'라는 물음에서 시작된 서양의 철학은 그리스시대 이후 독일의 관념철학까지 인간의 본질을 이성에서 찾았다. 그러나 제1 · 2차 세계대전을 겪으면서 인간의 냉혹성과 폭력성을 경험하였고 인간의 이성에 대한 신뢰는 무너졌으며 관심의 대상이 이상적인 것에서 현실적인 것으로, 객관에서 주관으로 옮겨지게 되었다.

실존주의에서 실존은 현실적이고 구체적인 나의 존재를 가리킨다. 실존은 절망 · 불안 · 부조리 · 불합리로 특징지어지는 원초적 인간존재의 모습인 동시에, 자유 · 선택 · 결단으로 자신을 형성해 나가는 주체적 인간존재의 모습이기도 하다. 실존주의는 현대 문명 속에서 불안과 고뇌에 빠져 있는 인간의 모습에 주목하면서 자각과 결단으로 주체적 삶을 개척해 나가는 인간 구원의 길을 찾고자 하였다.

따라서 실존주의는 발전적인 창조를 지향한다. 니체가 지속적으로 자기를 극복하고 상승시키는 초인을 이상적 인간으로 제시하였듯이 사르트르도 인간의 낙관적 태도를 강조하였다. 사르트르에 따르면, 만약 상태를 호전시키려면 우리는 스스로 더 나은 조건을 창출하기 위해 노력해야 한다. 우리 자신의 재능을 주장하려면, 그 재능을 드러낼 무엇인가를 우리 스스로 만들어 내야 한다고 했다. 사르트르에게 "만약 … 라면 … 할 수 있었는데"라는 주장은 아무 소용이 없고 우리가 그 조건을 창출할 책임이 중요하다(방곤 역, 1987).

또한, 사르트르는 '인간은 오직 그 자신이 스스로 만드는 것일 뿐'이라고 주장하였다. 이것은 실존주의의 핵심을 담고 있는 개념으로 인간의 주체성을 강조하는 것으로 볼 수 있다. 인간은 최초에 스스로가 인식하는 계획이라고 할 수 있다. 이

계획의 이전에는 아무것도 실존하지 않는다. 인간은 결국 스스로가 계획하는 것이 될 것이다. 이 계획은 자신의 현 상황에 대한 철저한 자각으로부터 나온다. 그러므로 실존주의의 첫째 요건은 모든 이로 하여금 그 자신의 현존재를 깨닫게 하고 그의 실존의 전적인 책임이 그 자신에게 놓여 있음을 알게 하는 것이다. 또한, 이러한 책임은 그 자신에 국한된 것이 아니라 온 인류에 미치는 것이다. 개개인의 선택과 행동을 통해 인간의 본성(잔인/자비, 활동적/게으름, 지적/비지적)이 정해진다(김병희, 2007).

실존주의 교육의 기본원리를 살펴보면, 첫째, 학생들에게 삶, 사랑, 죽음 등과 관련된 인간적인 경험의 의미에 대하여 깊이 사색하는 활동을 중시하고 여기에 대하여 의문을 제기하고 깊이 생각하도록 한다. 둘째, 중요한 지식은 인간존재에 대하여 이해하는 것이다. 개인에게는 선택의 자유가 주어지며, 그 선택의 결과에 대한 책임을 스스로 의식하는 것이다. 진정한 교육은 지식과 감성, 의지, 체험 등이 결합된 전인교육이다. 셋째, 교육과정은 대화를 포함한 경험과 감성적 · 미적 · 시적인 것을 주제로 구성되어야 한다. 넷째, 학교는 학생과 학생이 서로 만나 자신의 삶과 개인의 선택에 대하여 대화하고 토론하는 장소이다. 학교는 실존적 주체로서의 학습자 개개인을 중요시하고 질문과 제안 그리고 대화에 참여하게 한다.

실존주의자들의 교육에 대한 관심은 볼노브(O. F. Bollnow)와 부버(M. Buber)에 의해 구체화되었다.

볼노브는 실존주의적 관점에서 교육적 주제들에 대한 해명을 시도함으로써 실존주의 교육철학을 정립하였다. 그는 실존의 개념이 인간형성에서 지속성을 거부한다는 점을 주목하여, 교육의 과정도 지속성이 아닌 단속성의 관점에서 이해하고자 하였다. 그는 교육을 인간의 지속적 형성과정으로 보는 전통적 교육의 관점을 '지속적 교육이론'이라고 부르고, 실존주의의 인간 이해에 바탕을 둔 교육적 관점을 '단속적 교육이론'이라고 불렀다.

볼노브에 의하면, 교육의 점진성, 연속성의 강조는 교육의 '단속적' 성격을 무시하고 교사와 학생의 인간적인 상호관계의 형성을 간과할 수 있다. 볼노브가 보기에 전통적 교육관처럼 인간은 틀에 짜이도록 만들어질 수 없는 존재에서 한편으로는 내버려 두어도 스스로 발전하는 존재가 아니다. 그리고 교육은 연속적 형성이나 성장의 과정이라기보다는 인간의 영혼과 영혼이 맞부딪치며 서로의 인격에 영향을 줄 때 발생하는 영적 · 도약적 변화다.

단속적 교육이론에서는 위기 · 각성 · 충고 · 상담 · 모험 · 만남과 같은 인간 실존의 교육적 범주에 주목함으로써 비약적이고 단속적인 교육의 가능성에 지평을 열어준다. 그는 특히, 만남의 개념에 주목하여 우연성을 특징으로 하는 만남의 개념이야말로 교육의 단속적 특성을 가장 잘 나타내 준다고 생각하였다. 이런 맥락에서 볼노브는 "만남은 교육에 선행한다."라고 주장한다.

부버 역시 '만남'의 중요성을 강조하였다. 부버는 교육을 인간과 인간의 만남이라는 관점에서 이해함으로써 '만남'을 교육의 핵심적인 개념으로 파악하였다. 그는 인간의 본질을 인간이 세계와 맺고 있는 관계에서 파악하고자 했으며, 인간이 세계와 맺는 관계는 '나-너'의 관계와 '나-그것'의 관계라는 두 가지가 있다고 생각했다. 전자는 인격적 만남의 관계이며, 후자는 주체와 대상의 관계이다. 인간은 '나-너'의 관계, 즉 인격적 만남을 통해 실존의 모습을 회복할 수 있다.

부버에 의하면 교육은 진정한 만남, 즉 '나-너'의 관계를 통해 인간의 본래적 모습을 회복하는 일이다. 특히, 교육적 만남에서 가장 중요하고 본질적인 것은 교사-학생의 관계이다. 교사와 학생이 만나 관계를 형성하는 것은 교육의 전제 조건인 동시에, 하나의 선물이자 은총이라고 할 수 있다.

이상의 고찰을 토대로 하여 실존주의가 교육에 주는 시사점은 첫째, 교육에서 비연속적 형성 가능성에 주목하게 하였다. 둘째, 인간을 보편화 · 집단화 · 획일화하는 현대 교육의 경향을 인간의 개성과 주체성을 존중하는 교육으로 전환시키려 하였다. 셋째, 학생 개인의 개성을 존중하여 전인교육이 이루어질 수 있도록 하였다. 넷째, 실존적 아이디어들을 적용시킬 수 있는 새로운 교사교육을 요구하였다. 다섯째, 삶의 밝은 측면뿐 아니라 어두운 측면까지 교육 영역에 끌어들임으로써 보다 진솔한 교육이 이루어지도록 촉구하였다.

실존주의는 교육이 무엇보다 인간을 기르는 일이라는 점, 인간을 기르기 위해서는 인간의 실존에 대한 철저한 각성이 있어야 한다는 점, 인간의 각성을 위해서는 인격적이고 진정한 만남이 필요하다는 점을 잘 드러내어 주고 있다. 교육은 근본적인 면에서 교과내용의 전달을 통한 계획적이고 연속적인 형성이나 성장이기보다는 만남, 각성, 모험 등을 통한 비약적인 변화다.

이러한 실존주의는 개인의 실존에 초점을 두지만, 독자성과 개성을 중시한 나머지 사회적인 측면을 경시했으며, 인간을 객체로 보는 과학을 경시하거나 교육내용이나 교육방법 등을 경시하기 쉽다. 사전에 계획하고 지속적으로 영향을 주는 방법을 떠나서 인격의 성숙을 기대하는 것은 무리인 것 같다. 그리고 만남을 통한 비약적 변화는 전혀 불가능한 것은 아니지만, 일반적인 교육방식이 아니라는 점을 인식할 필요가 있다.

6) 분석주의(Analyticism)

철학의 역사를 보면, 전통적 철학은 모든 존재의 심오하고 궁극적인 앎과 삶의 의미를 찾으려 했다. 다시 말하면, 우주와 인생을 지배한다고 여겨진 궁극적 · 통일적 원리를 찾는 데 그 동기가 있었다. 따라서 그 문제도 우주를 지배하는 것으로 여겨진 근원적인 것, 예를 들면 플라톤의 '이데아(idea)', 힌두철학의 '브라만', 노자의 '도', 기독교의 '하나님', 헤겔의 '가이스트(Geist)' 등이다. 그러기에 그 방법은 명상, 직관, 사색이 될 수밖에 없었다.

분석철학은 바로 이 같은 전통적 철학의 동기, 문제, 방법에 반대하고 나타난 새로운 사조다. 이들에 의하면, 전통적 철학들은 거창하고 허황되고 알쏭달쏭하기에 진정한 의미의 철학이 될 수 없고, 따라서 철학은 과학에 밀려 존재이유를 상실할 위기에 놓여 있다는 것이다.

분석철학의 발달에는 실증주의가 중요한 영향을 미쳤다. 19세기에 콩트(Comte)를 중심으로 프랑스에서 발달한 실증주의는 지식이 감각적 지각과 객관적인 과학실험에 근거해야만 한다는 입장을 취했다. 지식은 관찰 가능한 사실 및 이 사실의 상호관계를 나타내는 진술로 제한되며 실험적으로 증명될 수 없는 형이상학적 세계관을 거부한다. 이러한 실증적인 접근방식을 지지하던 일련의 과학자, 수학자, 논리학자들이 모여 비엔나서클이란 학파를 형성하게 된다. 이 학파는 철학을 과학적 방법에 의하여 접근하려 하였고 객관적인 입장에서 언어의 분석과 증명에 집중하였다. 바로 이러한 흐름을 통해 분석철학이 발달한 것이다.

분석철학은 말 그대로 언어나 개념을 분석하고 명료화하려고 한다. 전통적 철학은 궁극적으로 실재하는 것이 무엇인지, 우리가 나아가야 할 방향은 어디인지를 제시하는 데 관심이 있었다. 그러나 분석철학의 중요한 특징은 중립성을 주장한다는 것이다. 철학의 임무가 세계를 변화시키는 것이 아니라 세계를 좀 더 분명하게 만드는 것이라고 본다. 즉, 분석철학은 세계에 대한 새로운 진리를 발견하기를 추구하는 것이 아니라 우리가 알고 사용하고 있는 언어에 내재되어 있는 개념체계를 탐구한다. 분석철학은 하나의 개념이 논리적으로 관련되어 있는 다른 개념과 어떻게 관련되어 있는지를 탐구한다. 모호함과 혼란을 없애기 위해서 언어의 의미와 개념을 명료화하려고 한 것이다(이명준 역, 2000).

분석철학은 교육에 대대적으로 수용되어 20세기 후반 교육철학적 흐름의 중심을 이루고 있다. 전통적 교육철학이 진력했던 일은 주로 교육이 나가야 할 당위적 방향이나 교육을 통해 성취해야 할 이상적 기준 등을 마련하고 제시하는 것이었다. 그 방향이나 기준은 주로 진리 추구 · 이성 함양 · 자아실현 · 도덕성 도야 같은 용어로 함축될 수 있다. 그러나 진리 · 이성 · 자아 · 도덕성 등이 의미하는 바는 애매모호하기 짝이 없어 교육 현장에서 교사들의 교육활동에 실제적 도움을 거의 주지 못했다는 비판을 받아 왔다.

그러나 분석적 교육철학은 전통적 교육철학에서 애매하거나 모호한 의미로 사용되고 있는 교육의 주요 개념이나 의미를 명료하게 하고, 다양한 교육 논의에 들어 있는 각종 논리적 가정과 함의를 드러내며, 나아가 교육에 관한 주요 주장을 검토하고 정당화하는 일에 관심을 가진다. 즉, 분석적 교육철학은 교육에서 논의되는 주요 논쟁점과 포인트를 드러내어, 교육에서 문제 삼아야 할 것과 그렇지 않은 것을 명확히 함으로써 불필요한 논쟁에서 벗어나 진전된 논의와 정당화가 가능하도록 만든다.

이처럼 교육실천이 지향해야 할 당위적 방향이나 교육문제에 대한 직접적 처방을 제시하거나 교사들이 준수해야 할 실천적 지침이나 원리를 제시하지 않지만, 교육 관련 언어를 정교하게 분석하여 그 의미를 명료화함으로써 교육의 과학화를 추구한다. 따라서 분석적 교육철학은 내용 체계를 가진 교육철학이기보다는 과학적 엄밀성을 지향하는 방법론이라고 할 수 있다.

분석철학자들은 교육자가 사용하는 언어의 명료화뿐만 아니라 그들이 사용하는 각종 개념도구, 그것을 사용하는 과정, 그리고 명시된 목적에 관심을 둔다. 그러므로 분석적 입장에서 쓰인 전형적인 교육철학 입문서들을 보면 주로 '교육', '훈련', '아동중심', '목적', '문화', '커리큘럼', '자유교육', '조건화와 교화', '가치판단', '가치', '도덕', '자유와 권위', '교수', '학습', '지식' 등과 같은 개념의 분석 그리고 교육행위에서 일어나는 문제와 논쟁점을 검토하고 그러한 논쟁점이 명료성을 갖도록 분석하는 데 집중하고 있다.

분석철학의 의의는 첫째, 논리적 엄정성을 추구한 데 있다. 즉, 언어의 미혹으로 인해 전통적 사상 속에 담긴 논리적 혼란을 제거한 데 있다. 그리하여 사이비 명제로 짜인 형이상학의 허구를 분쇄하여 그 속에 담겨진 '문법적 농담'을 폭로한 데 있다. 둘째, 특히 교육학의 면에서는, 교육학에서 쓰이는 용어의 뜻을 분명히 밝혀내려고 노력한 데 있다. 교육학은 그 연구대상이 여러 분야에 걸쳐 있고, 각 분야마다 서로 다른 언어를 구사하기에, 서로 의사소통이 잘 안 되는 바벨탑의 고사처럼 어려움을 안고 있다. 분석철학은 이 어려움을 극복하려 하고 있는 것이다. 셋째, 우리의 개념을 정리하여 명료화하게 할 수 있도록 모델을 개발한 점이다. 분석가들은 교사들이 특정한 문제를 해결할 수 있도록 도와주는 이론적 모델을 개발하였다. 그들은 과학자들은 종종 활동하기 이전에 이론적 모델을 수립한다고 말한다. 마찬가지로 이러한 원리는 교수(teaching)에서도 도움이 된다는 것이다. 즉, 모델의 사용은 모호성을 제거시킴으로써 교육가들을 도울 수 있다는 것이다.

분석철학의 한계는 첫째, 분석철학은 바람직한 세계관이나 윤리관의 확립에 별 도움을 주지 못했다는 것이다. 예컨대, '교통순경'을 비유로 말하자면, 정해진 규칙을 잘 지키도록 호각만 잘 불었지 새 도로를 어떻게 설계해야 하는가에 대해서는 말을 못 한다. 호각만 잘 불어 댄다고 교통난이 해소되는 것은 아니라는 말이다. 둘째, 체험적, 가치판단적, 사회 · 역사적 요소를 배제한 데 있다. 분석철학자들은 명제를 인용구로 따와 그 안에서 이것이 무엇을 뜻하는가를 밝혀 왔다. 그 결과 이 인용구로 따온 명제를 낳게 한 틀(역사 · 문화 · 사회)의 점검은 소홀해졌다. 다시 말하면 요소분석에는 능했지만 구조점검에는 게을렀다는 말이다. 예컨대 '국민교육헌장' 안의 덕목들의 풀이에는 능했지만, 그 '국민교육헌장'이 어떤 의도로, 어떤 배경에 나왔나 하는 것은 애써 눈을 감으려 했다는 말이다. 셋째, 특히 교육학과의 관련에서, 정의적 차원의 실재와 그 의의를 긍정적으로 수용 못한 데 있다. 우리 삶은 정신적인 것과 물질적인 것으로 이루어져 있다는 전제를 수용한다면, 이 정신적인 것 속에는 논리가 지배하는 이성과 그것이 지배 못하는 정서가 있다. 그러기에 논리와 이성만으로 밝히려 한다면, 그것으로 분석되는 삶은 실은 전인이 되지 못하고 반쪽 삶밖에 안 되는 것이다. 그러기에 분석철학은 삶의 또 하나의 귀한 단층을 다룰 수 없다는 한계를 지니고 있는 것이다.

7) 비판주의(Criticism)

비판교육이론은 1980년대에 프랑크푸르트학파의 비판이론이 교육문제에 적용되어 성립한 교육철학이다. 비판교육이론은 자본주의 사회에서 학교라는 사회문화기관이 어떻게 개인의 인간다운 삶을 방해하고 왜곡하는지의 체제를 밝히는 데 연구의 관심을 둔다.

비판교육이론가들은 자본주의 사회의 학교는 여러 집단의 이익이 상충하는 곳으로 특정 집단에는 유리하게 작용하지만 다른 집단에게는 불리하게 작용하는 곳이라 본다. 이들의 연구과제는 학교교육에 내재해 있는 이러한 계급적 편향성을 규명하는 데 있다. 비판교육이론은 학교와 사회구조가 맺고 있는 관련성을 어떻게 파악하느냐에 따라 크게 '경제적 재생산이론', '문화적 재생산이론', '저항이론' 으로 구분된다(김병희 외, 2008).

경제적 재생산이론은 학교가 자본주의 경제체제의 불평등한 사회관계를 재생산하는 기능을 수행한다고 보는 입장이다. 문화적 재생산이론은 학교가 자본주의 사회의 지배집단의 문화를 재생산하고 이를 정당화하는 기관이라고 보는 입장이다. 저항이론은 재생산이론을 비판하고 학생들을 사회의 불평등 구조에 저항하여 사회모순을 극복할 수 있는 능동적 존재로 보는 입장이다.

경제적 재생산이론을 대표하는 학자인 보울즈와 진티스(S. Bowles & H. Gintis)는 미국교육제도의 사회적 기원과 발달과정을 분석하여 자본주의 사회에서 학교교육은 사회적 불평등을 재생산하는 기능을 가진다는 것을 밝히고자 하였다. 이들은 학교에서의 사회관계는 경제체제에서의 사회관계와 일치하며, 학교는 경제체제가 갖는 불평등한 사회관계를 그대로 재생산하는 기능을 수행한다고 주장한다.

이들은 대응이론을 통해 재생산의 과정을 설명한다. 미국 자본주의 경제체제는 소수의 자본가와 관련자들이 다수의 노동자를 불평등하게 지배하는 구조로 이루어져 있으며, 미국의 학교교육은 이러한 구조에 순응하는 노동력을 양산하는 체제로 발전해 왔다. 그런데 경제구조에서의 사회관계는 학교에서의 사회관계에 그대로 반영되어 양자는 대응관계를 갖고 있다.

가령, 학생들은 수업시간에 교사와 형성하는 지배-복종적인 관계를 통하여, 작업현장에서 관리자의 지시에 순종하는 태도와 성향을 기르게 된다. 교육체제는 학교에서의 사회관계를 경제체제에서의 사회관계에 구조적으로 대응시킴으로써 학생들을 자본주의 경제체제에 통합시킨다.

보울즈와 진티스에 의하면, 자본주의 사회에서 학교교육은 경제적 모순을 은폐하고, 사회적 불평등을 심화시키며, 지배계급의 위치를 정당화하는 기능을 수행한다. 학교체제는 경제체제에 종속되어 있기 때문에 그 기능이 변화될 가능성은 없으며, 사회적 불평등의 해소를 위한 역할을 수행하는 것도 불가능하다.

문화적 재생산이론은 자본주의 사회의 계급관계가 학교의 문화적 재생산 기능에 의해 유지되고 정당화된다고 설명하는 이론이다. 문화적 재생산이론을 주장하는 대표적인 학자인 부르디외(P. Bourdieu)는 자본주의 사회의 계급관계는 학교가 지배집단의 문화를 정당화하고 이를 전수함으로써 재생산한다고 주장하였다.

부르디외는 사회적 불평등 현상을 설명하기 위해 '문화자본'이라는 개념을 구안하였다. 문화자본이란 개인이 자신이 속한 계급에 따라 전수받게 되는 문화적 능력을 말한다. 자본주의 사회에서는 자본이나 생산수단뿐 아니라 문화자본에 의해서도 계급 구분이 이루어지며, 재배계급의 문화자본은 피지배계급의 문화자본보다 높은 사회적 평가를 받게 된다.

자본주의 사회의 학교는 지배계급의 문화자본을 원천으로 하여 교육내용과 학교문화를 구성한다. 따라서 학교교육에서 지배계급의 아동들은 유리한 위치에 서게 되고 높은 학업성취도를 보이는 반면, 피지배계급의 아동은 불리한 위치에 서게 되고 학업성취도는 낮아질 수밖에 없다. 이런 방식으로 학교는 합법적이고 자연스럽게 지배계급의 문화를 정당화하고 재생산하게 된다. 결국 학교는 계급 간의 문화적 불평등을 감소시키기는커녕 오히려 이를 유지하고 강화하게 된다.

문화적 재생산이론은 경제체제와 같은 직접적인 지배구조가 아닌 문화라는 간접적인 지배구조를 통해 자본주의 사회의 계급관계가 유지되고 재생산되는 방식을 설명한다는 데 특징이 있다. 부르디외는 자본주의 사회에서 학교는 지배계급의 지위를 정당화하고 이를 영속화하는 사회문화기관이라고 주장한다.

저항이론은 학교가 사회구조를 수동적으로 받아들이기만 하는 기관이라고 보는 재생산이론의 관점에 반발한다. 저항이론에서 인간은 사회구조의 요구에 의해 규정되는 수동적인 존재가 아니라 사회의 불평등 구조에 저항하는 능동적 존재이다. 따라서 학교교육을 통해 사회 불평등을 해소해 나갈 수 있다는 낙관적 입장을 취한다.

애플(M. Apple), 프레이리(P. Freire), 지루(H. Girux) 등의 저항이론을 주장하는 학자들은 '저항'의 개념에 있어서 관점의 차이를 보이기는 하지만, 학교는 사회의 일방적 재생산 체제에 대해 저항하는 상대적 자율성을 갖는 것으로 보았다.

비판교육이론은 자본주의 사회에서 학교교육의 구조적 모순과 병폐를 드러내고 이를 새롭게 조망할 수 있는 관점을 제시하였으나, 1990년대 소련을 비롯한 동구 사회주의 국가들의 몰락으로 영향력이 쇠퇴하였다.

비인간화를 조장하는 교육적 조건 내에서 강력한 힘을 발휘하고 있는 이데올로기의 실체를 벗기고, 이 이데올로기가 어떻게 인간의 의식, 인간의 사회화 과정에 침투되어 비인간화를 조장하는가를 밝혀내는 일이 비판교육론의 기본과제이다.

비판이론의 영향하에 형성된 비판적 교육철학은 사회의 불평등이 학교 교육을 통해서 재생산된다고 본다. 학교 교육이 사회적, 경제적, 정치적 억압 구조 속에서 이루어지며 그릇된 지배 이데올로기를 학습자에게 전달함으로써 불합리한 사회구조를 재생산하는 사회 기구로서의 역할을 수행하고 있다고 비판하면서 그 극복 방안을 제시하고자 한다. 이들은 교육철학의 역할은 교육에서 지식과 의식들이 어떤 숨은 동기와 의도 하에서 가르쳐지는가를 분석하고, 그러한 동기와 의도가 어떻게 인간을 억압하고 사회적 불평등 구조를 재생산하는가를 비판함으로써 그와 같은 부정의와 불평등 문제가 교육에서 어떻게 치유될 수 있는가를 제시하는 것이라고 본다. 따라서 비판적 교육철학은 규범적이며 평가적인 성격을 가지며 교육의 개선과 실천을 위한 실천 학문적인 성격을 갖는다(주영흠 · 이승원 · 심승환, 2010).

이러한 교육철학에 입각한 비판이론은 개개인이 지배집단의 이데올로기에 의해 조성되는 그릇된 의식을 극복하고 사회의 실제에 대하여 자율적이고 비판적인 의식을 함양하여 개인과 사회를 해방시키는 데 가장 큰 목적을 둔다. 이를 위한 교육은 단순한 지식전달과 표본의 제시가 되어서는 안 된다. 외부에서 일반적인 목표와 기준을 설정하고 이를 따르게 한다면 자율적이고 비판적인 의식을 키우는 데 장애를 가져온다.

따라서 근본적으로는 교육목적을 고정된 리스트로 제시하고 일방적으로 따르게 하기보다는 무엇이 가치 있는 교육인가를 교육자와 학습자 모두가 스스로 성찰하는 것이 바람직하다. 모든 현상에 대하여 주어진 것으로 당연시하지 말고 그것이 왜 그러하며 어떠한 가치와 문제점이 있는지를 반성하는 것이 필요하다. 특히, 사회에서 불평등과 억압, 차별 등의 현상이 왜 발생하며 어떠한 과정과 방법을 통해 진행되고 정당화되는지를 정확히 보는 능력을 키우는 것이 무엇보다도 중요하다. 나아가 이러한 억압적 실상을 넘어 평등하고 자유로운 사회를 이루려면 어떠한 노력이 필요한지를 깨닫고 실천하는 태도를 키우는 것이 수반되어야 한다. 즉, 비판이론에서 보는 교육목적은 단순히 깨닫는 것이 아니라 실천하는 지성인 것이다.

특히, 사회의 축소판인 교육현장 내부에서 어떠한 불평등과 차별이 행해지고 정당화되고 있는지를 분명히 분석하고, 이를 개혁하기 위한 방법을 찾아 실천하는 것이 비판이론의 중요한 교육목적이라 하겠다.

비판이론은 인간과 사회의 관계를 설명하는 일종의 사회이론이기는 하지만 철학, 사회학, 정치학, 경제학 그리고 심리학 등의 여러 학문 분야를 융합한 종합적이면서도 규범적인 사회과학으로서의 성격을 띠고 있다. 인간의 의식이나 지식이 사회적 · 정치적 · 경제적 제약 하에서 형성된다는 인식을 바탕으로 인간의 자유로운 의식의 형성을 억압하고 왜곡시키는 사회적 · 정치적 · 경제적 제약 요인을 분석 비판하고자 하는 기본 입장을 가졌다.

이러한 기본적 입장에서 살펴본 비판이론의 의의는 첫째, 비판적 교육론은 인간의 의식과 인식의 모습을 비판하고 인간의 해방을 통해 기성문화의 재생산 과정인 교육의 모습을 비판하는 데 그 의의가 있다.

둘째, 철학의 사회적 역할을 제고하였으며, 실증과학의 한계성을 지적하였고, 총체적 교육관과 교육내용과 방법에 대한 의미 있는 제안을 하였다.

셋째, 비판적 교육철학은 교육철학의 관심 영역을 실제 교육이 일어나고 실천되는 학교현장에 두고 있으며, 그곳에서의 사회적 역학관계에 의해 빚어지는 교육문제를 분석, 비판하여 보다 개선된 교육을 제시하고자 하였다는 점에서 중요한 교육적 의의를 갖는다. 또한, 이데올로기 비판을 통해 교육이 재생산의 도구적 기능을 한다는 점을 밝히기도 하였다.

하지만 비판이론은 교육과 교육학의 정치화와 급진적인 비판의식을 제고하였고 현 체제의 긍정적인 면보다는 부정적인 면에 더 관심을 두었으며, 근본적으로 마르크시즘과 기독교적인 휴머니즘을 통합시키는 데 대한 한계가 존재한다. 또 말하는 것이 그 방법 면에서 너무 급진적이기 때문에 현실적으로 수용하기 어렵다는 한계점을 가지고 있기도 하다.

특히 지나치게 비판의식을 강조함으로써 교육의 순기능, 즉 인류의 문화유산을 전승, 발전시키고 인간의 다양한 능력을 개발하는 것과 같은 사회의 유지 발전에 중요하고도 필요한 기능을 충분히 인정하지 못하고 역기능만을 보게 하였다는 비판을 받는다. 또한, 이들은 사회적 · 경제적 · 정치적인 다양한 조건이 교육의 출발점이며 어떤 사람도 이러한 조건으로부터 완전히 벗어날 수 없다는 점, 심지어 비판의식마저도 이러한 조건에 의해 교육된 것이라고 하는 상황 조건을 바라보는 교육적 관점을 간과하고 있다. 사회적 비판에 강조를 둔 나머지 비판적 교육철학은 교육을 교육의 논리에 따라 해석하기보다 지나치게 사회 · 정치 · 경제의 논리에 의해 해석하는 경향을 띠게 됨으로써 교육의 진정한 의미와 가치를 고려 대상에서 제외하고 있다.

8) 포스트모더니즘(Postmodernism)

현대 문명의 사상사적 흐름을 포스트모더니즘이라는 말로 사용한다. 포스트모더니즘이란 말은 라틴어 접두사 포스트(post)와 근대를 의미하는 모던(modern)과 이즘(ism)의 결합어이다. 포스트란 말은 '다음(이후)'이라는 의미이며 모던은 '현대'라는 의미로 사용되고, 이즘은 '주의' 혹은 '사상'이라는 뜻이다. 포스트모더니즘이란 말은 1950년대 초기 역사학자 토인비(A. Toynbee)가 처음 사용한 이래, 특정한 철학, 사회학의 조류 이외에도 문학 · 건축 · 무용 · 음악 등 초현대적 새로운 양식을 포괄하고 있으며, 후기현대, 탈근대, 또는 이성중심주의에서 확립한 진리와 의미구조를 해체한다는 뜻에서 '해체주의', 구조주의와의 연관성 때문에 '후기구조주의', '포스트구조주의' 등의 다양한 용어로 불린다. 즉, 포스트모더니즘은 '다양성의 수용'이다. 모더니즘(근대주의)이 다양성을 거부하는 것이라면, 후기 근대주의는 다양성을 인정하는 세계관이요, 철학의 시대인 것이다(김성곤, 1990).

특히 교육적인 측면에서, 포스트모더니즘은 절대적 지식과 객관적 이성에 바탕을 둔 근대교육을 비판하고 교육에 관한 새로운 담론을 제시함으로써 교육철학의 패러다임에도 변화를 가져다주었다. 포스트모더니즘 교육철학은 다원화된 인간관에 바탕을 둔 교육적 인간상을 제시한다. 전통적 교육철학은 인간의 본질을 이성으로 규정하고 이성적 인간을 교육적 인간상으로 규정하였다. 그러나 포스트모더니즘 교육철학은 이성 이외에 감성 · 직관 등 인간의 다양한 특성을 존중함으로써 다원화된 교육적 인간상을 제시한다. 또한, 전통적 교육철학이 고정된 자아개념에 근거한 자아정체성의 확립을 강조하였다면, 포스트모더니즘 교육철학은 구성적이고 선택적인 자아개념에 바탕을 둔 유동적 · 가변적 · 다원적 자아의 형성을 강조한다.

교육적 가치관에 있어서도 포스트모더니즘 교육철학은 다원화된 교육적 가치관을 제시한다. 근대교육의 인간 중심 · 서구 중심 · 남성 중심의 일원적이고 중심주의적인 교육가치관에서 벗어나, 생태 교육 · 다문화 교육 · 양성평등 교육 등 다원적인 교육가치관으로의 전환을 촉구한다. 또한, 개인주의적이고 자아중심적인 교육이 아닌 협력적이고 공동체적인 교육을 강조한다.

또한, 포스트모더니즘 교육철학은 구성주의적 지식관에 바탕을 둔 교육과 정관을 제시한다. 전통적 교육철학이 객관주의적 지식관에 바탕을 둔 보편적 지식의 전달을 강조한다면, 포스트모더니즘 교육철학은 학생들의 주체적 지식 구성을 강조하는 것이다. 따라서 학생들의 능동적 참여, 자기주도적 학습이 강조되며, 교사는 권위를 가진 지식 전달자가 아닌 안내자 · 조력자로서 학습과정에 참여하게 된다.

교수-학습과정에서 전통적 교육철학이 주체적이고 경쟁적인 학습을 강조했다면, 포스트모더니즘 교육철학은 다양한 시각 · 다양한 맥락 · 다양한 차원이 중시되는 대화적 · 상호적 협력학습과 문제해결학습이 강조된다. 따라서 교과 구성에 있어서도 다학문적이고 통합교과적인 접근이 요구된다.

이는 체계성과 효율성에 바탕을 둔 근대적 학교체제의 자율적이고 개방적인 운영을 통해 인간 소외를 극복하고 인간적 가치와 교육적 가치를 실현할 수 있다고 생각한다.

포스트모더니즘은 반권위주의 등을 특징으로 한다. 포스트모더니즘의 범위는 인문과학은 물론 사회과학과 자연과학, 예술, 교육학 분야에 이르기까지 폭넓게 형성되어 있다. 포스트모더니즘의 기본원리나 근거는 그 논리적 전개과정이 매우 모호한 측면이 있다. 그러나 포스트모더니즘을 연구하는 학자들이 공통적으로 지적하고 있는 특징을 요약하면 다음과 같다(김동욱, 1990).

첫째, 실체적 합리주의를 표방한다. 전통철학이 지지한 절대 합리성은 근대인에게 요구되었던 사고와 행동의 전형이었다. 근대사회는 이성적이며 합리적인 인간상을 추구하였다. 포스트모더니즘에 의하면 전통적 합리성의 타당성과 자유주의적 가치가 거부된다. 또한, 전통적 합리성과 자유의 가치를 통해 개인이 어떤 사회 · 정치적 맥락에서 자신의 위치를 이해하는 것이 불가능하게 된다. 이러한 논리에 의해 포스트모더니즘에서는 모던적 합리성 자체의 보편적 조건과 진위의 구별 조건도 배제되며 이를 이론적으로나 논증적으로 서술하는 것도 불가능하다. 포스트모더니즘 사상가들은 합리적 자아라는 것이 일반인을 속박하기 위하여 만든 허구라고 규정한다. 즉, 전통철학이 지지한 합리성은 인간을 자유롭게 하지 못했고 인간의 삶을 구속하는 기제로 작용하기도 했다. 따라서 전통적 합리성의 개념을 비판하고 새로운 상황적 관계적 성격의 실체적 합리성을 주장하였다. 포스트모더니즘의 합리성은 전통적 합리성의 탈맥락적 성격을 반대하고 실제적 삶의 상황을 반영한다는 의미에서 '실체적 합리성'이라는 용어로 표현한다.

둘째, 인식론적 상대주의를 표방한다. 서양의 전통적인 지식관은 고정불변의 실재를 전제하고 인간의 합리적 사고를 통하여 실제를 인식할 수 있으며 그 인식 결과는 보편타당한 합리적 지식관이라고 주장하였다. 그러나 포스트모더니즘 사상가들은 보편타당한 지식을 추구하는 지적 탐구활동에 있어 절대적 기준을 거부하였다. 모든 인식활동은 인식자의 주관이 개입된 상대적인 인식이 이루어질 수밖에 없다고 주장한다. 불변의 실재와 그것에 대한 합리적 인식은 허구라는 것이다. 따라서 포스트모더니즘은 인식론적 상대주의의 입장을 취한다고 볼 수 있다.

셋째, 탈정전화(脫正典化)를 지향한다. 근대 사회에서 문화적 정전은 보편적 진리와 가치를 반영하고 있다는 점에서 정당화되었다. 그리고 정전에 부합하는 생활양식을 고급문화로 간주하여 사회구성원으로 하여금 인정, 수용, 계승하게 하였다. 그러나 포스트모더니즘의 견지에서 볼 때 보편적 진리란 의심의 대상이며 상황적 요소에 의해 잠정적으로 인정되는 진리라는 것이다. 따라서 영원한 진리를 담고 있는 것으로 주장하는 정전은 해체되고 재음미되어야 한다.

포스트모더니즘 교육철학은 1980년대 후반 라캉(J. Lacan), 리오타르(J. F. Lyotard), 데리다(J. Derrida), 푸코(M. Foucault), 로티(R. Rorty) 등의 담론이 교육적 논의에 도입되면서 성립하였다. 그러나 포스트모더니즘을 대표하는 이들 학자들의 담론에서 교육에 관한 분명하고 체계적인 논의는 찾아보기 어렵다. 이들 중 포스트모더니즘적 시각에서 비교적 뚜렷한 교육철학적 관점을 제시하는 학자로는 로티를 들 수 있다.

로티는 절대적 진리와 객관적 이성에 기초하여 성립하는 서구의 전통적 철학을 '정초주의'로 규정하고 이를 비판한다. 그는 인간의 지식과 이성은 역사적 · 문화적 상황 속에서 전개되는 대화를 통해서 생성되는 우연적이고 가변적인 산물이라고 지적한다. 따라서 포스트모던 사회에서 우리는 절대적 진리와 객관적 이성에 대한 가정을 버리고, 대화를 통해 지식과 신념을 새롭게 선택하고 형성해 나가는 탈철학의 문화와 사회를 지향해야 한다.

로티는 절대적 진리와 객관적 이성에 기초한 기존의 근대교육을 해체할 것을 주장하고, 포스트모던 사회에서 교육은 공적인 대화의 과정에 능동적으로 참여함으로써 스스로를 형성해 나가는 자유로운 인간형성의 과정이 되어야 한다고 강조한다.

포스트모더니즘의 관점에 입각하였을 때 교육의 목적은 다음과 같은 몇 가지 특징을 지향한다. 첫째, 창조적이며 주체적인 다양한 자아의 형성이다. 포스트모던 사회에서의 새로운 진리와 합리성을 정립해 나가는 데 있어서 가장 필요한 것은 바로 인간이 지닌 창의적이며 주체적인 힘인 것이다. 따라서 교육목적으로서 강조되어야 할 가장 중요한 것은 창의적이며 주체적인 자아를 형성시켜 주는 것으로 볼 수 있다.

둘째, 끊임없이 성장하는 인간의 형성이다. 듀이가 지적하였듯이, 교육에 있어서 학습자에게 더욱 많은 성장 이외의 것은 아무 것도 요구할 수 없는 것이다. 성장의 개념을 질적인 성장으로서 비유하면, 식물의 성장처럼 처음에는 뿌리가 나고, 다음에는 줄기가 올라오며, 그다음에는 잎이 나오고, 또 그다음에는 꽃이 피고, 열매가 익어 가는 바와 같이, 학습자도 양적으로 작은 것에서 큰 것으로 성장하는 것보다 질적으로 정신의 구조가 복잡하고 다양하게 변화되면서 성장하는 것이다.

셋째, 포스트모던 사회에서는 도덕적인 인간상으로서 배려와 관용과 상호존중의 도덕적인 덕목이 요청되며, 특히 공동체의 덕목이 절실히 요구되는 사회이다.

이러한 사회 속에서는 무엇보다도 한 개인의 도덕성이 조화로운 상태에 놓여 있어야 할 것이다. 물론 이 조화의 개념 속에는 도덕적인 행동에 앞서 한 개인이 지성적으로나 감성적으로나 신체적으로 서로 잘 조화된 상태로 발달되어야 할 것으로 본다.

넷째, 교육에서 보편적인 문제를 다루기보다는 상황의 특수성을 고려한 문제를 다루고, 각 문제의 해결책도 보편적이고 절대적인 답보다는 상황에 맞게, 유동적인 해결책을 모색하여야 한다. 교육이 인간을 바람직한 방향으로 육성하는 작용이라고 봤을 때 그 방향이 어떤 절대적인 가치에 의해 정해져서는 안 된다. 특정한 사회문화적 가치관을 절대시하여 교육의 이념과 목적으로 삼아서는 안 된다.

모더니즘에서는 대서사적인 지식을 주장하였지만, 포스트모더니즘에서는 소서사적인 지식을 주장한다. 대서사적인 지식은 인지적인 요소만을 인정하는 명제적 지식을 말한다. 소서사적인 지식은 기술적 요소, 윤리적 요소, 미적 감수성의 요소들을 인지적 요소와 동등하게 인정하는 새로운 지식을 의미한다.

새로운 지식은 명제적 진술로만 아는 차원을 넘어서 행동할 줄 알고, 생활할 줄 알고, 경청할 줄 아는 것까지 포함하는 소서사적인 지식을 말한다(이광래 역, 2008).

첫째, 고급문화로서의 문화정전중심에서 탈문화정전중심으로의 전환이다. 포스트 모던사회 속의 대중은 문화적 정전에 관계없이 자기 주변의 일상적 생활 대상에 대하여 자연스럽게 일어나는 관심을 자유스럽게 실험적으로 발산하는 생활양식을 즐기며, 이러한 경향은 신세대 학습자에게 더욱 강하게 나타나고 있다. 따라서 포스트모더니즘 교육내용의 구성은 문화적 정전만을 선별하여 구성하는 것이 아니라 고급문화이든 대중문화이든 인간의 자아형성을 위한 경험의 관계망 속의 것이라면 그 무엇이든지 교육내용화해야 한다.

예를 들면, 대중이 스타와 자신을 동일시함으로써 개인의 존재가치를 창출함과 동시에 희열을 느끼는 것이라면, 대중이 갈망하고 현대인에게 필수적인 것이므로 스포츠나 영화를 교육내용의 구성에 다루어 주어야 한다는 논리이다.

둘째, 활자중심에서 영상매체중심으로의 변화이다. 포스트모더니즘 문화의 총아는 텔레비전과 컴퓨터이다. 컴퓨터는 일반 대중의 생활에 간접적이라면, 텔레비전은 직접적으로 영향을 미친다. 대중문화도 대중스타도 텔레비전의 영상매체에 의해서 탄생된다.

특히, 텔레비전이라는 영상매체는 태어나면서 영상매체에 둘러 싸여 자라온 영상세대들에게 절대적인 것이다. 영상세대들은 말투도 행동도 의상도 모두 텔레비전의 것을 따라하며, 그들의 대화 중 대부분은 텔레비전 프로그램 내용에 관한 것이다. 그들은 서적보다 텔레비전을 통해서 더 많은 정보를 얻고 간접적인 경험의 관계망을 넓혀 간다.

셋째, 교과분리형에서 교과통합형으로 변화이다. 지식과 교과의 세분화는 상호복합적인 자연 인간 사회의 문제를 잘 해결하기보다는 그 단편적 접근으로 인간 문제해결능력의 쇠퇴현상을 가져온다. 분리적 지식론과 교과관은 이성적 인간을 양성하기 위한 명제적 지식론에 기초하고 있기 때문에 창조적 자아인 양성에 적절하지 않을 뿐만 아니라 경험의 관계망 또한 단절시켜 버리게 된다.

포스트모더니즘 교육은 학습자의 산발적인 욕구와 흥미를 충족시켜 주어야 하며 결코 큰 문제가 아닌 학습자가 자기 주위의 일상생활에서 부딪힐 작은 문제에 대한 해결능력을 길러 주어야 하는데, 학생들의 요구와 흥미에 부합하고 복합적인 사회문제의 해결능력을 길러주기 위해서는 교육과정의 통합이 불가피한 것이다.

포스트모더니즘의 교육적 의의로는 소서사적 지식의 중시, 교육현장 내에서의 작은 목소리 존중, 과학적 · 합리적 이성의 극복과 그에 따른 감성적 기능 회복, 교육의 구조적 변화 촉발, 공교육 체제에 대한 비판적 시각의 제공 및 대안교육과 실험교육 활성화의 토대 마련, 교육 및 인간이해에 대한 지평 확대, 보편성 · 획일성 · 전체성의 극복과 그에 따른 다양성과 다원성의 존중, 권위주의의 극복, 지엽적이고 특수한 삶의 문제에 대한 의미부여, 페미니스트 교육학의 발전적 토대 제고, 연대의식의 존중, 차이와 타자성의 존중, 비판의식의 함양 등을 들 수 있다.

포스트모더니즘의 교육적 한계로는 윤리학에 대한 방향 제시 미흡, 극단적 이기주의화에 대한 우려, 삶과 도덕성에 대한 보편적 지반의 부재, 이성 경시에 따른 삶의 불완전성, 오랜 역사와 사회적 맥락 속에서 형성되어 온 교육적 가치와 전통의 해체에 따른 교육공동화 현상, 해제 위주에 의존함으로써 사회문화적 재건에 대한 비전 결여, 기존의 전통과 조화하려는 종합적 노력의 결여 등을 들 수 있다.

원전 읽기

『감시와 처벌』(미셸 푸코)

'감옥의 탄생'이라는 부제가 붙은 푸코의 『감시와 처벌』(1975)은 좁은 의미에서는 형벌의 이론과 제도에 대한 저자의 역사적 성찰의 결과로 볼 수 있다. 그러나 넓은 의미에서 이 책은 근대적 감옥의 출현과 함께 도입된 규율, 훈련, 교정, 관찰 등의 방법이 감옥 밖의 사회에서 어떻게 권력의 기술로 작용해 왔는지를 치밀하게 규명한 책이다.

푸코는 '부르주아에 대항하는 프롤레타리아의 계급투쟁'이라는 마르크스주의적 관점과는 다르게 '근대 세계와 인간 착취의 메커니즘'을 밝히기 위해 권력의 문제를 제기하였다.

이전에 그의 작업은 광기에 대한 이성 중심 사회의 탄압(『광기의 역사』), 병원과 의학의 사회사(『진료소의 탄생』) 등을 주제로 한 것이었는데, 『감시와 처벌』에 이르러서는 권력의 정체와 구조를 심층적으로 분석한다.

푸코는 권력을 지배자와 피지배자 간의 일방적인 관계로 보지 않았고, 권력자가 독점할 수 있는 소유의 대상으로 보지도 않았다. 그는 권력을 한 사회 안에서 복잡하면서도 정교하게 작동하는 인간 지배의 기술과 전략으로 인식했으며, 권력의 전략적 목표를 인간의 신체로 파악했다.

가령 왕권 시대의 권력이 신체에 대한 잔인한 폭력이나 고문과 같은 공포와 행위로 권력의 존재를 과시하는 것이었다면, 근대의 권력은 감옥의 제도를 통해 자신의 모습을 감추면서 신체를 부드럽게 통제하고 지배하는 기술을 발전시켰다는 것이다.

이러한 처벌 방식의 변화는 계몽주의 시대인 18세기 말에 개혁자들이 죄수에게 가혹한 형벌을 부과하는 것보다 감금이라는 제도를 통해서 죄수를 처벌하고 교화시키는 방법을 제안했기 때문이다. 푸코는 처벌의 이러한 개선이 '죄수에 대한 인간적 처우를 개선해야겠다'는 인식의 변화가 나타났기 때문이 아니라 권력의 기술이 근대화되었기 때문이라고 본다.

그러니까 인간에 대한 권력의 '부드러운' 지배 방법은 최소의 비용으로 최대의 효과를 산출하는 경제적 통제 방법이기도 하다. 대혁명 직후인 18세기 말에 감금이라는 형벌 제도가 도입되면서 근대적 감옥이 탄생한 것은 그런 논리에서 해석된다.

근대적 감옥의 대표적 형태는 판옵티콘(일망 감시 장치로 만들어진 원형감옥)인데, 이것은 중앙의 감시자가 자신의 존재를 드러내지 않으면서 모든 죄수를 감시하는 구조로 만들어졌다.

감옥 안에서 이러한 감시자와 죄수들 사이의 관계는 감옥 밖의 사회에서 권력과 인간 사이의 관계와 동일한 구조를 갖는다. 가령 학교에서 학생들의 동작과 활동이 온갖 시험의 장치 속에서 세밀히 규제되고 기록되는 과정을 통해 학생은 규율에 길들여지고 순응한다. 군대나 공장의 엄격한 규율과 통제의 장치 속에서 군인과 노동자들이 예속화되는 현상도 그런 과정을 거치면서 규율을 내면화하는 것으로 설명할 수 있다.

그러므로 이 책은 오늘날 개방적이고 민주적인 사회에서 우리는 표면적으로 자유로운 것처럼 보이지만, 사실은 전혀 자유롭지 않다는 것을 깨닫게 한다. 우리의 신체가 규율과 훈련에 길들여져 있을 뿐만 아니라 미세한 정보의 그물 속에서 일상의 모든 것이 낱낱이 기록되는 삶을 살아가는 이 시대에 우리는 인간의 자유와 저항의 가능성이 과연 어디까지인지를 곰곰이 생각해 보아야 할 것이다.

– 오생근(서울대학교 불어불문과 교수).

출처: 동아일보(2005. 5. 6).

제12장 유능한 교사 이해

교직은 가치 있고 중요한 일을 하면서도 그에 상응하는 대우를 받지 못하고 있는 직업인지도 모른다. 그러나 우리가 생각을 어떻게 하느냐에 따라 '보람'을 찾을 수 있는 직업이라고 본다. 배우고자 하는 학생을 가르쳐서 기쁨을 주고 그들이 자라고 성장하는 모습을 곁에서 바라보면서 즐거움을 느낄 수 있다. 세상에 수많은 직업이 있지만 이런 보람을 느끼면서 사는 사람이 얼마나 되겠는가? 교원으로서의 보람과 가치를 가지기 위해서는 무엇보다도 올바른 철학적 방향감이 있어야 한다. 철학은 행동의 방향을 제시해 주고 행동의 중심을 잡아 주기 때문에 중요하다. 또 인간을 어떻게 보느냐와 직결되는 인간관과 학생관이 바르게 정립되어 있어야 한다(주삼환, 2016). 학생에게 인간의 존엄성을 가르치기 위해서는 교사가 먼저 학생을 존엄한 존재로 대할 수 있어야 한다. 이런 견지에서 교사가 여러 방면에서 유능해야 할 이유는 충분히 설득력을 갖게 될 것이다.

1. 유능한 교사의 의미

유능한 교사는 학생과 학생의 생활에 관심을 갖고, 학생과 상호작용할 수 있으며, 가르치는 일에 열정을 지니며 헌신할 수 있어야 한다. 또한, 학생의 곁으로 다가가서 학생과 소통을 할 수 있는 능력을 지녀야 한다. 교사의 수준에서가 아니라 학생의 수준으로 내려가서 소통하려는 의지와 열정, 헌신 능력이 요구된다. 그런 다음에야 교과교육이든 인성교육이든 학생과의 의미 있는 교육활동이 가능해진다

(한소영 역, 2008). 그렇다면 유능한 교사란 어떤 교사를 의미하는가?

먼저, 교육이 가진 다양하고 복합적인 목표와 기능을 고려하면 '유능하다'는 말은 이해하기 쉽지 않은 개념이다. 몇몇 연구자는 유능한 교사를 학생들의 성취와 관련해서 정의한다. 어떤 연구가들은 관리자의 높은 수행능력평가에 주안점을 두기도 한다. 그러나 사실 '유능하다'는 것을 포함해서 성공적인 교육자로서 인정받고 평가받는 사람이 어떤 이들인지를 결정하기란 결코 쉬운 일이 아니다. 여기서는 스트론지(한소영 역, 2008)가 분석한 언어 구사 능력, 교육적인 학습과정, 교과내용에 대한 지식, 교육경험을 중심으로 살펴보면 다음과 같다.

첫째, 교사의 언어 구사 능력이다. 많은 연구자가 교사의 지적 능력과 학생들의 성공 사이에는 연관이 없다는 것을 지지하는 동안에 새로운 중요한 사실이 발견되었다. 언어 구사 능력이 높은 교사에게서 수업을 받은 학생이 그렇지 않은 학생보다 더 많이 배우고 성취도도 더 높다는 사실이 조사 결과 밝혀진 것이다. 이 결과를 통해서 교사의 수행 능력뿐만 아니라 유능한 교사의 어휘력 및 언어 구사 능력과 학생들의 학문적인 성공 사이에는 분명하게 식별할 수 있는 연결고리가 존재함을 알 수 있게 되었다. 의사소통 능력은 언어 구사 능력의 일부이며 언어 구사 능력이 뛰어난 교사가 학생들에게 그들의 생각을 좀 더 효과적으로 전달할 수 있고, 분명하고 흡인력 있는 여러 방법으로 학생들과 확실하게 의사소통을 할 수 있다는 것이다.

둘째, 교육적인 학습과정이다. 교사 양성 과정은 전통적으로 학생의 발전과 교육 및 평가기술, 특정 과목과 관련한 방법 및 교재를 중점적으로 다루는 일련의 과정을 포함한다. 따라서 교사 양성 과정을 완전히 마친 교사는 무엇을 어떻게 가르칠 필요가 있는지, 또 학생들이 어떻게 배우고 있는지에 대해 명확히 이해한다는 결과를 지지해 준다. 이 외에도 교육학에 대한 배경 지식은 교사가 학생 개개인의 요구를 더 잘 인지할 수 있게 하고, 학생의 성취도를 전반적으로 증가하기 위해 교육방법을 조정할 수 있게 한다. 교육과정에서 더 적은 학습과정을 거친 교사는 교실 경영, 교과과정 개발, 학생 동기부여, 특정 교육전략 등에서 지속적인 어려움을 겪고, 학생들의 지식수준과 잠재적인 어려움을 예측하는 데 서툴며, 학생 개개인의 요구에 맞는 수업을 계획하고 또 수업 방향을 바꾸는 데에도 익숙하지 못한 것으로 나타났다. 한편, 이런 교육학습 과정 외에도 교과내용에 관한 지식 역시 중요하다. 이에 대한 연구로는 학생들의 과학 성취도가 교육학과 과학 과정을 택한 교사의 배경에 절대적으로 연관이 있음을 보여 준다. 이런 결과를 볼 때 교과내용에 관한 지식과 교육학적 능력 모두가 유능한 교사가 갖추어야 할 중대한 자질임을 확신할 수 있다.

셋째, 교과내용에 관한 지식이다. 교사가 알고 있는 교과내용에 관한 지식의 역할은 교사의 효율성에 대한 연구에서 광범위하게 조사되어 왔다. 효율적인 교육을 연구하는 사람들은 전공과목에 대한 우수한 지식이 중요한 요소임을 끊임없이 규명해 왔다. 교과내용에 대한 교사의 지식이 수업에 긍정적인 영향을 미친다는 것은 분명한 사실이지만, 그 자체만으로는 충분하지 않다. 교과내용에 대한 지식습득만을 강조하고 교육학 학습과정을 경시하는 교사 양성 프로그램은 미래의 교사를 양성함에 있어서 교과의 교육학에 관한 지식 모두를 제공하는 프로그램에 비해 훨씬 덜 효과적이다. 교과내용에 대한 지식이 많은 교사는 학생들을 보다 깊이 있게 가르치고 학생들이 의미 있는 토론과 자율 활동을 하도록 더 잘 이끈다. 어떤 연구자들은 교과내용에 관한 전문성을 정의함에 있어 지식을 전달하고 가르치는 능력뿐만 아니라 가르침을 받는 것에 대한 개념의 깊은 이해도 포함해야 한다고 주장한다. 이와 함께 교과내용에 대한 우수한 지식은 교사가 순차적이고 대화 형식의 수업을 계획하고 준비하는 데 도움이 된다.

넷째, 교육경험이다. 교육경험은 교사의 효율성과 학생들의 성취도에 상당한 중요성을 갖는다. 경력교사는 실제 경험과 교실에서의 실습 및 그 시간을 통해 전문지식을 습득했다는 점에서 신임교사와는 다르다. 경력교사는 일반적으로 학생들을 관찰하고, 순조롭고 의미 있는 수업 분위기를 조성하고 이끄는 여러 가지 방법을 알고 있다. 경력과 유능함을 모두 갖춘 교사는 가르치는 내용은 물론 학생들에 대해 잘 알고 있으며, 효율적으로 계획하는 전략을 사용하고, 상호작용하는 의

사결정을 실행할 뿐만 아니라 효과적인 교실 경영 능력을 보유하고 구현하는 전문가이기도 하다. 경력과 유능함을 갖춘 교사는 적은 시간으로 신임교사보다 더 많은 것을 할 수 있다. 또한, 교사는 경험과 인식을 통해 수업에서 적절한 임기응변을 할 수 있다. 수업과 학생들은 동적이기 때문에 좋은 수업계획보다는 때때로 융통성과 적응성이 더 바람직한 경우가 많다. 신임교사는 종종 이미 세운 계획의 틀에서 벗어나는 것을 주저하지만, 유능하고 경험 많은 교사는 쉽게 가르칠 수 있는 시기를 이용하거나 계획을 변경하는 것에 잘 적응한다. 임기응변 능력은 신임교사보다 경력 있는 교사에게서 더 많이 볼 수 있는 일반적인 특성이다.

다섯째, 학생의 인생에 미치는 영향력이다. 능숙하고 우수한 교사는 그렇지 않은 교사보다 학생들의 인생에 더 많은 영향을 미친다. 유능한 교사는 수업시간에 학생들이 무엇을 할 것인가를 빠르게 정해 주고, 수업 규칙과 절차를 명확하게 설명해 준다. 또한, 학생 개개인에 대한 중요한 정보를 파악하고, 다음 날 학생들이 무엇을 배울 것인가에 대해서 정확하게 일러 준다. 효과적으로 운영되고 있는 교실에서는 교사와 학생 간의 관계가 형성되고 있다. 유능한 교사와 학생들은 서로 믿을 수 있는 친밀한 관계가 형성된다. 학생에 대한 정보를 아는 것은 수업을 효과적으로 운영하는 데 매우 중요하다. 교사는 학생들의 인생에 영향을 주기 위해서 고용된 것이다. 학생들에게 꿈을 키워 주고, 그 꿈을 향해 갈 수 있도록 인생의 길을 열어 주기 위해서 고용된 것이다(김기오 · 김경 역, 2013).

2. 유능한 교사의 역할

1) 공정성과 존중의 역할

유능한 교사는 단지 학생에 대한 관심을 넘어서 공정성과 존중을 강조하고, 모범을 보이고, 실행함으로써 학생과의 관계에서 신뢰감을 쌓는다. 학생들의 관점에서 볼 때도 존중과 공정성은 효율적인 교육을 위한 필수조건이라고 할 수 있다. 실제로 유능한 교사에 대한 의견을 주제로 한 학생들과의 인터뷰에서도 초등학교에서부터 고등학교에 이르기까지 공정성과 존중의 중요성은 일관되게 언급되었다. 또한, 유능한 교사는 벌을 주기 전에 그 진상을 정확히 알고 이해한 뒤 해당 학생에게 무엇을 잘못했는지 명확하게 이야기하며, 그를 바로잡기 위해 어떻게 해야 할지에 대해 충고한다. 유능한 교사는 인종과 문화적인 배경, 성별에 관해서도 공정성과 함께 존중과 이해를 지속적으로 보인다. 교사의 효율성에 있어서도, 학생들은 교사가 모든 학생에 대한 공정한 대우와 함께 인종 간의 공평성도 인식할 것을 강조한다.

2) 학생과의 사회적인 상호작용 역할

유능한 교사는 학생과의 상호작용을 위해 다양하고 폭넓은 방법을 사용하며, 이런 상호작용의 원리는 교실과 학교에만 국한되지 않는다. 학생들이 참여하는 스포츠 경기나 음악회, 기타의 특별 프로그램에서 함께하는 교사에 대해 학생들은 존중을 보인다. 또한, 많은 연구자는 교사와 학생 간의 건설적이고 사회적인 상호작용이 학생의 학습 및 성취도에 기여할 뿐만 아니라 교실과 학교에 대한 소속감도 키워 줌으로써 학생들의 자존심을 높인다고 주장한다. 유능한 교사는 학생과의 사회적 상호작용을 통해 모든 학생의 성공에 개별적이고, 현실적이며, 성공적인 도전을 할 수 있게 한다.

3) 열의 증진과 학습 동기부여 역할

교사가 학생에게 학습에 최선을 다하도록 격려하고, 정숙한 수업환경을 유지해 주며, 높은 기준을 정해 적절하게 도전하게 하고, 학업 중에 기운을 잃지 않도록 격려해 줄 때 효과적인 동기부여를 느낀다고 학생들은 말한다. 유능한 교사는 구석 자리에 조용히 앉아 있는 것을 더 좋아하는 학생도 있다는 사실을 알고 이에 잘 대처해 그들이 지속적으로 수업에 참여하도록 격려한다. 또 학생들이 배움의 동기와 의욕을 갖게 꾸준히 노력하고 그 방법을 찾음으로써 특정 과목이나 활동에 있어서 학생들의 발전에 기여한다. 즉, 유능한 교사는 학생들이 갖고 있는 베스트를 이끈다.

또한, 유능한 교사는 학생들의 동기부여 수준이 다양함을 알고 있다. 본질적으로 하고자 하는 학생에게는 외부적인 동기부여를 제공하는 방법을 찾는다. 이런 동기부여는 학습 자체의 중요성과 그 가치를 알게 할 뿐만 아니라 학습을 잘 받아들이고 흥미를 갖게 하는 것 등으로 이루어져 있다.

유능한 교사는 학생이 학습에 긍정적인 태도와 인식을 갖게 해서 그들이 교실에서 편안함을 느끼도록 한다. 학생에게 학습 기술을 완전하게 습득하도록 방법을 제공하는 교사는 학생의 태도를 향상시키며, 학문적인 자아상과 과목에 대해 흥미를 갖고 더 많이 배우고자 하는 욕구를 증진하게 한다. 학습 기술을 습득하도록 하는 것과 함께 고등 정신 과정을 강조함으로써 새롭고 유쾌한 학습 환경을 지속적으로 조성하는 경향이 있다. 긍정적 기대 효과는 다양한 연구 결과로 증명되고 있다.

여러 연구는 교사가 학생이 잘할 수 있을 것이라고 기대할 때 학생이 좋은 결과를 나타낸다고 하였다. 교사가 학생의 수준이 낮고, 성적도 평균보다 낮으며 배우는 속도가 늦는다고 믿으면, 그러한 생각이 학생에게 은연중에 전달되면서 학생은 항상 그 수준의 수행만 하게 된다. 이와 반대로 교사가 학생의 능력이 뛰어나고 성적이 평균보다 높으며 배우는 능력이 우수하다고 믿으면, 그러한 신념이 학생에게 은연중에 전달되면서 학생은 그 이상의 수준으로 수행하게 된다. 따라서 교사는 학생의 수준이 높고 낮은 것에 상관없이 모든 학생에게 긍정적인 기대를 가지는 것이 매우 중요하다.

3. 유능한 교사의 의사소통

유능한 교사는 학생과 학생의 생활에 관심을 갖고, 학생과 상호작용할 수 있으며, 가르치는 일에 열정을 지니며 헌신할 수 있어야 한다. 또한, 학생 곁으로 다가가서 학생과 소통할 수 있는 능력을 지녀야 한다. 교사의 수준에서가 아니라 학생의 수준으로 내려가서 소통하려는 의지와 열정, 헌신 능력이 요구된다. 그런 다음에야 교과교육이든 인성교육이든 학생과의 의미 있는 교육활동이 가능해진다.

1) 교사 듣기의 중요성

수업에서 교사는 일방적으로 설명하고 지시하기도 하지만, 질문을 통해 학생의 대답을 유도하거나 행동을 요구하는 경우도 많다. 교사는 교실에서 주로 화자의 역할을 수행하지만, 학생들의 말을 들어 주는 청자로서의 역할도 중요하다. 수업에서 교사의 듣기가 지니는 특수한 성격은 다음과 같다(이창덕 외, 2010).

첫째, 수업에서 특정 학생이 발언할 때, 교사는 그 말을 경청할 뿐 아니라 교실에 있는 나머지 학생들의 입장에서 들으면서 학생의 발화를 조정해야 하는 경우가 많다. 이는 일상 대화 상황에서의 듣기와는 다른 측면이다.

둘째, 교사는 학생의 학습 효과를 높이기 위해서 학습 상황을 조정하며 들어야 하는 경우가 많기 때문에 경청하기가 어려울 때가 있다. 때로 교사는 잘 듣고 이미 알고 있으면서도 짐짓 모르는 척하며, 다른 학생들이 잘 듣도록 유도하기도 하고, 다른 생각을 하면서도 경청하는 자세를 취하기도 한다.

셋째, 교사가 수업 상황에서 학생의 말을 듣고 정리할 때 시선을 맞추고, 말하는 학생의 불완전한 내용을 보완하여 반복하고 정리하며 듣는다. 때로는 토론회의 사회자와 같은 역할을 하며, 학생들의 발표를 들어 주고, 특정 학생의 발언을 전체 학생에게 반복해서 전달하면서 듣기도 한다.

넷째, 수업 상황에서 교사는 단순히 경청하는 것만이 아니라 평가하면서 듣고,

그것을 언어적, 비언어적으로 표현하면서 들어야 한다. 교사는 학생이 정확하게 이해하고 있는지, 학습 진행 과정에서 문제점이 없는지를 발견하기 위해서 평가와 진단의 목적으로 듣기도 한다.

2) 교사의 비언어적 의사소통

교사는 비언어적 수단을 통해 자신의 언어적 메시지를 반복하거나, 대체하거나, 모순되게 하거나, 조정하기도 한다. 또한, 이러한 비언어적 수단으로 수업시간에 자기표현, 규칙과 기대의 확인, 피드백과 강화, 좋아함과 태도, 대화 흐름의 조정, 교실 통제 등을 하기도 한다.

첫째, 자기표현이다. 교사가 스스로 교직을 어떻게 생각하고 자신의 이미지가 어떠한지를 굳이 말로 표현하지 않더라도, 비언어적 수단을 통해 이러한 것이 학생에게 드러난다. 학생 역시 비언어적 수단을 통해 자기표현을 할 것이다. 고개를 끄덕이거나 필기를 한다거나 교사에게 집중함으로써 교사의 권위에 대한 인정을 드러낼 것이다.

둘째, 규칙과 기대의 확인이다. 교사는 학생들에게 "기한을 넘긴 과제는 받지 않는다. 수업시간에 참여하길 바란다. 버릇없는 것은 용서가 안 된다."와 같은 학급 규칙을 언어적으로 말하기도 하지만, 대부분 규칙은 비언어적으로 소통한다. 예컨대, 안 된다는 뜻을 가진 시선을 보내거나 손가락을 흔드는 동작을 하면, 학생들은 교사의 동작을 보고 자신의 행위가 적절하지 않다는 것을 알게 된다. 기대도 많은 부분이 비언어적으로 소통된다. 학생들은 교사의 눈 맞춤, 교실의 자리 배치, 교사의 위치, 표정과 같은 비언어적 단서를 통해 교사의 기대를 확인한다.

셋째, 피드백과 강화이다. 교사가 미소를 짓거나 고개를 끄덕이거나 어깨를 두드려 주면, 학생들은 자신이 인정받고 있다는 것을 안다. 이와 마찬가지로 교사가 눈살을 찌푸리거나 미심쩍은 시선을 보내거나 고개를 흔들면, 학생은 뭔가 문제가 있음을 안다. 강화는 자기 자신, 학교, 교사에 대한 학생의 개념에 강력한 영향을 준다. 학생들은 교사의 미소 짓기, 눈살 찌푸리기, 눈 맞추기, 접촉하기와 같은 모든 비언어적 행위를 통해 자기 자신이 얼마나 잘하고 있는가에 대한 메시지를 얻는다. 이렇게 비언어적 메시지는 교사와 학생의 관계에까지 영향을 미친다.

넷째, 친밀감이다. 친밀감을 전하는 비언어적 행위는 학생들에게 긍정적으로 인식되고, 학생들의 학습 성과와도 관련된다. 미소 짓기, 신체적인 장벽 제거, 눈 맞추기와 같은 비언어적 친밀감을 주는 행위는 교사가 가르치는 것을 좋아한다는 것뿐만 아니라 학생도 좋아한다는 감정을 전달하는 데 효과가 있다. 이러한 행위는 학생이 교사를 다가가기 쉽고, 이야기 나눌 만하고, 따뜻한 사람이라고 느끼게 만든다.

다섯째, 대화의 흐름 조정이다. 교사는 교실에서 많은 권한을 가지고 있어서 누가, 얼마나 자주, 얼마나 오랫동안, 언제 말할 수 있는지를 결정한다. 또한, 교사는 지금은 말할 때가 아니라는 신호를 보내기 위해 비언어적인 단서를 사용하기도 한다. 이따금 어떤 학생이 모든 질문에 대답하려고 하는 경우가 있다. 이때 교사는 그 학생의 발화를 제지하거나 무시할 수도 있고, 그 학생이 말하는 동안에 눈 맞춤을 통해 대화의 흐름을 조정할 수 있다. 이와 같이 적절한 눈 맞춤은 학생의 발언권을 인정하면서도 교사가 굳이 말을 하지 않아도 된다.

여섯째, 교실 통제이다. 비언어적 의사소통 수단은 학생의 바람직한 행위를 촉진하고 바람직하지 않은 행위를 통제하는 데 모두 사용될 수 있다. 비언어적 행위는 학급을 통제하는 데 언어적 행위보다 더 효과적일 때가 많다. 언어적으로 질책받는 것을 좋아하는 사람은 아무도 없다. 비언어적 행위는 언어적 질책으로 발생할 수 있는 반발감을 줄여 준다. 또한, 학생들이 수업에 더 많이 참여하기를 바랄 때도 비언어적인 의사소통 수단은 효과적이다. 예를 들면, 학생들을 반원으로 앉게 하고 교사도 학생들과 함께 앉고, 학생들이 대답하고 참여할 수 있도록 질문을 한 뒤에 몇 초 동안 멈추어 주는 것은 학생들이 수업에 더 왕성하게 참여할 수 있게 한다.

4. 교사화법의 범주

수업 진행의 주도적 역할을 담당하는 참여자요, 진행자요, 관리자로서 교사가 교실에서 무엇을, 어떻게 하고 있는지를 파악하는 데 교사가 수업 중 사용하는 대화를 정확하게 파악하는 것이 핵심이다. 교사가 수업을 효과적으로 운영하기 위해서는 무엇보다도 수업 대화 능력을 먼저 갖추어야 한다. 교사는 수업 실행과정의 문제를 점검하고 해결하기 위해서 자신의 수업화법을 정확하게 점검하고 개선할 수 있는 능력을 갖추어야 한다. 교사는 학교 교실 수업에서 역동적으로 일어나는 다양한 교사 수업화법의 요소와 전개과정을 이해하고, 각 장면에서 교사가 수행하는 다양한 대화 기법을 익혀서 효과적인 수업을 전개하고, 바람직한 학습자와 관계를 설정해 나가는 태도와 능력을 갖추는 것이 절대적으로 필요하다. 교사는 수업화법의 중요성을 인식하고, 교사화법의 개념과 특성을 알고, 구체적 기법을 배워야 한다.

'교사화법'은 교사가 수행하는 화법을 말한다. 교사가 학교현장에서 말하는 모든 화법이 교사화법이다. 교사화법은 그 범위에 따라 '교사 사회화법(교사 생활화법)', '교사 학교화법(교사 교육화법)', '교사 교실화법(교사 수업화법)'으로 나눌 수 있다. 사회 구성원으로서 교사가 수행하는 전반적인 화법으로 교사 생활화법, 학교 교육 업무 수행 과정에 이루어지는 상담이나 행정 업무 처리 과정에 이루어지는 교사 교육화법, 그리고 구체적 교실 수업이라는 상황 속에서 이루어지는 교사 수업화법이다.

먼저 '교사 생활화법'은 교사가 학교 업무뿐만 아니라 한 사회 구성원으로서 어떤 가치관을 가지고 어떤 일(말)을 하면서, 어떻게 살아갈 것인가를 고려한 화법 범주이다. 교원 양성과 연수 과정에서는 교사가 교실 수업뿐만 아니라 교실 밖에서도 어떤 화법을 어떻게 구사하도록 할 것인가를 고려할 필요가 있다. 장차 교사가 될 사람을 길러낼 경우에는 학교 안에서 교육활동을 하면서 수행하는 수업화법, 교육화법뿐만 아니라 궁극적으로는 학교 밖에서 한 사회인으로서 교사가 수행하는 언어 행위 전반을 포괄하는 교사 생활화법을 염두에 두어야 할 것이다. 훌륭한 인격을 갖춘 인간으로서 교원을 길러낼 경우에는 넓은 의미의 교사 생활화법 교육이 중심이 되고, 그 가운데 수업과 학생 지도, 상담과 행정 업무 수행 등 학교 업무 수행 측면이 강조될 경우에는 교육 · 상담화법 교육이 중심이 되고, 교실에서 교수 · 학습 활동의 중심 역할 수행 측면이 강조될 경우에는 수업화법에 초점을 맞추어 서로 다른 범주 설정과 교사 교육목적에 따른 교육 초점의 이동이 바람직하다. 교사 생활화법에 속하지만 교육화법에 속하지 않는 부분, 교육화법에 속하지만 수업화법에 속하지 않는 부분에 어떤 화법 요소가 포함되는지, 수업화법은 다시 교사 변인, 학생 변인, 교육목적, 교육내용, 교육방법 등 교육과정 변인 등 다양한 수업 변인에 따라 어떻게 하위 범주로 나누고 각 하위 범주의 특성과 교사 교육상 고려할 점이 무엇인지 등은 지금부터 실제 수업화법 자료를 가지고 체계적으로 연구가 이루어져야 할 것이다.

교사화법 연구과 교육은 단순히 수업시간에 이루어지는 교사의 말뿐만 아니라 교사의 업무 수행, 나아가서 교사의 일상생활에서 수행하는 말까지도 포함하는 넓고 포괄적인 광의의 교사 생활화법을 대상으로 해야겠지만, 가장 넓은 의미의 교사 생활화법 연구와 교육의 어려움을 고려하고, 교사들이 평상시에 대부분 시간을 학교에서 보내고 학교 업무의 핵심이 교실 수업이라는 점을 고려하면, 현 단계에서는 교사화법 연구나 교육의 초점이나 주된 관심은 먼저 수업화법에 맞추어지는 것이 바람직하다(이창덕 외, 2010).

제13장 21세기의 한국교육 이해

일본은 등교 거부 학생만 12만 명이다. 미국도 집에서 공부하는 홈스쿨링(home schooling) 인구가 해마다 늘어 2016년 홈스쿨링 인구는 전체 학생의 2.7%인 153만 명에 이른다. 여기서 더 나아가 언스쿨링(unschooling)이라는 신조어까지 생겼는데, 이는 학교 교과 과정이 없이 아동중심 놀이, 현장경험, 사회적인 상호작용과 자연스런 인생경험을 통해 배우는 것으로, 자기 주도 학습으로 스스로 배움을 찾을 수 있다는 믿음에서 시작된 이 제도는 미국 서드베리밸리 스쿨이 대표적이다.

최근 미국 샌프란시스코에서는 교실을 더 작게 쪼갠 마이크로스쿨(micro school)도 선보였다. 이 학교는 수업 일수가 일주일에 이틀 이하이거나 학급의 학생 수가 15명 이하, 전체 학생 수가 150명 이하로 알트스쿨(AltSchool)이 대표적이다. 구글 직원이었던 맥스 벤틸라가 설립한 이 학교는 작년에 1억 달러를 유치했다. 이 학교의 특징은 첫째, 동일한 커리큘럼이 없다. 그 대신 학생들은 자신의 관심과 진도에 따라 각자의 교육 계획을 만들고 공유한다. 진도는 물론이고 수업까지도 각자 선택한다. 즉, 개개인 맞춤화가 가능한 것이다. 둘째, 학년이 없다. 나이에 따라 반을 나누지 않고 흥미와 특성에 따라 반을 나누기 때문에 다양한 연령대의 아이들이 함께 섞여 있다. 이렇게 다양한 연령의 아이들이 함께 섞여 있으면 나이 많은 아이는 리더십을, 나이 어린 아이들은 관찰을 통해 자연스럽게 배울 수 있어서 또래와 있을 때보다 상호작용이 더 활발하다. 셋째, 교사가 없다. 디지털과 프로젝트 베이스 러닝을 강조하는 이곳에서는 아이들이 스스로 배울 수 있도록 안내하고 돕는 선생님의 역할을 하는 교육가(에듀케이터)가 있다(박성연, 2016).

다른 한편, 미래에는 인간의 두뇌, 즉 한 사람이 저장할 수 있는 지식보다 수십억 배에 달하는 지식이 오픈소스로 무료 제공된다. 따라서 미래의 대학은 똑똑한 학생보다 인간 두뇌 용량의 수천, 수만 배에 달하는 지식을 밤새도록 찾아다니는 부지런한 학생들을 우선 선발하게 될 것이다. 그리고 미래교육은 집단 지성, 적시 학습, 개별화 교육 방향으로 환경 변화를 크게 겪을 게 분명하다.

이러한 시점에서 21세기 글로벌 시대의 한국교육이 나아갈 방향을 모색해 보는 것은 시의적절하다.

1. 21세기 사회 환경

1) 유한한 국경에서 무한한 국경이 없는 시대로의 전환

21세기는 국제화 및 급격한 과학기술 발전의 시대이다. 국제화는 세계의 통합을 가속화하고 가중시키고 있다. 또한, 21세기에 우리는 '시공간의 압축'을 경험하고 있다. 이는 통신기술, 교통, 경제활동 등을 아울러 시간적 · 공간적 거리를 가속화하거나 축소하는 기술로 인해 가능해졌다. 시간 단축으로 공간의 장벽이 무너지고, 과학과 기술의 급속한 발전으로 세계는 좁아졌으며, 개별 시장이 연결되면서 글로벌 생산자와 소비자가 존재하는 세계 시장이 탄생했다. 세계는 인터넷으로 연결되고, 우리는 점차 작아지는 지구촌에서 살고 있다. 국제화는 차츰 통합되어 가는 세계경제, 새로운 정보통신 기술, 국제적인 지식 네트워크의 출현, 영어의 중요한 역할 등으로 특징지을 수 있다. 경제의 국제화로 상품과 서비스, 자본, 노동력의 흐름이 늘어나면서 국가 간 밀접한 경제적 통합이 일어나고 있다.

첨단 과학기술의 발전은 국제화를 가속시켰다. 토머스 프리드먼(Freedman, 2005)은 "세계는 평평하다."라는 유명한 말을 남겼다. 여기서 '평평함'의 의미는 '연결됨'이다. 무역 및 정치 장벽의 축소, 디지털 혁명에 따른 급격한 기술 발전으로 우리는 지구 전역의 수십억 명과 사업은 물론 많은 일을 즉각적으로 할 수 있게 되었다. 국제화는 물리적 국경으로 제한되었던 공간 개념도 확대시켰다. 21세기 이전의 공간 개념은 우리가 접근할 수 있는 경계를 제한하는 지리적 국경으로 제한되었다. 공간 개념은 지역에서 국가로, 국가에서 세계로 확대되었지만 그러한 확대는 가시적 현실로 여전히 제한되었다. 하지만 21세기는 물리적 공간의 영역을 무한한 가상적 · 비물리적 사이버 공간으로 확장시킨 의미 있는 신기원이 되었다. 사이버 공간은 가시적 현실에 국한되지 않고 가상현실로 향하는 문을 열었다. 사이버 공간의 탄생으로 과거 물리적 국경으로 제한되던 공간 개념이 무한히 확장되어 경계가 사라졌다.

과학과 기술의 발전으로 사람들이 일하고 사는 공간의 영역이 무한히 확대됨에 따라 교육도 학생들이 가상현실에서 일할 수 있도록 시선을 넓혀야 한다. 21세기 번영의 열쇠는 열린 공간에서 열린 마음으로 사고하는 능력이다. 기술로 마련된 공간을 탐구하고 이용할 수 있는 마음은 교육을 통해 열린다.

가상현실에는 한계가 없으며 아무도 가지 못한 영역까지 포함하기 때문에 21세기의 교육은 모르는 것을 탐구하고 끊임없이 변화는 세계경제의 필요성에 대응할 수 있는 능력을 길러 주어야 한다. 결국 교육은 지식 축적의 기회 제공에 국한되어서는 안 되며 국제화 현상이 통합시킨 가시적 현실과 가상현실을 자유롭게 넘나들 수 있는 지혜를 전수해야 한다.

2) 물질주의에서 전인적 인간으로의 변화

인간은 육체 · 정신 · 영혼으로 구성되어 있다. 우리는 논리와 감정 · 마음, 육체 및 영혼을 동시에 가진 존재이다. 삶이란 정신과 영혼의 오감을 통한 물리적 육체와 지상의 환경 간의 상호작용이다. 따라서 과학으로는 정신과 영혼의 존재를 증명할 수 없다. 예를 들면, 과학은 사랑의 존재를 입증할 수 없지만 사랑은 분명히 존재한다. 산업화 시대의 경제 번영 원동력은 기계와 자본, 즉 자원이나 물건이었다. 유물론은 인간을 단순한 물질적 존재로 인식하였다. 그러나 사실 인간은 물리적 육체, 정신적 지능, 마음과 감정, 영혼과 같은 측면을 지닌 존재이다.

산업 경제에서는 맡겨진 일을 효율적으로 수행하는 노동자를 훈련시키는 것이 필요했다. 그러나 지식정보 기반 경제에서는 노동자를 로봇처럼 생각할 수 없으며 창의성과 상상력을 지니고 평생 의미를 추구하는 완전한 인격체로 대해야 한다. 한정된 역할을 수행하도록 훈련시키기 위한 교육은 사람이 지닌 모든 능력을 키워 주기 위한 교육과는 확연히 다르다. 그러므로 진정한 인간교육은 지식을 전하고 보급하는 것뿐 아니라 지성적, 도덕적 영역까지 육성해야 한다. 특히 초고속 정보화 시대인 21세기에는 도덕 및 영성 개발과 학문이 융합된 전인교육이 무엇보다 필요하다. 이러한 전인적 인성교육의 실현을 위해서는 다음과 같은 조건 충족이 필요하다. 첫째, 현재적, 미래적 삶의 상황에 적합한 인재상 및 인성교육의 방향에 대한 담론이 지속적으로 이루어져서 사회적 합의가 도출되어야 할 것이다. 둘째, 교과서 중심의 지식교육과 별개로 시도되는 인성교육보다는 모든 교육활동과 결합되어 함께 수행되는 통합적 인성교육의 모델이 만들어져야 하며, 인성교육을 학교, 가정, 사회의 긴밀한 협력체제가 구축되어야 한다. 셋째, 무엇보다도 학교가 아이들에게 안전하고 쾌적한 생활공간이 되어야 하며, 흥미롭고 의미 있는 경험을 제공하는 곳이어야 하며, 저마다 자신의 타고난 소질과 능력을 발견하여 이에 근거한 삶의 역량을 길러 나가도록 도와주는 곳이 되어야 한다(박인우 외, 2013).

3) 현재에서 미래로의 전환

21세기 교육은 현재와 미래의 요구를 충족시키기 위해 학생들이 학문, 도덕, 영성을 함양하도록 고안되어야 한다. 교육자는 학생들이 현재와 매우 다른 미래 세계를 준비하도록 미래 지향적이어야 한다. 과거, 현재, 미래는 언제나 연결되어 있다. 역사적 이해, 과거의 문제와 갈등에 대한 이해는 미래의 동향을 예측하고 실현 가능한 미래를 준비하는 최고의 토대를 제공한다.

과거의 교육법을 고수하는 것은 학생들을 예측 불가능하고 복잡하며 국제적인 현실에 대비시키는 데 있어 불충분하다. 그러므로 우리가 가르치고 학습하는 내용과 방법은 완전히 바뀌어야 한다. 새로운 시대의 요구를 충족시키는 청사진이 지금의 청사진과 매우 다르다는 점은 분명하다. 현 세기 교육의 중심 요소는 미래화이다. 미래화를 통해 학생들은 현재 필요한 것에 초점을 맞추고 미래를 내다보며 현재 밟고 있는 단계의 원인과 결과를 생각하는 능력을 갖추게 된다. 미래화는 미래에 해로운 영향을 미칠 수 있는 결정을 서둘러 내리지 않도록 학생을 훈련시킨다.

미래는 현재와 공존한다. 현재와 미래는 분리될 수 없으므로 모든 결정과 조처는 현재와 미래 모두에 유익해야 한다. 미래는 현재가 제공하는 대안 중에 선택한 것의 결과가 아니라 먼저 마음과 의지로, 그다음에는 행동으로 만들어지는 장소이다. 미래는 우리가 갈 곳이 아니고 우리가 창조하는 곳이다. 길은 발견되는 것이 아니라 만들어지며, 길을 만드는 행동은 길을 만드는 사람과 목적지 모두를 바꾼다(한국교육개발원 미래교육기획위원회 편, 2011).

2. 21세기 교육환경

21세기는 산업 사회와는 많이 다른 지식정보사회가 될 것이며 이에 따라 교육도 21세기 지식정보 · 문화 창조 · 윤리도덕 사회를 창출해 내기 위해서 달라져야 한다. 지식정보사회는 지식과 정보가 사회를 움직이는 원동력이 되기 때문에 지식과 정보를 개발하고 창조하기 위한 지성적 기술이 중심이 될 것이다. 학교는 지적 활동을 하는 곳이기 때문에 지식정보 사회에서 학교는 어느 기관보다도 중요한 기능을 해야 한다. 산업사회에서는 공장과 기업, 경제가 주도권을 잡았다. 그러나 지식정보사회에서 힘의 기반은 인공지능 기술에 의한 인지적 힘의 확대와 연장이라고 할 수 있다. 지배적인 패러다임은 인공지능체제의 출현과 상호 인과성,

역동적 복합성, 생태학적 사고라고 할 수 있다. 지식정보 사회에서 요구되는 기술은 지식과 정보의 수집 · 조직 · 저장 · 활용과 의사소통 · 망 조직과 체제적 계획과 설계 기술이다. 주요 상품은 이론적 지식과 정보이고, 사회에 대한 의식은 지구촌 의식, 국제화라고 할 수 있다.

또한, 지식정보사회의 핵심 가치가 산업사회와 달리 바뀌게 되고, 이 가치에 의하여 새로운 체제를 만드는 아이디어를 생각해 내서 체제 설계로 연결해야 한다. 이러한 새로운 핵심 가치를 몇 가지 예로 들면 다음과 같다.

첫째, 인간에 대한 생각이 한쪽은 개인과 다른 한쪽은 지구촌으로 조점이 맞춰지게 된다. 더는 나눌 수 없는 인간 한 사람 한 사람에 초점을 맞추는 동시에 다른 한편으로는 하나의 지구에 사는 사람으로 생각해야 하는 측면이 있다. 학교나 학급집단으로 다루려는 생각은 줄여야 할 것이다.

둘째, 학습의 자유와 권리가 존중되어야 한다. 배우는 방법에는 여러 가지가 있고 어떻게 배우느냐는 각 학습자에게 맡겨야 한다.

셋째, 개인, 가정, 여러 사회 체제 내에 내재하는 독특성과 독특한 가능성을 존중해야 한다. 이 세상에 하나밖에 없는 학생들이 귀중한 것이다.

넷째, 삶의 질 확보와 풍요를 귀중하게 여겨야 한다. 특히 학생과 교사의 삶의 질을 심각하게 따져 봐야 한다. 지금 우리나라에서는 배우는 사람과 가르치는 사람의 삶의 질은 고려 대상에도 들지 못하고 있다. 우리나라 학생들의 학교와 교육에 대한 만족도와 행복감이 세계에서 제일 낮다는 것은 이미 잘 알려진 사실이고, 심지어는 자살률도 OECD 국가 중 가장 높은 것으로 나타났다. 학생들은 우선 학교에서 행복하고 안전감, 안락감을 느껴야 한다.

다섯째, 윤리적 · 도덕적 · 정신적 발달과 문화적 다양성이 중시되어야 한다. 다문화 가정의 증가는 이런 면에서는 좋은 측면이 있다. 산업사회에서 물질이 지배하는 사회인 것이 문제가 되었듯이, 지식정보사회에서도 정보가 인간을 압도하여 정보지배사회가 되면 또 문제가 될 수 있다.

여섯째, 위협적 힘(정치/군사), 교환적 힘(경제), 통합적 힘(사회) 중에서 통합적 힘이 제일 중요시된다. 교육을 통해서 사회통합을 어떻게 이룰 것인지 생각해야 한다. 우리나라 남북통일도 교육을 통해서 이룩할 생각을 해야 한다.

일곱째, 학습과 인간개발을 육성하는 일이 중요시된다. 학교 안에서뿐만 아니라 평생 스스로 배워 가면서 살아가야 하는 세상이므로 학습력과 인간개발 능력을 길러야 한다.

이러한 가치가 핵심 가치로 부상하게 되면 교육은 새로운 사회적 기능을 담당하게 된다.

첫째, 사회와 교육의 상호 발전 관계가 성립된다. 지식정보 사회에서는 지식과 정보를 개발하고 창출하는 교육이 더욱더 중시된다. 물질주의에서는 공장이 학교보다 더 중시될 수도 있었으나, 지식정보 사회에서는 학교가 곧 지식 생산의 공장이 되는 셈이다.

둘째, 다른 사회체제와의 새로운 관계성을 성립해야 한다. 정치체제, 경제체제, 문화예술체제와 같은 다른 체제와의 고려 없이 교육체제에서만 개혁을 시도해서는 아무 소용없다. 그래서 최근에 '교육 생태계', '학습 생태계'라는 분야가 강조되고 있다.

셋째, 지구촌 사회와 교육체제와의 관계를 성립해 나가게 된다. 지구 안에서 같이 살아가기 위한 교육이 되어야 한다.

넷째, 인간의 잠재능력 개발이 가장 중요한 산업이 된다. 그래서 최근에 더욱 인적 자원 개발 분야가 강조되고 있다.

다섯째, 학습의 자유와 앎에 대한 권리의 보장이 더 중요한 기능이 된다. 지금은 학생들이 스스로 배울 자유가 보장되지 못하고 있다. 교육과정, 교과서, 시험, 대학수학능력시험 등으로 학습의 자유에 구속을 받고 있다.

여섯째, 인간의 질과 지혜의 발전이 교육의 중요한 기능이 된다. 지식도 중요하지만 더 중요한 것은 삶의 지혜인 것이다.

일곱째, 인간 조건의 개선이 중요한 교육 기능이 된다. 인간이 인간답게 살 수 있게 하는 환경과 조건을 만들어 줘야 한다. 지금은 교육이 오히려 인간의 조건을 파괴하는 기능을 하고 있는지 모른다. 교육 때문에 학생과 교사의 삶이 파괴되고 있다. 교육을 한다고 오히려 많은 사람을 망치게 하고 있을 수도 있다.

이렇게 되면 학습에서도 달라져야 하는 것은 너무나 당연하다. 그 방향을 제시하면 다음과 같다.

첫째, 고등 정신 기능의 고등 학습 내용으로 바뀌어 가야 한다.

둘째, 고도 기술 시대에 요청되는 능력을 개발하는 학습이 되어야 한다. 소프트웨어를 다룰 줄 아는 것은 그 하나의 예일 것이다.

셋째, 변화를 관리하고 형성하는 데 도움이 되는 학습을 해야 할 것이다. 변화에 수동적으로 적응하고 대처만 하는 것이 아니라 변화를 주도적으로 관리해야 한다.

넷째, 협력 학습 능력을 획득하도록 하여야 할 것이다. 혼자 학습 문제를 해결하는 것보다 여럿이 협력하여 해결하는 것이 낫다는 생각이다.

다섯째, 체제적 사고 능력과 협동 능력을 기르기 위한 학습이 되어야 할 것이다.

여기서 지식정보 사회에 필요한 몇 가지 중요한 덕목을 뽑아낼 수 있다.

첫째, 개별성과 독특성을 강조하게 된다. 개인과 그 개인의 독특성에 초점을 맞추고, 이를 인정 · 장려해야 한다.

둘째, 다른 한편으로는 공간을 확대하여 지구촌에서 살아갈 것을 생각하면 지구촌 · 국제화 · 개방성이 중요시된다. 마음이 열리고, 공간이 열리고, 시간이 열리고, 체제가 열려야 한다.

셋째, 더불어 살아가기 위해서는 협동성 · 동료의식 · 팀 정신 · 통합성이 요구된다. 학생들도 팀으로 학습해 나가고, 교사도 팀으로 가르치고, 행정가들도 팀으로 행정하고 경영 · 관리 · 지원하게 되기 때문이다. 조각난 지식을 통합하고 분리주의로부터 통합주의로 나가야 한다. 그렇게 되기 위해서는 팀 문화가 형성되어야 한다.

넷째, 변화의 시대에는 융통성과 신축성이 강조된다. 교육과정도, 학습도, 행정도, 조직도, 시설도 융통성 있고 신축적이어야 한다(주삼환, 2016).

3. 21세기 한국교육의 방향

지금까지 고찰한 21세기 글로벌 시대의 사회적 · 교육적 환경을 토대로 앞으로 한국교육이 나아갈 핵심적 교육 방향은 다문화 교육을 지향하는 데 있다. 이를 위한 실천 교육을 살펴보면 다음과 같다.

1) 미디어 교육

미디어는 언제 어디서나 열려 있는 도구이다. 사람의 의지만 있으면, 아니 손가락만 움직일 수 있으면 언제든지 만날 수 있고 접할 수 있다. 미디어와 인간은 떼려야 뗄 수 없는 생활 속 동반자이다. 우리 사회는 이토록 중요하고 생활밀착형 도구인 미디어를 교육과 연계할 생각조차 하고 있지 않다. 학생들이 가장 친근하게 여기고 좋아하는 것이 미디어인데도 불구하고 가장 소외된 분야가 바로 미디어 교육이다. 미디어는 가장 시급하고 현실적이고 일차적인 소통의 도구로 이에 대한 연구와 교육이 풍성하게 이루어져야 한다. 이러한 미디어 교육은 굳이 다문화가 아니더라도 학생에게 제대로 된 미디어 교육이 이루어진 적은 없었다. 그 어느 세대보다도 청소년에게 미디어는 삶의 흐름 그 자체이다. 그런 만큼 청소년에게 미디어 교육을 하는 것은 무척 중요하고, 특히 다문화 시대에 그들을 깨우칠 도구로써 미디어는 더없이 필요한 것이다.

세계 여행 탐방 프로그램, 세계 문화 다큐멘터리, 세계 기후현상 및 환경문제, 이주민들이 직접 나와서 꾸미는 각종 프로그램, 이주민을 다룬 사회 시사 프로그램, 찾아가는 다문화 행사 소식이나 다문화 자녀의 살아가는 이야기 등 다문화를 접하게 해 주는 프로그램이 많아지고 있다. 이러한 프로그램을 대하면서 서로 이야기를 나눠 볼 수도 있고, 새로운 정보를 익힐 수도 있으며, 세계는 하나라는 인식 아래 누구나 서로 친구가 될 수 있고, 언젠가 서로 만날 수도 있을 동시대인으로서의 개념도 심어 줄 수 있다. 또한, 인종차별을 심하게 겪는 일을 간접적으로 느낄 수 있다는 것도 교육의 한 일환이 될 수 있다.

교사는 특정 프로그램을 지정해 집에서 시청하도록 하고, 이에 대해 'TV 시청 일기'를 써서 서로 토론하는 시간을 갖는 것도 유익할 것이다. 자칫 암기과목으로 치부되어 가장 싫어하는 과목 중의 하나로 꼽힐 수 있는 역사도, 드라마나 다큐멘터리를 통해 서로 보고 이야기를 나누는 흥미 있는 '대화의 장'을 마련해도 좋다. 학과목 외의 분야이지만 우리와 너무나 밀접한 미디어를 우리가 어떻게 활용하느냐에 따라 교육의 질이 달라질 수 있다.

2) 국제이해 교육

국제이해 교육은 세계적인 시각 또는 관점에 대한 교육, 문화 간 이해를 위한 교육, 세계적인 문제나 이슈에 대한 교육, 세계 각 국인을 연결시키는 세계체제에 대한 교육으로 본다. 국제이해 교육은 핵 교육, 인권교육, 평화교육, 세계질서 교육 등과 같이 논의되는 것이 세계적인 추세라고 할 수 있다. 세계는 서로 무척 가까워졌고, 더욱더 빠른 교통수단과 인터넷의 연결로 지구촌이 하루 생활권으로 가고 있기 때문에 서로 간의 실시간 만남이 중요해졌다.

국제이해 교육은 '이해와 배려'에 초점을 맞출 필요가 있다. 이해와 배려를 통해 공존과 협력, 평화를 달성하려는 의도를 가진 가치관이 세워지기 때문이다. 이제는 서로가 윈-윈(win-win)이 되어야 살아갈 수 있는 시대이기 때문에 서로의 장점을 발견하고 좋은 점을 부각시켜야 한다.

오늘날의 지구촌은 첨단 정보통신기술과 교통체제의 발달, 냉전체제의 붕괴와 세계 관계의 확대, 자유민주주의와 단일 시장경제체제의 확산, 무국경시대의 다양한 참여자의 등으로 세계화가 급속도로 진행되고 있다. 그런 만큼 세계 여러 나라를 이해하고 우리와 손잡을 수 있는 여지를 발견하고, 편견 없이 서로 만나 살아갈 수 있는 깨어남이 필요한 때이다. 부러움과 경외감으로 선진국에 대한 교육을 하고, 우리보다 못한 후진국이나 개발도상국을 무시하고 깔보고 업신여기는 이중 잣대에서 벗어나 나라마다 중요한 면과 상호 협력할 수 있는 면 등을 알아가는 것이 필요하다.

세계화 시대에 국제이해 교육은 함께 살기 위해서 해결해야 할 문제가 무엇인가를 밝혀 주고, 이 문제를 해결하려면 어떠한 가치 의식과 태도를 가져야 할 것인지를 교육해야 한다. 세계화 시대가 삶의 세계에 미치는 직접적인 변화는 다문화 사회의 형성이므로, 다문화 사회에서는 함께 사는 세계시민을 육성하기 위해서는 국제이해 교육이 학교에서나 직장에서 필수 덕목으로 자리 잡아야 한다.

사회 구조가 다인종, 다문화로 바뀌게 되면 학교교육의 내용이나 교과과정도 바뀌어야 한다. 우선 여러 가지 언어교육을 해야 하며, 역사, 지리, 사회 과목도 다인종 학교에 맞게 개편되어야 하고, 특히 종교교육이나 시민의식 교육, 윤리교육에서는 국가주의나 자국문화 중심의 교육을 탈피해야 한다. 그리고 지구촌이 안고 있는 문제에 대한 해결 능력을 동시에 배양하는 것이 무엇보다도 중요하다.

수업은 강의를 중심으로 하는 지식 전달만이 아닌 신문과 자료 등에서 정보 수집, 인터뷰, 자료 분석, 시뮬레이션, 역할극, 토의, 인터넷 활용과 메일로 주고받기 등으로 학습자 자신의 능동적이고 참여적인 학습활동을 풍부하게 구성하는 것이 바람직하다.

3) 세계화

세계화는 국제이해 교육과 크게 다르지 않아 보인다. 그러나 앞서 국제이해 교육에서 이야기했듯이, 국가 간 이해득실과 함께 국가 간의 상호 존중과 배려, 그리고 평화를 바탕으로 자국의 실리 추구까지 생각해 보는 것으로 전개해 나가고 있다. 궁극적으로는 개별 국가의 개념이 약해지고 세계가 하나의 지구촌 형성을 추구하는 것으로 국제화 또는 국제이해 교육의 상위 개념으로 자리 잡고 있다.

국제화와 세계화는 어떻게 다른가? 19세기 말에는 국제화의 경향이 나타났고, 20세기 중반 이후에는 유럽 석탄철강공동체를 기점으로 지역화의 경향이 대두되었다. 20세기 말에는 사회주의권의 해체와 양극제의 붕괴에 이어진 WTO의 등장으로 세계화의 경향이 한층 강화되었다. 즉, 세계화는 세계 인류 공통의 보편타당한 가치를 중시하며, 상호 신뢰에 바탕을 두는 공동체 지향이자 전략이라고 이해되고 있다. 따라서 세계에 대한 폭넓고 깊은 이해와 애정이 요구된다.

첨단 정보통신기술과 교통의 발달, '이데올로기'라는 장벽의 붕괴로 말미암아 전 세계는 이제 하나의 생활권으로 변화하고 있다. 국제화는 국가와 국가, 그 국가 내의 기업과 기업, 개인과 개인 간의 관계가 양자적 관계로 전개되고 있다. 이에 비해 세계화는 이러한 모든 관계가 다자적 관계의 확대로 진전되는 양상이다. 실제로 국제화는 세계 여러 개별 국가 사이에 대두되기도 하고, 서로 다른 개별국가 내에서 경제활동을 하고 있는 개별 기업 간에 나타나기도 한다. 세계화는 국가와 국가, 기업과 기업, 국민과 국민 사이에 있는 국경을 초월한다. 그래서 세계화는 사회와 사회, 기업과 기업, 개인과 개인 간에 추진되고 있는 복합 과정이라고 볼 수 있다.

세계화 개념은 세계의 주류 문명에 동참하고, 나아가 세계 주류 문명의 방향타를 조정하는 과정이다. 세계 주류 문화에 동참하기 위해서 세계화의 첫출발은 다른 문화를 이해하는 것에서부터 비롯되어야 한다. 다른 문화를 이해함으로써 세계경영의 지혜를 얻고, 나아가 세계국가건설을 이룩할 수 있다는 논리로 이어져야만 한다. 인간이 모여 사는 일인 만큼 예측이 불가능하기 마련이다. 궁극적으로는 세계화가 우리 생활에 정착되어 '세계적으로 생각하고, 국가적으로 행동하는' 의식혁명과 행동지침으로 이어져야만 한다. 이처럼 우리의 생활과 문화에 뿌리내려졌을 때 진정한 세계화가 정착되었다고 말할 수 있다.

세계화는 모든 나라 사람들이 국경을 초월하여 삶의 터전을 전 세계로 확대해 가는 현상을 의미하기 때문에 지구 전체가 인류 공동의 이상 실현을 위해 자유로이 교류하고 협력하고자 하는 의도로 그것을 실현해 가는 현상을 말한다. 이러한 세계화는 세계시민 교육의 필요성을 요구하고 있다. 세계화 시대에 우리에게 요구되는 것은 세계시민으로서의 자질과 지도력을 갖추는 일이며 세계 여러 민족과 더불어 평화롭게 살아가는 데 필요한 평화교육이다. 이러한 교육은 새로운 모습이 아닌 민주시민 교육과 어느 정도는 맥이 닿아 있다.

어린이가 올바른 세계관을 정립하려면 세계 자체를 객관적으로 바라보는 일이 우선이라고 생각한다. 지구촌은 하나의 문화권을 지닌 한 민족으로 구성된 것이 아니라 다민족, 다문화 체제가 뒤섞여 있다. 이런 가장 기본적인 사실을 인식하고 인정해야 함에도 불구하고 그렇지 못해 세계 곳곳에서 인종과 종족의 문화 차이나 집단 이익 때문에 발생하는 분규는 오히려 심각해지고 있다. 서로에 대한 이해와 포용심의 부족으로 세계 곳곳에서 크고 작은 분쟁과 테러 등이 일어나고, 많은 사람이 그로 인해 고통을 받는다는 사실은 어린이가 세계에 대해 가장 먼저 배워야 할 것이 무엇인지 말해 주는 것이라 생각한다. 세계의 상호 의존성 및 조화, 서로 다른 사람들과 함께 살아가기를 이해하기 위해서는 다양한 측면에 대한 인식이 필요하다. 어린이는 이제 대한민국의 국민으로서, 세계의 시민으로서 배움의 자세를 지녀야 한다(이현정, 2011).

4) 인권교육

다양성 인정과 사회정의 실현은 다문화 교육의 핵심이다. 모든 사람이 똑같은 인간이라는 점으로 행사할 수 있는 권리, 즉 인권 개념은 다문화 교육의 가장 기초가 되는 기본요소다. 1966년부터 시작된 시민적, 정치적 권리에 관한 국제규약에 따르면, 인간의 안전성에 대한 권리, 평등권, 신체적 활동과 관련한 권리, 경제활동에 관한 권리, 권리구제를 받을 권리 등이 있다. 가장 고전적인 권리인데, 여기에 시대적으로 추가되어 제3세대 인권인 '서로 다를 수 있는 권리, 인도주의적 도움을 요구할 수 있는 권리' 등이 나오기도 한다.

세계화 시대를 살아가는 어린이들이 지구촌 이웃의 삶을 이해하고 그들의 인권을 존중하며, 빈곤과 재난, 억압으로 고통 받는 이웃의 아픔에 공감하여 그들이 희망을 갖고 살아가도록 돕는 협력의 방법을 배우게 함으로써, 궁극적으로 세계를 품고 나눔을 실천하는 세계시민으로 성장하도록 하는 데 그 목적이 있다. 이 목적에 맞는 교육프로그램을 선정하고 보급해서 많은 사람이 균등하게 교육을 받을 수 있도록 해야 한다.

다시 말해, 인권교육의 목적은 우선, 모든 학생에게 인간 존엄성의 존중을 발전시키고 인권의 기본적 원리를 주장하는 데 적극적으로 참여하게 해서 더욱 인간적인 사회를 만들어 가도록 하는 것이다. 그래야 인권보장과 인권침해를 예방, 치유할 수 있는 굳건한 토대를 마련할 수 있다. 다른 사람들의 권리에 대해 알게 하고 자신의 권리를 존중함으로써, 청소년 문제의 발생을 막을 수 있는 힘을 그들에게 주는 것이다. 둘째, 인권을 위한 교육 그 자체가 이미 인권이며 사회적 정의와 평화 그리고 발전의 실현을 위한 전제조건이다. 셋째, 청소년 인권교육은 현재와 미래에 그들의 삶의 질 향상과 인격형성에 도움이 된다.

어떠한 공간에서든지 소수자는 차별에 노출되기 쉽다. 특히 그동안 우리가 경험하지 못했던 이주민과 그 자녀 등인 소수자 그룹은 더욱 생소해서 거부감을 노골적으로 드러내고 있다. 인권교육은 다문화 의식개혁 중 하나로 포함되어야 한다. 인권교육은 성 편견이나 인종 편견 등 편견에서 시작되는 경우가 많기 때문에 반(反)편견 교육과 연계하여 서로 흡수 · 보완하여 교육해도 무방하다. 인권교육은 정체성의 혼란에서 오는 경우, 문화적 다양성으로 인한 자신과 타인을 이해하는 교육이 필요하고, 타문화에 대한 이해, 전반적인 다문화 사회 이해 등 우리나라 다문화의 현 상황에 대한 정확한 파악이 기본자세가 될 것이다.

세계시민으로서의 폭넓은 의미를 배양해야 하며, 성숙한 시민으로 나아가는 방법론을 알아간다. 이는 우리나라 상황을 봤을 때, 여기에서는 '이주민 소수자'의 다문화적 주체 형성에 맞출 필요가 있으며, 이를 바라보는 인권적 입장이 올바르게 형성되도록 유도해 주는 것이 반드시 필요하다.

5) 반(反)편견 교육

우리나라의 반편견 교육은 1990년 후반부터 유아교육과 특수교육 분야에서 활발히 이루어졌다. 공통적으로 모든 학자가 편견이 형성되기 시작하는 유아기에 편견을 극복하고 이에 대응하는 반편견 교육을 시작해야 한다고 강조한다. 또한, 유아기에만 교육할 것이 아니라 연령이 올라갈수록 지속적으로 유지하는 것도 중요하다. 편견은 일단 형성되면 수정하기 어렵고, 성인기 이전의 학교교육에서 해야 한다.

반편견 교육은 편견으로 다른 사람에 대해 편협한 사고와 행동을 하지 않도록 하는 예방차원의 교육이다. 편견 극복의 측면에서 기존의 선입견과 고정관념을 깨고 이에 도전하는 능동적이고 적극적인 접근이 반편견 교육을 가능하게 할 수 있다. 교사와 학부모, 학생들이 자신이 생활하는 문화적 토대 안에서 접하게 되는 성이나 인종, 외모의 다름, 계층, 장애 또는 자신과 다른 무엇인가에 대해서 내치지 않고 거부하지 않도록 하는 것을 목적으로 한다. 이러한 교육은 유아기부터 적극적으로 실시되어야 한다.

편견은 한 사람의 인생 전반에 영향을 끼치고 성격형성도 좌우하기 때문에 조기교육이 중요하다. 엄마의 시간을 대신해 준다는 식이나 그냥 애를 봐준다는 사고에서 벗어나 유아기는 인격형성에 큰 영향을 주는 시기이므로 교육의 질을 높여야 한다. 핀란드나 스웨덴은 유아교육이 잘 되어 있기로 유명한데, 유아기에 반편견 교육을 심어 준다는 것 또한 눈여겨볼 만하다. 어릴 때부터 심어진 편견은 좀처럼 떼어 내기 힘들고, 인종차별로까지 확대 · 비화될 수 있다. 편견의 과정에서 모든 아이는 상처를 받는다. 성 · 인종 · 민족성 · 장애 때문에 열등하다는 편견으로 고투하는 어린이는 충분한 발달을 이루지 못하고 위축감으로 인생을 살아가야 하는 운명이 되고 만다. 각각의 인간을 존중할 수 있는 개방성과 감수성을 높여주는 교육이 필요하다. 사회 속에 존재하는 편견과 고정관념을 익히지 않도록 예방하고 민주주의 사회 속에서 공정하고 개방적인 의식을 갖게 해야 한다. 이것은 다른 문화에 대한 긍정적 수용 과정에서 자신의 문화적 정체성도 스스로 구성하는 방향타 역할도 한다. 반편견 교육만으로도 다문화를 수용할 수 있는 능력과 인권교육까지도 흡수할 수 있다.

교육내용으로는 민족의 차이점과 공통점을 인식하는 것이다. 민족의 차이점과 공통점 인식은 피부색, 머리카락 형태, 얼굴 및 눈동자 색깔, 나이 등과 같이 유전적이고 신체적인 특징은 물론 자아 정체성과 관련된 것 등도 포함한다. 장애를 포함한 포괄적인 개념인 능력에 대한 교육은 편견에 대응하는 것과 자신과 타인에 대한 존중 및 가치를 포함한다. 정형화되지 않은 성 역할과 행동, 그리고 양성성의 개념까지 포함한 성 정체성 교육, 다양한 문화의 특성과 삶의 방식으로서 특별한 날, 기념일, 습관, 언어 등을 포함한 문화적 유사점과 차이점 교육, 고정관념과 차별적 행동을 초래하는 다양한 가족 구조와 역할, 사회적 · 경제적 계층, 종교, 연령 및 세대 간의 차이 인식교육도 속한다.

반편견 교육의 중점은 가치관의 변화와 성립이다. 세대가 다른 부모와 교사, 그 위의 조부모 등은 서로 다른 가치관과 시대적 편견이 굳어 있기 때문에 이들과 함께 교육이 이뤄지는 것이 바람직하다. 교사와 부모가 함께 아이가 올바른 가치관을 가질 수 있도록 해야 한다. 더불어 사회적으로 반편견 교육환경이 당연히 이뤄져야 한다. 반편견 교육은 각자 인간의 행복관과 연결되며 남을 인식하고 살아가야 하는 불편함에서 해방되는 것이다. 서로가 소중하고 서로가 존중받을 수 있는 사회, 누구나 인간이면 인간으로서 살아갈 권리 등이 당연시되어야 한다. 왕따와 차별 등은 인권과 상치되는 행위이고 이를 경험한 사람은 울분과 적개심, 분노의 싹을 키우게 된다. 사람이기 때문에 서로 소중하다는 마음, 그러한 철학이 심어져야 한다.

6) 글로벌 예절 교육

'글로벌 매너' 혹은 '글로벌 예절'은 우리나라 안의 이주민 국가들에 대한 최소한의 예의를 우리도 알아보자는 차원보다 세계시민으로서의 소양 쪽으로 접근하는 것이 더 바람직하다. 세계화는 다문화를 불러왔고, 다문화의 발전은 곧 세계화의 총체적인 연결을 의미하기 때문에 그리 먼 이야기는 아니다. 세계는 너무나 바뀌었다. 세대 차이를 훌쩍 벗어나 예전엔 상상하기조차 힘들었던 세계 시장이 마구 들어오고, 글로벌 경쟁은 매 순간 눈에 띄게 심해지고 있다. 오늘날 인재양성도 글로벌 사회에서의 경쟁 속에 놓여 있다고 해도 과언은 아니다(정영순 외, 2007).

먼저, 각자의 나라의 고유한 예절보다는 한층 진일보된 지구촌의 행동지침을 세우고 서로 배워 나간다. 개인보다는 공동체의 삶을 우선시하고 서로 배워 나간다. 개인보다는 공동체의 삶이 우선시함을 인지시킨다. 그러면서도 다른 문화를 이해하고 인정하는 의식구조가 필요하다. 상황에 맞는 기본적인 예절도 알아야 한다. 실제적인 경험이 중요하다. 모든 만남의 기본은 인사로 시작하고, 인사만큼 자신을 잘 알리는 것도 없다. 그만큼 대인관계의 기본을 이룬다. 여러 가지 인사법을 익히고 어떻게 말을 이어가는지 실습이 필요하다. 대학을 나오고도 누구를 만나 무슨 말을 어떻게 해야 할지 난감해하는 사람들이 의외로 많다. 더욱이 낯선 외국인을 만날 경우 말문이 막히는 것을 성격 탓으로만 돌릴 일이 아니다. 우리 사회에는 이러한 교육과 실습이 있지도 않았고 이에 대한 중요성조차도 인지하지 못했다. 오늘날 세계화 시대에 걸맞은 교육이라 할 수도 있고, 서로 다른 인종끼리 만나 함께 나아갈 수 있는 소통의 도구로써, 예절만큼 중요한 것이 없다. 이는 형식적인 절차나 귀찮은 일이 아니며, 인간과 인간 간의 끈은 바로 이러한 예절로써 만들어진다.

세계는 정말 빠르게 바뀌고 있다. 오늘날 모든 직업 분야가 글로벌 사회에서의 경쟁 속에 놓여 있다 해도 틀리지 않는다. 해외 비즈니스 세계에서도 상대국에 대한 예법 정도는 미리 알고 움직이는 것이 훨씬 유리하게 작용할 수 있다. 비즈니스 세계에서의 만남은 어찌해 보면 세계화, 다문화 시대에 가장 중요한 밑거름이자 국가경쟁력에 직접적인 활동이며 윤활유의 역할을 할 수 있다. 이러한 활동을 하는 직장인이나 사업가 역시 상대를 편안하게 해 주고 나서 비즈니스가 원활하게 돌아가듯이 이러한 글로벌 예절은 반드시 알고 접근해야 한다.

이제 세계화 시대에 세계시민으로서의 비즈니스를 할 때나 다문화 사회의 사회통합적 차원에서 고정관념에 사로잡혀 있던 모든 것을 털어버릴 때가 되었다. 우선 타문화를 이해하고 받아들인다는 열린 마음을 지녀야 한다. 우리 문화만이 더 낫고 우리 것만 가장 좋은 것이고 보편타당할 것이라고 한다면 그것은 남들과 합류할 수 없다는 신호이다. 자기의 것이 최고이니 무조건 따라오라는 식의 강요보다는 다른 문화도 배우고 서로의 이해를 넓히며 지내는 방법론을 터득해야 한다.

또한, 고정관념을 없애고 역지사지의 입장에서 자신의 문제점을 볼 줄 알아야 한다. 사람들은 한 문화권에서도, 똑같은 상황에서도 각 개인에 따라 아주 차이 나는 결과를 만들어낸다. 다른 문화권에서 성공적인 삶을 만들기 위해서는 한 문화권에서보다 두 배 이상의 노력이 요구된다. 이 노력은 받아들이는 사람이나 이주민이나 마찬가지이다.

이러한 노력의 일환으로 필요한 것이 교육이며, 교육을 통해 나 자신을 건강하게 지켜 나가고 자존감을 만들어낼 수 있는 힘이 생긴다. 예의범절에서 형식이 나오고 그 형식은 나를 위한 것이 아니라 상대를 위한 배려에서 비롯되며, 결국 인간이면 누구나 존중받아야 할 가치가 있다는 거룩한 인간애에서 비롯되는 것이다.

7) 다양성 교육

미래 학교교육에서 가장 강조돼야 할 것으로, 가장 많은 수의 중등학교 학생과 학부모가 '적성과 소질에 따른 진로 탐색과 준비'라고 답했다. 다양하게 표출되는 학부모와 학생의 교육 수요에 대응하기 위해 기존의 교육체제는 획기적인 변화를 시도해야 할 처지에 놓이게 됐다(이혜영, 2009).

미래학자 앨빈 토플러(Alvin Toffler)는 한국의 교육에 대해 "산업화 시대에 맞는 규격화된 대중교육 방식을 고집하고 있으며, 미래사회에는 지식 기반 사회에 맞는 교육제도로 가장 먼저 개혁하는 국가가 강대국이 될 수 있다."라고 언급했다. 즉, 우리나라는 창의적 인재양성을 위해 교육 패러다임을 시급하게 전환해야 할 때라는 말이다. 21세기 글로벌 사회는 창의력과 다양성을 갖추고 타인에 대한 배려와 존중을 아는 유연한 인재를 원하고 있다. 즉, 인재를 키워 낼 수 있는 힘은 교육이고, 이에 따라 학교 현장도 알맞게 변화해 나가야 한다. 이제 우리의 다문화 교육은 창의성, 관계성, 다양성이 핵심과제가 되는 교육으로 탈바꿈해야 한다. 국·영·수 과목에 집중한 서열식의 입시경쟁에서 벗어나 평가 기준을 다양화해 어린이의 다양한 재능과 실력으로 꿈을 이루어 가는 교육이 다문화 교육이다. 그런가

하면 미국 카네기멜론 대학의 리처드 플로리다 교수는 도시의 사회문화적 다양성과 주민의 창의성은 높은 상관관계가 있다고 주장했는데, 이것은 도시의 사회문화적 다양성을 인구의 인종 다양성, 동성애자의 비율 등으로 측정한 것으로, 사회문화적 다양성이 1위인 샌프란시스코의 창의성 지수가 가장 높은 것으로 조사(2009년 기준)된 바 있다(최홍, 2011).

제2부

한국교육사

제1장 고대 사회의 교육 이해

고대 사회의 교육에 대해서는 당시의 상세한 기록은 없다. 그러므로 후대의 기록을 근거로 하여 유추하게 된다. 고대 사회의 교육으로 유추된 기록과 신화 등에 대한 해석을 통하여 원시시대의 교육을 살펴보고자 한다.

원시시대의 교육은 기록이나 문헌적 증거가 없으므로 논의하기가 매우 어렵다. 그러나 추측컨대 원시 사회의 교육은 생활 자체가 교육이었을 것이다. 원시 사회와 연계하여 교육의 특징을 분석하면 다음과 같다.

첫째, 생명과 종족을 유지보존하고 종족의 안녕을 위하여 교육이 필요했을 것으로 생각된다. 외부로부터 오는 위험을 막고, 보다 나은 안녕을 위해서는 가족이나 종족의 집단 대처의 행동이 필요하여 서로 돕고 협동하는 과정에서 자연스럽게 교육이 이루어질 수밖에 없다.

둘째, 원시시대의 토속적, 주술적, 무당적 혹은 원시적 종교에 의하여 집단적인 습관적 질서가 있게 되어 그런 종교적 행사의 일정한 절차에서 모방과 교육이 이루어졌을 것이다.

셋째, 가족과 종족의 질서를 지키고 평화롭게 살 수 있는 위계질서를 위하여 관습, 금기, 규칙의 실천과 준수를 위하여 교육이 있었을 가능성이 있다.

넷째, 의식주의 효율적인 해결과정에서 교육이 있을 수 있다. 어른이 하는 대로 따라하거나, 지시에 의하여 묵시적으로 무기를 사용하거나, 직접적인 행동으로 기술을 터득하게 되는 것이다.

한기언(1983)은 한민족의 원시시대의 교육은 중국의 후한서(後漢書) 등의 기록에 나타난 성년식(成年式)과 고구려의 태학(太學)에서 한자를 사용한 것을 들어 문자의 사용을 원시시대 교육의 증거로 삼고 있으나 이 모두가 정확하거나 과학적이고 문자적인 기록에 의한 근거나 고증이 없다. 그러나 외국사연구와 유물추정방법의 발달로 미루어 인정할 수 있는 것이다. 따라서 삼국시대의 교육은, 삼국이 서기 기원 원년 전후이니 서양의 고대에 해당하여 한국의 기록에 의한 교육사는 상당히 오래된 것을 알 수 있다.

원시인들은 생존을 위한 절박한 목적의식이 있었기에 철저하고 동기 유발이 되는 교육이 이루어졌을 것이다. 생의 절박한 상황에서 개인에서 가족으로, 가족에서 종족으로 긴 세월 동안 전해 오고 확대해 가는 동안에 점진적이며 보다 나은 교육이 이루어졌다고 생각한다.

서양과 동양 그리고 한국의 원시시대의 교육은 종족의 신화적인 건국유래나 상징적 역사와도 맥을 같이하는 것으로, 다소 차이는 있으나 동서고금을 막론하고 비슷한 과정에서 이루어졌고 발전해 왔을 것이다. 한국의 교육사상의 원류는 단군신화로서 건국이념인 홍익인간은 현재의 교육이념이기도 하다. 이런 의미에서 한국의 교육은 중국의 교육을 많이 모방하여 발전하였으며, 동양의 다른 여러 나라의 교육의 발전도 중국과 한국의 교육 발전과 유사하다.

제2장 삼국시대의 교육 이해

세계 어느 나라 고대 사회의 교육에서도 볼 수 있는 것처럼 삼국시대 이전의 우리나라 교육형태도 생활교육이요, 종교의식의 교육이요, 외적과 맹수를 물리치기 위한 군사교육이요, 생계를 유지하기 위한 생산교육이었다. 여기서는 삼국시대의 교육사상, 불교의 비형식적 교육, 유교의 형식적인 교육, 삼국시대의 교육제도를 살펴보고자 한다.

1. 삼국시대의 교육사상

1) 불교의 교육적 특징

우리 사회는 삼국시대에 들어와서 비로소 불교를 통하여 고등한 종교 · 철학사상을 형성하게 되었고, 유교를 통해 학교교육을 시작하게 되었다. 가끔 논자들 가운데는 한국문화에 대하여 불교가 들어오고 유교가 들어와서 이루어진 것이기 때문에 한국에도 교육사상이 있었느냐고 비판하는 사람이 있다.

중국문화의 핵심을 이루고 있는 유교나 도교는 중국인만의 힘으로 이루어졌다고 단언하기 어렵다. 이를테면 중국의 도교는 인도불교의 영향을 받아 교(敎)로서의 체계로 완성한 것이다. 일본 고유의 사상이라고 하는 신도에도 다분히 도교적인 영향이 짙다는 것이 그들 학자의 주장이다.

또 신라 · 백제가 그들에게 전하여 준 유교 · 불교문화는 1천년 세월에 지금은 일본화되지 않았는가? 뿐만 아니라 서양 각 민족사상의 공통요소인 기독교는 오히려 동양지역에서 일어난 것이 아닌가?

그러니 세계의 어떠한 선진문화일지라도 그 수준이 높으면 높을수록 많은 외래 문화의 요소를 건전하게 섭취하는 데서 이루어졌다. 한국문화 역시 외래적인 것의 수입 · 수용에서 한국인의 사유의 소산으로 소화 · 재창조되었으면 자연히 한국적인 것으로 되는 것이다.

따라서 교육에 있어서도 유 · 불사상의 수용에서 다시 우리가 이를 '우리의 것'으로 보고 만들고 쓴 것이면, 자연히 한국적인 것이 된다.

이를테면 불교 학승으로 원효는 화엄교학의 이상과 유식교학의 원칙, 그리고 낡은 인습에 얽매이지 아니하고 독창적인 사색을 전개했으며, 그 독창성의 자취를 우리들에게 남겨 주었다. 특히 원효의 『금강삼매경소』 같은 책은 서토(西土)의 고승에게 Sastra란 칭호를 받았으며, 이 '론(論)'이라 함은 용수, 무착, 세친 등 불교 학자 중에서도 소수의 우수한 저술만이 향유하는 명예이다.

그러다가 삼국시대 이후에 와서, 한국의 불교는 인도나 중국의 불교와 다른 형태를 보여 주었으며, 한국의 유교도 중국의 유교와 다른 점을 보여 주었다.

문제는 외래적인 요소를 어떻게 받아들여 자체의 문화와 전통에 융화시켜 섭취하였으며, 나아가 이를 얼마만큼 자신을 위해서 가치 있게 활용하여 자체의 창의적인 발전을 기할 수 있었느냐는 점에 집약하여 생각해 보아야 할 것이다.

2) 불교의 교육적 의의

우리나라에 불교라는 새로운 종교가 들어와 종래의 씨족 중심적 세계관과 종교관을 대체하는 보편적 윤리와 이념을 제공하게 되었다.

고구려의 불교는 372년(소수림왕 2년)에 중국 전진 왕 부견이 순도라는 승려와 더불어 불상과 경전을 보내옴으로써 시작되었다. 같은 해에 왕은 태학을 세워 유학을 공부하게 했으며 율령을 반포해서 중앙집권적 국가로서의 기반을 다졌다.

백제 때는 침류왕 원년(384)에 동진으로부터 마라난타라는 승려가 와서 불법을 전했으며, 신라에서는 눌지왕 때(417~458) 이미 불교가 들어왔으나, 국가적 공인을 받지 못하다가 우여곡절 끝에 법흥왕에 의해 공식적인 인정을 받게 되었다(527). 삼국에 있어서 불교의 전래는 단순한 종교적 의미를 넘어 서서 엄청난 문화적 · 정치적 · 사회적 변화를 의미하는 사건이었다.

불교와 더불어 종래의 무속적 신령숭배와는 달리 불상으로 뚜렷하게 형상화된 숭배대상이 생겼으며, 세속인들과는 뚜렷이 구별되는 승려들과 승가공동체, 심오한 철학적 사상을 담은 경전들, 계율에 근거한 새로운 보편적 윤리관, 그리고 건축 · 공예 · 학문 · 서예 등 대륙의 문물이 함께 들어온 것이다. 승려들은 당시 가장 계명된 지식인들로서 외교문서를 작성하는 등 왕의 참모로서의 역할까지 수행하였다.

이제 불교 전래의 교육적 의의를 살펴보면 다음과 같다.

첫째, 우리의 선조들은 현실생활에 대한 빈곤이나 공포에 대하여, 종래의 자연적인 신앙으로서 안심의 길을 얻지 못하고 있었다. 그러다가 불교의 인과응보 · 자비 · 평능사상 등으로 말미암아 현실생활에 대한 삶의 방향을 찾을 수 있었다.

불교에서는 모든 중생이 다 불성(佛性)을 가지고 있다고 보는데 이 불성은 부처님의 성품을 말한다. 따라서 사람은 누구나 다 불성을 지니고 있기 때문에 주체적으로 성불할 수가 있다. 여기에서 불교의 인간존엄사상과 평등관이 나타나는 것이다.

아직도 대중층에 있어서 권선징악의 도의적인 정신은 무엇보다도 불교의 인과응보사상이 한 몫을 담당하고 있는 것이다. 불교에서의 인간은 기계나 신에 종속되지 않는다. 유신적 종교나 유물론자들이 인간을 신이나 기계에 밑도는 장난감으로 보는 것과는 대조적이다.

둘째, 불교가 강조하는 자비는 우리의 공공자선의 개념에 공헌하였으며, 불교의 모든 생명체에 대한 존중은 우리에게 인간의 존엄성을 가르쳐 주었다. 그리하여 삼국인들은 불교 전래 후, 인도적인 자비의 영향을 크게 받아 한 그루의 초목과 한 마리의 미물도 죽이지 아니하는 자비심을 계율로 삼고 살게 되었다.

조선시대에 이르러서도 불교는 가난하고 불우한 민중들을 위해서 거의 유일한 종교적 위안과 용기를 주는 원천이 되었다. 특히 수많은 불경이 민해(民解)라 하여 한글로써 해설된 것도 인간의 구제와 불교의 대중화를 꾀한 것이라고 하여도 무방하다. 조선 중기의 승려 보우에 의하면 "하늘이 곧 사람이요, 사람이 곧 하늘이다."라고 했는데, 이는 동학의 인내천 사상에서 더욱 뚜렷하여진다.

셋째, 삼국인은 불교를 통하여 종래 부족적인 전통을 지닌 무속신앙으로부터 점차 고등종교 · 철학사상을 발전시키게 되었다. 다시 말하면, 불교는 우리에게 우주와 인생의 최고 원리를 종교적 · 철학적으로 탐구하는 방향으로 인도한 것이다. 그러니 불교는 우리 민족에게 삶의 문제를 사고하는 방식에 영향을 주었다. 중국을 연구하는 학자 포르케(Alfred Forke)는 "중국인의 사유도 불교에 의하여 비로소 훈련되고 성숙되었다."라고 하고 있다.

다음으로, 불교의 이러한 사고방식은 우리 민족의 미술 · 건축 · 조각 · 공예 등에 이용되어, 우리 민족으로 하여금 각 방면으로 창작성을 발휘케 하며 민족 문화를 형성하게 하였다.

이상과 같이 불교전래의 교육적인 의의는 실로 크다. 특히 『열반경』에서 '일체중생(一切衆生) 실유불성(悉有不成)'이라 함은 우주만물의 절대평등이라는 진리 그 자체를 설파한 것이다. 그러기에 특히 대승불교를 주축으로 하는 우리나라 불교문화는 인간의 존엄성, 인간의 관용성, 그리고 자비의 정신이 비폭력과 동행한다는 것을 가르쳐 왔다.

불교는 중생을 풍요롭고 이득을 얻게 하는 대승적인 뜻을 갖고 있다. 그 산 증거는 불타가 인도의 전통적 바라문제도를 타파해 새로운 인간평등권을 내세워 인간 본연의 존엄성을 선언한 것이다. 『삼국유사』에서 단군이 개국할 때 홍익인간을 이념으로 했다는 기술도 '요익중생'을, 저자인 일연이 표현만 달리하여 기술한 것은 아닌가 생각되기도 한다.

2. 유교의 형식적인 교육

유교는 중국 춘추시대 말기에 공자(B.C. 551~479경)가 창시한 사상이다.

공자의 사상과 가르침은『논어』에 잘 나타나 있으며, 맹자(B.C. 371~289경)는 공자의 가르침을 더욱 발전시켰다. 공자의 손자 자사의 제자에게서 가르침을 받은 맹자는 육체노동을 하지 않는 사대부 계층을 중용하는 것이 국가발전의 관건이라고 주장했다.

맹자에게 유교의 사대부는 관리를 의미하는 것이 아니라, 관리와 왕이 인정을 베풀도록 가르치는 책임을 지닌 학자를 의미했다. 맹자는 봉건군주에게 단순한 정치적 조언자로서가 아니라 왕의 스승으로서 임하고자 했으며 사회 개혁의 방도를 밝혔다. 그것은 왕들이 추구하는 이(利), 부(富), 권(權) 등을 정의, 공공정신, 복지 등으로 대치하는 것이었다.

또한, 맹자는 다스림의 첩경은 민의(民意)와 일치하는 것이라고 했다. 이것은 왕보다 나라가 중하고 나라보다 백성이 더 중하며 왕도를 행하지 않는 군주는 군주일 수 없다고 한, 강한 '민본주의'사상에 따른 것이었다. 이 사상에는 선하려고 노력함으로써 스스로 완전해진다는 성선설의 철학적 신념이 있다.

한국 유교의 시원에 관한 견해는 대체로 네 가지로 요약할 수 있다.

첫째, B.C. 12세기경 은나라가 망하자 기자가 고조선으로 와서 홍범구주의 원리에 따라 범금 8조로 우리 사회를 교화했다는 견해로 이른바 기자동래설이 있다.

둘째, 고조선과 인접한 전국시대 연나라를 통해 한자와 문물이 전래되면서 유교사상이 전래되었다는 견해이다. 중국 사료와 문헌을 통해 입증될 수 있다.

셋째, 삼국의 발생을 전후하여 한사군(B.C. 108~A.D. 313)이 설치되면서 중국 문물의 유입과 더불어 유교사상이 도입되었다는 견해이다. 우리 땅에서 나온 유물을 통하여 확인될 수 있는 주장이다.

넷째, 372년(고구려 소수림왕 2년)에 고구려에서 유교경전을 가르치는 대학으로 태학을 세운 사실은 한국 유교사에 획기적인 의미가 있다. 이를 현상윤은 그의 『조선유학사』에서 한국 유학의 기원으로 삼고 있다.

형식교육(formal education)이라 함은 학교교육과 의도적이며 계획적이고 계속적인 교육을 뜻한다. 여기에서 형식교육이라 함은 유교의 전래를 통하여 비로소 학교교육을 시작하게 되었으므로, 편의상 학교의 성립과 그에 따른 교육을 지칭한다.

3. 삼국시대의 교육제도

삼국의 초기에는 형식적인 교육기관의 발전이 없었다. 4세기 이후 고구려에 태학과 경당이 설립되고, 신라에서는 청소년 집단인 화랑도의 교육이 국가의 기간교육 단계로 존립하였다. 삼국이 신라에 의하여 통일된 후에는 국가적 필요와 당의 영향에 의하여 국학이 설립되었다. 여기에 태학과 국학은 유학(儒學) 교육기관으로 국가의 최고 교육기관이었다.

1) 고구려의 교육

고구려는 건국 이후 고대국가의 체제가 정비되어 감에 따라 인재의 조직적인 양성이 요구되었다. '태학'은 소수림왕 때에 구각의 인재를 양성하기 위한 최고 교육기관으로 설립되었다. 당시 고구려는 불교를 공인하고 율령을 반포하는 등 중앙집권적 고대국가의 체제를 정비해 가던 시기였으므로 태학도 그 일환으로 설립된 것으로 보인다.

태학의 교육목적은 귀족자제를 교육하여 관리로 등용하는 데 있었던 것으로 생각된다. 제도와 운영에 대한 구체적인 기록은 없으나 대체로 중국의 태학을 모방해 유교경전을 중심으로 한 중국의 경서와 사서를 가르쳤을 것으로 추정된다. 태학은 우리나라 학교의 시초이자 대학의 효시이다.

고구려에는 일반 서민의 교육을 담당하는 기관으로 '경당'이 있었다. 경당은 서민의 자제를 교육하기 위해 지방에 세워진 사학으로 유교적 교양과 무예를 아울러 가르쳤다.

중국의 역사서인 『신당서』에는 경당에 대해 다음과 같이 기록되어 있다. "풍속이 서적을 좋아하여 누추하고 빈궁한 집에 이르기까지 거리에 큰 집을 지어 이를 경당이라 하고 미혼의 자제들이 여기에서 주야로 독사와 습사를 했다."

(1) 태학(太學: 372년 설치)

고구려의 학교교육에 대한 최초의 기록은 삼국사기에 "소수림왕 2년(372)에 태학을 세워 자제를 교육했다."라는 내용이 나오는데 이것은 우리나라의 학교교육에 관한 기록 중 최초의 것이다. 또한, 이때는 전진의 왕 부견(符堅)이 승려인 순도(順道)를 파견하여 불교의 경문을 전했고, 다음 해(373)에는 율령이 공포되었다. 고구려의 제도는 전진의 영향을 받아 개편된 것으로 볼 수 있다. 이 무렵에는 전진에서도 태학을 중시하고 학자를 우대하여 유교를 장려하고 있었다.

삼국사기에는 태학을 설립해서 자제를 교육했다는 단편적인 기록만 있을 뿐 교육목적과 내용 등에 관해서는 자세한 기록이 없다. 다만, 고구려가 전진의 제도에서 영향을 받았기 때문에 태학의 교육내용은 중국의 기록을 통해 추측할 수 있다. 북사(北史), 주서(周書)에는 오경(시전, 서전, 주역, 예기, 춘추), 삼사(사기, 한서, 후한서), 삼국지, 진춘추 등 중국 고대의 경서(經書)와 사서(史書)를 중요한 교재로 하였다고 되어 있다. 기타 중국의 대학에서 가르친 역서(曆書), 의서(醫書), 산서(算書), 악서(樂書), 병서(兵書) 등도 읽었을 것으로 추정된다.

태학은 고급관리의 양성을 목적으로 귀족의 자제를 교육했을 것으로 생각된다. 태학은 우리나라의 최초의 관학이며 동시에 최초의 고등교육기관이라는 교육사적 의미를 갖는다.

(2) 경당(扃堂)

고구려에는 사학(私學)으로 경당이 있었다. 경당에서는 독서(讀書)와 습사(習射: 활쏘기)를 교육내용으로 하여 문무를 겸비한 인재를 양성하였다. 고구려의 경당은 구당서와 신당서에 기록되어 있다. 구당서에서는 "풍속이 서적을 사랑하여 허름한 서민의 집에 이르기까지 거리에 큰 집을 지어 이를 경당이라고 하고, 미혼의 자제들이 여기서 밤낮으로 독서하고 활쏘기를 익힌다. 그들이 읽는 책은 오경과 사기, 한서, 후한서, 삼국지, 손성의 진춘추, 옥편, 자통, 자림, 그리고 문선이 있는데 그것을 더욱 아끼고 소중히 여겼다."라고 기록하고 있다.

이 기록에 의하면 고구려의 경당은 지방의 촌락에 이르기까지 설치된 사립학교로서 평민의 자제를 교육하기 위한 것이라 볼 수 있다.

경당의 설립 시기는 분명치 않으나, 장수왕 때의 평양천도(A.D. 427)를 전후하여 신에 제사하던 지방의 신전(神殿: 大屋)을 독서와 무예의 장소로 개편한 것으로 보인다. 이때는 고구려가 왕권체제를 확고하게 확립한 시기이며, 동시에 대외정복사업이 한창이었던 시기이다.

고구려의 경당은 민간의 청소년 집회소의 성격을 가지고 있었으며 문무겸비의 교육을 했다는 점에서 신라의 화랑도와 성격이 비슷하다고 할 수 있다. 또한, 서민의 교육장인 동시에 군사적으로 필요한 기술을 익히는 장소였다. 고구려가 수, 당 등 주변 강대국들의 침입을 극복하고 강대한 국가를 형성할 수 있었던 것도 이와 같은 교육의 힘이 원동력이 되었을 것이다.

고구려의 태학은 관학으로서 중앙에 위치하였으며 귀족의 자제에게 유학을 교육하여 관리로 양성하였다. 반면에 경당은 사학으로서 지방에 위치하였으며 평민의 자제에게 유학과 무예 등을 교육하였다. 경서와 역사서 등은 태학과 경당의 공통된 교육내용이나 습사는 경당의 독특한 내용이라 할 수 있다. 이것을 통해 고구려인들이 국민적 교양과 함께 상무정신을 중요시하였음을 알 수 있다.

2) 백제의 교육

백제에 교육기관이 존재했다는 직접적인 기록은 안타깝게도 아직까지 발견되지 않았다. 그러나 그 출발이 고구려와 동일 계열이었다는 점에서 고구려의 선진 문화로부터 많은 영향을 받았을 것이다. 또한, 중국의 낙랑군 · 대방군과 인접해 있었기 때문에 중국문화의 영향도 적지 않았을 것이다. 따라서 국가 초기부터 한문자가 사용되고 있었고 상당한 수준의 교육기관이 존재했었을 것으로 추정된다.

이런 추정은 몇 가지 역사적 사실들로 충분히 뒷받침된다. 예를 들면 고이왕 때 중앙관제를 6좌평 16품 체제로 개편하면서 내법좌평(內法佐平)을 두었는데, 이것은 신라의 예부나 조선시대의 예조에 해당하는 교육행정부서였다. 또한, 고구려의 태학이 설립되기 훨씬 이전인 고이왕 51년(284)에 아직기를, 그 다음해에 다시 박사 왕인을 일본에 파견하여 『논어』, 『천지문』을 전하였다. 특히 왕인은 일본 왕자의 스승이 되어 가르쳤는데 일본이 문자를 알게 된 것은 이로부터 시작되었다고 한다.

근초고왕 29년(364)에는 박사 고흥(高興)에게 국사책 『서기』를 편찬하게 하고 그 후에 『백제기』 · 『백제신찬』 · 『백제본기』 등을 쓰게 하였다. 그리고 백제에는 일찍부터 오경박사 · 모시박사 · 의박사 · 역박사 등 박사제도가 있었으며, 일본은 왕인 이후에도 백제로부터 여러 분야의 전문 박사들을 초빙하여 교육을 받곤 하였다.

박사란 유학의 경전에 정통한 학자로서 가르치는 일을 주무로 하는 관직이다. 또한, 중국 『수서』에 "백성들이 독서를 좋아하고 이사에 능하며 의약과 음양과 복술 등을 잘 알고 있었다."는 기록이 있는데, 이는 백제인이 비교적 고등한 문화적 · 지적 수준을 지니고 있었음을 보여 준다.

이런 사실들을 종합할 때 백제에는 높은 수준의 학문과 문화의 발전이 있었고, 그런 학문과 문화의 담지자로서 고구려의 태학과 같은 고등한 교육기관이 존재했을 것이라고 추정할 수 있다.

3) 신라의 교육

신라는 지리적 여건에 의해 고구려나 백제에 비해 중국문화의 접촉이 늦었으며 문화수준도 높지 못했다. 그러나 통일 전에는 화랑도라는 독자적이면서도 자발적인 교육제도를 통해 인재를 양성함으로써 통일의 기틀을 다졌고, 삼국통일 후에는 국학(國學)을 세워 관리를 양성하였다. 또한, 당에 유학생을 파견하여 유학교육의 수준을 향상시키며 신라인의 학문적 우수성을 과시하였다.

(1) 화랑도 교육

화랑도는 상고시대의 전통을 계승하면서 자발적으로 형성된 단체로서 전통 계승 면에서나 교육과정 면에서, 그리고 이념면에서 우리 교육의 모형이요, 이상이라고 할 수 있으며 교육사적 의미도 매우 높다.

화랑도는 국선, 풍월도, 풍류도, 부루교단 등으로 불리며 전통사상 위에 유·불·선 등 외래사상을 받아들여 융합시킨 것이었다. 민간단체였던 화랑도의 교육대상은 청소년들이고, 교육목적은 화랑도의 실천이며, 교육내용은 원광법사의 세속오계(世俗五戒), 즉 '사군이충, 사친이효, 교우이신, 임전무퇴, 살생유택'이었다. 주로 신체적, 사회적, 정서적, 도덕적 및 군사적 훈련을 교육의 면에서 강조하였다. 그리하여 화랑도는 평화 시에는 사회적 지도자를 기르는 수양단체로서, 유사시에는 국가를 위해 죽음을 다하는 전사 집단으로서 신라통일의 중추적인 인재들을 배출하였다. 화랑도는 신체를 단련하기 위해 칼 쓰기, 창 쓰기 등 무예를 연마하고, 명산대천(名山大川)을 두루 다니며 호연지기(浩然之氣)를 기르고, 국토에 대한 애착과 자연에 대한 직관을 도야하였다. 또한, 춤과 시, 노래로써 풍류를 즐기면서 정서를 연마했다. 참으로 화랑도 교육은 문무가 일치되고 지·덕·체가 겸비된 교육이었으며, 오늘날에도 계승해야 할 자랑스러운 교육 전통이라고 할 수 있다.

(2) 국학

국학(國學)은 공식적으로 31대 신문왕 2년(682)에 중국의 학제를 모방하여 설립되었다. 그러나 진덕왕 5년(651)에 박사, 조교 및 대사(大舍)를 두었다는 기록으로 보아 국학의 전신이 될 만한 학교가 그 이전부터 이미 존재했다고 추정할 수 있다. 그러다가 삼국통일(676)로 인하여 전쟁 과정에서 야기된 대립과 갈등을 해소하기 위해 이념적 통일을 기할 필요가 있었다. 그리고 보다 확대된 국가를 효율적으로 관리하기 위해 관리를 더 체계적으로 양성해야 할 새로운 시대적 환경에 직면하게 되었다. 이런 시대적 요청에 따라 제도를 정비하여 설립한 것이 바로 국학이었다.

국학의 설립 목적은 유학사상의 연구 · 보급과 유학 이념에 투철한 국가 관리의 양성이었다.

국학의 입학자격은 15~30세의 6두품 출신의 귀족 자제였고, 수업연한은 9년을 원칙으로 하되 개인의 능력에 따라 퇴학을 명하거나 수학기간을 연장해 주기도 하였다.

졸업한 자에 대해서는 17관등 중 열 번째 및 열한 번째 관등인 대나마(大奈麻)나 나마(奈麻)의 관등을 부여하였다.

교육내용으로는 『논어』와 『효경』을 공통 필수과목으로 하되 수준에 따라 『예기』·『주역』, 『춘추』·『모시』·『좌전』, 『상서』·『문선』을 나누어 부과하였다. 『논어』와 『효경』을 필ㅈ수과목으로 한 것은 유교의 지도원리인 충과 효를 강조하기 위함이었다. 그리고 당(唐)의 국자감(國子監)과 달리 『문선』을 부과한 것은 비문(碑文) 제작 등에 필요한 문장력을 기르기 위한 것으로 보인다. 그리고 성덕왕 16년(717)에 국학에 의학박사와 산학박사를 두고 그 후로 천문박사(天文博士) · 누각박사(漏刻博士) · 율령박사(律令博士) 등을 두어 유학교육은 물론 기술교육과 생활교육을 아우르는 종합적인 교육기관으로 발전하였다.

4. 삼국시대의 교육사상가

삼국시대의 대표적인 교육사상가로는 강수, 원효, 설총 등을 들 수 있다. 이들은 유교교육의 발전과 불교의 융성에 노력하였다.

1) 강수

강수(強首, ~692)는 통일신라시대의 유학자로서 학문을 시작하면서 불교보다는 유학에 관심을 기울였고, 벼슬길에 나아가 여러 관직을 역임하였다. 태종 무열왕 즉위 당시 당나라(唐)의 사신이 가져온 어려운 내용의 외교문서를 왕 앞에서 막힘없이 풀이함으로써 그 학식을 인정받았을 뿐만 아니라, 뛰어난 문장력으로 당나라 황제에게 보내는 답서를 작성하였다. 무열왕이 당나라에 구원병을 요청할 때 외교문서를 작성하여 고구려·백제를 멸망시키는 데 큰 공을 세웠다. 삼국이 통일된 뒤 그 공을 인정받아 문무왕으로부터 사찬의 관등과 아울러 녹봉도 해마다 2백석이나 받게 되었다.

부모의 반대를 무릅쓰고 신분적으로 미천한 부곡(部曲)의 대장장이 딸과 결혼할 정도로 진취적인 성향을 지니고 있었다. 그는 신분적 한계를 극복하고 유학과 문장력으로 출세한 대표적인 학자로서 신라 유교정치 이념을 확립하는 데 큰 영향을 미쳤다.

2) 원효

원효(元曉, 617~686)는 신라의 스님으로, 속성은 설, 원효는 법명이며 설총의 아버지이다. 무열왕의 딸 요석공주와의 파계로 승복을 벗고 무애가(無导歌)를 부르면서 민중교화에 힘썼다. 당나라에서 〈금강삼매경(金剛三昧經)〉이 수입되자 왕과 고승들 앞에서 이 경을 풀이했으며, 그 후 절에 묻혀 참선과 저술로 만년을 보냈다. 그는 불교사상의 종합과 실천에 노력한 한국불교의 대표적 사상가이며 가장 위대한 고승의 한 사람으로, 고려 숙종 6년(1101)에 의천(義天)의 건의로 시호를 추증하였다. 저서로는 〈대승기신론소〉, 〈금강삼매경론〉, 〈십문화쟁론〉, 〈발심수행장〉 등 21종이 있다. 교육사상의 특색은 타율적 · 모방적 학습보다도 개인의 고유한 주체적 · 창의적 기능을 계발시키는 교육을 중요시한 점이라 하겠다.

3) 설총

설총(薛聰, 655~)의 자는 설지, 호는 수월당(水月堂)이며 경주 설씨의 시조로 신라 10현 중의 한 사람이다. 설총은 원효의 아들로 태어났으며 신라 삼문장 중의 한 사람이며, 벼슬은 한림에 이르렀다.

경덕왕 5년(746) 박사로서 강수와 함께 구경(九經)을 처음으로 구결(口訣)로써 강론하여 후학을 지도하였다. 대표작으로는 신문왕에게 군왕의 도를 풍간한 〈화왕계(花王戒)〉 1편이 남아 있다. 화왕계는 우리나라 최초의 창작설화로, 신라 신문왕 때의 설총이 한문으로 지은 우언적인 단편 산문이다.

설총의 업적으로는 첫째로 이두를 만들어 어려운 한문책들을 백성들에게 쉽게 보급하려고 하였다. 둘째, 설총은 군왕교육사상을 주장하였다. 설총의 화왕계는 지유와 풍자로써 신문왕을 훈계하는 우화적인 왕자지계로써 설충의 군왕교육사상을 드러내 주는 대표적인 저서이다. 화왕계에는 유교의 정신으로 왕에게 완곡하게 권하는 내용으로써 골품제도로 피폐해진 신라사회에서 믿음직스럽고 충성스러운 신하를 등용시켜야 한다고 간청하는 그의 의도가 나타나 있다. 또 여기서 왕의 됨됨이를 제시하고 후세의 임금들도 이를 본받게 하였다.

제3장 고려시대의 교육 이해

고려의 학교교육은 국가의 운영을 위한 관리의 양성이라는 중요한 기능을 발휘하였다. 유학교육기관으로서는 관학인 국자감과 동서학당(오부학당), 사학인 십이도가 있었고, 지방에는 향교와 서당이 있었다. 이들의 학교는 계속되는 전란과 국가의 관심부족으로 별다른 발전을 하지 못하였다. 그러나 형식적인 유학교육체제를 형성한 시대이다.

1. 고려시대의 교육사상

삼국의 유교문화는 경전교육에 기초한 실천적 성격을 띠며, 사회제도의 정비에 바탕이 되었다. 고려시대의 전반기에는 과거제도를 비롯하여 국가의례제도 등 유교문화의 제도적 정비가 확산되었다. 최승로의 상소문에 내재된 사회문제에 대한 비판의식을 통해 당시 유학자들의 이념적 각성이 뚜렷이 나타나며, 김부식의 『삼국사기』에 보이는 유교적 역사의식도 이 시대 유교사상의 심화 양상을 보여 준다.

제6대 성종 11년(992)에 국자감을 설치, 경학박사를 두고 유학을 장려하였다. 이때 국자감에는 전장을 주어 학교의 경비 및 학량으로 충당케 했고, 그 후에도 계속 태학전(성균관전)을 주어 조세까지 면제시켰다. 이로써 고려의 유학은 한층 더 발전할 수 있는 길이 열렸다. 그러나 초기에는 시부에만 힘썼을 뿐 경학에 종사하는 자는 그 수가 적었다.

그러다가 제11대 문종 때에 최충이 9재를 두고 제생을 가르쳐 유학을 크게 진흥시켰으므로, 고려의 유학은 그로 인하여 비로소 크게 발전했다. 그를 '해동공자'라고 하는 이유도 이런 연유에서이다. 문종 역시도 그를 가리켜 말하기를 여러 대의 유종이요, 우리나라의 기덕이라고 하였다. 흔히 십이도라 함은 개경에 있는 유신들 가운데 최충의 9재를 추종하여 사숙을 세운 이가 11인이 있었으니, 최충의 도와 합하여 부른 이름이다. 이 12도는 하나의 학벌을 형성하면서 고려시대 유학에 지대한 공적을 남기었다.

최충이 학교를 일으키고 인재를 양성할 수 있었던 여건은 무엇보다도 학문과 칠덕을 기본인격으로 갖추었기 때문이다. 그는 북방과의 전쟁기를 넘어선 유학진흥의 시대적 운세 속에서 정치적이고 규격적인 관학을 벗어난 유교의 본의를 구현해 보고자 사학진흥의 기수가 된 것이다.

한편 제16대 예종은 유학을 발달시키기 위하여 국자감의 진흥책에 힘썼다. 그리하여 예종 4년(1109)에는 국자감에 문무 7제를 두고, 동왕 14년(1119)에는 양현고를 두어 유학생을 길렀다. 그리고 이름난 명유를 뽑아 학관박사를 삼고 경의를 강론하니, 이로부터 유학풍이 날로 높아갔다. 그 후 제25대 충렬왕에 이르러서는 송대의 신유학–정주성리학이 처음으로 우리나라에 들어와 자못 문치의 기운이 일어났다.

2. 고려시대의 교육제도

학교는 국가의 운영에 필요한 관리를 양성하는 데 매우 중요한 기능을 하였다. 고려의 학교 제도는 건국 초기부터 중기와 말기에 이르기까지 점차적으로 형성되어 갔다. 관학(官學)으로는 중앙에 국자감과 동서학당(후에 오부학당으로 확장됨)이 있었고, 지방 여러 곳에 향교가 있었다. 그리고 사학(私學)으로는 중앙에 십이도와 지방에 서당이 있었다.

1) 관학

(1) 국자감

국자감(國子監)은 성종 11년(992)에 왕명에 의해 설립되었다. 성종은 학교를 세우라는 교(敎)를 내리고 유사(有司)에 명하여 서재(書齋)와 학사(學舍)를 세우고 토지를 급여하였다. 그 후 다시 11대 예종 4년(1109)에 여택(麗澤, 周易) · 대빙 · 경덕 · 구인 · 복응 · 양정 · 강예 등 7재를 두어 문무교육을 장려하였다. 그리고 17대 인종 1년(1123)에 식목도감(拭目都監)을 설치하여 학식과 학규를 세밀히 정비하고 국자학 · 태학 · 사문학(四門學) · 율학 · 서학 · 산학 등 6학을 두었다. 국자학 · 태학 · 사문학은 유교 경전과 문학을 전공하는 곳으로 고급관리의 양성과 학문연구를 위한기관이었다. 율 · 서 · 산학은 일종의 직업학으로 각기 전문직에 종사할 관리를 양성하기 위한 기관이었다.

(2) 동서학당 · 오부학당

'학당'은 개경에 세워진 중등 수준의 관학으로 지방의 향교와 같은 수준의 학교이다. 학당은 고려 말에 등장했는데 처음에는 동서학당을 설치했다가 이후 오부학당으로 확충되었다. 오부학당은 개경에 학교가 세워진 방위에 따라 명칭이 붙여진 동부 · 서부 · 남부 · 북부 · 중부 학당을 말한다. 학당은 국자감과는 위계적인 관계로 국자감의 하급교육기관의 성격을 가진 것으로 보인다. 학당에는 향교와는 달리 문묘가 설치되지 않았다.

2) 사학

(1) 향교

향교(鄕校)는 지방에 설립된 관학으로 지방 관리의 자제 및 서민의 자제를 교육하기 위해 세운 중등교육기관이다.

향교에는 국자감과 유사하게 교육을 담당하는 명륜당과 선현에 대한 제사를 담당하는 문묘가 설치되어 있었다. 다시 말해 향교는 개경에 설립된 국자감의 축소판으로서 교육의 기능과 제사의 기능을 동시에 담당하고 있었다.

향교의 이런 기능은 조선 중기 임진란 등의 잦은 병란(兵亂)과 서원의 발흥으로 유명무실해질 때까지 지방의 유학교육과 향풍순화에 크게 공헌하였다.

고려의 건국 초기에는 신라 말의 지방 교육을 그대로 계승하고 있었다. 광종 때 과거제가 실시된 이후, 과거를 통하여 관직에 진출한 자들 중에는 지방 교육을 통해 함양된 향공 진사(鄕貢 進士)가 대부분이었다. 이 같은 현상은 중앙에 국자감이 설립된 성종 초기까지 계속되고 있었다. 성종은 유경습업제도와 권학관제도를 통해, 그 때까지 향호(鄕豪)들이 운영해 오던 지방의 학교들을 중앙통제 하에 둠으로써, 중앙집권적 교육체제를 확립하려 하였다.

(2) 서당(書堂)

서당은 향촌의 부락에 설치된 민간의 자생적인 사설 교육기관이다. 이러한 성격으로 인하여 서당의 기원을 고구려의 경당에서 찾기도 한다.

고려의 서당에 관한 기록은 우리나라의 역사 기록에서 찾아볼 수가 없다. 고려의 서당에 관한 것은 인종 2년(1124년)에 송의 사신의 수행자인 서긍이 저술한 『고려도경』에 기록이 되어 있다. 이를 통해 다음과 같은 것을 알 수 있다. 고려의 서당은 고구려의 경당과 같이 전국 각지에 설치되어 있었으며, 미혼의 젊은 사람들이 대중적으로 서당에서 교육을 받았을 것이다.

고려의 서당은 상세한 기록이 없는 관계로 상술하기가 어렵다. 그러나 조선시대의 서당은 고려시대의 서당에 비하여 상당한 기록과 연구가 되어 있다. 고려의 서당은 조선의 서당과 상당히 유사할 것으로 생각된다. 그러므로 조선시대의 서당 교육을 참고하면 도움이 될 것이다.

3. 과거제도와 교육

과거제도는 시험을 통하여 국가에 필요한 관리를 선발하는 제도이다. 과거제도는 중국의 영향을 많이 받았다. 수(隨)의 문제(文帝)가 중국을 통일한 후에 귀족세력을 제압하고 중앙집권적인 관료체제를 확립하기 위하여 과저제도를 처음 도입했다. 이에 고려도 수나라와 당나라의 과거제도를 수용하였다.

과거의 종류에는 제술업 · 명경업 · 잡과가 있었다. 제술업은 문장을 시험하는 것으로 가장 중시되었고 급제자 수도 제일 많았다. 명경업은 경서를 시험하는 것으로 제술업과 더불어 양대업으로 불렸다. 명경업은 급제자의 수나 대우에 있어 제술업을 따르지는 못하였다. 잡과는 처음 시행 당시에는 의업과 복업만 있었으나 그 후 명법 · 명서 · 지리 등이 증설되었다. 과거제 시행은 역대의 훈신공신과 세가를 대체할 수 있는 새로운 귀족 관료층을 형성하여, 왕권을 강화하기 위한 국가적 개혁정책이었다. 고려왕권을 영속화시키기 위한 관료제의 형성은 건국 초기의 훈신가문 등 왕권에 위협적인 실력자들을 제거하기 위한 방책으로서, 문치주의 정치노선과 대인 등용정책으로 전환하는 계기가 되었다.

광종 때의 과거제는 후주인 쌍기의 건의에 의하여 시행되었다. 쌍기는 과거제의 제정과 과거의 실질적인 시행을 주재하여, 초기에 자신이 직접 과거의 지공거가 되었다. 이러한 광종 때의 과거제 실시는 그 후 고려와 조선의 관리 선발 시험으로 정착되었다.

4. 고려시대의 교육사상가

1) 이색

이색(李穡, 1328~1396)은 충숙왕 15년에 영해에서 찬성사 이곡의 아들로 태어났으며, 호는 목은, 시호를 문정이라 한다. 14세 성균관에 급제하고, 고려 말기에 많은 제자를 두어 그를 따르는 사람이 많았다.

2) 정몽주

정몽주(鄭夢周, 1337~1392)는 경주 영일현 사람으로 자는 가잘, 호는 포은, 시호는 문충공이다. 공민왕 9년(1360) 과거에 응시하여 3장에 계속 수석으로 합격하였다. 그 후 예조정랑, 성균박사, 성균사성, 예문관 대제학 등을 역임하였다. 공민왕 21년에는 서장관이 되어 명나라에 다녀왔으며, 그 후에도 사신으로 명나라와의 어려운 관계를 해결하는 데 기여하였다. 그는 한때 무인으로 이성계의 휘하에서 외적을 격파하는 데도 일익을 담당하였다.

포은은 성리학을 깊이 연구하여 유학을 강의함에도 독창적이고 명쾌하여 이색도 그를 동방 성리학의 시조라고 격찬하였다. 또한 처음으로 주자의 가례에 따라 가묘를 세워 조상을 모셨으며, 5부학당과 향교를 세워 유학을 진흥시켰다. 문집으로는 〈포은집(圃隱集)〉이 남아 있다. 그의 교육사상은 주자학에 기초를 두었다는 점에서 안향이나 이색과 같다. 그는 "선비의 도는 모두 일상생활에 있으며, 먹고 마시는 것은 남녀 누구나 다 같다. 다만 그 이치를 깨닫고 실천하는 일이 중요하다."고 하였다. 특히 중용과 대학을 암송하고 깊이 연구하여 이치를 깨닫고 반성하여 몸소 실천하였다.

3) 최충

최충(崔沖, 984~1068)은 자기 재산을 털어 새 집을 짓고 방을 여러 개 만들어 학교 모양을 갖추었는데, 이 학교에 교실이 9개가 있다 하여 9재학당이라고 불렀다. 최충은 고려에 최초로 사립학교를 세웠을 뿐만 아니라 유교를 깊이 연구하여 발전시켰다. 최충에 의하여 비로소 유교의 전통이 세워졌다.

최충은 12도의 선구자로서 해동공자라 칭했다. 문헌공도를 세웠으며, 성인의 도를 교육의 본질로 삼았다. 교육방법으로 계절에 따르는 교육적 효과에 관심을 가졌고, 각촉부시 방법과 일종의 조교제도를 실시하기도 하였다.

최충이 세운 문헌공도는 고려시대 사학인 12도 중 가장 영향력 있는 교육기관으로 시중최공도라고도 한다. 대표적인 사학이 된 문헌공도는 최충 사후 300년이 지난 고려 말까지 계승되었다. 이승장, 이규보 등이 이 공도에서 배출되었다. 12도가 채택한 교과목들은 대체로 〈주역〉, 〈상서〉, 〈모시〉, 〈예기〉, 〈주례〉, 〈의례〉, 〈춘추좌씨전〉, 〈춘추공양전〉, 〈춘추곡량전〉 등 구경과 〈사기〉, 〈한서〉, 〈후한서〉 등 삼사였다. 고려 말 국학이 진흥하자 1391년(공양왕 3년) 교육제도의 정비과정에서 사학이 사라졌다. 교육내용으로는 〈9경 3사〉, 그리고 시부 사장의 학을 겸하고 있었다.

제4장 조선시대의 교육 이해

조선왕조는 성리학을 지도이념 및 국학으로 삼았으니, 교육도 이 성리학의 범주에서 찾아볼 수 있다. 그리하여 조선사회는 성리학 이외의 다른 학문은 모두 잡학이라 하여 이단시하였다. 조선왕조의 교육제도는 성균관 · 사관 · 향교 · 서원 · 및 서당으로 구성되어 있었다.

즉, 고등교육기관으로 서울에 성균관이 있어 최고학부의 구실을 하였고, 중등교육기관으로는 서울에 사학과 지방에 향교와 서원이, 그리고 초등교육기관으로는 각 지방의 부락마다 서당이 있다시피 하였다. 이들 교육기관은 오늘의 초등학교, 중 · 고등학교, 대학교와 같이 계단식으로 연결된 것이 아니고, 각각 독립된 교육기관이었다. 그래서 그 구별을 명확히 규정짓기가 곤란하다. 다만 그 정도를 미루어 보면 성균관은 대학교, 사학 · 향교 · 서원은 중등학교, 서당은 초등학교에 해당한다고 할 수 있겠다. 여기서는 이에 대한 것을 살펴보고자 한다.

1. 조선시대의 교육사상

조선은 성리학의 철학적 이론으로 무장된 도학(道學)을 국가이념으로 받아들이고, 불교에 대한 억압정책을 실행했다. 조선 초기를 통하여 역대 임금들은 유교이념에 입각하여 사회제도를 전면적으로 정비했다. 세종 때에는 유교적 국가의례와 제도를 정비했으며, 유교적 교화체제를 체계적으로 구축하여 유교사회의 기틀을 확립했다.

조선 초기의 유학자들 중에서 공신과 관료의 기존세력인 훈구파와 도학정신의 실천에 진력하던 신진세력인 사림파 사이에 대립을 보여 여러 차례 사림파의 선비들이 희생당하는 사화가 일어났다. 조선 중기인 16세기에는 도학의 이상 정치는 조광조 등 사림파에 의해 추구되다가 실패했지만, 결국 이들이 정치의 담당자가 되는 사림정치시대를 열었다.

사림들이 정치의 주체가 되자 이들 사이에 분열이 일어나 당파가 만들어 졌는데, 이는 조선 후기사회에 많은 영향을 주었다. 이 시기부터 소수서원을 비롯하여 서원설립이 활발해져서 향촌의 유림활동이 확산되었고, 지역사회에서 향약을 시행하면서 향촌질서의 유교적 교화가 심화되었다.

이 시대에 성리학의 이론적 논쟁이 인간의 심성문제를 중심으로 활발히 전개되면서 성리학은 놀라운 발전을 이루었다. 퇴계 이황 · 율곡 이이에 이르러 불붙은 사단칠정(事端七情)의 논쟁은 당시의 대표적인 성리학 논쟁으로서, 학문적인 큰 업적으로 평가된다.

조선후기에는 가정의례를 중심으로 한 예학의 발전과 성리학적인 논쟁의 확대, 청나라를 배척하는 의리론의 강화에 따라서 정통도학도 크게 영향력을 발휘했다. 그러나 성리학의 사변적 공허성과 의리론의 비실리적 명분주의에 대한 성찰을 하면서 현실사회제도의 개혁과 실용성을 중시하는 새로운 학풍으로서 실학이 대두되었다.

1) 교육제도

조선은 건국 이후 치국의 제일 과제는 교화에 있으며 학교는 교화의 근본이라는 유교적 통치이념에 바탕을 두고 학교와 교육제도를 정비해 나갔다. 조선의 학교와 교육제도는 고려의 것을 많이 답습했으며 세조 · 성종 대에 이르러 정비되었다. 서울과 지방에는 각급 학교가 위계적으로 설치 · 운영되었고 이와 연계된 과거제도가 시행되었다. 교육제도의 운영은 각종 교육법규에 의해 규제되었다.

(1) 관학

① 성균관

성균관은 조선시대 최고의 교육기관이다. 성균관은 고려 말에 성리학을 수용하면서부터 그 기능이 새롭게 강화되어 왔다. 조선시대에 들어와서 성균관은 국가의 정치이념인 성리학을 연구하고 보급하는 핵심 센터 역할을 했다. 또한, 성균관은 국가를 이끌어 갈 고급관리를 양성하는 일을 담당했다. 유교의 보급과 지도자의 양성은 성균관의 핵심적인 기능이었다.

성균관의 입학자격은 생원과 진사를 원칙으로 하되, 정원이 부족할 경우 사학(四學) 학생, 공신의 적자손(嫡子孫), 문과나 생진과의 향시 · 한성시에 합격한 자 또는 현직관리 등으로 충원하였다.

입학정원은 초기에는 150명이었으나, 세종 때는 50명을 증원하여 200명으로 하였다. 그러나 재정 형편에 따라 정원을 크게 줄여 70명 내외일 때도 많았고, 영조 때는『속대전』을 통해 126명으로 재조정하였다.

수업연한은 4년 반이 원칙이나 실제로는 8년 이상 걸리는 경우도 많았다.

성균관의 교육과정은 사서 · 오경 및 제사(諸史)를 중심으로 하고 시부(詩賦)등 제술과목도 부과되었다. 단, 노장(老莊)과 불경 및 잡서는 읽지 못하게 하였다.

사서와 오경의 경우 구재(九齋) 제도를 만들어 학생을 가르쳤다. 말하자면 먼저 대학재(大學齋)를 들어가『대학』을 배우고 과정을 마치면 강문(講問)하여 능통한 유생은 다음 단계인 논어재(論語齋)에 올리고, 다시 그 과정을 반복하여 다음 단계로 나아가게 하였다. 이런 방식으로 대학재 · 논어재 · 맹자재(孟子齋) · 중용재(中庸齋) · 예기재(禮記齋) · 시재(詩齋) · 춘추재(春秋齋) · 역재(易齋)를 순차적으로 학습하게 하였다.

교육방식은 한 달을 단위로 하여 20일은 경서를 가르치고 4일은 고강하며 6일은 제술을 가르쳤다. 시험도 강경과 제술을 나누어 치렀다. 강경은 대통 · 통 · 약통 · 조통으로 등급을 매겨 평가하였고 조통 이하는 벌하였다. 제술시험은 매월 초순 · 중순 · 하순의 세 번에 걸쳐 글의 형식을 정하여 시험하였다.

(2) 사학(四學)

사학은 조선시대의 수도인 한양에 설립한 국립 유학교육기관인 동학, 서학, 남학, 중학의 총칭이다. 사학은 조선 초기에는 사부학당(동부학당, 서부학당, 남부학당, 중부학당)이라고 불리었으며, 약칭하여 학당이라고도 했다.

사학은 성균관의 예비학교이며 하급 교육기관이다. 고려 말에 오부학당을 개편할 때 동서학당이 중심이 되었으며, 이 시기에 고려시대의 사학(私學)인 십이도(十二道)를 폐하게 된다. 이는 오부학당이 동서학당뿐 아니라 십이도의 성격까지 포함하기 때문인 것으로 생각된다. 사학의 교관은 성균관의 교관 중에서 임명했다. 그것은 최고 교육기관인 성균관에서 종합적으로 교관을 확보하여 하급기관인 사학에 충원함으로써, 교육의 일관성을 기하기 위한 조치가 아닌가 생각된다.

사학의 취학연령은 태종 때의 오부학당제에는 10세 이상으로 규정되고 문종 때는 8세 이상으로 나타나, 취학연령이 낮추어진 것으로 보인다. 소학지도(小學之道)는 8세 이상임을 볼 때 그 후는 8세 이상이 사학의 취학연령이 아닌가 생각된다. 사학에는 때때로 25세의 나이 많은 유생도 취학하고 있었는데, 이에 대하여는 별다른 제약을 하지 않았다.

사학의 교육목적은 소학지도(小學之道)의 공(功)을 성취하는 것이다. 이는 성균관이 대학지도(大學之道)를 목표로 하는 데에 비교할 수 있는 것이다. 사학유생들의 교재는 소학(小學)을 비롯하여 효경, 사서, 오경 등을 공부하였다.

사학의 교육방법은 주로 경서를 암기하는 것이었다. 유생들에게는 읽은 글을 반드시 외울 수 있어야만 다음 글을 가르쳤다. 또한, 5일마다 시험을 보아서 뜻이 통하지 않는 자는 벌을 주고 통한 자는 그 성적을 기입하였으며, 하나의 책을 다 읽으면 책 부에 이를 기입하고 다음 책을 주었다.

사학은 조선 건국 초의 얼마 동안은 일정한 재원이 마련되지 않아 재사제도(齋舍制度: 기숙사)를 실시하지 못하여, 유생들이 매일 통학을 하였으며 점심도 제공하지 못하였다. 태종 때에 이르러 독립된 학사(學舍)를 가지게 되고, 성균관의 양현고에서 운영경비를 지급하게 되었다.

① 향교

고려 인종 때부터 지방에 설치되어 있던 중등교육기관으로 조선시대에 들어와 크게 발전하였다. 태조가 원년(1392)에 각 지방 관찰사에게 교학(教學)을 부흥시킬 것을 명하고 향교의 흥폐에 따랄 공적을 평가한 이래로 지속적인 장려가 이루어져 대부분의 주 · 부 · 군 · 현에 향교가 설치되었다. 그리하여 성종 때에 이르러서는 전국 8도에 329개교가 설립되었다.

조선 초기에 국가에서 향교를 확충한 이유는 크게 두 가지다. 하나는 통치체제에 필요한 관료 자원을 확보하기 위해서이고, 또 하나는 새로운 유교이념에 입각하여 지방민을 교화하려는 것이었다. 향교의 중요한 기능은 유교이념에 따라서 백성을 교화하는 것이었다. 향교는 전국 각지에 설립되어, 서민문화의 심층에 자리잡고 있는 불교문화를 유교문화로 대치하는 중요한 기능을 행하였다.

향교의 교관은 40세 이상의 문과(文科) 합격자로 했으며, 모두 중앙에서 선발하여 파견했다. 교관에는 6품 이상의 교수관(教授官)과 7품 이하의 훈도관(訓導官)이 있었다. 그리고 군과 현의 향교에서는 지방의 유능한 학자를 학장(學長)으로 선임하여 향교의 생도들을 가르치게 하였다.

② 서원

서원은 선현존숭과 후진양성을 목적으로 전국 각지에 세워진 사학이다. 서원은 사묘와 강학소를 갖추고 향사와 강학의 기능을 함께 수행했다. 서원의 사묘는 공자가 아닌 특정 선현의 사묘라는 점에서 관학과 차이를 보인다. 서원은 16세기 중반부터 각 지방에 세워지기 시작했는데, 당시 거듭된 사화로 향촌에 퇴거했던 사림이 지방민 교화와 유생교육의 기능을 담당하면서 설립이 본격화되었다.

최초의 서원인 백운동서원은 중종 38년(2543) 풍기군수 주세붕(1495~1554)이 고려의 명유인 안향을 제향하기 위해 설립하였다. 이후 풍기군수였던 이황의 건의로 왕으로부터 '소수서원'이라는 편액을 하사받음으로써 최초의 사액서원이 되었다. 백운동서원의 원규는 이후 세워진 서원들의 모범이 되었다.

서원의 교육목적은 국가에 필요한 선비를 양성하는 데 있었다. 과거를 통하여 관리가 되는 것은 부차적인 것이었다. 선비란 성현의 교훈에 따라 염치와 절의를 존중하고, 시비와 정사를 구별하며 이를 지키는 도학적 성리학의 이상적인 인간상을 뜻한다.

서원의 교과내용은 유학의 교육이 중심이었다. 서원의 교과는 소학(小學)과 가례(家禮)를 입문으로 삼고 사서오경을 기본으로 하였다.

③ 서당

서당은 글방, 서방, 책방이라고 불리었던 민간의 교육기관이다. 서당은 고려시대를 거쳐 조선시대에 특히 발달한 초등교육기관으로, 그 연원은 멀리 삼국시대로 소급되어 고구려의 사설기관인 경당에서 비롯된다. 경당을 서당의 기원으로 보는 것은 경당이 사설교육기관으로 일반서민의 자제들에게 기초적인 교육을 실시하였던 맥락에서이다.

서당이라는 표현은 조선 성종 때에 처음으로 나타난다. 성종실록에 "유인달은 광주에 사는데 서당을 별도로 설립하여 촌의 자녀들을 모아서 부지런히 교육하고 있다."라고 했다. 이 기록은 서당을 사설 교육기관으로 인정한 것으로 보인다. 서당은 조선시대를 통하여 크게 보급되었으며, 서당교육은 한국의 고대에서 현대까지 그 교육적 자생력을 가진 민족의 교육기관이다.

서당의 교육적인 성격을 보면 첫째, 교육제도상에서는 초등교육 단계이며 둘째, 교육내용에서는 유학의 기초를 교육하는 학교이며 셋째, 학교운영에서는 사설 교육기관이며 넷째, 교육의 기능면에서는 지역사회 교화의 중심지였으며 다섯째, 학교에 향사가 없었다.

대개의 서당은 훈장 · 접장(接長) · 학생으로 구성되어 있었다. 훈장의 학문적 수준은 일정하지 않았다. 강독으로 경사(經史) · 백가(百家)를 통달한 실력 있는 훈장은 흔치 않아 주석과 언해(諺解)를 참고하며 경서의 뜻을 해독하는 정도가 많았으며, 시골에는 한문자를 제대로 활용하지 못하는 매우 낮은 수준의 훈장도 적지 않았다.

접장은 학생의 대표로서, 비교적 규모가 큰 서당의 경우 학생 중 나이가 많고 학력이 높은 자를 택하여 접(接, 단체)의 장으로 삼고 훈장을 대리하여 학생들을 가르치게 하였다. 접장은 학생들과 직접 접촉하고 교류하기 때문에 서당의 기풍에 훈장보다 더 많은 영향을 미치기도 하였다.

학생은 보통 7~8세로부터 15~16세의 아동이었고 20세 내외 혹은 25세 이상인 경우도 있었다. 학생의 학력 역시 차이가 많았으며 학력이 높은 학생으로 하여금 낮은 학생들을 가르치게 하는 것이 상례였다.

서당의 교육과정은 주입식 · 암기식 및 개별교수법을 병행하였다. 강독의 경우 날마다 자기 실력에 맞게 범위를 정하여 배우고 하루 동안 숙독하되 주산을 놓고 그 횟수를 세었다. 또 하루 동안 숙독한 것은 그 다음날 암송하여 통과한 후에 새로운 내용을 배웠으며, 암송을 못하면 다시 숙독하였다. 그리하여 개인의 능력과 노력 여하에 따라 진도가 천차만별이었다.

2) 조선시대의 과거제도

조선사회에서는 원칙적으로 과거를 통하여서만 관료가 될 수 있었다. 조선시대의 관료는 대체로 과거에 합격하지 않으면 그 명맥을 유지하기가 어려웠다. 조선시대의 과거시험은 그 운영이나 시행에 있어서 여러 가지의 형태로 발전하였다.

조선시대 과거의 특징을 살펴보면 다음과 같다. 첫째로 문무의 양과를 균형 있게 운영한다. 과거에 고려시대에는 무과가 없었으나, 조선시대에는 문과와 무과를 실시함으로써, 문무양반의 체제를 확립하고자 했다. 둘째는 생원시(生員試)의 중시이다. 조선의 건국에 공헌한 신진 유학자들은 고려시대의 유풍인 사장(詞章) 중시의 진사시(進士試)를 억제하고 유학의 경전을 외우는 생원시를 중시하였다. 주자학이 도입된 뒤 유학의 경향이 사자 중심에서 경학 중심으로 바뀌어 가게 된 추세가 보다 중요한 원인이 되었다. 셋째는 관학(官學)을 육성하여 과거제와 유기적으로 연결시킨다는 것이다. 관학 부흥운동은 고려 말기에 일어났다. 조선에 와서 이 운동은 더욱 촉진되었다. 일정 기간 동안 성균관에 재학해야만 과거에 응시할 수 있도록 하였다.

(1) 과거의 종류

조선시대에 정규적인 과거는 3년에 한 번씩 시행되었다. 이를 식년시(式年試)라 한다. 그리고 국가에 경사가 있거나 특별히 인재를 등용할 필요가 있을 때 실시하는 별시(別試)가 있었다. 식년시에는 문과(文科), 무과(武科), 잡과(雜科)가 열렸다. 문과에는 문관을 임용하기 위한 대과(大科)와, 성균관에 입학하고 대과에 응시할 자격을 부여하는 소과(小科)가 있었다. 소과에는 경서를 외는 생원시와 문장을 짓는 진사시가 있었다. 무과는 무관을 선발하는 시험으로, 조선시대에 처음 생겼다. 무과는 문과보다 덜 중요했지만, 문과와 더불어 양반(兩班)을 형성하는 시험이었다. 잡과는 국가의 필요한 기술직 관료를 선발하는 시험이었다.

① 문과

조선은 유학을 근간으로 하는 문치주의 사회였기 때문에 과거제도의 핵심은 문관을 선발하기 위한 문과에 있었다. 문과는 소과(小科)와 대과(大科)로 나뉘는데, 소과는 초급시험으로 대과의 예비 시험적 성격을 띠고 있으며, 대과는 중급 이상의 문관시험이었다. 소과에는 그 단계에 따라 초시와 복시가 있고, 대과에는 초시 · 복시 · 전시가 있다.

문과시험에서의 선발인원은 초시와 복시가 다르다. 문과 초시에서는 성균관에 재학하는 유생 중에서 관시(館試)로 50명을 선발한다. 그리고 도성에 거주하는 유생에게 시험하는 한성시(漢城試)에서 40명을 선발하고, 지방에 거주하는 유생에게 시험하는 향시(鄕試)에서는 경기 20명, 충청도와 전라도에서 각 25명, 경상도에서 30명, 강원도와 평안도에서 각각 15명, 황해도와 여안도(함경도)에서 각 10명을 선발한다. 문과 복시에 합격한 유생은 다시 왕이 친임(親任)하는 전시에 가서 시험하며, 성적순에 따라 갑과 3명, 을과 7명, 병과 23명으로 분류된다. 이 성적은 과거급제자의 관리등용에 중요한 기준이 되었다.

② 생원진사시(小科)

조선시대의 생원진사시는 성균관의 입학시험이다. 생원진사시에 합격한 사람들은 성균관에서 3000일을 재학하여 원점 300점을 취득한 후, 문과에 응시할 수 있게 되어 있었다. 이것은 조선시대 과거시험의 원칙이었다. 생원진사시의 시험단계는 초시와 복시로 나누어진다. 생원시의 고시과목은 조선 초에 사서(四書)의 의(疑) 1편과 오경(五經)의 의(義) 1편으로 되어 있었다. 생원시에서는 2편의 문제에 답안을 써야 하는데, 먼저 작성하는 답안지를 상편(上篇) 또는 원편(原編)이라고 하며, 뒤에 작성하는 답안지를 하편(下篇) 또는 비편(□編)이라고 한다. 이렇게 하여 누 편을 모누 작성하면 성편(成篇)이라고 한다. 성편하지 봇하면 실격이 된다. 그러나 수험생이 많아짐에 따라 채점할 일이 많아져서, 상편만을 채점하고 하편은 적당히 넘어가는 일이 많았다. 과거의 응시생은 이러한 경향을 알고 사서의를 시험의 상편으로 쓰는 일이 많았다. 사서의가 오경의보다 쉬웠기 때문이다. 그리고 생원시에 문제가 대문(大文)을 출제하기 때문에 수험생들은 사서오경을 공부하기보다는 모범답안이 되는 초집(抄集)을 읽어서 대비하는 경향이 많았다. 그래서 시험관은 다른 사람의 답안이 아닌지 살피게 되고, 자신이 작성한 시험지를 보면 합격생으로 선발하는 경향이 있었다. 합격생은 100명으로 하였다.

③ 무과

무과는 초시 · 복시 · 전시의 세 단계를 거쳐 28명을 선발하였다. 초시에서는 190명을 선발했는데, 훈련원이 주관하는 원시에서 70명을 선발하고, 나머지 향시의 선발인원은 지역별로 안배하였다. 이들을 대상으로 서울에서 회를 치러 28명을 선발하고 전시에서는 순위를 정하였다. 활쏘기, 말 타기, 창 쓰기 등의 무예를 시험했으며 복시에서는 유교경전과 무경의 일부를 구두 시험하였다.

④ 잡과

잡과에는 역과 · 의과 · 음양과 · 율과의 네 분야가 있었으며 주무관서의 주관 하에 초시와 회시의 두 단계의 시험을 거쳐 각각 일정 인원을 선발하였다. 역과는 사역원에서, 의과는 전의감에서, 율과는 형조에서 주관하였다.

2. 조선시대의 잡과교육

1) 잡과교육의 발달

잡과교육은 유학교육을 제외한 외국어교육, 의학교육, 무과교육, 음악교육, 미술교육, 천문학교육 등을 포함한 교육을 의미한다. 잡과교육은 국가 경영에 필수불가결한 실용기술직 관료를 확보하기 위하여, 국가에서 제도적으로 정비하여 실시하였다. 잡과교육은 행정 · 기술의 실무를 맡는 하급 관리를 양성하는 데 그 목적이 있었다. 잡과교육은 조선이 유학을 숭상하고 문치 위주의 정책을 시행함으로써 유학교육에 비하면 소홀한 면이 있었으나, 실제적인 국가체제를 운영하는 데는 중요한 분야였다.

잡과교육은 우리 민족의 교육에서 상당한 역사적 전통을 가지고 있다. 잡과교육을 실시한 것은 삼국시대 이전부터일 것으로 생각되어진다. 기록으로 보면 삼국시대에는 이미 잡과 계통의 기술교육은 기관을 통하여 실시하고 있었다. 백제의 성왕 16년(539)에 국도를 웅진에서 사비로 옮기고 중앙의 관제를 내관 12부와 외관 10부로 개편하였다. 이러한 관제에 기술을 요하는 국가의 기관이 있었다. 내관에 곡내부, 육부, 마부, 도부, 약부, 목부가 있었으며, 외부에는 사군부(지방의), 사공부(토목), 주부(직조), 일관부(천문 · 역학), 도시부(상업) 등의 기관이 있었다. 그리고 중앙의 관제에 의학사(의학교수), 역학사(천문 · 역학교수), 채약사(약학 교수) 및 노반박사와 와박사가 있었다. 이로써 백제에는 기술을 전수하고 관리하는 전문적인 관직이 있었을 것으로 생각된다.

이러한 기록은 신라의 국가기관과 관직에도 나타나고 있다. 신라의 행정기구에는 예작부(토목 영선), 공장부(제작), 승부(수레, 마구 제작), 선부(선박관계), 채전(회화 단청), 누각전(물시계 제작) 등의 기술을 담당하는 기관들이 있었다. 그리고 기술직 혹은 기술교육직으로 생각되는 천문박사, 산학박사, 율학박사, 의학박사, 주종박사, 와박사, 노반박사 등의 명칭이 있다. 특히 효소왕 1년(692)에는 의학교를 창설하여 박사 2명이 중국의 의약서인 본초경, 갑을경을 학생들에게 가르쳤다는 것을 보면, 삼국시대에는 잡과의 기술교육을 체계적으로 실시하고 있었음을 알 수 있다.

고려시대에는 학교에서 기술교육을 실시하였다. 태조 13년(930)에 서경에 세운 학교에는 의 · 복의 두 과정을 두었다. 그리고 성종 6년(987)에 국자감에 유학을 중심으로 무학, 의학, 음양학, 율학, 서학, 산학을 두어 7학을 개설하였다. 인종 때에 식목도감에서 제정한 학식에서도 기술교육을 국자감의 별도의 학으로 독립하여 교육하도록 하였다. 학식에 국자감은 국자학, 태학, 사문학의 3학은 유학을 교육하고, 율학, 서학, 산학의 3학을 설치하여 법률, 글자학, 회계학을 교육하도록 하였다. 학식에서는 국자감의 율 · 서 · 산학에 입학할 수 있는 신분은 8품 이상의 아들 또는 서인, 7품관의 아들로서 입학을 원하는 자로 규정하였다. 국자감에서 실시하던 율학, 서학, 산학의 교육은 그 후 폐지되고, 기술교육은 해당의 각 관청에서 실시하게 되었다. 고려 말 공양왕 때에는 십학교수관을 두어 기술교육을 실시하였다. 십학의 교육은 여러 국가기관에서 실시하였는데, 예학은 성균관, 악학은 전의시, 병학은 군후소, 율학은 전법, 자학은 전교사, 의학은 전의시, 풍수음양학은 사역원에서 교육하였다. 고려의 잡과교육은 고려 말에 해당의 관청에서 실시하는 것으로 정착하게 되었다.

조선왕조의 잡과교육은 대체로 고려 말의 잡과교육을 정비하였다. 조선의 기술교육 제도는 태조 2년에 고려의 섬학제도와 중국의 주제를 모방하여 병학, 자학, 역학, 의학, 산학의 육학을 설치하였다. 이것은 태조 6년에 무학, 이학, 역학, 음양, 풍수학, 의학, 자학, 율학, 악학으로 확대되었다.

조선의 기술교육이 제도적으로 정착되는 것은 성종 때의 경국대전 예전의 생도조에서 각 학교의 생도를 법적으로 명시한 데서 비롯된다.

2) 잡과교육의 종류

(1) 역과교육

역과는 외국과의 교류에 필요한 통역관을 양성하는 교육이다. 역과에서 교육하는 외국어는 한학(중국어), 몽학(몽고어), 여진학(청학), 왜학(일본학)으로 대별되어진다. 이와 같은 외국어는 사역원을 중심으로 하여 필요한 해당 지방관아에서 필요한 이원을 양성하였다. 몽학은 훈도 2명과 학생 10명이 정원이었다. 여진학은 훈도 2명과 학생 20명이 정원이었다. 왜학은 훈도 2명과 학생 15명이 정원이었다.

그리고 외국과의 교류가 필요한 지방에서도 해당 외국어교육을 실시하였다. 한학은 평양, 의주, 황주에서 역학훈도를 두었고, 학생은 각 30명이었다, 여진학은 해당 지방에 역학훈도를 두었고, 역학 학생은 의주 5명, 찬성 5명, 북청 10명, 그리고 이산, 벽동, 위원, 만포가 각 5명씩이었다. 왜학은 제물포, 부산포에 각 10명씩이고, 감포가 6명이었다.

(2) 의과교육

조선시대의 의학교육은 전의감, 혜민국, 그리고 각 지방의 관아에서 실시하였다. 의학교육은 독립된 교육기관에서 실시한 것이 아니라, 의료를 담당하는 기관에 부설하여 실시하였다.

전의감은 왕을 비롯한 궁의 의료를 담당하는 의료기관이다. 전의감에는 직제에 의학교수와 의학훈도가 있으며, 습독관이 30명으로 되어 있다. 혜민국(혜민서)에는 의학교수 2명, 의학훈도 1명이 있다.

의학교육에 관한 사항으로 경국대전 예전 장려조에 보면 “의학 습독관은 소독한 제서의 일과를 기록하였다가 예조에서 제조와 함께 시험 보아, 제서에 능통한 자는 왕에게 품계하여 현관에 임명하고 본직을 겸임시키며, 나태한 자는 그 상황의 경중에 따라 논죄한다. 습독관 및 정원 내의 생원 · 진사는 출근한 일수로 원점의 수에 준하여 문과의 과거에 응시할 것을 허용한다."고 하였다. 그리고 의학생도와 여의는 제조가 매월 시험을 본다. 여의로서 성적의 평점이 많은 자는, 생도면 해당 관사의 서리로 배치하고 여의면 해당 관사의 다모로 임명함으로써 벌 주고, 능통한 뒤에 본업에 복귀시킨다. "각 고을의 의생은 관찰사가 순행하여 시험을 보아 징계를 행한다."는 것을 보면 의학생도와 여자 의생도 있었다.

(3) 무과교육

조선왕조는 문관 우위의 정치를 하였으나, 국방에 대한 준비로서 병사에 대한 무술교육을 실시하였다. 조선시대에 무술교육은 병조의 훈련원에서 실시하였는데, 훈련제도와 내용은 경국내전에 명시되어 있다. 경국대전 병전에 "병사의 무재의 시험, 무예의 연습, 병서의 강습 등의 사무를 분장한다. 습독관(임무를 담당하는 직)은 30명으로 록관, 권지와 더불어 병요, 무경칠서, 통감, 장감, 박의진법(병서 설진법), 병장설(세조가 장수들에게 훈시한 것을 신숙주, 정인지, 강희맹 등이 주석을 하여, 병설, 장설, 병법대지로 엮은 서적)을 습득하고, 혹은 활 쏘는 법과 말 타는 법도 연습한다. 본원의 당상관은 병조와 도총부 당상관 각 한 사람과 함께 매월 병서의 강독을 고사하여 채점하되, 연말에 고사 성적을 통산하여 그 우등자를 왕에게 상신한다."고 하였다.

이 밖에 평소의 군사조련을 살펴보면, 매월 초 2일과 16일에 진법을 연습한다. 왕이 친히 열병사열하는 것이 끝나면, 병조에서 상신하여 왕의 지명을 받은 담당장군이 장교들을 모아 교외에서 진법을 연습시켜 장교들의 능숙 여부를 기록하여 보고하고, 연초에 통합한 그 성적을 고사하여 상벌하도록 하였다. 그리고 화포의 방포연습과 표적에 대한 사격연습을 정기적으로 훈련하도록 하였다. 무가교육의 하나로서 군사장비에 대한 제작을 맡은 군기시 경공장 등에 기술 인원을 두어 갑

옷, 화살, 활, 화약 등을 제조하였다. 이는 관계기관에서 자체 내의 인원에 의하여 전수되어진 것으로 보여진다. 세조 때에 저술된 총통등록과 병기도설은 포술의 개발과 개량에 공헌한 저서이다.

(4) 율학교육

율학교육은 법의 집행에 종사할 관리를 양성하는 것이다. 율학교육을 주관하는 중앙관청은 형조였다. 그리고 지방의 각 행정기관에서는 필요에 따라서 훈도를 두고 학생을 양성하였다. 형조에서는 교수 1명, 별제 2명, 훈도 1명을 두고 학생은 40명이었다. 지방에서는 행정 규모에 따라서 차이가 있었다. 각 행정단위에 훈도를 두고, 목 · 부 · 도호부에서는 학생 각 14명이 정원이며, 도호부는 12명, 군은 10명, 현은 8명이 정원이었다.

(5) 산학교육

산학교육은 출납, 회계를 담당할 인재를 양성하는 것이다. 산학교육을 주관하는 관청은 호조이다. 호조에서는 산학교수 1명과 별제 1명, 훈도 1명을 두고 산학생도를 교육하였다.

(6) 자학교육

자학교육은 정부의 문서 정리와 교정을 담당하는 실무의 관리를 양성하는 것이다. 자학교육은 교서관에서 관장하였다. 교육내용은 설문, 자립, 정자, 부경 삼체, 도화 등이다.

(7) 유학교육

유학교육은 예조에서 실무를 담당할 하급관리를 양성하는 것이다. 예조에서 유학의 통치체제에 필요한 유학교양의 실무와 이속으로서의 소양을 함양하기 위하여 설치하였다. 이는 세조 때에 폐지되었다.

(8) 이학교육

이학은 예조에서 관장하며, 공문서를 작성하는 하급관리를 양성하는 데 목적이 있었다. 특히 조선이 사대교린을 하는 데 필요한 문서의 작성, 관청과 관청 사이의 공문, 소송과 판결에 필요한 문서작성 등을 교육하였다.

(9) 음악교육

조선시대의 음악은 궁정음악과 민속음악으로 대별된다. 궁정음악은 각종 의례와 관계되어 국가적으로 관심사가 되었다.

조선시대에 국가의 음악을 관장하는 기관은 장악원이었다. 장악원은 악곡의 제작, 악보의 편찬, 악기의 제조, 악공의 양성 등의 음악에 대한 모든 것을 관장하였다. 장악원은 악사, 악생(아악 종사자), 악공(속악 종사자)으로 구성되어 있다. 경국대전의 아속악조에서 장악원의 인원을 보면 상당한 규모였다. "아악은 좌방에 소속하며 악사 2명과 악생 297명(후보생 수백 명)은 모두 양인으로 충용한다. 속악은 우방에 소속하며 악사 2명과 악공 518명(매 10명에 후보생은 1명이다) 및 가동(대궐 안 잔치 때에 노래하는 아이) 10명은 모두 공천(국가에 속한 노예)에서 보충한다. 악공은 체아직(임시직)으로 정원 20명인데, 그중에 당악은 12명, 향악은 8명이다. 관현맹(관현악을 하는 맹인)은 재직기간 400일이면 품계를 높이며 천인은 종 6품으로 제한한다."고 하였다. 음악의 학습은 세습적이며 도제적인 방법에 의하여 이루어졌다. 악기의 제조는 풍물장에서 상의원 소속으로 8명이 있었다. 악기의 제조도 역시 세습적이고 도제적인 방법에 의하여 이루어졌다.

(10) 화학교육

조선시대의 회화는 도화서에서 관장하였다. 도화서는 국가의 기관으로 설립된 것으로 국가에 필요한 도서의 삽화, 도면의 제작, 초상화, 중국화의 모사 등의 작업을 하였다. 도화서의 인원은 경국대전 이전 도화서조에 "화원은 20명이다. 계속 근무하는 사람은 서반의 체아직으로 하여 6품 1명, 7품 1명, 8품 1명으로 한다."고

하였다. 이것을 보면 도화서의 화원은 일정한 녹봉을 받는 정규적인 직이 아니라, 일이 있을 때에 일하는 임시직이 많았던 것으로 생각된다. 화원을 선발하는 방법은 경국대전 예전 취재조에 "대, 산수, 인물 조수, 화초 중 두 가지에 대하여 시재하며, 대를 1등으로 하고, 산수를 2등으로, 인물 조수화를 3등, 화초를 4등으로 하여, 화초의 그림에서 통의 성적을 받으면 2분, 약을 받으면 1분의 점수를 주고, 인물 조수화 이상은 차례로 등급을 올려서 그 성적에 따른 점수를 보탠다."고 규정하였다. 화원에게 대를 그리는 것을 중요하게 여겼음을 알 수가 있다. 화원의 학습과정은 사사를 받으며 반복훈련을 통하여 자신의 경지를 얻는 형태를 취하였다. 이러한 과정은 특히 예술의 전수에서 사용하는 학습방법이 되었다.

(11) 음양학교육

조선사회는 농업을 중심으로 하였다. 국가에서는 농업을 발전시키고 유지하기 위하여 점성과 천문에 깊은 관심을 가지고 있었다. 조선의 세종을 비롯한 역대의 군왕이 천문학에 관한 관심을 가지게 된 것은 이러한 연유이다. 조선 초기부터 중국의 역법을 수정하여 우리나라에 적합한 역법(세종 때)을 제작하고, 기상을 관측하며, 강우량을 측정하는 등의 산업을 시행하였다.

이러한 업무를 관장하는 기관으로 관상감을 설치하였다. 관상감은 천문, 지리(풍수설), 역수(일월 운행의 도수를 계산하여 역서를 만드는 일), 점산, 각루(물시계) 등에 관한 사무를 관장하였다. 관상감의 관리자는 영사(정 1품관으로 영의정이 겸임), 주부가 있다.

관상감의 규정에서 인원의 구성을 보면 다음과 같다. 첫째, 천문학 독습관은 10명을 둔다. 이들은 종 6품관이 되면 관을 떠난다. 관상의 일에 정통한 사람은 사습관이라고 하여 관상의 일을 보게 한다. 둘째, 천문, 역수, 점산의 3가지의 학문에 정통한 사람은 현관에 임명한다. 셋째, 금루(시간을 관리하는 직)은 30명을 두며, 재직일수가 많은 사람은 관리로 임명한다. 그리고 관상감의 생도에 관한 규정은 경국대전의 예전 제과에 보면 다음과 같다. 음향과의 천문학은 당해 본학의 생도

외에는 응시하지 않는다. 음양과 초시에서는 천문학에 10명, 지리학 · 명과학 각 4명씩을 선발하였으며, 관상감에서 추천하여 선발했다. 음양과의 복시에서는 천문학 5명, 지리학 · 명과학 각 2명을 선발했다. 그리고 이들이 학습하는 서적은 보천가(중국의 천문학 서적), 경국대전의 독해, 칠정산내편(천문학 서적), 교식추보가령 등이었다(이원호, 1991).

3. 성리학과 교육사상

성리학은 중국 남송에서 발흥하여 주희(1130~1200)에 의해 집성된 유학의 학문적 경향이다. 공자와 맹자에 의해 성립된 유학이 한과 당을 거치면서 행위의 실천윤리에 치중했다면, 성리학은 유학의 실천윤리에 형이상학적 설명원리를 제시하고자 했다. 성리학은 실천윤리의 근거로서의 인간의 본성과 우주의 본질을 해명하려는 유학이라고 할 수 있다.

성리학은 기본적으로 '이'와 '기'의 두 개념으로 우주의 본질과 인간의 본성을 설명하고자 한다. 일반적으로 이는 현상의 질서와 법칙을 말하고 기는 현상의 질료와 동인을 말한다. 현상의 생성과 변화는 두 요소가 서로 작용하여 일어나게 되는데, 어느 요소가 더 주도적인 작용을 하는 것으로 보느냐에 따라 학설과 학파가 나뉘게 된다.

성리학은 14세기 초 고려 말에 우리나라에 전래된 이후 연구의 깊이를 더해 오다가, 16세기 말에는 주리적 영향의 퇴계학파와 주기적 경향의 율곡학파로 분화되면서 더욱 심화 · 발전되어 갔다. 양대 학파의 학문적 경향의 차이는 기본적으로 이와 기의 관계에 대한 이해에서 생겨난다. 퇴계학파에 따르면, 이의 주재하에 기의 작용이 일어나며, 따라서 존재론적으로 '이'가 '기'에 선행하며 가치론적으로도 이가 기의 우위에 있다는 것이다. 한편 율곡학파에 따르면, 실재하는 것은 기뿐이며, 기의 작용과정에는 일정한 조리가 있는데 이는 이러한 조리일 뿐이라는 것이다.

조선의 성리학은 '사단칠정논변' · '인물성동이논변' 등의 논쟁을 거치면서 특히 심성론의 이론적 심화를 가져왔고, 이는 유학의 교육사상의 기본원리에 대한 이해와 실천에도 진전을 가져다주었다. 유학에서 교육의 목적은 '성현'으로 표현되는 인간의 완성에 있고, 이것은 '수기'라는 개인적 수양과 '치인'이라는 사회적 실천을 통해 실현될 수 있다. 이러한 유학적 교육사상의 전통 속에서 조선의 성리학은 독자적인 이론적 탐구의 성과를 바탕으로 '선비'라는 교육적 인간상을 정립하게 되었다.

조선시대의 선비는 사회적 신분을 나타내는 '사'의 의미와 함께, 학식과 인격을 갖춘 인물의 의미도 갖고 있었다. 선비는 관직에 나아가서는 치인의 도를 행하고 물러나서는 후학을 양성하는 것을 임무로 의식하는 사람이다. 조선사회에 성리학이 뿌리 내리면서 선비의식은 사대부의 규범으로 정착되었고, 성리학적 교육의 과제는 선비의식의 함양과 실천으로 귀착되었다. 조선시대의 성리학은 그 학문적 성과들을 바탕으로 교육적 인간상으로서의 선비의 내면적 조건과 실천적 원리를 정립하는 데 기여했다는 점에서 교육사적 의의를 찾을 수 있다.

4. 조선시대의 실학사상

조선은 건국에서 200여 년 간은 정치적 · 사회적으로 안정되어 있었다. 따라서 문화적으로 많은 발전을 이루었다. 오랫동안 사회적 안정을 유지하던 조선은 중기에 이르러 임진 · 병자의 양란을 치르게 되면서 분열과 대립으로 혼란스러워졌다. 조선의 성리학(性理學)의 사상체계는 조선 전기의 안정된 사회체계를 이끌어 오는 데 공헌하였으나, 병란 이후의 혼란한 사회문제를 해결하는 데는 공헌할 수 없었다. 이로부터 실학사상이 싹트기 시작하였다.

1) 실학사상

17세기 초부터 일부 지식인에 의하여 사회의 여러 문제에 대한 비판과 자아반성이 일어났다. 이 시기에 일어난 반성적 기운은 새로운 사회질서와 국가질서의 확립, 민생문제를 해결하기 위한 시책과 방법 등에 대한 학문적 연구를 자극하였다. 이러한 학맥을 실학파 또는 국학파라고 한다. 실학사상이 한 학파를 형성하여 사회개혁의 방법론으로 또한 학문연구의 목표로 발전한 것은 영조 · 정조시기를 전후한 17세기로부터 19세기 중엽까지이다.

실학사상은 공리공론에 치우친 허구적 학문연구의 방법을 지양하고 실생활에 입각한 실사구시를 중시하였다. 실학사상은 다양한 내용과 접근방법을 포함한다. 실학사상은 경제학, 서학, 북학 등을 수용함으로써 형성되었다. 이들 학파는 상호간에 사상적인 영향을 주면서, 당시 사회의 피폐를 개혁하여 치성치인(治定治人)의 실(實)을 거둘 수 있는 학문을 추구하였다.

2) 교육사적 의의

실학사상의 교육사적 의의를 간단히 정리해 보면 다음과 같다.

첫째, 실학의 사상은 임진왜란 이후의 사회적인 기강의 문란과 경제적 빈곤을 극복하기 위해 구상된 사상이다.

둘째, 실학의 사상은 기존의 성리학에서 주장하는 수신(修身)보다는 생활의 실용을 강조하는 사상체계이다. 개인의 수양보다는 사회생활의 복리를 우선으로 하는 사상이다.

셋째, 실학의 사상은 현실적인 문제에 기반을 두고 그 개혁을 추구하는 데 의의가 있다. 실학자들의 사상은 신유교(新儒教)의 사상이지, 급격한 변화를 추구하는 사상은 아니다. 그러므로 점진적인 변화를 추구하는 것이지, 급진적인 사회체제의 변혁을 요구하는 것은 아니다.

넷째, 실학자의 교육개혁은 풍요한 사회생활의 유용을 교육의 목적으로 주장하고 있다.

다섯째, 실학자의 교육개혁에는 교육제도의 개혁이 포함되어 있다. 교육제도의 개혁은 실학자가 추구하는 사회제도 개혁이라는 맥락의 일부이다. 이들은 당시의 교육제도의 현실성에 기반을 두고 이를 제도적으로 체계화시키고자 하였다. 그리고 교육의 공공성을 강조하여 국가의 주관 하에 교육의 운영을 주장하고 있다.

여섯째, 실학자들은 교육내용의 개혁을 구상하였다. 기존의 경전과 중국의 사서를 중심으로 구성된 교과에서 생활에 유용한 과학적 교과의 교육과 우리나라의 역사와 문학을 교육할 것을 구상하였다.

실학자의 교육에 대한 구상은 교육목적, 교육제도, 교육내용의 전반적인 분야에서 논의되었다. 이들은 교육사회의 전환을 통하여 참다운 인재의 양성으로 건강한 사회의 건설을 구상하고 있었다.

3) 교육사상가

(1) 유형원

① 교육사상

유형원의 교육사상은 반계수록에 서술된 교육제도의 구상에서 살펴볼 수 있다.

반계수록에서 교육에 관한 부분은 교선지제(敎選之制)에 향약(鄕約), 향약사목(鄕約事目), 학규(學規), 학교사목(學校事目), 공거사목(貢擧事目), 향음주례절목(鄕飮酒禮節目), 향사례(鄕射禮), 제학선제(諸學選制)가 있다.

그리고 교선고설(敎選攷設)은 삼대(三代) 교인선사지법(敎人選士之法)과 후세 현인들에 대한 논술 및 한 이후의 선거(選擧: 관리 선발)제도가 있다. 교선지제는 유형원의 교육에 관한 구상(構想)이고, 교선고설은 입론(立論)이다.

유형원은 교육을 하는 것은 사람을 착하게 하여 사회에 헌신하는 것이라고 보았다(擇善修身化成天下). 이것은 하늘의 뜻에 순응하고 개인의 사욕을 없애는 것이라고 했다(存天理人欲). 유형원은 교육을 참다운 인간형성의 요체로 생각했다. 반계수록에서는 "사람은 학문과 덕행을 힘들여 닦지 않으면 편협한 기질이 가려서 물욕이 생기고, 본래 인간이 가지고 있던 마음(本然之心)은 어두워져서 서로 친애하지 못하고, 서로 순수하지 못하게 된다고 하였다. 그러므로 사람은 학문과 수양을 부지런히 하여 인륜(人倫)을 알고 물리를 터득해야 한다."고 했다. 사람은 교육을 받음으로써 참다운 인간이 된다는 것이다. 또한, 그는 "인간의 참다움은 도(道)를 실행하는 것인데, 도는 소학(小學)에서의 쇄소응대(灑掃應對)에서부터 효제충신(孝悌忠信)하는 법을 배우고 예악(禮樂)을 두루 익히는 데까지 되어야 한다."고 했다. 유형원의 교육은 개인의 깊은 수양을 통하여 사회에 유용한 인물을 양성하는 데 있다.

② 개혁안

실학의 교육을 연구하는 데 가장 대표적으로 논의되는 것 중의 하나는 유형원의 학제 개혁안이다. 실학자들은 조선의 각종 제도에 대한 개혁을 주장하였으며, 그중 학제에 대한 개혁을 주장하는 학자도 상당수 있었다(유형원, 이익, 이승희 등). 이들 실학자들의 학제구상은 대체로 유형원의 학제구상을 기반으로 하고 있다. 그러므로 유형원의 학제 안은 실학자들의 학제구상을 살펴보는 데 중요한 위치를 점하고 있다.

유형원의 학제구상은 몇 가지의 특징을 가지고 있다. 첫째는 교육의 국가통제이다. 유형원은 당시의 관학인 성균관, 사학, 향교와 사립교육기관인 서원, 서당의 기존 교육제도를 국가의 공교육체제 속에서 계열화시키고자 하였다.

유형원은 지방의 서당 규모에서부터 중앙의 최종 교육기관인 태학에 이르기까지 하나의 교육체제 속에 편입시키고자 하였다. 그리고 학교는 국가의 행정단위에 의거하여 편성되도록 구상하였다.

둘째는 학교의 교육과 관리 선발을 연계하는 제도이다. 학교에서 인재를 양성하고 과거를 통해 관리를 선발하는 방식을 개혁하여, 학교에서 인재 양성과 관리 선발을 통합적으로 실시하는 제도를 구상하였다. 이러한 학교교육과 관리 양성의 연계를 구상한 것은 송(宋)의 교육제도에 대한 고증과 당시의 교육현실을 참고한 것으로 생각된다.

유형원의 학제구상은 행정단위를 중심으로 하여 지방과 서울지역을 대별하고, 교육기관의 단계는 3단계로 대별했다. 그리고 각 학교의 단계는 서로 연계되며, 최고의 교육기관은 관리등용과 연계되는 공거제(貢擧制)를 구상하였다.

(2) 이익(李瀷)

① 교육사상

성호(星弧) 이익(1682~1764)은 광주(廣州) 첨성(瞻星)에서 태어났다. 아버지는 대사헌 하진(夏鎮)이다. 이익은 사대부 가문에서 태어나 어린 시절에 많은 독서를 할 수 있었다. 중형과 함께 공부를 하면서 동양의 경전(經典)과 사서(史書)뿐만 아니라, 서양의 서적도 접할 수 있어서 다양하고 폭넓은 독서를 하였다.

이익은 1705년에 증광시에 응시하였으나 회시에는 응하지 않았다. 그는 그와 가장 친하였던 중형이 정치적으로 화를 당하는 것을 보고, 자신은 일생 관직에 나가지 않기로 작정하였다. 정부에서 몇 차례 관직을 내려 관리로 진출할 것을 권유했으나, 이익은 모두 거절하였고, 경기도 안산에 기거하면서 후진 양성과 독서와 저술로써 일생을 보냈다.

이익은 부친이 남긴 많은 저서를 탐독하면서 경전(經典)과 정주학(程朱學) 그리고 이퇴계(李退溪), 유형원(柳馨遠)의 저서에 심취하였다. 이익은 경전의 저술만이 아니라 천문, 지리, 의학, 율산(律算) 등에도 많은 관심을 가지고 있었다.

이익은 사회적 현실은 역사적으로 고찰되어야 한다고 하였으며, 실증적(實證的)이고 비판적(批判的) 태도로 학문에 임할 것을 주장하였다. 또한, 그는 학문은 궁극적으로 실생활에 유용하여야 하며, 항상 국가부흥에 기여하는 학문이 되어야 한다고 했다. 실증적인 학문과 더불어 서학(西學)에도 깊은 관심을 보였으며, 이를 편견 없이 받아들였다.

이익의 교육관계의 저술로는 곽우록(藿憂錄)이 있다. 곽우록은 국왕이 정치를 할 때 유념할 내용을 제시한 것인데, 그 내용은 경연, 육재, 입법, 치민, 생재(生財), 국용(國用), 한변(恨邊), 병제, 학교, 숭례, 식년시, 치군(致君), 입사(入仕), 공거사의, 전론(錢論), 균전론, 과거지폐 및 붕당론으로 되어 있다. 그중에 교육에 관계되는 항으로 경연, 육재, 학교, 숭례, 식년시, 입사, 공거사의, 과거지폐 등의 서술이 있다. 특히 여기에는 과거에 관한 저술이 많이 있다. 이는 이익이 국가를 위한 인재 양성에 많은 관심을 가지고 있었기 때문이다(한기언, 1983).

② 과거제도의 문제점 비판

이익은 과거제도의 문제점을 심각하게 지적하였다. 이익은 현자를 선발하기 위하여서는 과거제도가 바로 시행되어야 한다고 보았다. 이익은 과거제도의 폐단을 지적하고 그 시정을 촉구하였다. 이익은 공거사의에서 "대저 정치를 하는 데 현재(賢才)를 얻는 일 이상으로 급한 일은 없을 것"이라고 하면서, 백성을 올바로 다스리는 인재야말로 가장 긴요한 것이라고 하였다. 그는 선비에게 요구되는 자질로 현실에 대한 충분한 통찰력과 대안을 가질 것을 지적하였다.

이익은 당시의 당쟁으로 참다운 인재를 선발하는 데 장애가 있다고 보았다. 선조대(宣祖代)에 동서붕당(東西朋黨)으로 시작된 지배층의 골육상쟁은 분열을 되풀이하는 당파싸움으로 격화되었다. 그리하여 참다운 인재 등용의 길이 막히고 과거는 집권파의 인물 등용을 합리화하는 요식행위로 타락하였다. 당파와 문벌이 출세를 좌우하는 첩경이 되었으며, 간혹 의외의 사람이 합격되더라도 관계진출은 용이하지 않았다. 과거시험의 내용도 실제적 식견이나 경륜, 포부에 관한 평가보다는 문장의 작문력만 존중하는 사장(詞章) 중심의 과거제도로 병들었다.

이익은 당시의 당쟁에 대하여 세밀한 분석을 하였다. 이익에 의하면, 붕당은 투쟁에서 일어나고 투쟁은 이해(利害)에서 일어난다. 그래서 당이 뿌리가 깊어지면 이해가 계속되고 당이 견고해지는 것이다. 그리고 이(利)가 하나고 사람이 둘이면

이당(二黨)이 생기고 사람이 넷이면 사당(四黨)이 생기게 된다. 이(利)가 고정되고 사람이 늘면 당은 많이 생기게 된다. 그리하여 현실적으로 이러한 폐단을 제거하기 위해서는 많은 이(利)를 생산하여 국민 복리를 기하여야 한다고 생각했다.

이익은 과거제도의 폐단을 당쟁과 관련지어 생각하였다. 과거에 급제하는 사람은 많은데 관리로 임관하는 사람은 적어 붕당이 일어나고 투쟁이 생기게 된다는 것이다. 그리고 양반들은 생산을 외면하고 오로지 관리가 되려는 생각만을 가지고 있으며, 한정된 관직을 놓고 관리지망자는 많으니 투쟁이 극심해진다는 것이다.

또한, 과거시험의 내용이 현실 세계와 너무나 유리되어 있다고 생각하였다. 주자학에 대한 비판은 사문난적(斯文亂賊)이나 예론(禮論)의 탐구만이 정당시되는 당시의 풍토는 결과적으로 현실과 유리된 관념의 세계에 도피처를 구하게 만들었다는 것이다.

이익은 아무리 좋은 법이라도 세월이 가면 여러 가지 폐단이 생기게 마련이라고 하면서 그 시정책을 공거사의(私議)에서 제시하고 있다. 과거제도의 개혁안으로는 과거의 시험절차를 일시에 전 과목을 치르게 하는 것이 아니라 5년에 한 번 시험을 치르게 하되, 매년 한 과목을 시험하여 수험자가 과목마다 착실하게 준비를 할 수 있도록 할 것을 제안하였다. 그리고 인재를 천거하는 공거제(貢擧制)를 병행하여 인재를 고루 등용할 것을 주장하였다. 이러한 인재 등용 방법은 문벌이나 지역 간의 파벌을 방지할 수 있다는 견해이다.

③ 군왕(君王)과 치자(治者)의 교육

이익은 군왕(君王)과 치자(治者)의 교육에도 관심이 있었다. 그는 군왕의 교육에 대하여 곽우록(藿憂錄)의 경연에서 "한 나라의 치란(治亂)은 군왕의 마음 하나에 달렸다. 마음이 어질고 어리석은 것은 강학(講學)의 근만(勤慢)에 있다는 것이다. 이것이 경연을 가르쳐 나라의 급무라고 하는 까닭이다."라고 하면서 군왕교육의 중요성을 강조하였다. 군왕은 교육을 받음으로써 현군(賢君)이 될 수 있다는 주장이다. 이와 같이 군왕은 교육을 받음으로써 '신심을 배양하고 정치의 근원'을 알게 된다는 것이다. 그러나 군왕도 수학하는 것은 힘든 일이다. 일반인도 수학하는 것을 힘들어하는데, 군왕은 지존의 위치에서 누구도 꺼릴 것이 없으므로 강학에 힘쓰고 싶은 생각이 없을 수도 있다. 그러므로 군왕에게는 수학하려는 굳은 의지가 필요한 것이며, 다음으로 경연에 참가하는 신하들도 군왕의 교육에 각별히 관심을 가져야 한다는 것이다.

(3) 정약용(丁若鏞)의 교육사상

정약용의 교육사상은 당시 조선사회의 교육현실을 개혁하겠다는 의지에 토대를 두고 있다. 그의 교육사상은 현실의 교육문제에 대한 비판과 이를 개선하기 위한 교육개혁 구상으로 대별할 수가 있다.

정약용은 기존의 교육현실에 대하여 비판적인 견해를 가지고 있었다. 그의 저서인 오학론(五學論)과 불가독설(不可讀設)에서 기존교육의 폐단을 비판하고 있다. 오학론은 성리학(性理學), 훈고학(訓詁學), 문장학(文章學), 과거학(過擧學), 술수학(術數學)에 대한 논의로서, 당시의 학문적 경향에 대한 비판적 견해들이다.

첫째, 공리공담의 이기설(理氣設)에 너무 편중하고 있는 성리학에 대한 비판이다. 성리학은 원래 도(道)를 깨우치고 자신을 인식하여 실천할 도리에 스스로 힘쓰게 하는 것이다. 그러나 당시의 성리학자들은 이(理), 기(氣), 성(性), 정(精), 체(體), 용(用), 본연(本然), 기질(氣質) 등에 관해 단편적으로 논의하는 것이 고작이며, 시속(時俗)의 학문에 빠져 있으면서도 주자(朱子)를 끌어들여 자신을 옹호하려는 경향이 있었다. 그러므로 이와 같은 그릇된 성리학의 경향에서 벗어나야 한다고 하였다.

둘째, 경전(經典)의 자의의(字意義)와 훈독(訓讀)에 치중하는 훈고학적인 경향에 대한 비판이다. 훈고학은 원래 경전의 글자 뜻을 밝혀서 도(道)와 교(敎)의 본지(本旨)에 통달하도록 하는 것이다. 그러나 당시의 훈고학은 한유(漢儒)의 말과 송유(宋儒)의 말을 절충한다고 하나 사실 한유의 말을 받을 뿐이다. 그 결과 글자만 이해하고 구절만 떼었을 뿐, 성명(性命)의 이치와 효제(孝悌)의 가르침과 예악형정(禮樂刑政)의 글을 이해하지 못하고 있다고 하였다.

셋째, 미사여구(美辭麗句)에 치중하고 있는 문장학에 대한 비판이다. 문장학은 감인(感人), 동천지(動天地), 격귀신(格鬼神)이라는 본연의 기능이 있다. 그러나 당시의 문장학은 이 본연의 자세에서 벗어나 있어서, 입으로는 육경을 말하고 손으로는 천고(千古)의 사실을 뒤적이면서 마침내 손잡고 요순(堯舜)의 문하에 돌아갈 수 없다는 것이다.

넷째, 인재를 등용하기 위한 과거학의 폐단에 대한 비판이다. 국가의 인재를 선발하는 과거시험은 공정해야 한다. 그러나 당시의 과거 시험은 그 내용에 있어서나 실시방법에 있어서 문제가 많았다. 우리의 문화가 아니라 중국의 고사(古事)를 가지고 시험을 치렀으며, 실시방법에서도 부정이 많아서 협잡꾼들에게 잘못 이용되었다.

다섯째, 어리석은 백성을 현혹시키는 술수학(術數學)에 대한 비판이다. 정약용은 당시에 횡행하던 도선(道詵)의 비결이라든가 정감록(鄭鑑錄) 등의 사설(邪說)이 백성을 미혹케 한다고 비판하였다.

그러나 정약용이 성리학, 훈고학, 문장학 등을 비판한 것은 당시의 퇴폐한 학문적 경향에 대한 것이지, 그 학문들의 본질에 대한 거부는 아니었다. 그는 이들 학문이 각각의 본질적인 영역과 임무가 있다고 생각하였다.

그러나 당시의 훈고학, 문장학, 과거학 등은 그 본질적인 기능을 다하지 못하고 오히려 사회의 병폐를 만들어 내고 있었다. 정약용 자신은 성리학, 훈고학, 문장학에 많은 관심을 가지고 있었으며, 실제로 이 학문들의 연구에 몰두하여 많은 업적을 남겼다.

5. 조선의 교육과 관련된 중국의 교육

교육에서의 수구이론과 개혁이론이 시대와 함께 기복 현상을 갖으며, 교육이론의 창출자와 사용자가 상황에 따라서 그 역할의 기복 현상을 보이고 있다. 그러나 그러한 기복 현상 속에서도 교육자와 피교육자 사이의 격차는 지식 격차가 줄고, 사회 · 경제적 격차가 좁혀지는 역사 현상에 따라서 점점 좁혀져서 적어도 중기에 이르면 피교육자를 새롭게 해야 할 대상으로 파악하는 것이 아니라 친해야 될 대상으로 파악하는 평등 관념이 생기게 되었다.

중국의 교육이론이 어떻게 변천되어 왔느냐를 몇 가지 측면에서 살펴보았다. 첫째로는 중국의 교육이론은 바로 유가의 교육이론이라고 본다면, 유가이론 중에서 현상적인 측면를 보다 더 자세히 보려는 '순자'의 입장과 본질적 측면을 보다 강조한 '맹자'적 입장을 함께 포용하면서도 통일 정부가 이룩되고 안정을 추구하던 때에는 순자적 이론이 우위를 점하다가 변혁을 요구하던 시대가 도래하며 '맹자'의 혁명 논리가 우위를 차지하는 기복 현상이 있다.

교육의 주체라는 측면에서 본다면, 사학과 관학이 병존하면서도 사학에서는 개인의 노력이나 연구의 결과로 얻어진 이론이 학술계를 주도하여 왔다고 할 수 있다. 이러한 이론이 학술계를 주도할 때 이 이론으로 무장된 사람들이 정부와 결부하게 된다. 그러나 일단 관학화한 이 이론은 자체의 개신 능력을 갖지 못하고 시대의 흐름에 부응치 못한다. 따라서 학술의 지위를 잃고 새로운 사학의 등장을 가져오게 된다. 이처럼 교육이론의 창출자와 그것의 이용자, 즉 사학과 관학의 기복 현상을 보게 되는 것이다.

순자는 인간의 본성에 대하여 논하면서 이는 원천적으로 인간의 본성을 악이라고 규정할 때 통치의 기본이 문제가 되기 때문에 성이 본질이 된다고 말하면서, 구체적으로 통치 작업을 시행하는 경우에 현상적인 악은 "벼의 껍질을 벗기듯" 성에 있는 요소를 제거해야 하는 정책을 쓸 수밖에 없다. 즉, 구체적으로 나타나는 악의 현상을 제거하는 데는 바로 순자적 교육론을 채용한 것이라고 볼 수 있다. 이처럼 표면적으로는 맹학 우위인 것 같으나 실제 내용에 있어서는 순학 우위였으므로, 왕조가 중국을 통일하고 채택한 교육 정책으로서의 유교 논리 또한 표면적으로 맹자를 내세웠지만 구체적인 방법으로서는 순자를 채택하여 시행한 것이라고 할 수 있다.

그러나 이러한 고대를 마감하며, 사회적으로는 귀족 사회가 막을 내리었고 사대부 사회가 등장하였으며, 경제적으로는 그 중심지가 황하 유역에서 양자강 유역으로 바뀌는 대에 이르렀다. 다시 말해서 새로운 변화의 시기가 다가오면서, 사대부 특히 전통적인 부나 지위를 승계하지 못한 사대부들과 경제적으로 낙후 지역에서 중심 지역으로 변한 지역의 사람들은 '인간은 본성에 모두 선의 실마리를 갖고 있다.'는 맹자의 논리에 매력을 느끼게 되었고, 전통적 우위 지역의 사람들이 '아랫사람들의 때를 벗겨 주는 작업'에 회의를 느끼고 반발하기 시작하면서, 일면 혁명적 논리를 내포하고 있는 '맹자'는 크게 주목을 받게 된다.

하지만 통일된 왕조가 유가를 지도이념으로 채택했을 때에는 이 왕조에서의 지도이념은 교화적 의미가 강하다(위로부터의 통치라는 것과 같은 맥락에서)는 이유로 해서 순자의 이론이 훨씬 더 환영받게 되었던 것이다. 따라서 한 대의 유교는 순자적 논리에 더 경사되었다고 볼 수 있다.

1) 순자 및 맹자 이론

중국의 전통적인 사상을 보통은 유교로 말하고 있지만, 이 유가들의 이론도 춘추전국시대에는 '제자백가'의 하나로 존재했던 것이지 지배적인 사상은 아니었다고 할 수 있다. 이것이 그 후 한대에 이르러 국가 권력과 결부하여 국가의 지도이념으로 자리를 굳히기 전에는 다른 사상, 예컨대 도가, 법가, 묵가, 종횡가, 명가 등과 더불어 계속적인 이론 경쟁을 하였다고 할 수 있다. 그러나 유가의 이론도 크게는 두 가지의 다른 입장을 갖게 된다. 그 하나는 맹자(B.C. 372~289)이고 다른 하나는 순자(B.C. 307~217)이다. 이 두 사람은 모두 공자의 유교를 이어 받아서 질서를 유지하려는 데 목표를 두고 있어서 크게는 공통성을 갖고 있기에 동일한 유가로, 법가나 도가와 대립 경쟁하는 입장이긴 하다. 그러나 같은 유가라고 하지만 그 이론에서는 상당한 격차를 갖고 있는 것이다. 맹자와 순자의 이론을 정리해 보면 다음과 같다.

(1) 맹자를 본받고, 순자는 본받으며
(2) 맹자는 '성선'을, 순자는 '성악'을
(3) 맹자는 와 을, 순자는 와 을

세부적으로 말한다면 이외에도 여러 가지를 들 수 있겠으나 이를 하나로 줄여서 말한다면 역시 '성선'과 '성악'의 차이라고 할 수 있을 것이다. 물론 이경우에 '성선', '성악'이라고 하여 맹, 순이 함께 '성'이라는 단어를 쓰고 있지만 구체적으로 지적하는 내용은 각기 다르다. 즉 맹자는 본질적인 측면을 강조한 것이고, 순자는 현상적인 측면에 주목한 것이다.

이러한 이론의 차이는 바로 현실 정치 세계에서 정치 담당자들이 어떠한 이론을 그들의 이론으로 수용할 것이냐 하는 것과 관련된다. 물론 그 시대의 정치적 상황에 따라서 달라지는 것이 당연한 것이다. 그러므로 구체적 역사 속에 나타나는 교육이론의 차이라는 것도 역사적 현실과 밀접하게 연결되면서 달라진다고 할 수 있다.

제5장 개화기의 교육 이해

1. 개화와 근대교육의 태동

조선사회는 19세기에 들어오면서 대내외적으로 큰 변화를 겪게 되었다. 대내적으로는 거듭되는 농민 반란, 천주교의 전파, 동학운동의 확산 등으로 국가의 기강과 질서가 현저히 이완되었으며, 대외적으로는 구미 열강의 통상요구와 군사적 위협에 시달리게 되었다. 조선정부는 개혁정책과 쇄국정책을 병행하면서 국가체제를 유지해 나가고자 했다.

그러나 더 이상의 체제 유지 능력을 갖고 있지 못했던 조선정부는 일본이 통상조약을 강요하기 위해 일으킨 '운양호 사건'에 굴복하여 1876년 일본과 강화도 조약을 맺고 개항을 하게 되었다. 이후 서구의 여러 나라와 외교관계를 맺음으로써 서구의 신문화가 본격적으로 유입되기 시작했다. 이 무렵의 대표적인 교육기관으로, 외국과의 통상업무가 개시되면서 정부가 이 업무를 담당할 통역관을 양성하기 위해 세운 학교인 '동문학'과 '육영공원'이 있다.

동문학은 영어통역요원 양성을 목적으로 1883년 묄렌도르프에 의해 외아문의 부속기관으로 설립된 영어교육기관이다. 통변학교, 혹은 영어학교로도 불리었다. 영국인 할리팍스가 학교 운영의 책임을 맡았으며 두 사람의 중국인 교사가 영어를 담당했다. 입학생 약 40명을 뽑아 영어를 가르쳤다.

육영공원은 근대적인 교육의 필요성을 인식한 한국정부가 미국의 지원을 받아 1886년 설립한 근대교육기관이다. 좌원과 우원으로 나누어 학생을 뽑았는데, 좌원은 젊은 현직관리 10명, 우원은 아직 급제하지 못한 유학자 20명을 선발하였다. 수업연한은 3년이었으며 교육내용은 영어를 주로 하여 수학 · 자연과학 · 역사 · 정치학 · 경제학 등의 과목을 가르쳤다. 미국인 교사들이 통역을 두고 영어를 강의했으며, 교과서도 영어로 된 것을 사용하였다.

1889년에는 첫 졸업생이 배출되었는데 이들을 특별과에 응시토록 하여 관리로 등용하였다. 이후 육영공원은 양반 자제인 학생들의 무사안일한 학업 태도, 국가 재정 지원의 미흡, 정치적 환경의 변화 등으로 인해 설립 취지를 살리지 못하고 점차 부실화되다가 1894년 폐교되어 영어학교로 개편되었다.

1) 개화기 교육(1895 ~ 1906)

구한말 정부는 1895년부터 1906년 사이에 신학제를 마련하여 근대적인 신교육을 실시한 교육기관이 설치되었다. 즉, 배론 신학당(1855)을 비롯하여 원산학사(1883), 동문학(1883), 육영공원(1886) 등의 신교육기관이 설치되었고, 개신교의 선교사들이 내한하여 배제학당(1885), 이화학당(1886), 경신학교(1886), 정신학교(1887) 등의 미션학교를 설치하여 근대적인 신교육을 실시하였다. 그러므로 1895년 이전에 설치되었던 이들 제교육기관은 한국교육사에 있어서 근대적인 신교육의 실시에 선구적 역할을 담당하였던 것이다.

1894년 이전에 설치되었던 이들 신교육기관의 선구적 역할을 토대로 하여 구한국 정부는 1895년부터 한성사범학교 관제를 비롯하여 소학교령, 외국어학교 관제, 성균관 관제, 상공학교 관제, 의학교 관제, 중학교 관제 등을 제정하여 근대적인 신학제를 마련하고 이들 제 규정을 토대로 하여 한성사범학교, 소학교, 외국어학교, 상공학교, 의학교, 중학교 등의 신교육기관을 설치하고, 성균관을 개편하여 근대적인 신교육을 실시하도록 하였다.

2) 개화기의 신교육기관

(1) 배론 신학당(1855)

한국교육 사상 최초의 서구식 교육기관으로 설치된 학교는 1855년 충청북도 제천의 배론에 설치된 배론 신학당인 바, 본교는 천주교의 외국인 신부 메스트리(Maistre) 신부가 설립한 신부양성을 위한 고등교육기관이다(카톨릭대학사편찬위원회, 1991).

당시 한국에 와 있던 프랑스 신부들은 한국인 신부의 양성을 목적으로 교황청의 허가를 얻어 충청북도 제천에 배론 신학교를 설치하고 학생을 모집하여 주로 신부들이 교육을 실시하였다. 배론 신학당에서는 심신과 재질이 우수한 소년 몇 명을 모아 놓고 교리, 서양의 신학문, 라틴어 등을 가르치고, 한국인이 한문을 가르쳤다고 한다(손인수, 1987).

배론 신학당의 학생 수는 창설 당시 6명이었다가 1859년에는 7명, 1863년을 전후하여 10명으로 증가되었다가 1864년에 다시 4명으로 줄었다(카톨릭대학사편찬위원회, 1991). 이후 1886년의 병인박해로 폐쇄되었다.

(2) 원산학사(元山學舍: 1883년)

원산학사는 1883년 8월 28일 이전에 원산의 주민들이 외국의 도전과 새로운 정세변화에 대응하기 위하여 덕원부 원산에 설치한 학교이다. 다시 말하여 우리나라 최초의 근대식 학교인 원산학사는 한국인들이 외국의 도전에 대응하고, 시대의 변천에 대응하기 위하여 자발적으로 기금을 모아 설립한 학교였다.

함경남도 덕원 읍민들은 강화도 조약에 따라 개항되자(1880년) 자발적으로 원산의 서당을 개량하여 자제들을 교육하다가 1883년 1월 새로 부임한 덕원부사 정현석에게 새로운 근대식 학교의 설립을 요청하였다. 이에 정현석은 서부경략사인 어윤중과 정헌시(원산항의 통상을 담당하던 통리기무아문의 주사) 등의 지원을 얻어 민관이 협력하여 근대적 교육기관으로 원산학사를 설립하기에 이른 것이다. 본교는 처음에 원산학사 또는 학사로 불리다가 뒤에 원산학교로 명명되었다.

(3) 동문학(同文學: 1883년)

1876년 일본과 체결한 강화도 조약을 계기로 1880년대 초 미국을 비롯한 서구 여러 나라와 외교관계를 맺으면서 우리나라는 서양어(영어)의 해득자가 시급히 필요하게 되었다. 이같이 영어의 해득자 내지 통역자를 양성하기 위해 1883년에 영어교육기관으로 동문학이 설치되었다.

1882년에 한국의 통리교섭 통상아문의 협판 겸 총세무사로 부임한 독일인 묄렌도르프(P. G. Von Möllendorf)는 1883년에 통상아문의 부속기관으로 영어학교를 설립하여 영어의 통역요원을 양성하도록 하였다. 통변학교라고도 하는 영어학교를 중국의 동문관을 본 떠 동문학이라고 명명하였다.

동문학에서는 주로 개화를 동경하는 선진적인 청년들을 모집하여 개화 운동에 절실히 필요한 영어 통역관을 양성하였다.

동문학은 오전, 오후 두 반으로 나누어져 있었고, 책, 공책, 붓 등은 아문에서 지급하고, 숙식도 제공하였으며, 특히 성적이 우수한 자에게는 식비 등 일체가 지급되었다.

동문학은 1884년 3월에 첫 졸업생 20여 명을 배출한 후 육영공원이 설립되면서(1886) 폐교되었다.

(4) 육영공원(育英公院: 1886년)

1880년에 접어들어 미국을 비롯한 서구 제국과의 수호통상조약이 연이어 체결되고, 한국이 국제사회의 일원으로 등장함에 따라 고종은 근대적인 일반교육을 위해 미국 정부에 도움을 청하여 1884년 미국공사 푸트(Foote)에게 3명의 교사를 파견해 주도록 요청하였다. 이에 따라 미국 정부는 1886년에 기독교의 포교 목적과도 관련하여 유니온 신학교 출신인 길모어(Gilmore), 벙커(Bunker), 헐버트(Hulbert) 등을 파견하였고, 이들 미국인 교사들이 한국에 도착하면서 육영공원이 개설되었다.

(5) 미션학교

1880년대에 개신교의 선교사들이 내한하면서부터 우리는 미국인 개신교의 선교사들로부터 직접적으로 근대적인 신교육에 접할 수 있었던 것이다(손인수, 1980).

다시 말해서 우리가 신교육에 직접적으로 근접하게 된 것은 1884년 개신교의 선교사 알렌(Allen)의 입국으로부터 시작되었다. 그리하여 개신교 선교사들의 입국을 계기로 일반교육을 목적으로 한 현대식 교육기관을 형성하게 되었고, 이러한 신식학교들을 통해서 한국교육에 새로운 국면이 나타나게 된 것이다(손인수, 1980).

한편 의료 선교사로 내한한 알렌은 1884년 4월에 광혜원(제중원)이란 현대식 국립병원을 개설하여 의료 활동을 전개하였을 뿐만 아니라 1886년 3월에 학생 16명을 뽑아 서양의학 교육도 실시하기 시작하였다(손인수, 1980).

1885년에 내한한 아펜젤러와 언더우드 목사를 대표로 하는 일단의 미국인 선교사들은 교육과 의료를 선교 수단으로 삼아 병원을 개설하고, 학교를 설립하였고 의료사업을 통하여 한국인의 불행을 구하고, 교육에 의하여 계몽의 방법을 강구하였으며 서양의 근대문화를 이 땅에 소개하는 데 주도적 역할을 수행하였다(한국교육사 연구회편, 1987). 특히 이들 초기의 개신교 선교사들은 배제학당, 이화학당, 경신학교, 정신학교 등 선교계 학교를 설치하여 한국에서 선구적으로 근대적인 신교육을 실시하였다.

2. 일제강점기의 교육

1) 식민지체제의 교육

일본은 통감부를 통하여 한국을 완전한 식민지로 만들기 위한 준비단계로서 조선의 지배체제를 한국의 침략을 위한 그들 국가 목적에 부합할 수 있도록 재정비하였고, 이와 같은 그들의 침략적 야심은 한국인에 대한 교육에도 그대로 반영되었다(차석기, 1975).

즉, 통감부는 1906년에 통감부 서기관인 다와라(俵孫一)를 학부의 촉탁으로 파견하여 시데하라의 후임으로 1906년에 학정 참여관이 된 미쓰지(三土忠造)와 함께 한국인 교육에 직접적으로 관여토록 하였다(정재철, 1985). 통감부는 1907년의 제3차 한일협약(정미7조약)을 계기로 다와라를 학부의 차관으로 임명하여 한국교육 행정의 실질적인 최고 권력자로 삼아 교육을 한국침략의 도구로 활용할 수 있도록 하였던 것이다.

일본은 통감부를 설치한 후 한국의 황제와 대신들은 그대로 두고, 차관 이하의 한국중앙정부의 요직을 일본인들이 점하게 하여 실권을 행사하면서 한국에 대한 지배체제를 공고히 하였다. 1907년의 한일 신협약으로 이른바 차관정치가 시작되면서 차관으로 임명된 다와라는 한국의 교육행정의 실권을 잡고, 한국의 식민지화를 획책하는 데 유리한 교육시책을 추진토록 하였다(노인화, 1989).

또한, 일본은 한국에서 전반적인 식민지적 지배를 위한 시책의 중요한 고리의 하나로 교육을 저들의 한국에 대한 식민지화 정책에 맞도록 개편하였으며, 그 같은 교육을 추진하기 위하여 '임시학사확충안'이라는 것을 만들어 한국의 학제를 그들의 침략 계획에 적합하게 만들었다. 교과서를 개편 또는 통제했으며, 관공립 학교의 책임 있는 지위에 일본인 교원을 배치하여 그들로 하여금 한국에 대한 식민지화 교육방침을 실행하는 교육침략의 전위역할을 하게 했던 것이다.

2) 교육정책

통감부는 1906년 8월에 한국의 학제를 전면적으로 개편하여 한국교육을 식민지화 교육으로 개편하였다. 통감부 간섭기에 있어 일본이 한국에서 수립 집행한 교육정책은 한국인을 문맹자로 만들고, 한국의 사립학교를 통제하는 데 있었다(한국교육사연구회 편, 1987).

일본이 통감부를 통하여 한국에서 추진했던 교육정책은 다음과 같다.

(1) 한국인의 우민화(愚民化)

일본이 통감부를 통하여 하고자 한 한국인에 대한 교육의 기본방침은 한국인의 우민화를 도모하는 것이다. 이 같은 방침에 따라 일본의 통감부는 첫째, 한국의 학제를 개편하면서 그 수업연한을 단축시켰다. 즉, 소학교(6년)를 보통학교라 하고 수업연한을 4년으로 단축하고, 중등교육기관의 수업연한을 4년(3년)으로 고정시켰다. 둘째, 관립 중학교를 고등학교라 칭하게 하여 종결교육이 되게 함으로써 고등교육의 기회를 제도적으로 제한하였다. 셋째, 한국인을 위한 고등기관의 설립을 불허하였다. 넷째, 실업학교를 두어 저급한 실업 기능인 양성에 주력하도록 하였다.

일본의 통감부는 한국인의 우민화 정책을 수행하기 위해 중등학교 이상의 학교 설립을 허가하지 않았으며, 한국인의 자각은 그들이 추진하는 한국에 대한 식민지화의 기초공사에 장애가 됨으로 고등교육기관의 설립을 배제하였다.

이상과 같이 통감부는 연도에 맞는 교육을 한다느니, 점진주의 교육을 한다느니 해서 한국인을 우민화시켜 그들의 뜻에 맞는 하급관리, 사무원, 근로자의 양성을 목적으로 하였다.

(2) 일본어 교육의 강화

통감부는 동화정책의 한 방법으로 일본어 보급에 중점을 두었다. 즉, 한국인을 일본정신으로 재편성하기 위한 준비로서 각급 학교에서 일본어를 필수 과목으로 강요하고, 각급 학교의 교과목에서 일본어 시간을 가장 많게 하였으며, 보통학교의 1학년부터 일본어 교육을 실시하도록 하였다.

(3) 친일 교육의 강화

통감부는 한국인을 대상으로 하는 각급 학교에서 친일교육을 실시토록 하였는데, 특히 교과서를 통해서 강력히 실시하도록 하였다. 일본인 미쓰지(三土忠造)를 학부에서 교과서 편찬사무를 주관하게 하였으며, 일본인들에 의해 편찬된 교과용 도서를 각급 학교에서 교과서로 사용케 함으로써 친일교육을 은연중에 강화하였다.

아울러 학부로 하여금 사립학교령(1908)과 교과용 도서검정규정(1908)을 제정하여 사립학교에서도 학부가 편찬한 교과용 도서를 교과서로 사용케 함으로써 한국 내의 모든 학교에서 일본인이 편찬하여 친일적 색채가 농후한 교과서를 사용케 하며 친일교육을 강화하였다.

(4) 일본인 교사 배치

일본은 소위 한국에서 모범교육을 실시한다는 미명하에 일본인 교원을 다수 초치하였다. 그러다가 한국인 학생이 취학하는 관 · 공립학교는 물론이고 사립학교에도 일본인 교사를 배치하여 일본인 교원들로 하여금 일선현장에서 친일 교육정책을 추진하도록 하고, 일본인 교원을 학감(學監)과 교감(校監)으로 삼아 학교운영에 관여토록 하였다. 특히 관 · 공립학교와 보조지정 사립학교에는 일본인 교원을 1인씩 의무적으로 배치토록 하였다.

이상과 같이 통감부는 한국에 대한 동화정책의 일환으로 일본어 교육을 강화함과 동시에 각급 관 · 공립학교와 사립학교에 일본인 교원을 배치하여 일본인 교원들로 하여금 학교운영의 실권을 장악하게 하며 친일교육을 더욱 강력하게 추진하였다.

3) 해방 이후의 교육

1945년 광복과 함께 남북한은 각각 미국과 소련의 군정 하에 놓이게 되었다. 남한에 진주한 미군은 3년간 시행된 군정을 통하여 우리 사회 전반에 민주주의 이념과 제도를 이식하고자 했다. 미군정 당국은 교육에 있어서도 미국의 민주주의 교육을 시행한다는 방침 아래 한국인 교육계 인사의 협조 하에 교육개혁을 추진해 갔다.

군정청은 우선 오천석(1901~1987)을 발탁하여 학무국에 채용하고, 교육문제를 심의하고 결정하는 기구로 '한국교육위원회'를 조직하였다. 이 위원회는 교육계 인사 7인으로 구성되었으며, 이후 위원이 추가되었다. 군정청은 위원회의 심의를 거쳐, 일재의 잔재를 불식하고, 평화와 질서를 유지하며, 생활의 실제에 적합한 지식기능을 연마한다는 교육방침을 정하였다. 이어 9월과 10월에 걸쳐 각급 학교의 교육을 재개하였다.

이후 군정청은 학무국 산하에 '조선교육심의회'를 구성하고 우리나라 교육의 기초를 마련해 나갔다. 그 결과로 홍익인간의 교육이념으로 기초한 6-3-3-4의 단선형 학제가 채택되었으며, 1946년 9월부터 의무교육제를 실시하기로 하였다. 또한, 군정청은 새 교과서를 편찬하고, 대규모의 교원 양성과 재교육을 시행하였으며, 문맹자 해소를 위한 성인교육도 실시해 나갔다.

한편 민간 차원에서는 오천석이 중심이 되어 '새 교육 운동'을 전개해 나갔다. 새 교육 운동은 미국의 진보주의 교육의 영향하에 아동 중심 교육과 생활 중심 교육을 표방하면서, 교육현장에 민주교육의 뿌리를 내리고자 하였다. 이 운동을 통해 교육현장에 아동 중심 · 생활 중심 교육 과정이 도입되고, 달톤 플랜 · 프로젝트법 등의 새로운 교수법이 소개되기도 하였다.

군정청은 고등교육을 개혁하기 위한 방안으로 1946년 6월 '국립 서울대학교 창설안'을 내놓았다. 이 안은 서울과 인근에 있는 기존의 관립 고등교육기관을 통합하여 하나의 국립 종합대학을 만들고자 하는 것이었다. 그러나 이 '국대안'은 좌익의 정치적 목적과 결부되면서 좌익 학생들의 주도로 반대운동이 확산되었다. 이후 파동은 일 년 동안이나 지속되면서 전국적인 동맹휴학으로 번지게 되었다. 1946년 8월 서울대학교가 설립되고 파동은 차츰 진정되어 갔지만, 많은 학생이 제적되고 교수가 해임됨으로써 교육계에 큰 희생을 가져다주었다.

대한민국 정부가 1948년 8월 15일 수립되면서 문교부에서는 교육의 기본법인 「교육법」을 제정하기 위한 기초위원회를 구성하고 초안을 마련하였다. 문교부가 마련한 법안이 국회를 통과하여 1949년 12월에 제정 · 공포됨으로써 자주적이고 민주적인 교육을 시행하기 위한 법적 근거가 마련되었다. 「교육법」은 11장 173조로 구성되었으며, 홍익인간의 교육이념에 입각한 교육목적, 교육의 기회 균등, 6년간의 무상 의무교육, 교육자치제의 실시, 교육의 중립, 교원의 신분 보장 등이 규정되었다.

제6장 미군정시대의 교육 이해

1945년 9월 9일 주한 미육군사령관 하지(J. R. Hodge) 중장은 아베 총독으로부터 정식 항복문서를 접수하고, 1945년 9월 11일 아놀드(A. R. Arnold) 소장을 군정 장관에 임명, 9월 23일에 군정청의 성격, 임무, 기구 및 국 · 과장급 인사를 확정함으로써 미군정체제가 본격적으로 가동되기 시작하였다.

미군정청은 1948년 8월 15일 민주주의 정부가 들어서기까지 38도선 이남 지역의 과도기적 통치를 위한 임시정부의 성격을 띠고 있으며, 대한민국 정부가 수립되기까지 3년간 미군에 의한 군정이 실시되었다.

1. 미군정청의 발족

1945년 광복을 맞이하여 일본의 제국주의 세력이 물러갔다고 해서 곧 우리에게 통일된 조국의 독립이 주어지지는 않았다. 미군정과 소군정이 들어선 것이다. 같은 해 9월 11일 하지의 미군 시정방침의 발표와 아놀드 소장의 미군정장관 취임에 이어, 19일 「在朝鮮 미육군사령부 군정청」이라는 공식명칭으로 발족하여 남한의 통치에 들어갔다.

군정청이라는 것은 '인민의, 인민에 의한, 인민을 위한' 민주주의 정부를 건설하기까지의 과도기간에 있어서 북위 38도선 이남의 한국지역을 통치 · 지도 · 지배하는 연합군 총사령관 아래에 미군에 의해 설립된 임시정부인 것이다. 군정청은 남한에 있어서 '유일한 정부'이며, 군정청 본부가 道 · 附 · 郡을 통하여 이미 설립한 각 기관을 운영하는 것이었다.

이에 앞서 사령관 맥아더는 1945년 9월 2일 미주리함상에서 일본으로부터 정식 항복조인을 받은 뒤 동경에 연합군 사령부를 설치하고, 아래와 같이 연합군 사령관의 자격으로 일반명령 제1호를 발하였다.

첫째, 북위 38도선 이북의 한국에 주둔한 일본군은 소련극동군 최고사령관에게 항복하고, 둘째, 북위 38도선 이남의 한국에 주둔한 일본군은 태평양 미육군총사령관에게 항복할 것을 명령하였다.

맥아더는 곧이어 1945년 9월 7일 태평양 미육군총사령관의 자격으로 〈조선국민에게 고함〉이라는 사령부 포고 제1호를 발하여, 38도선 이남에 미군정 실시를 선언하였다. 제조선미군사령관에 임명된 미 제24군단장 하지 중장은 오키나와 기지로부터 병력 9만 7천을 인솔, 9월 8일 인천에 상륙하여 당일로 서울에 입성하고, 9월 9일 총독부 제1회의실에서 일본의 조선총독 아베 노부유키(阿部信行)로부터 항복문서에 조인을 받았다.

1945년 9월 11일 일장기 하강식을 거행함과 동시에 일본총독 아베(阿部)를 해임하는 한편, 미군정 장관에 아놀드 소장을 임명하고 경무국장에 헌병사령관인 슈이크 준장을 임명함으로써 군정은 시작되었다. 군정장관 아놀드는 9월 17일 일본인 9개 국장을 모두 해임하고 정무총감에 해리스 준장, 학무국장에 락카아드(E. N. Lockard) 대위를 임명하는 등 미군정 요원 109명을 임명하였다.

그 후 군정청은 주로 한국 국민을 대상으로 하는 행정을 원활히 수행하기 위하여 한국인의 기용을 중요시하였다. 한국인 고문제도에서 한걸음 발전하여 1945년 12월부터 한국인 · 미국인 양국장제도를 실시하기 시작하였다. 광공국장 대리에 오정수를 기용한 것을 비롯하여, 순차적으로 학무국장에 유억겸, 농상국장에 이훈구, 경무국장에 조병옥 등이 임명되었다.

이러한 일련의 개편이 있은 뒤 1946년 3월 29일자 군정법령 제64호에 국(局)제도가 부(部)제도로 바뀌었다. 부명은 종전대로였으나, 학무를 문교로, 법무를 사법으로, 교통을 운수로, 군무를 국방으로 변경하였다. 그런데 미군정청은 통치 초기부터 한국인의 정신적 지주였던 임시정부에 대한 부인, 신탁통치안의 고수, 미온적인 대공정책 등으로 우익정치 지도자들과 불편한 관계를 맺게 되었다.

제2대 군정관인 러치(A. Lerch) 소장은 1946년 2월 14일에 '남조선 국민 대표 민주의원'을 발족시켰다. 이는 좌익의 '민주주의 민족전선'에 대항하기 위한 배경도 깔려 있었다. 의장에 이승만, 부의장에 김구 · 김규식이 선출되고, 의원 25명으로 구성되었다.

2. 미군정기의 교육

1945년 8월 15일 광복에서 1948년 8월 15일 대한민국 정부 수립에 이르는 동안의 우리나라 역사는 타율적인 국제관계와 우리 국민의 자율성에 의해서 전개되어 왔다. 이 같은 상황에서 일제의 압제를 벗어나 광복을 이룩한 해방 당시에 있어 우리에게 부과된 지상과제는 민주국가를 수립하고 이를 발전시키는 일이었다. 그런데 이처럼 역사적으로 매우 중요한 시기에 우리는 미군에 의한 군정체제 하에 있을 수밖에 없었던 것이다.

해방으로부터 대한민국 정부가 수립되기까지 만 3년간 미군에 의한 군정이 실시되는 동안 한국은 민주국가를 수립하기 위한 노력을 나름대로 전개하였다. 우리의 교육도 이에 호응하여 민주교육의 기초를 닦는 데 힘을 기울였다. 즉, 미군정청 학무국에서는 일본이 남겨놓은 허다한 교육의 당면 문제를 수습하는 한편, 한국교육의 기본적 · 장기적 설계를 마련하기 위하여 한국교육위원회와 조선교육심의회를 설치하여 한국교육의 개편방향과 구체적인 개편안을 마련하도록 하였다.

한국 통치에 대한 미군정기의 기본방침은 40여 년간에 걸친 일본 식민지 지배의 잔재를 완전히 불식하여 자유독립국가로서의 한국을 건설하는 데 있었다. 교육개혁 작업도 이 같은 기본 노선에 따라 추진되었다.

3. 미군정기의 문교정책

미군정기에 추진된 문교정책을 종합적으로 살펴보면 다음과 같다.

1) 한국화정책 추진

군정청 학무국에서는 한국인의 교육문제를 한국인들이 스스로 결정하도록 하는 한국화정책을 추진하였다. 군정청 학무국의 책임자였던 락카아드(Lockard) 대위는 한국에 대한 지식을 거의 갖고 있지 않았고, 그에게는 한 나라의 교육행정을 수행할 만한 지식과 경험이 부족하였다.

그리하여 군정청 문교 당국자들은 한국인 자문기관으로 한국교육위원회와 조선교육심의회를 설치하도록 하였다. 한국의 실정과 한국교육의 실상에 대해 거의 무지하였던 군정청 문교 당국자들은 한국인들로 하여금 두 개의 자문기구를 구성케 하고, 이들 자문기구의 의견에 따라 한국의 교육개혁을 추진하였던 것이다.

또는 한국인을 학무국 직원으로 채용하는 등 한국인의 협력을 얻어, 한국교육의 재건방안을 모색하여 추진하였다. 그리하여 10여 명으로 구성된 한국교육위원회는 학교의 인가, 개교, 교원의 인사 등 행정에 관한 자문을 하고, 조선교육심의회는 장기적인 교육계획과 교육이념, 교육제도를 심의 결정하여 군정당국으로 하여금 이를 그대로 시행토록 하였다.

2) 교수용어의 변화

군정청은 1945년 9월 17일 일반명령 제4호로 교육에 관한 긴급조치를 발표하면서 9월 24일에 공립초등학교를 재개하고, 교수 용어는 한국어로 할 것을 지시하였다. 그리고 한글로 된 교과서를 편찬하여 각급 학교에서 한국어로 교육을 실시하도록 하였다.

한국어를 교수용어로 지정함에 따라 당시 한글을 해득하지 못했던 젊은 교사에게 한글 강습을 통해 한글을 해득하도록 하기 위해 교원을 대상으로 한 한글 강습회가 도처에 개설되었다.

3) 민주교육의 이념 보급

민주국가 건설을 뒷받침하기 위해 당시 우리의 교육도 민주주의 이념에 입각한 교육을 추진해야만 했다. 민주교육의 이념을 널리 보급시키기 위해 교원을 대상으로 한 재교육 학습이 널리 실시되었다. 당시 대부분의 교육원은 일본식 교육사상과 방식에 젖어 있어, 이를 불식하고 새로운 민주교육 이념을 체득하지 않으면 안 되었다. 그리하여 교원들에게 민주교육의 이념을 보급시키기 위해 각종 강습회가 여러 곳에서 개최되었다. 특히 방학기간을 이용하여 민주주의 교육이념과 신교수법에 따른 교원 재교육이 실시되고, 이동강습회도 개최되었다. 그 결과 군정기 3년 동안에 약 3만 명에 달하는 현직 교원이 재교육 강습을 수강하였다.

4) 교과서의 편찬 보급

군정청 학무국에서는 일제의 잔재를 조속히 불식시키고, 한글로 교육을 실시하기 위해 특히 국민교육의 기초가 되는 초등학교의 교과서를 편찬하고 이를 보급하는 일에 힘썼다. 이를 위해 군정청은 학무국에 편수과를 두고 교과서의 편찬 작업을 수행하도록 하였다.

5) 교육제도의 민주화 추진

군정청 학무국에서는 교육제도의 민주화를 위해 우선 한국의 학제를 종전의 복선형에서 단선형으로 개편토록 하였다. 교육제도의 민주화는 특히 조선 교육심의회에서 단선형 학제를 제정함으로써 획기적으로 추진될 수 있었다. 조선교육심의회가 결정한 새로운 학제는 교육의 기회균등을 기본원칙으로 하고, 6-3-3-4제의 기간학제의 기틀이 되었다.

6) 교육행정의 자치화 및 지방 분권화 강구

군정 문교당국에서는 종래 내무행정에 속해 있던 교육행정을 독립시켜 각 도에 교육부를 두고, 각 군에 학무과를 두게 함으로써 지방의 교육이 자치적으로 이루어지도록 하였다. 그리고 군정청 문교부에서는 교육 자치를 구상하기도 하였다.

7) 교육과정의 민주화 추진

군정 기간에 민주주의 교육의 원리에 따라 종래의 교사 중심의 수업에서 아동 중심의 수업으로 전환하고, 교과 중심 교육으로부터 생활 중심 교육으로 교육활동이 변환될 수 있도록 하였다. 이를 위해 '새 교육 운동'이 전국적으로 활발히 진개되어 아동 중심의 교육이 확산되었다.

8) 문맹 퇴치 성인 교육의 추진

해방 당시 12세 이상 한국인의 78%가 문맹자로 되어 있어 문교당국에는 문맹퇴치를 위한 성인교육을 강력히 추진하였다. 이를 위해 학무국에서는 1945년 12월에 성인교육위원회를 조직하고 1946년 4월에 성인교육계를 성인교육국으로 개편하는 한편, 공민학교를 설치하였다.

각종 형태의 한국 강습회와 공민학교를 통해 성인교육을 실시한 결과 1945년 8월 31일 현재 21%에 불과하던 문자 해득자가 1947년 8월 31일 현재 71%로 증가되었다(정태수, 1992).

제7장 정부 수립 이후의 교육 이해

1948년 8월 15일, 이 날로 미군정은 폐지되고 해방을 맞은 지 3년 만에 대한민국 정부가 수립되었다. 새 정부는 그 헌법에서 우리나라가 민주공화국임을 선포했다. 그리고 그 주권이 국민에게 있다는 것을 밝힘으로써, 이 나라에 민주적 사회질서를 세울 것을 공약했다. 여기서는 연대별로 교육 현황과 교육의 주요 시책을 살펴보고자 한다.

1. 50년대의 교육 현황

정부는 1949년 12월 31일 법률 제86조로 「교육법」을 제정 · 공포하여 이 이념을 교육에 반영시키려 하였다. 「교육법」 제1조에는 우리나라 교육의 근본이념을 아래와 같이 천명하였다.

> "교육은 홍익인간의 이념 아래 모든 국민으로 하여금 인격을 완성하고 자주적 생활 능력과 공민으로서의 자질을 구유하게 하여 민주국가 발전에 봉사하며 인류 공영의 이상 실현에 기여하게 함을 목적으로 한다."

이와 같이 정부 수립 후 군정시대에 쓰인 '홍익인간'을 다시 교육법 제1조의 교육이념으로 등장시켰다. 이에 앞서 상해임시정부 역시 삼균주의에 입각한 교육의 이념을 홍익인간과 이화세계(理化世界)에 둔 바가 있다. 홍익인간을 교육이념으로 제청한 백낙준에 의하면 그는 홍익인간을 우리의 민족적 이상이라고 보았다.

1949년 12월 31일에 공포된 교육법은 종래의 '홍익인간'의 건국 이상을 교육이념으로 채택함으로써, 같은 이념하에서 민주주의적인 교육을 실시할 것임을 천명함과 동시에, 교육의 중립성의 보장과 초등교육의 의무교육화, 교육자치제 실시와 교육세의 부과 등을 법규화하였다.

문교부는 물론 국민의 여망은 학제를 민주적인 단선형으로 수립하는 것이었기 때문에, 이 학제는 다시 개정되어 1950년 2월 10일에 학제 개정안으로 국회를 통과하였으며 동년 3월 10일에 공포되었다. 그 내용은 중학교를 3년으로 하고, 초급대학 4년제를 삭제하는 것으로서 역사적인 6-3-3-4제의 단선형 학제가 완전히 수립된 것이다.

이 시기의 교육의 성격은 혼란한 사회질서 가운데서도 자유민주주의 국가 건설이라는 대명제 아래 미국의 영향을 받아 이룩된 제도적 성격을 고려하지 않을 수 없으나, 한국적 교육이념과 제도의 정착과 탐색을 위한 출발점이었다는 데서 그 의의를 평가하여야 할 것이다.

그런데 교육법에서 규정된 교육자치제가 실제로 실천에 옮겨지게 된 것은 1952년 4월의 일로서 군(郡)을 단위로 교육위원회가 의결기관으로, 시(市)와 특별시에는 교육위원회가 집행기관으로, 도(道)에는 도교육위원회, 중앙에는 중앙교육위원회가 각각 자문기관으로 설치되었다.

교육자치제가 실시된 뒤 가장 크게 남은 공적은 의무교육을 적극적으로 추진한 일이라 하겠다. 의무교육은 우리나라 「헌법」에서 약속된 국민의 특권으로서, 자치제가 실시된 1953년 학령 아동 수의 약 73%가 취학 중에 있었는데, 제1공화국 말년인 1960년대에는 95.3%로 늘었다.

그러나 이 같은 변화에 대하여 정부는 재정적 뒷받침을 미처 못 하였기 때문에 많은 무리가 있었다. 서울과 같은 도시에서는 한 교실에 100명 내외를 수용하여야 하였고, 3 · 4부제를 실시하지 않을 수 없었다. 따라서 바람직한 교육이 이루어지지 못하는 결과를 가져왔다.

한편 1950년 6월 25일에 발발된 한국동란은 임진왜란과 맞먹는 민족사적인 대참상이었으나, 어떤 의미에서는 민족 공동체 의식을 강화시키고 방공사상의 생활화를 이룩하였다는 점에서 그 뜻이 있다.

문교부는 1951년 1월 부산시청으로 임시청사를 옮긴 후, 동 년 2월 26일자로 「전시 하 교육특별조치요강」을 제정 · 발표하여, 그동안 중단되었던 수업을 재개할 것을 시달하고 가교사의 건축, 피난지 특설학교와 분교의 설치 · 운영, 교과별 이수시간제 등을 실시하였다.

또한, 문교부는 전시교재로서 초등학교용 『전시생활』과 중학교용 『전시독본』, 교사용 『전시학습지도요령』 등을 작성 · 발간했으며, 전국(戰局)이 차차 호전되어 감에 따라 1951년 5월 4일에는 문교부령 제9호 「대학교육에 관한 전시특별조치령」 등을 공포해 전시연합대학을 설치케 함으로써, 세계 교육사(敎育史)에 전례가 없는 전시상의 전시연합대학 운영에 관한 사례를 남기게 되었다.

2. 50년대의 주요 교육 시책

1) 의무교육 실시

1948년 7월 17일에 제정 · 선포된 우리나라의 헌법 제16조에는 모든 국민은 균등하게 교육받을 권리가 있음을 규정하고, 적어도 초등교육은 의무적이며 무상으로 한다고 밝힘으로써 의무교육에 관한 규정이 한국교육사상 처음으로 명문화되었다.

1949년 12월 31일 공포된 「교육법」 제8조에 “모든 국민은 6년의 초등교육을 받을 권리가 있다. 국가와 지방자치단체는 초등교육을 위하여 필요한 학교를 설치 · 경영하여야 하며 학령아동의 친권자 또는 후견인은 그 보호하는 아동에게 초등교육을 받게 할 의무가 있다.”는 것을 규정하였다.

또 「교육법」 제96조에 모든 국민은 그 보호하는 자녀가 만 6세가 된 익일 이후의 최초 학년 초로부터 만 12세가 되는 날이 속하는 학년 말까지 취학시킬 의무가 있다고 명시하였다. 또 「교육법」 제97조에 사업경영자는 학령아동을 고용함으로써 의무교육을 받는 데 방해가 되어서는 안 된다는 것을 밝히고, 이를 위반하는 보호자 또는 학력아동 사용자는 처벌을 받도록 규정하고 있다(교육법 제164조, 165조). 그리고 이 같은 의무교육은 1950년 6월 1일부터 시행하도록 하였다(교육법 제167조 2항).

이상과 같은 의무교육에 관한 제 규정에 의거하여 문교부는 의무교육 6개년 계획을 세우고 이를 1950년 6월 1일부터 실시하도록 하였으나 6 · 25전쟁으로 중단되었다. 그러다가 1952년 4월에 「교육법 시행령」이 제정되고, 동년 6월에 교육자치제가 발족되면서 또다시 의무교육 시행이 추진되었다. 다시 말하면 의무교육을 담당하는 교육구와 교육위원회가 설치되면서 의무교육의 추진이 본격적으로 진전되었다. 즉, 문교부는 의무교육 6개년 계획을 다시 입안하였으며 1954학년도부터 1959년까지 연차적으로 의무교육을 실시하여 목표연도에 전체 학령 아동의 취학률을 96%까지 끌어올리고자 이에 필요한 교원, 시설, 재정의 확보 등을 내용으로 하였다.

① 취학률이 매년 증가하여 1953년에 72.9%였던 취학률이 1959년에 96.4%에 달하였다.
② 의무교육의 추진을 위하여 교육세법이 제정되고, 여러 법규가 정비되었다.
③ 학교 수, 학급당 학생 수, 시설, 교원의 확보는 계획에 미달되었다.

2) 교육자치제의 실시

1949년 12월 31일 공포된 교육법 제2장에 교육자치제에 관한 규정이 포함되어 있었으나 교육자치제는 1952년 6월에 실시되기 시작하였다. 즉, 1952년 4월과 5월에 시 · 읍 · 면의회의원과 도의회의원 선거가 실시되고, 1952년 5월 24일 군교육구와 시교육위원회가 발족됨에 따라 한국교육사상 최초로 교육자치제가 실시되기에 이르렀다.

1952년 6월부터 실시되기 시작한 교육자치제도는 시 · 군 단위의 교육자치제로서 다음과 같은 체제로 되어 있었다(중대부설한국교육연구소, 1974).

① 군 단위 교육구를 두고 교육 · 학예에 관한 사무와 초등교육을 관장하였다. 의결 기관으로 구교육위원회를 두고, 위원회는 군수와 읍면에서 1인씩 선출된 임기 4년의 위원으로 구성되며, 교육구에 교육감을 두어 구교육위원회의 집행기관으로서의 역할을 담당하였다.

② 시에는 시교육위원회를 두고, 특별시 또는 시교육위원회는 시의회에서 선출되는 위원 10인으로 구성되는바, 시교육위원회는 합의제 집행기관으로서, 특별시에 있어서는 초 · 중등교육을, 시에서는 초등교육만을 관장토록 하였다. 시교육위원회에는 사무장격으로 교육감을 두었다.

③ 도에는 도교육위원회가 설치되었는바, 도교육위원회는 도내 각 교육구와 시교육위원회에서 1인씩 선출된 위원과 도지사가 선임한 3인의 위원으로 구성되며 도내의 교육에 관한 주요정책을 심의한다. 도교육위원회는 자문기관의 역할을 담당하고 실질적인 교육행정의 집행권은 도지사 산하의 문교사회 국장에게 있었다.

④ 중앙에는 중앙교육위원회가 설치되었는바, 위원은 특별시와 각도 교육위원회에서 추천한 자(1인씩)와 대통령이 위촉한 위원으로 구성되었다. 중앙교육위원회는 주요 문교정책에 대한 심의권을 가졌으나 실질적으로 문교부장관의 자문기관 역할을 하였다.

이상과 같은 형태로 교육자치제가 실시된 것은 우리나라의 교육행정에 있어 민주화, 분권화, 전문화가 추진되었다는 점에서 그 역사적 의의가 크다고 하겠다.

3) 1인 1기 교육 실시

1950년 5월 제2대 문교부장관이 된 백낙준은 전시 문교방침의 하나로 1인 1기 교육(기술교육)을 추진하였다. 즉, 문교부는 1950년 6월에 「1인 1기 교육실시요강」을 발표한 후 1인 1기 교육추진위원회를 조직하여 중학교 이상의 학생들에게 1인 1기로 기술을 연마토록 하였다.

1인 1기 교육은 체험과 근로를 통해서 학생의 개성에 적합한 기술을 습득시킴으로써 자주적 생활능력을 배양시키는 동시에 전쟁 복구사업에도 공헌할 수 있도록 하기 위한 것이었다. 1인 1기 교육은 특히 중등학교에서 강조되었다.

4) 연구학교제도의 도입

문교부는 1951년 3월에 연구학교규정(문교부령 제17호)을 제정하고, 각급 학교 중에서 연구학교를 특별히 지정하여 일선 교사들이 연구활동에 참여함으로서 현장교육 개선에 기여하도록 하였다. 즉, 교육의 이념 및 기술을 연구 실천하여 교육의 질적 향상을 도모하려는 것을 목적으로 한 연구학교를 지정하여 지정된 연구주제를 연구하도록 하였다.

연구학교제도의 실시로 교육내용, 교육방법, 학교관리 등 학교교육 전반에 대한 현장연구가 추진되고 외국의 최신교육사조의 도입연구도 수행되었으며, 지정된 연구주제별로 연구학교의 교사들이 다양한 연구활동을 전개하였다.

1951년도와 1952년도에는 각각 4개교(초2, 중1, 고1)를 문교부 지정 연구학교로 했다가 1953년부터는 연구학교를 전국적으로 확대지정하고, 1955년에는 사립학교 중에서도 연구학교를 지정 · 육성하였다(한국교육 30년, 1980).

5) 고등교육의 확충

1950년대는 고등교육 분야에 있어 크게 확충되는 한편 질적 향상을 위한 시책이 강구되었다. 즉, 전시연합대학이 설치되어 전쟁 중에서도 고등교육이 계속 실시되고 휴전 후에는 지방에도 각 도별로 국립대학이 설립되었으며, 사립대학이 증설되었다. 그리고 문교부는 대학설치기준령을 제정하여 고등교육의 질적 향상을 도모하였으며 대학교에 특수대학원이 설치되기 시작하였다.

(1) 전시연합대학(戰時聯合大學)

문교부는 6 · 25전쟁으로 남쪽지방으로 피난 온 서울 소재 대학생들의 교육을 위하여 1951년 5월 4일 문교부령 제19호로 「대학교육에 관한 전시 특별조치령」을 제정하여 전시연합대학을 설치 · 운영하도록 하였는바, 본 조치령의 주요 내용은 다음과 같다.

① 전시에 적응한 대학의 운영과 아울러 학생의 수업에 관한 특별조치를 규정
② 정상수업 실시가 불가능한 대학의 학생은 타 대학에서 수업을 받을 수 있다.
③ 전시연합대학의 설치
④ 전시연합대학의 경비는 합동수업을 하는 각 대학의 부담으로 한다.
⑤ 1950학년도에 한하여 매주 1시간씩 12주 이상의 수업을 1학점으로 한다.

이상과 같은 규정에 따라 전시연합대학이 설치 · 운영되었는바, 전시연합대학의 설치와 운영에 관한 구체적인 요강은 다음과 같다(손인수, 1987).

① 관계대학이 합의하여 운영위원과 학장을 선출토록 하였다.
② 교원은 참가 대학의 교원을 의무적으로 출강케 하였다.
③ 학생이 연합대학에서 취득한 학점은 각 대학에서 취득한 학점으로 인정한다.
④ 소요경비는 관계 대학이 공동으로 부담토록 한다.

전시연합대학은 6 · 25전쟁으로 이산된 대학의 교수와 학생을 모아 피난지에서 대학교육을 받을 수 있도록 마련된 연합식 고등교육기관이었다. 부산, 전주, 광

주, 대전 등지에 설치되었으며, 등록된 학생 수는 총 6,455명(부산 4,268명, 대전 377명, 전주 1,283명, 광주 527명)이었고, 동원된 교수는 444명이었다.

전시연합대학은 약 1년간 운영되다가 1952년 5월 말에 폐지되었다. 이들 전시연합대학에서는 법정학부, 경상학부, 이학부, 공학부, 의약학부, 예술학부, 농·수산학부, 가사과, 체육과를 설치하여 강의를 실시하였다.

(2) 지방 국립대학의 설치

전시연합대학 설치·운영의 계기로 지방에도 국립대학을 설치해야 할 필요성이 대두됨에 따라 1952년부터 1953년 사이에 지방에서 국립대학을 설치하는 일이 추진되었다. 이에 따라 1952년 10월에 경상북도, 전라북도, 전라남도에 국립대학으로 각각 경북대학, 전북대학, 전남대학이 신설되고, 1953년에 부산대학교, 충남대학교, 충북대학이 발족되었으며, 1955년에 제주대학이 창설되었다.

(3) 대학설치기준령의 제정

1950년대에 들어오면서 지방에 국립대학이 증설되고, 사립대학도 다수 증설되거나 종합대학으로 승격되었다. 즉, 1952년부터 1955년에 이르는 기간에 7개의 지방국립대학이 신설되고, 1950년부터 1954년 사이에 16개의 사립대학이 신설되거나 승격됨으로서 대학의 설립 붐이 일어났다. 이같이 1950년대 초에 일어난 대학의 설립 붐으로 다수의 대학이 증설되면서 대학의 질 관리가 소홀히 된 점을 인정하게 된 문교부는 대학을 설치함에 있어서 시설과 교육 등에 관한 기준을 마련할 필요가 있었다.

이에 따라 문교부는 1955년 8월 4일자 대통령령 제1063호로 대학설치기준령을 제정하여 고등교육의 질적 향상을 위한 조치를 강구하였던 것이다. 대학설치기준령은 대학의 설치를 억제하고, 기존의 대학에 대하여도 시설의 보충·확보를 요구하는 근거가 되었다. 대학설치기준령의 제정을 계기로 1957~1958년에 부분적인 대학의 정비가 이루어지기도 하였다(한국교육30년, 1980).

(4) 특수대학원의 설치

1950년대 말에 이르러 특수대학원이 설치되기 시작하였다. 즉, 1969년 서울대학교에 행정대학원과 보건대학원이 설치됨으로써 특수대학원이 신설되기 시작하였다. 특수대학원의 설치로 대학원제도가 일반대학원과 특수대학원으로 이원화되어, 일반대학은 학술연구에 치중하고 특수대학은 주로 응용과학과 전문기술의 영역에서 고급전문인을 양성하는 데 역점을 둠으로써 그 성격을 달리하게 되었다.

(5) 교육의 과학화 추진

1950년대 중반기에 이르러 교육과정(教育過程)의 과학화를 위한 연구가 본격적으로 추진되었다. 즉, 지능검사를 비롯한 각종 심리검사가 개발되고 학력표준화검사가 개발되었으며 학력고사를 객관화하기 위한 출제방식이 도입되었고 가이던스와 카운슬러제도가 도입되기 시작하였다.

지능의 표준화검사는 중앙교육연구소와 서울대학교 사범대학의 교육심리 연구실에서 주도적으로 개발하여 지능성숙검사(1955), 간이지능검사(1955)가 개발되고, 계속해서 일반지능검사(1956), 중 · 고용 흥미검사(1958), 국민학교 상급용 학습흥미검사(1958), 중 · 고용 인성검사(1958), 국민학교 상급용 인성검사(1958)가 개발되었다.

중앙연구소에서는 산수학력검사 표준화(1955), 국민학교 국어읽기, 학력검사 표준화(1956), 국민학교 산수계산 진단검사 표준화(1957), 국민학교 고학년용 지능성숙검사 표준화(1957), 국민학교 상급용 자연과학 학력검사 표준화(1958), 고등학교 영어학력검사 표준화(1959) 등을 개발하였다(오천석, 1964).

학생들의 학력고사 출제방식에 있어서는 객관식 방식으로 OX형, 선다형 등의 새로운 선택형 출제방식이 채용되어 널리 보급되었다.

생활지도에 있어서 가이던스의 개념이 도입되고, 카운슬러제도가 채택되기 시작하였다. 가이던스 개념의 도입으로 생활지도 방식이 과학화되었고, 1959년에 카운슬러 양성이 개시되어, 카운슬러 양성과정을 이수한 교사들을 각 고등학교에 배치하여 학생들의 생활지도를 담당하도록 하였다.

또한, 1950년대에 시청각 교육이 도입되어 교육방법에 있어서 획기적인 개선이 이룩되고, 학습지도의 극대화가 추진되었다.

(6) 사회교육

① 기술학교와 고등기술학교

1950년을 전후하여 국민생활에 직접 필요한 각종 직업에 관한 지식과 기술을 익히기 위한 기술학교와 고등기술학교가 설치되기 시작하였다. 특히 각종 고등기술학교가 많이 설치되었다. 그 결과 1950년에 10개의 고등기술학교가 설치되었던 것이 1955년에 55개교로 증가되고, 1959년에 68개교로 늘어났다.

② 공민학교와 고등공민학교

1950년대에는 사회교육기관의 하나로 공민학교가 설치·운영되었으며, 특히 1953년 3월에 전국 국민학교에 일제히 공민학교가 부설되었다. 그리하여, 1953년에 3,215개의 공민학교가 설치되었고, 1959년에는 2,309개의 공민학교가 설치되어 있었다.

고등공민학교는 정규 중학교에 진학하지는 못하는 국민학교 졸업자들이 주로 진학하여 중학교에 준하는 교육을 실시하였다. 그런데 고등공민학교는 모두가 사립이었다. 정부는 고등공민학교의 진흥책으로 고등공민학교 중 비교적 입지조건이 좋고, 여러 가지 여건이 구비된 학교를 선정하여 1956년부터 공립으로 개편토록 하였다. 그리하여 1956년도에 10개의 고등공민학교가 공립으로 개편되고, 1957년도에는 공립고등공민학교가 40개교로 증가되었다. 공립고등공민학교에 대해서는 교원 봉급의 반을 국고에서 보조하였다.

3. 60년대의 교육 현황

4 · 19 혁명은 기존체제의 경직성과 불의에 대한 한국사회의 자율적인 변혁이라는 측면에서 무엇보다도 중대한 혁명적 의의가 있다고 할 수 있다. 그러기에 4 · 19 혁명은 독재에 대한 혁명이요, 부정에 대한 항거였다. 독재라기보다는 독존이요, 독단이요, 독점이었다. 부정이라기보다도 아첨이요, 협잡이었다. 그러므로 4 · 19는 이승만 정권, 즉 집권자에 대한 혁명인 동시에 우리들 국민 자신에 대한 혁명인 것이다.

따라서 4 · 19는 한국 현대사에 있어서 근대화 혁명의 봉홧불이자 기존 권위주의의 체제에 대한 도전의 서막이라는 점에서 그 의의는 지대하다. 이제 저자는 이 책자에서 과감하게 4 · 19에 대하여 '혁명'이라는 말을, 5 · 16에 대해서는 '정변', '쿠데타'라는 용어를 사용했다.

그 이유는, 5 · 16은 국민의 자발적인 참여에 의한 '상향식'의 형성결과라기보다는 일부 정치군인들에 의한 '하향식'의 결과였기 때문이다. 이에 비해 4 · 19는 전체 국민의 상향식의 결과라고 말할 수 있다. 즉, '밑으로부터의 혁명'인 것이다. 그러나 5 · 16은 민주정부에 대한 국민의 열망과 기대를 무력으로 짓밟고 정권을 장악하는 과정에서부터 정당성을 확보하지 못했다.

다시 말하자면, 5 · 16으로 개인 박정희의 꿈은 실현되었건만, 4 · 19혁명을 계기로 이제 막 시작된 한국 민주주의의 꿈은 제대로 개화될 기회도 가져 보지 못한 채 꺾여 버리고 말았다. 그리고 민주주의와 문민정부를 회복하기 위한 길고 험한 장정이 또 다시 역사 앞에 드리워지게 되었다.

모든 혁명과 쿠데타는 힘을 필요로 한다. 그러나 그 힘은 서로 다른 힘이다. 혁명은 '밑으로부터'의 민중의 힘이고, 쿠데타는 총칼의 힘이다. 4 · 19는 민중이 총검을 무찔러 이겨낸 유일한 시민혁명이기에, 결국 칼은 민중과 그 정신에 의해서 패배당한다. 그러나 쿠데타는 이와는 달리 개인이나 특정집단이 집권만을 목적으로 수단과 방법을 가리지 않고 총칼로 밀고 나가는 것이다.

민주주의는 진화를 원칙으로 하지만 쿠데타는 그러하지 않다. 진화는 기다려야 하는 길이다. 따라서 5 · 16쿠데타는 집권방식에 문제가 있다. 누구든지 총칼로 일단 뒤엎어 놓고, 그 후의 결과만 좋으면 다 정당화된다는 식의 일반화는 금물이다. 그러기에 총칼의 힘을 기초로 하는 것은 비합리적인 권위이다. 그것은 종속되는 사람을 착취하는 데만 도움이 된다.

우리가 진정으로 민족사를 바로 찾지 않는 한, 쿠데타의 역사를 바로 세우지 않는 한, 민족사적 정통성은 결코 세워지지 않는다. 우리 현대사에는 비극적인 상처가 너무 많았다. 이에 따른 역사의 해석은 단어의 사용 하나로 크게 다를 수도 있다. 쿠데타와 혁명은 하늘과 땅의 차이가 나기 때문이다.

반공 민주국가로 출범한 자유당 정부가 1950년대 후반에 들어 비민주적인 방법으로 정권의 연장을 꾀하고 정치적 비리를 자행하다 결국 1960년 4월 혁명을 야기하게 되었다. 우리 민속의 민수적 저력에 대한 4월 혁명의 의의는 결코 과소평가될 수 없을 것이다. 그러나 오랜 독재에서 풀려난 민중은 무질서와 방종으로 진정한 자유와 민주주의를 오도하게 되었으며, 곳곳에서 구질서를 배척하는 데모가 연일 계속되어 전국의 모든 거리와 광장은 데모대의 난무장으로 바뀌었다.

이에 과도정부의 문교부는 학원의 정상화와 사도의 확립, 교육의 중립화 등을 교육방침으로 내세웠다. 한편 1960년 7월 29일의 총선거로 출범한 제2공화국의 문교부는 과거의 모든 독재적 요소를 제거하고 우리 교육행정과 과정을 민주화하는 것이야말로 우리에게 주어진 최고의 임무임을 통감하여, 이것이 곧 우리의 나아갈 길의 지표와 신조가 되어야 할 것임을 천명하였다. 그리하여 교육의 민주화를 위한 교육의 질적 향상을 전제로 학원의 민주화, 중앙집권적인 행정체제로부터 권한의 지방분양, 교육의 질적 향상 등을 3대 교육방침으로 설정하였다.

한편 이때의 교원노조 조직과 그 파동은 전국적이고 매우 심각한 것이었다. 그러나 4월 혁명의 결과 탄생된 제2공화국 정부는 성급하고 강력한 민중의 요구를 담당하기에는 너무나 무기력하였으며, 혁신적인 운동 등으로 정정(政情)은 날로

소란해졌으므로, 이러한 사회적 상황 아래에서 1961년 5월 16일 군사정변이 일어나게 되었다.

1960년대의 역사를 전개하기 시작한 박정희 정부는 특히 역사적 과업으로서 '조국의 근대화'를 슬로건으로 내걸고 교육에서는 인간개조운동을, 사회교육면에서는 재건국민운동을 강력히 추진하였다.

박정희 정부는 그동안 비난의 대상이 되어온 학원의 질서를 바로잡아 교육의 정상화를 촉진키 위한 방법으로 1961년 9월 「교육에 관한 임시특례법」과 1963년 6월 「사립학교법」을 제정 · 공포하였다.

제3공화국에 들어와서는 민족중흥과 국가발전을 위한 교육개혁이 강조되었다. 특히 1968년은 교육정책상 일대 개혁이 연이어 발표됨으로써 교육에 관한 한 특별한 해라고 하지 않을 수 없다. 즉, 중학교 무시험진학제와 국민교육헌장 선포, 대학입학 예비고사제와 통신교육제의 실시가 그것이며, 연말에는 장기종합 교육계획심의회가 제도화되었고, 이듬해 3월에 동 심의회가 발족되어 장기종합 교육계획안(1972～1986)의 작성이 추진되었다.

그리고 이 시기에는 경제성장에의 강력한 의욕이 교육재정을 뒷받침하여 2 · 3부제 수업의 폐단을 시정하여 교육계의 최대 숙원을 이루었으며, 교육인구나 학교 수 등 물량 면에 있어서도 한국교육은 이 시기에 이르러 괄목할 만큼 성장했다.

해방 후 많은 교육문제가 제기되었지만, 아마도 입학시험제도만큼 사회적으로 논란의 대상이 되어 온 것은 없을 것이다. 중학교 입시제도를 일별해 보면 1945년부터 1950년까지는 학교관리제, 1951년부터 1953년까지는 국가연합고시제, 1954년부터 1961년까지는 학교관리의 유무시험(有無試驗) 연합출제제 병행, 1962년에는 국가고시제, 1963년부터 1965년까지는 시 · 도 공동출제, 1966년에는 공동 · 단독출제 병행, 1967년부터 1968년까지는 다시 시 · 도 공동출제 방식으로 바뀌어 왔다.

그러다가 1969년부터 서울지역에 한하여 우선적으로 무시험진학제를 실시하고, 이듬해인 1970년에는 이를 전국 10대 도시에 확산하였으며, 그리고 1971학년도에는 이를 전국적으로 실시함으로써, 국민학교 의무교육의 충실화를 기하고, 의무교육 연한연장을 위한 전단계적인 조치를 취함으로써, 중학교 입시제도와 관련된 근본적인 문제해결을 시도하였던 것이다.

한편 문교부는 중학교 무시험입학제도의 실시와 관련하여 그동안 치열한 입시경쟁의 표적이 되어왔던 전국에 걸친 소위 명문중학교를 폐지함으로써 중학교 평준화를 기하고자 하는 등 상기 입시제도개혁의 근본적인 취지를 달성하기 위한 실질적인 조처를 취하였다.

중학교 무시험진학제도와 더불어 우리나라 교육개혁에 있어서 또 하나의 중대한 전환점을 만든 것은 1968년 10월 14일에 공포되어 오늘날까지 실시하고 있는 대학입학제도이다.

다른 한편 1968년 12월 5일은 국민교육헌장이 선포된 날로서, 이는 교육법에 명시된 '홍익인간'의 이념과 더불어 한국교육의 새로운 이정표의 역할을 담당하게 되었다. 사실상 국민교육헌장은 온 국민의 민족중흥을 위한 역사적 사명, 혹은 역사관을 자각하고, 전통적인 우리의 주체성 위에 창의적인 협동의 힘을 모아 새 역사를 창조해 보자는 정신적 기반과 새로운 국민상(像)을 제시했다는 점에서 종래의 모호했던 이념을 구체화하고, 그 방향을 명시해 주었다고 할 수 있을 것이다.

그런데 군사문화의 특징은 명령 지향적 · 획일적 · 수직적이라 할 수 있다. 이를테면 아침 조회시간의 '차렷, 경례' 구령과 중 · 고등학교에서의 각종 제식동작, 심지어 각 졸업식에서까지 딱딱한 거수경례로 스승들과 마지막 인사를 나누고 있었다.

교과서 역시 군사문화와 군대식 생활방식이 침투했었다. 5 · 16군사정변 이전에 영관급 장교로서 셋방을 전전하던 사람이 군사정변 후 벼슬을 얻더니 몇 달 사이에 대저택을 짓는가 하면, 그 후 이후락의 이른바 '떡고물론'까지 나타났다. 이는 그 자신이 온갖 부정과 이권에 개입한 사실을 자인한 말이라고 할 수 있다. 사실, 박정희 정권하에 측근 권력자들의 치부는 상상을 초월하는 바가 되었다. 그리하여 국민들은 곧 구악은 신악(新惡)에 비해 오히려 단순하고 순진했다는 것을 깨달았다.

이와 같이 5 · 16 군사정변 주체자들은 우리 민족보다는 그 자신을 생각했기에, 정부부패의 문제는 박정희 정권의 지지기반과 정통성을 약화시키는 주요 요소였다. 그 증거로 1967년 대통령 및 국회의원 선거 이후 1969년의 헌법 개정과 1971년 봄에 대학 교련 교육을 반대하는 시위가 있었다. 학생데모는 정부 부패의 문제에 대한 항의와 무관한 것이 아니었다. 4 · 19혁명이 부정에 대한 항거였다면, 그 후의 5 · 16군사정변은 부정으로 얼룩졌다.

1967년과 1971년 선거에서 야당의 주요 선거 이슈 역시 심각한 정부 부패의 문제였다. 그러기에 오늘날 국민의 대다수가 말하는 바와 같이, 5 · 16군사정변 이후 군 출신의 통치세력에 의해 분배구조가 자의적(恣意的)으로 유린되어 부패가 심화되고, 도덕적 윤리 기반이 붕괴된 점을 널리 지적하고 있는 것이다. 이뿐만 아니라 군부가 안고 있던 계급 구조와 연령구조의 모순 또한 심각했다

4. 60년대의 주요 교육 시책

1) 입시제도의 개선

혁명정부는 1961년 8월 12일자 법률 제681호로 「중학교 · 고등학교 및 대학의 입학에 관한 임시조치법」을 재정하여 각급 학교의 입시제도를 개선토록 하였다. 즉, 정부는 교육의 정상화와 질적 향상을 기하고, 지방교육기관의 건전한 육성발전을 도모하기 위하여 중 · 고등학교 및 대학의 입시를 국가고시제로 전환토록 하였다.

중 · 고등학교의 경우 국가고시제가 1963년에 시도별 공동출제로 바뀌어 1965년까지 계속되다가 1966년부터는 학교장 책임하의 단독출제와 교육감 책임하의 공동출제 방식의 병형제로 되었다가 1968년에 중학교 무시험추천제로 바뀌었고, 고등학교는 공동과 단독 병행제로 입시가 실시되었다.

대학의 경우는 1963년부터 국가고시가 자격고시로 그치고, 대학별 선발고사는 그대로 실시되었으며, 1964년부터는 국가고시가 폐지되고 대학별 선발고사로 환원되었고, 1969년부터 대학입학 예비고사제가 실시되었다.

(1) 중학교 입시제도의 개혁

1960년대에도 중학교 입학시험제도가 계속 실시되어, 입시지옥이라는 말이 생길 정도로 국민학교 교육은 중학교 입시준비교육 일변도로 치달았고, 입시 준비를 위한 과외수업으로 인해 국민학교 학생들의 체위가 극히 저하되었다. 그리하여 중학교의 입시가 큰 사회문제로 대두되었다. 과열된 입시교육으로 인한 갖가지 비교육적인 폐단을 시정하기 위해 문교부는 1968년에 중학교의 입시제도를 무시험추첨제로 개혁하였다.

문교부는 1968년 7월 15일 중학교 입시로 인한 과외수업의 폐단을 근절하고, 학부형의 사교육비 부담의 과중을 해소하기 위하여 중학교 입학시험제도를 1969년도부터 1971년도까지 3개년 계획으로 전폐하고, 학군별 추첨제를 실시하여 중학교 입학을 무시험제로 하겠다는 입시개혁안을 발표하였다. 즉, 문교부는 과열된 입시 위주의 경쟁적 교육을 지양하고, 입시준비에 따르는 가정의 교육비 부담을 감소시키는 한편 국민학교의 교육과정 운영을 정상화함으로써 아동들의 정상적인 발달을 촉진하고, 극단적인 학교차를 해소할 목적으로 중학교 무시험진학제 실시를 발표하였던 것이다.

중학교 무시험 입학제도 실시의 구체적 목표는 다음과 같다.

① 국민학교 어린이의 정상적 발달 촉진
② 국민학교 교육의 정상화
③ 중학교 입시를 위한 과열 과외 공부의 지양
④ 중학교 입시 결과로 생긴 국민학교의 극단적인 학교 차 해소
⑤ 입시 준비로 인한 가정의 교육비 부담 감소
⑥ 일류 중학교 관념의 불식

중학교 무시험진학제는 1969년도에 먼저 서울에서 실시되고, 1970년도에 서울을 비롯한 부산, 인천, 춘천, 청주, 대전, 전주, 광주, 대구, 제주 등 10대 도시로 확대 실시되었으며, 1971학년도에 전국적으로 확대 실시되었다.

(2) 대학입학 예비고사제

1961년 10월에 마련된 「중학교 · 고등학교 및 대학의 입학에 관한 임시조치법」에 의거하여 1962학년도부터 대학에 진학하려는 자는 대학입학자격 국가고시에 응시하여 합격한 후 각 대학에서 실시하는 실기고사, 신체검사, 면접의 결과를 합산한 성적으로 입학을 할 수 있도록 하였다. 이 같은 대학입학제도는 1963년 4월에 폐지되었다.

또한, 문교부는 1968년 10월에 대학입학 예비고사제를 마련하여 대학입학시험제도를 개편토록 하였다. 대학입학 예비고사란 국가가 실시하는 대학입학 예비고사에 합격된 자에 한하여 각 대학별로 실시하는 본고사에 응시토록 한 제도이다. 다시 말해서 대학입학 예비고사는 대학입학 적격자를 국가관리 하에서 선발하는 제도로서, 대학의 입학정원을 기준으로 일정 수를 선발하여 그들에게 각 대학에서 실시하는 대학별 입학시험에 응시할 수 있는 자격을 부여하는 제도이다.

대학입학 예비고사제는 다음과 같은 목적으로 실시되었다(손인수, 1987).

① 국가가 통일된 기준 아래 대학교육에 알맞은 인재를 골라 대학의 권위를 높일 수 있다.
② 사학의 학생 정원 초과 모집과 대학교육의 적성 무시로 인한 대학의 질적 저하를 막을 수 있다.
③ 대학의 정원을 국가의 인력수급계획에 비추어 국가계획과 유기적으로 연결시킬 수 있다.
④ 대학의 지역적 차이와 격차를 막을 수 있다.
⑤ 고등학교의 교육목적에 따라 교육내용을 바로 잡을 수 있다.

대학입학 예비고사제는 대학의 정원과 국가의 인력수급정책과의 유기적 연관관계를 맺고, 대학교육의 적격자를 선발하여 대학의 질적 향상을 기함과 동시에 고등학교 교육의 정상화를 정착시키기 위해 실시되었다.

대학입학 예비고사는 1969학년도부터 실시되었는바, 1969학년도에는 예 · 체능계를 제외하고 예비고사 합격자에게만 대학별 선발고사에 응시할 수 있게 하였다가 1973학년도에 이르러 예 · 체능계 학생들에게도 예비고사를 치르게 하였다.

5. 70년대의 교육 현황

1970년대의 교육은 1968년 제정 · 공포된 국민교육헌장 이념의 정초(定礎)로 첫 장(章)이 열렸다. 여기에는 반공 이데올로기의 확산과 다분히 획일적인 교육정책을 하고자 하는 의도가 담겨져 있다. 박정희 대통령 자신도 1970년대에서 우리나라의 운명을 좌우하는 역사적 과제가 무엇이냐 하는 현실문제의 확신 있는 답은 국민교육헌장에서 구하라고 하였다.

이에 박정희 정권은 교육헌장을 선포하자마자 전국의 학생 · 공무원들에게 이를 암송케 하고, 각종 행사 때마다 반드시 낭독케 하였으며, 각종 교과서의 속표지에는 전문(全文)을 수록하도록 강제 규정했다. 또 각종 입학시험과 공채시험에는 반드시 이를 출제하도록 하였다.

이런 강압적인 지시에 대한 거부감이 많은 국민 사이에 자리 잡았지만, 감히 이를 드러낼 수 없었다. 국가의 교육지표로 채택된 국민교육헌장의 이념은 국적 있는 교육의 추진으로 구현되기 시작했다. 국적 있는 교육은 1972년 10월 유신 이후 유신교육으로 승화되면서 반공 · 안보교육의 강화, 새마을 교육과 운동의 심화로 뿌리를 내렸다.

이에 따라 문교부는 국민정신교육의 강화를 위해 반공교육 · 안보교육 · 유신교육 등을 철저히 하고 각급 학교의 교과를 개편하여 이데올로기적 교육이념을 장려했다. 이때 지도계층 가운데는 철저하게 반공주의를 설파하며, 반공주의를 통해 자신의 친일행각을 감춘 사람도 많았다. 즉, 친일의 매국이 반공의 애국으로 변신되었다.

하지만 한국현대사 · 한국교육사는 우리의 시각이 아닌 강대국의 시각과 이데올로기로 재단되어 왔다. 이 이데올로기의 허구성 때문에 대학교수인 자기 아버지를 공산당원인지도 모른다고 담임선생에게 고발한 초등학교 학생의 일화는 그저 웃고 넘겨 버리기에는 너무나 심각한 문제를 던져 주었다. 그러기에 칼 포퍼는 『열린사회와 그 적들』이라는 저서 속에서 좌 · 우익의 극단을 거부하고 있는 것이다.

이런 허구적인 이데올로기 교육이념을 다룬 학과목은 '국민윤리'였다. 특히 1970년부터 신설된 대학의 국민윤리 과목의 내용은 한국적 민주주의론 · 국민교육헌장 이념 및 공산주의 비판 등으로 되어 있었다. 이 세 가지의 교과단원은 이미 초등학교 · 중학교 · 고등학교 교육과정에서 기초적으로 다 익힌 것들이었다.

물론 그것은 더욱 고도의 이론 · 이념화를 목적으로 하는 것이겠지만, 이것이 형식적인 교과운영에 치우쳤기 때문에 학생들로부터 실질적으로 소외되는 교과가 있었다. 그럼에도 문교부(현 교육부)는 1974년부터 국민윤리 · 한국사 · 교련 · 체육만 법정교과목으로 삼았다. 이들 정책 교과목이 학생들에게 인기가 없었음은 긴 설명이 필요치 않다.

이뿐만 아니라, 1970년대 우리나라 교육은 무원칙 · 무철학(無哲學), 그리고 비민주적으로 조령모개(朝令暮改)식 개혁을 해 왔다. 이를테면 중학교 무시험제도나 고등학교 입시제도(고교 평균화) 등이 국가 최고지도자나 2인자의 자녀가 입학할 때마다 제도가 바뀌었다는 사실이다. 오비이락(烏飛梨落)이라는 말이 있지만, 우연의 일치치고는 남들에게 오해를 받을 한국교육사의 한 장(章)이다.

이후 대학입시정책을 여러 차례 바꾸었지만 혼란만 가중시키게 되었다. 입시제도는 수없이 바뀌어 왔지만, 그것은 거의 같은 내용을 이리저리 바꿔 놓은 것에 불과하였다. 한때 사라졌던 제도가 부활되는가 하면, 부활과 동시에 그 부활된 제도의 폐단에 관한 논의가 다시 제기되는 악순환이 거듭되었다. 입시제도가 그렇고, 학군문제가 그렇고, 과외문제 또한 그러했다. 이런 혼란은 사실상 정책의 부재와 교육에 대한 그릇된 인식에서 빚어졌다.

이런 중대한 정책을 국민의 합의나 이해 당사자 간의 충분한 토론도 없이 문교부가 시한을 정해 놓고 그냥 밀어 붙였기 때문이다. 이는 모두 그간의 획일적으로 비민주적인 교육행정의 결과라고 말할 수 있다. 또한, 권한과 책임이 중앙에 집중되어 지역의 다양한 특성이 무시된 데서 온 것이기도 하다.

한편 1970년대의 제 3 · 4공화국에서는 후진국의 상징인 계엄령을 비롯한 여러 강압적인 수단이 조직적으로 강화되고 남용되었다. 즉, 박정희 정권은 긴급명령, 국가비상사태 선포, 위수령, 대통령 긴급조치 및 비상계엄 등의 강압적인 방법들을 동원하였다. 그 결과 한국의 민주주의는 후퇴하였고, 대학은 휴강 · 휴업 · 임시방학 등으로 봉쇄되었다. 그리고 마침내 유신체제에 반대하는 학생들을 초헌법적인 방법으로 처단하는 비상수단을 행사하였다.

이에 따른 1970년대 대학문화 역시 저항적이었다. 대학문화는 대학생들의 독특한 위치로 인해 다른 대중문화와 구별되는 문화이다. 대학문화에 있어서 대학생들은 젊기 때문에 권위에 저항하고 기존질서에 비판적이며 진취적인 성격을 지닌다. 이 당시 대학문화의 성격은 대학축제를 통하여 가장 잘 드러났다.

1970년대 초반까지만 해도 서구풍의 소비적 문화가 많이 침투해 축제에서는 쌍쌍파티 · 고고 · 디스코파티 등이 유행하였으나, 1970년대 후반부터 "우리의 것을 되찾자."라는 운동이 대학 내에서 일기 시작해 민요 · 탈춤 · 마당극 · 민속놀이 등의 전통문화를 계승하려는 움직임이 커져 왔다. 그리고 정치풍자 · 학술 발표회를 통해 사회에 대한 지적이고 비판적인 문화도 활발히 일어났다.

보다 구체적으로 말하면 1970년대 초엽의 암울한 유신치하에서 대학문화는 현실과는 유리된 혹은 관여한다 할지라도 적극적인 자세와 대응을 찾지 못하는 '장발문화', '청바지 문화', '통기타문화'로 대표되었다. 이는 유신치하의 현실이 너무 단단하고 척박한 데서 나타난 것이다. 그러기에 유신체제는 이른바 '권력의 인격화' 또는 '권력의 인물화'로까지 특징지을 수 있는 권위주의 체제였다.

1970년대 유신체제는 사실상 박정희의 영구집권을 가능하게 하는 체제였다. 그뿐만 아니라 대통령의 권한을 막강한 것으로 보장해 줌으로써 박정희에게 독재체제의 길을 열어 주었다. 하지만 이 유신체제하에서 민주주의는 크게 후퇴하였다. 유신헌법의 개정을 요구하는 주장이 학생 · 야당 · 재야세력에서 광범위하게 대두하였으나, 이를 대통령 긴급조치로써 탄압하였다.

이른바 '열린사회'는 상호 비판과 논의에 의해 그 오류를 교정하고자 하는 자유사회이다. 또한, 내가 틀리고 당신이 옳을 수도 있다는 주장이 통용되는 사회이다. 그러므로 열린사회는 어떤 형태의 독재든 독재체제를 용인하지 않는다. 열린사회와 대립되는 '닫힌사회'는 전체주의의 사회이다. 이와 같이 1970년대의 유신체제는 닫힌 사회라고 말할 수 있다.

유신체제 7년간에 수많은 학생 · 지식인 · 정치인 · 종교인들이 긴급 조치로 인하여 투옥 당하였다. 미국을 비롯한 세계여론도 한국의 강압정치를 비난하였으나, 박정희는 굽히지 않았다. 이와 함께 점차 독재 성향을 띠어 가기 시작했다.

이때 교육은 한낱 정치의 시녀로서 이를 따라가기만 하면 되었다. 이 항해의 길을 인도한 선장은 5명의 문교부 장관이었는데, 그중에서도 홍종철 · 민관식 · 류기춘이 더욱 그러했다. 지식이란, 쓰는 자가 사악하면 독과 같은 것임을 느끼게 하는 바로 그런 시대였다.

민권 쟁취와 민주 승리의 해로 규정한 1974년에 들어오면서 학생운동 세력은 1964년 6 · 3사태 이후, 지난 10년간의 운동을 반성하면서 단순한 비판적 구호의 차원이 아니라, 실천적 차원으로 심화시켜 분단 민족의 향방을 제시하고, 조직적이고 적극적인 운동을 모색할 필요가 있다는 점에 인식을 같이 하게 되었다.

이들의 아픔 속에는 인간이면서도 인간일 수 없었던 뼈아픔이 담겨져 있었다. 그러나 1974년 4월 3일, 긴급조치 제4호 발표와 함께 '민청학련사건'이 공표됨으로써 학생운동조직은 상당한 타격을 받게 된다. 그러다가 1975년 긴급조치 제9호가 발표되었다. 민청학련사건 이후 민주 · 민족 · 민생의 3민(民) 개념이 1970년대 후반의 긴급조치 하에서도 학생들의 투쟁 노선의 기초가 되었다.

이런 연유에서 저자는 이 책자를 분석적 입장이라기보다 종합적인 각도에서 살폈다. 교육 분야의 연구는 자연히 그 범위가 교육 이외의 영역에까지 미친다. 그래서 이 책자에서는 시대마다 교육에 영향을 미친 그 시대의 사상적 · 사회적 · 정치적 배경을 살폈다. 즉, 교육 단독으로 해결할 수 없는 문제를 정치 · 경제 · 사회 · 문화 분야 등에서 파악하려고 했다.

앞서 말한 것처럼 1970년대는 각종 교육시책이 교육적 요청보다 사회적 · 시대적 필요에 따라 왜곡되었다. 특히 1970년대 후반 들어 한국교육은 유신교육체제로 바뀌었다. 그러다가 1979년 10 · 26사태가 터지면서 새로운 교육시대의 예고와 함께 1970년대의 막을 내렸다.

한편 1970년대에 있어서 '국적 있는 교육'에 관련된 문제는 교육의 중요한 문제로 등장하였다. 1972년 3월 24일 전국교육자대회에서 박정희 대통령이 이 문제를 거론한 후 문교부는 1973년도 시정목표로서, 첫째로 주체적 민족사관 정립을 위한 국사교육 강화, 민족의 전통과 문화적 유산을 올바르게 계승할 우리의 민족사적 정통성 고취, 둘째로 새 한국인 상의 형성을 위한 확고한 국가관 정립(나라의 융성이 나의 발전의 근본임을 인식하는 쓸모 있는 인재 양성), 셋째로 한국 민주주의의 토착화 등을 제시하였으며, 그 일환으로 국사교육을 강화하는 등 일련의 시책을 펴나가게 되었던 것이다.

또한, 1971년 12월 6일 선언된 국가비상사태와 관련하여 안보교육체제의 정비와 강화가 당시 교육계의 상황이었으며, 정부가 1970년 11월 새마을 운동에 착수한 이래, 1972년 4월 17일에는 대통령의 특별유시로 새마을 교육의 과제가 제시되었다.

여기에는 농공병진정책의 추진과 새마을 가꾸기의 지원, 생산과 직결되는 산교육의 실천 및 국난극복의 구국정신 고취 등이 포함되어 있다.

따라서 새마을 교육의 목표는 국민교육헌장의 이념 하에 학교교육을 통해 학생과 향토인에게 자조 · 자립 · 협동의 새마을정신을 함양시킴으로써 향토 개발과 국가발전에 공헌하는 실질적인 인간을 육성하는 데 있다.

이에 따라 1973년에는 공업계 학교에 대한 산학협동교육체제 방안이 강구되었다. 이 시책으로 위탁교육과 현장실습의 의무화, 현장실습을 위한 산업체의 지정 및 기술자격 취득의 의무화, 현장실습을 위한 산업체의 지정 및 기술자격 취득의 의무화 등이 추진되었으며, 따라서 경제성장과 교육을 밀접히 연관시켰다. 이와 같은 연계는 다른 기술계 학교에 있어서도 동일하였다. 산학협동교육체제는 1973년 1월에 선언된 중화학공업정책과도 관련이 있으며, 따라서 이는 전 국민의 과학화운동에 연결되고 있다.

이와 같이 국가의 경제발전과 근대화에 따른 교육의 역할이 강조되고 국민교육헌장의 이념구현을 위한 방안이 추진되는 가운데, 고등교육의 질적 향상을 위한 실험대학 운영방안이 1972년에 채택되고, 1973년에는 연합고사제를 채택한 고교입시제도의 개혁이 있었다.

이와 같이 1970년대 교육의 성격은 근대화와 경제발전을 추구하는 '한국적 교육'의 탐색이었다고 볼 수 있다. 여기에 급속히 이루어 가는 경제성장의 빠르기 속에서 물질적 성장을 추진하고 정신적 조화를 유지해야 되는 과업을 교육이 짊어지고 있었다. "교육은 1970년대의 국운을 좌우한다."는 슬로건이 이들을 대변해 주고 있다.

1) 새마을 교육의 추진

1971년부터 본격적으로 추진되기 시작한 새마을 운동은 70년대에 있어 국정의 최고 목표로 설정되어 국가정책의 최우선 과제로 추진되었다. 한편 새마을 운동의 효율적 추진을 위하여 문교부는 1972년부터 새마을 교육의 추진을 정책목표의 하나로 삼아 매년 이를 강력히 추진하였다.

문교부는 새마을 교육의 추진을 위해 본부에 새마을 교육 담당관을 두고, 시 · 도 교육위원회와 시 · 군 교육청에 새마을 교육 담당 장학사를 두었으며, 각급 학교에 새마을 교육 담당 교사를 두는 등 새마을 교육 전담요원을 배치하였다(문교

40년사, 1988).

새마을 교육은 국민교육헌장의 이념 아래 학교교육을 통하여 학생과 향토민에게 새마을 정신을 함양시킴으로써 향토개발과 국가 발전에 공헌하는 실천적인 인간을 육성하는 것을 목표로 한다.

2) 고등학교 평준화 추진

1969학년도부터 실시되기 시작한 중학교 무시험 진학제도로 고등학교 입시의 과열화가 생기고, 중학생의 과열 과외가 성행되는 한편 고입 재수생이 누적되어 사회문제로 대두되었다. 이에 문교부는 고등학교 입시로 파생되는 여러 가지 폐단을 없애고 중학교 교육의 정상화를 기하기 위하여 1973년 2월에 평준화 이념을 기초로 한 새로운 고등학교 입시제도 개선방안으로 시·도별로 연합고사를 통해 합격자를 선발하고, 학군별로 추첨에 의해 학교를 배정하는 방식의 새 고교 입시 방안을 발표하였다.

3) 방송통신대학의 설치

문교부는 1967년 11월에 교육법을 개정하여 국립대학에 방송통신대학을 둘 수 있게 하고, 1972년 3월에 방송통신대학 설치령을 제정하여 1972년 5월에 서울대학교에 한국방송통신대학을 설치토록 하였다.

한국방송통신대학은 경제적 또는 기타 사정으로 일반대학에 진학하지 못한 사람에게 방송과 통신 및 수업 등의 교육방법으로 고등 교육의 기회를 부여하는 것을 그 목적으로 하고 있다. 그러므로 한국방송통신대학은 저렴한 등록금으로 경제적 여건 때문에 고등교육을 받지 못한 자나 지리적 여건으로 생활근거지를 떠나야 하는 자나 또는 학령을 초과한 고령자에게 정규대학과 동등한 자격을 인정받는 기관으로서 평생 교육적 이념에 맞는 사회교육기관이라 할 수 있다.

4) 방송통신고등학교의 설치

문교부는 전 국민의 교육력 강화와 산업인구의 재편성에 따른 다양한 교육기회의 제공을 위해 1973년 3월에 교육법을 개정하여 국 · 공립의 고등학교에 방송통신 교육과정을 둘 수 있게 하고, 1974년 1월에 고등학교 방송통신 교육과정 설치기준령을 제정하여 동년 3월에 서울 8개교, 부산 3개교 등 11개 공립학교에 방송통신고등학교를 부설토록 하였다.

방송통신고등학교는 중학교 과정을 마쳤거나 정규고등학교 과정에 진학하지 못한 청소년과 성인에게 고등학교 과정의 교육을 실시하기 위해서 설립되었다.

6. 80년대의 교육 현황

1980년대에 문교부가 추진한 교육시책을 개관하면 다음과 같다.

① 7 · 30교육개혁을 단행하여 과열과외 해소를 추진하고, 대학입시제도를 개선하였다.

② 교육내용의 내실화를 기하기 위해 각급 학교의 교육과정을 두 차례 개정하였다.

③ 교원교육의 충실을 도모하기 위하여 교육대학의 수업연한을 4년으로 연장하고, 한국교원대학교를 신설하였다.

④ 사회교육법과 동 시행령을 제정하고, 한국방송통신대학을 학사과정으로 개편하였으며, 개방대학을 설치함으로써 평생교육체제의 확립을 추진하였다.

⑤ 대학의 졸업정원제 실시, 실험대학 확충, 지방대학 육성, 대학의 시설 확충 등을 통하여 고등교육 개혁 작업을 계속 추진하고, 대학의 학기제를 개편하여 학기당 16주의 수업이 실시될 수 있도록 하였다.

⑥ 국민정신교육 강화시책의 일환으로 반공 · 안보교육에 바탕을 둔 이데올로기 비판교육을 강력히 실시하였다.

⑦ 중학교 의무교육을 실시하기 시작하였다.

⑧ 교육재원을 마련하기 위하여 목적세로 교육세를 신설하였다.

⑨ 과학고등학교를 설치하여 영재교육을 실시하였다.

⑩ 유아교육과 특수교육을 진흥시켰다.

7. 80년대의 주요 교육 시책

1) 7·30교육개혁

정부는 교육의 기틀을 바로 잡고, 당시 우리 사회의 큰 병폐로 문제가 되고 있던 입시를 위한 과열과외 현상을 근절하기 위하여 1980년 7월 30일에 「교육정상화 및 과열과외 해소방안」을 발표하여 이른바 7 · 30 교육개혁을 단행하였다.

「교육정상화 및 과열과외 해소방안」의 내용은 다음과 같다(정태수, 1992).

① 1981학년도부터 대학입시 본고사를 폐지하고, 우선 출신 고등학교의 내신 성적과 예비고사 성적만으로 대학입학자를 선발하고, 궁극적으로 예비고사도 없애고 내신 성적만으로 선발할 방침이다.

② 고등학교 이하 각급 학교의 현행 교과목 수를 줄이고 수준도 낮추는 내용으로 교육과정을 조정한다.

③ 대학의 졸업정원제를 실시하여 신입학생을 정원보다 일정 수를 더 입학시키되, 졸업은 정원만큼만 시킨다.

④ 대학의 강의를 아침부터 저녁까지 개설하여 대학의 시설과 인력을 최대한 활용하는 전일 수업제를 시행한다.

⑤ 대학 진학의 문호를 넓히기 위해 대학입학 인원을 연차적으로 대폭 확대한다.
⑥ 현행 TV 가정고교 방송의 운영을 개선하여 방영시간과 대상 과목을 늘리는 한편 내년부터는 교육 전용방송을 실시한다.
⑦ 방송통신대학을 확충하고, 교육대학의 수업 연한을 연장한다.

이상과 같은 7 · 30교육개혁 조치에 따라 다음과 같은 조치가 시행되었다.

① 1981년 8월 1일부터 초 · 중 · 고등학생의 과외수업이 금지되고, 교사 · 교수의 과외교수행위가 금지되었으며, 대학생의 과외수업 아르바이트가 금지되었고, 중 · 고등학생의 학원수강이 금지되었다.
② 대학 입시에 본고사가 폐지되고, 내신 성적이 반영되었다. 즉, 1981학년도 대학 입시부터 대학별 본고사를 없애고 내신 성적과 예비고사 성적만으로 신입생을 선발하되 1981학년도에는 입시총점 가운데 예비고사 성적 50% 이상, 내신 성적 20% 이상 반영하고, 1982년에는 내신 성적을 30% 반영케 하며, 궁극적으로는 예비고사도 없애고 고등학교의 내신 성적만으로 학생을 선발하도록 한다는 방침을 세웠다.
③ 대학의 졸업정원제가 실시되었다. 졸업정원제는 대학의 입학정원을 졸업정원과 구분하고, 입학 시에는 졸업정원보다 일정 수를 더 선발하되, 재학기간 중에 졸업정원 초과자를 탈락시키고 졸업정원 수만큼만 졸업시키는 강제적 경쟁체제의 학사운영제도이다. 졸업정원제를 채택한 것은 대학의 면학분위기를 조성하고, 대학교육의 질적 향상을 꾀하는 동시에 재수생을 대학으로 흡수하여 대입 재수생의 누적으로 인한 사회문제를 해소시키려는 의도에서였다.

졸업정원제의 채택으로 1981학년도 정원의 130%의 신입생을 모집하고, 1982학년도부터는 150%를 모집하였으나, 1988학년도 입시부터 졸업 정원만큼만 신입생을 모집함으로써 졸업정원제도는 폐지되고, 종전의 제도로 환원되었다.

2) 평생교육체제(平生敎育體制)의 확대

1980년대에 이르러 우리나라의 평생교육체제가 어느 정도 확립되었다고 볼 수 있다. 1980년 10월 25일에 개정된 제5공화국 헌법 제29조에 "국가는 평생교육을 진흥하여야 한다."는 조항이 들어가고, "학교교육 및 평생교육을 포함한 교육제도와 그 운영, 교육재정 및 교원의 지위에 관한 기본적인 사항은 법률로서 정한다."라고 규정하고 있음으로써 평생교육의 이념은 한국교육사상 처음으로 「헌법」상에 포함되었다.

평생교육에 관한 「헌법」상의 규정에 따라 문교부는 평생교육 실시를 위한 조치로 1982년 12월에 「사회교육법」을 제정하고, 1983년 9월에 「사회교육법 시행령」을 제정하였으며, 1985년 10월에 「사회교육법 시행규정」을 제정함으로써 사회교육 내지 평생교육 실시에 필요한 법적 제도적 조치를 완비하였다.

한편 문교부는 평생교육을 확충하는 구체적인 조치로 한국방송통신대학을 학사과정으로 승격하여 개편하도록 하고, 개방대학을 신설하였다.

(1) 방송통신대학의 확충

문교부는 7 · 30교육개혁에 따라 고등교육기회의 확충과 재수생 해소를 위해, 방송통신대학을 확충 강화하였으며 1982년에 서울대학교 부설기관에서 독립된 국립대학체제로 전환토록 하였다.

즉, 한국방송통신대학을 1981년 2월 28일자 대통령령 제10216호로 5년제의 학사과정으로 승격 개편하도록 하고 증과를 통하여 이를 확충하도록 하였다. 그리하여 한국방송통신대학은 1982년에 경제학과, 법학과, 영어영문학과, 유아교육과(2년제)를 증설하고, 1982년 말에 국어과, 중국어과, 불어과를 신설하였으며, 1983년도에는 전자계산학과를 증설하였다.

(2) 개방대학(開放大學)의 설치

문교부는 평생교육의 구현, 직업기술교육의 혁신, 정규학교의 수용능력 한계의 탈피, 학비부담의 경감 등을 취지로 하여, 1983년부터 개방대학을 설치하기 시작하였다. 개방대학(Open University)이란 교육의 기회를 보다 광범하게 개방하는 데 그 목적이 있다. 즉, 대학교육을 희망하는 모든 사람에게 전일제 또는 정시제의 교육 프로그램을 제공하여 대학졸업의 학력을 인정하는 보충적 추수교육기관이다.

이는 대학교육의 기회를 놓쳤거나 중퇴한 자 또는 대학을 졸업한 후에라도 새로운 전문지식과 기술을 습득하고자 하는 자에게 계속 교육의 기회를 제공함으로써 헌법에 규정하고 있는 교육의 기회균등과 평생교육을 구현하는 데 그 설치 의의가 있다.

개방대학의 설치 목적은 교육법상 통신대학과 같으나, 통신대학은 인문사회계열학과 중심으로 되어 있고, 개방대학은 전자, 자연 · 공업계열학과 중심으로 구성되어 있는 것에 그 차이가 있다.

문교부는 1982년에 경기공업전문대학을 개방대학의 실험대학으로 지정하고, 1983년 3월에 이를 경기개방대학으로 개편하였다. 개방대학은 계속 증설되어 국립으로 경기, 대전, 부산공업전문대학이 개방대학으로 개편되었으며, 사립으로 광주, 경북, 군산 등 3개의 개방대학이 설치되었다. 이후 1980년대 후반기에 이르러 그 명칭을 공업대학, 산업대학으로 변경하였다(문교40년사, 1988).

개방대학의 입학자격은 고등학교를 졸업했거나 검정고시에 합격한 자로서 산업체 근무경력이 1년 이상인 자를 신규 입학자로 하며, 전문대학 졸업자나 이와 동등 이상의 학력소지자로서 산업체 근무경력이 1년 이상인 자는 편입할 수 있다. 학기는 연중 4학기제로, 3~6월(16주), 7~8월(4주), 9~12월(16주), 1~2월(4주)로 운영하며, 여름과 겨울의 계절 학습, 주야간 학습, 전일제 및 정시제를 운영하고 있어 학생들의 편의에 따라 선택할 수 있다. 재학 중 140학점을 이수하고, 졸업종합시험에 합격하면 일반대학과 동일한 학사학위를 수여한다.

참고 문헌

가톨릭대학사편찬위원회(1991). 가톨릭대학사료집. 서울: 가톨릭대학출판부.

강선보(2003). 마르틴부버 만남의 교육철학. 서울: 원미사.

강성훈(2008). 루소에 대한 자연주의적 해석의 문제. 고려대학교 대학원 박사학위논문.

고미숙(2006). 교육철학. 서울: 문음사.

김경희 · 정희숙(2002). 서양교육사. 서울: 집문당.김기오 · 김경 옮김(2013). 좋은 교사되기. 서울: 글로벌콘텐츠.

김동욱(1990). 포스트모더니즘의 개념과 성격. 성곡논총, 제21호.

김범준 · 구병두(2007). 교육학개론. 경기: 공동체.

김병희 · 김형구 · 배재학 · 이기용 · 이영애 · 정길영 · 최병옥(2008). 교육학개론. 경기: 공동체.

김병희(2007). 교육철학 및 교육사. 경기: 공동체.

김성곤(1990). 포스트모더니즘 논의의 흐름과 전망. 서울: 외국문학.

김수동(1996). 루소의 자연주의 교육사상 연구: 『에밀』을 중심으로. 성균관대학교 대학원 박사학위논문.

김영래(2008). 교육원리로서의 자기보존-루소 교육관의 현대적 재음미. 교육의 이론과 실천, 13(1), 1-23.

김재만(1982). 교육사조사. 서울: 교육과학사.

김정환 · 강선보(1996). 교육철학. 서울: 박영사.

김정환(1981). 페스탈로치의 생애와 사상. 서울: 박영사.

김태완(2013). 글로벌시대의 교육. 서울: 학지사.

노인화(1989). 대한제국시기 관립학교 교육의 성격연구. 이화여자대학교 대학원 박사학위논문.

박상호(1994). 루소의 자연의 개념 -'비판적' 자연과 '창조적' 자연-. 韓國政治學會報. 27輯 2號, 37-58.

박성연(2016). 개개인 맞춤 교육 선도하는 외국 학교. 동아일보.

박영진(2012). 교육철학 및 교육사. 정민사.

박영진 · 장성화(2018). 최신 교육학의 이해. 동문사.

박인우 · 김영래 · 나경은 · 장지은 · 정창호(2013). 한국의 교육문제. 서울: 원미사.

서울대학교 교육연구소 편(1997). 한국교육사. 서울: 교육과학사.

성기산(1993). 서양교육사 연구. 서울: 문음사.

손인수(1980). 한국 개화 교육 연구. 서울: 일지사.

______(1987). 한국 교육사(I · II). 서울: 문음사.

______(1992). 미군정과 교육정책. 서울: 민영사.

______(1997). 교육사 교육철학의 이론과 실제. 서울: 문음사.

송유진(2012). 위기의 교육 현장에서 되돌아 본 Rousseau 감성교육의 재음미. 교육철학, 한국교육철학회, 제46집. 169-193.

송유진 · 김규태(2012). 교육철학의 이해. 강현출판사.

신득렬(2000). 교육사상사. 서울: 학지사.

신차균 · 안경식 · 유재봉(2006). 교육철학 및 교육사의 이해. 서울: 학지사.

안인희 · 정희숙 · 임현식(1992). 루소의 자연교육사상. 서울: 이화여자대학교 출판부.

____________________(1994). 루소의 자연교육 사상. 서울: 이화여자대학교 출판부.

안인희(1984). 교육고전의 이해. 서울: 이화여자대학교출판부.

______(1990). 루소의 교육론. 서울: 양서원.

연세대학교 교육철학연구회 편(1996). 위대한 교육사상가들 I. 서울: 교육과학사.

_________________________(1998). 위대한 교육사상가들 II. 서울: 교육과학사.

오인탁(1995). 고대 그리스의 교육사상. 서울: 종로서적.

오천석(1964). 한국 신교육사. 서울: 현대교육총서출판부.

윤완(2008). 교육의 철학적 접근. 경기: 책과책사이.

윤정일 · 신득렬 · 이성호 · 이용남 · 허형(1997). 교육의 이해. 서울: 학지사.

윤재흥(2015). 교육철학 및 교육사. 서울: 학지사.

이명준(2000). 분석적 교육철학. 서울: 원미사.

이주한(2009). 교육의 역사와 철학적 탐구. 서울: 창지사.

이창덕 · 민병곤 · 박창균 · 이정우 · 김주영(2010). 수업을 살리는 교사화법. 서울: 즐거운 학교.

이현정(2011). 미래의 우리를 만드는 다문화교안. 파주: 한국학술정보.

이혜영(2009). 미래학교 다양성, 창의성이 생명이다. 서울신문.

임명수(2003). 루소의 자연주의 교육사상의 현대적 의의. 청주대학교 교육대학원 석사학위논문.

임창재(2008). 교육철학 및 교육사. 경기: 양서원.

임태평(2000). 플라톤철학과 교육. 서울: 교육과학사.

임한별(2019). 평생교육론. 서울: 학지사.

정석환(2007). 교육철학 및 교육사. 서울: 동문사.

정영순 · 한상숙 · 정영주(2007). 글로벌 매너 요럴 땐 요렇게. 파주: 영진미디어.

정재철(1985). 일제의 대한국식민지 교육 정책사. 서울: 일지사.

정태수(1992). 미군정기의 한국교육사 자료집(상 · 하). 서울: 홍지원.

정희숙(1980). 루소의 인간관에 대한 교육적 시론. 연구논집, 제9호 . 이화여자대학교 대학원.

조용진(1995). 브라멜드의 교육사상. 서울: 배영사.

주삼환(2016). 21세기 한국교육. 서울: 학지사.

주영흠 · 이승원 · 심승환(2010). 교육철학 및 교육사. 서울: 신정.

주영흠(1989). 낭만적 자연주의 교육이념에 관한 연구. 고려대학교 대학원 박사학위논문.

______(2007). 아우구스티누스의 교육사상. 서울: 학지사.

진원숙(1997). 서양사산책. 서울: 신서원.

차석기(1975). 한국 교육사 연구. 서울: 재동문화사.

______(1989). 교육사 교육철학. 서울: 집문당.

최홍(2011). 한국 이민정책의 방향과 과제. 삼성경제연구소.

한국교육30년사 편찬위원회(1980). 한국교육 30년. 문교부.

한국교육40년사(문교40년사) 편찬위원회(1988). 한국교육 40년. 문교부.

한국교육개발원 미래교육기획위원회 편(2011). 한국교육 미래비전. 서울: 학지사.

한규원 · 이항재(1996). 서양교육사. 서울: 교육과학사.

한기언(1980). 교육사학. 서울: 세광공사.

_____(1983). 한국교육사. 서울: 박영사.

Adler, M. (1966). How to Read a Book. New York: Simon & Schuster.

Aristotle. (1984). 니코마코스 윤리학 (최명관 역). 서울: 서광사.

Barrow, R. (1987). 플라톤과 교육 (박재문 · 서영현 역). 서울: 문음사.

Boyd, W. (1996). 서양교육사 (이홍우 · 박재문 · 유한구 역). 서울: 교육과학사.

Brameld, T. (1956). *Toward a Reconstructed Philosophy of Education*. New York: Holt, Rinehart and Winston.

Braun, S. J. & Edward, E. P. (1972). *History and Theory of Childhood Education*. London: C. A. Pub.

Brubacher, J. S. (1966). A *History of the Problems of Education*. McGraw-Hill Book Company.

Comenius, J. A. (1995). 대교수학 (정확실 역). 서울: 교육과학사.

Dent, N. (1988). The basic principle of Emile's education. *Journal of Philosophy of Education, 22*(2), 139-150.

Dewey, J. (1910). *Education Today. New York*. G. P. Putnam's Sons.

_______ (1913). *Interest Effort in Education*. Boston. Houghton Mifflin Company.

_______ (1916). *Democracy and Education*. New York: Macmillan.

_______ (1938). *Experience and Education* . New York: Macmillan.

_______ (1989). 민주주의와 교육 (이홍우 역). 서울: 교육과학사.

O'Conner, D. C. (1991). 교육철학을 위한 사색 (유인종 · 주영흠 역). 경기: 양서원.

Gibson, R. (1989). 비판이론과 교육 (이지헌 · 김회수 역). 서울: 성원사.

Goldman, A. & Hunt, E. (1977). *The World History*. New York: Macmillan.

Gutek, G. L. (1972). *A History of the Western Educational Experience*. New York: Random House.

Hamm, C. (1999). 교육철학탐구 (김기수 · 조무남 역). 서울: 교육과학사.

Hutchins, R. M. (1936). *The Higher Learning in America*. New Heaven: Yale University Press.

___________ (1952). The Great Conversation. Chicago: Encyclopedia Britannica.

Inc.
____________ (1994). 자유를 위한 교육 (송준석 역). 서울: 학지사.
____________ (1995). 교육철학: 민주사회에 있어서 교육의 갈등 (이정빈 역). 대구: 계명대학교 출판부.
Krishnamurti, J. (2016). 교육을 말하다(캐서린 한 역). 서울: 한국NVC센터.
Kneller, G. (1990). 교육철학이란 무엇인가? (정희숙 역). 서울: 서광사.
________ (2001). 현대교육사상 (안인희 역). 서울: 서광사.
Knight, G. R. (1995). 교육철학 (김병길 역). 서울: 교육과학사.
Kontio, K. (2003). The Idea of Autarchy in Rousseau's natural Education: recovering the natural harmony?. *Scandinavian of Educational Research. vol. 47*, no. 1, 3-19.
Langford, G. (1985). *Education, Persons and Education: A Philosophical Inquiry*. London: Macmillan.
Meyer, A. (1984). 20세기의 교육의 사조 (최정웅 역). 서울: 이문 출판사.
Meyer, F. (1951). *A History of Modern Philosophy*. New York: American Book Company.
________ (1997). 위대한 교사들 (성기산 역). 서울: 문음사.
Monroe, P. (1994). 교육사개설 (조정인 역). 서울: 교육과학사.
Peters, R. S. (1966). *Ethics and Education*. London: GAU.
_________ (1986). 윤리학과 교육 (이홍우 역). 서울: 교육과학사. (원저 1966년 출판)
_________ (1989). 교육철학자 비평론 (정희숙 역). 서울: 서광사. (원저 1981년 출판)
Plato. (1997). 국가 (박종현 역). 서울: 서광사.
Rousseau, J. J. (1988). 에밀 (정봉구 역). 서울: 범우사.
___________ (1989). 사회계약론 (최현 역). 서울: 집문당.
___________ (2006). 에밀 (민희식 역). 서울: 육문사. (원서 1762년 발행)
Rush, R. R. (1980). *The Doctrines of the Great Education*. London: Hamillton.
Sartre, J. P. (1987). 실존주의는 휴머니즘이다 (방곤 역). 서울: 문예출판사
Schofield, H. (2000). 분석적 교육철학 (이명준 역). 서울: 원미사.
Stevenson, L. (1992). 인간의 본질에 관한 일곱 가지 이론 (임철규 역). 서울: 종로서적.
Stronge, J. H. (2008). 유능한 교사의 자질 (한소영 역). 서울: 꿈을이루는사람들.
Stumpf, S. E. & Fieser, J. (2008). 소크라테스에서 포스트모더니즘까지 (이광래 역). 파주: 열린책들.

Palmer, J. A. (2009). 50인의 현대교육사상가 (조현철 · 박해숙 역). 서울: 학지사. (원저 2001년 출판)

Wilds, E. H. (1957). *Foundation of Modern Education*. New York: Rinehart & Co.

__________ (1987). 교육사상사 (김봉수 역). 서울: 학문사. (원저 1959년 출판)

William, R. E. (2002). 르네상스와 종교개혁 (라은성 역). 서울: 그리심.

Winch, C. (1998), The Romantic View of Learning: Rousseau's Emile. In Christopher Winch. *The Philosophy of Human Learning*. London: Routledge, 21-35.

저자 소개

▶ 이 위 환 wuihwan@knu.ac.kr

영남대학교 교육학과 학사
영남대학교 대학원 교육학과 석사
계명대학교 대학원 교육학과 박사(교육학박사)
경북대학교 인문사회대학 학장 역임
(미) Ball state University 객원교수
현, 경북대학교 기초교육원 교수

주요 저서

교육사 및 교육철학(2005, 교육과학사)
교육심리학(2007, 청목출판사)
현대사회와 인간관계론(2009, 공동체)

학회 활동

한국 교육사회학학회 이사 역임
한국 아동교육학회 이사 역임
한국 통합치료학회 이사 역임
한국 교육심리학회 이사 역임
현, 아동심리학회 회장

▶ 송 유 진 5741syj@kmu.ac.kr

국립 경상대학교 심리학과 학사
계명대학교 대학원 교육학과 석사, 교육학박사
계명대학교 사범대학 교육학과 초빙교수(2006~2009)
현, 경북대학교 · 계명대학교 강사

주요 저서

생활 속의 심리(2008, 공저, 청목출판사)
교육철학 이해(2012, 공저,강현출판사)

주요 연구 실적

루소의 교육과 아동의 행복: 『에밀』-제2권을 중심으로(2008)
J. Dewey의 생애에 따른 사상적 발전과정(2009)
대학 발전의 미래 가치로서의 교양교육의 방향 모색(2011)
새로운 미래사회를 위한 대학 교양교육의 혁신(2011)
위기의 교육 현장에서 되돌아 본 Rousseau의 감성교육의 재음미(2012)

4판

유능한 교사를 위한 쉽고 참신한

교육철학 및 교육사

초 판 1쇄 발행 2012년 10월 12일
개 정 1쇄 발행 2017년 2월 2일
제3판 1쇄 발행 2020년 7월 30일
제4판 1쇄 발행 2023년 3월 3일

지 은 이 | 이위환 · 송유진
펴 낸 이 | 김기섭
편 집 인 | 이윤희
펴 낸 곳 | 창지사 www.changjisa.com
08589 서울시 금천구 가산디지털 1로 83 파트너스타워 1차 9층
전화 (02)719-2211~3
팩스 (02)701-9386
등 록 | 1977년 4월 28일 · 제1-421호

ⓒ 이위환 외, 2012, 2017, 2020, 2023
- 이 책 내용의 전부 또는 일부를 재사용하려면
반드시 저작권자와 창지사 양측의 동의를 받아야 합니다.
- 저자와 협의하여 인지는 생략합니다.
- 출판물 불법 복사, 불법 북스캔은 저작권 위반으로 처벌받을 수 있습니다.
불법 제본으로 처벌될 경우(전과기록 됨) 취업 불이익이나 해외유학과
이민 등 비자발급이 거부되는 불이익이 발생할 수 있습니다.

ISBN 978-89-426-1805-7 (93370)

값 22,000원